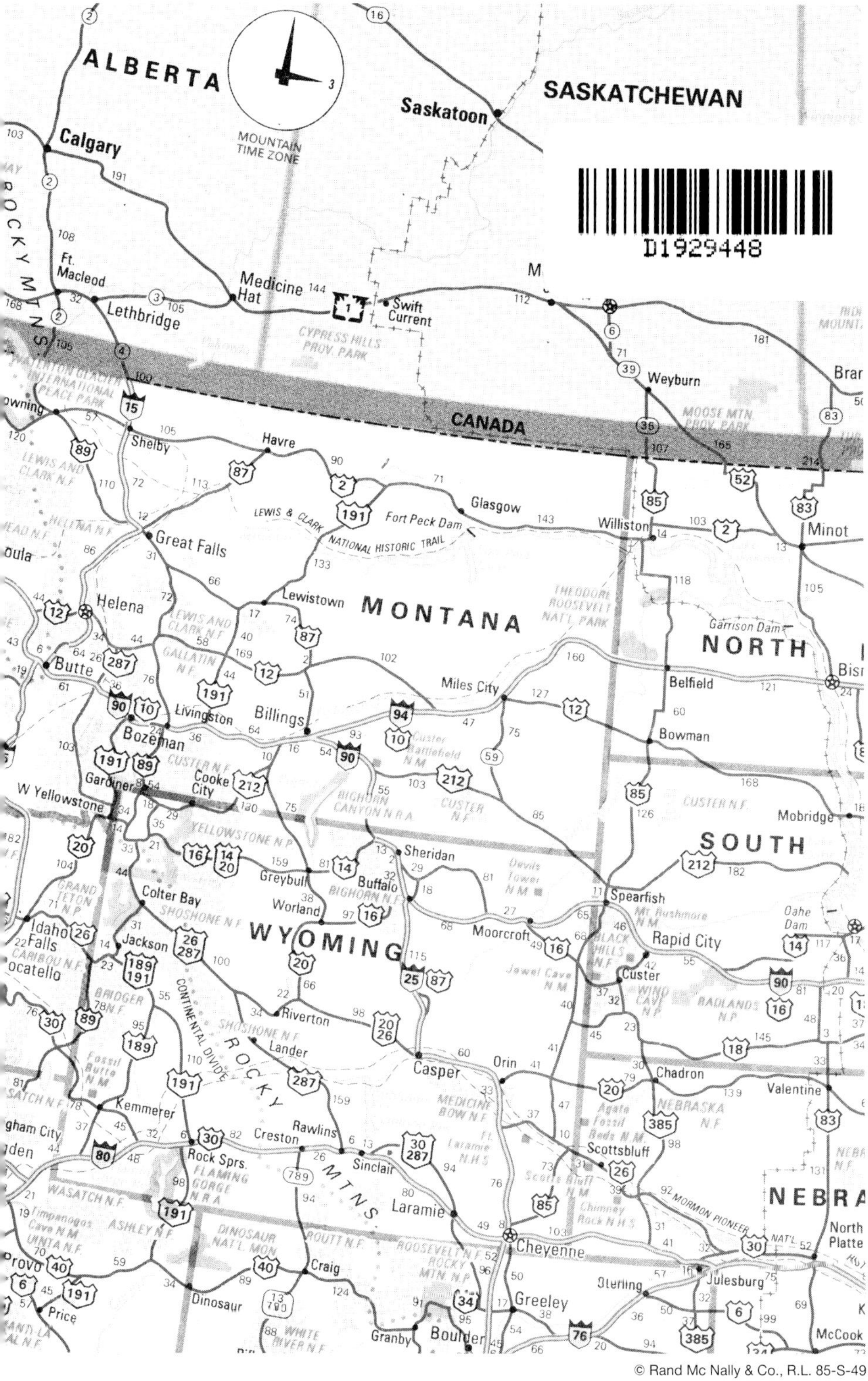

© Rand Mc Nally & Co., R.L. 85-S-49

Richard van de Sandt

USA – Der Nordwesten

Richard van de Sandt

USA – Der Nordwesten

Reisen in Schönheit – Hozoji Nashad

Verlag Schwarz GmbH

CIP-Kurztitelaufnahme der Deutschen Bibliothek

Sandt, Richard van de:
USA – der Nordwesten / Richard van de Sandt
1. Aufl. – Baden-Baden : Schwarz, 1986.
ISBN 3-921531-34-9

ISBN 3-921531-34-9

© Copyright by Autor und Verlag
Verlag Schwarz GmbH, Baden-Baden 23
Druck: Konkordia Druck GmbH, Bühl
Printed in West Germany
1. Auflage Februar 1986

meinem Vater †
meiner Mutter
meiner Frau Eleonore
meiner Tochter Ricarda Alexandra
meinen Geschwistern
Rita und Heinrich
meinen Freunden
den zahlreichen Verwandten in USA,
deren Vorfahren Europa
schon im Jahre 1651 verließen,
in Dankbarkeit
gewidmet

Düsseldorf
Baden-Baden
Brenden / Schluchsee
mit der
Van de Sandt-Quelle
(846,2 m)
Hockenheim / Heidelberg
1986

„Die Seele ist dabei in beständiger Tätigkeit, neue und unerwartete Gegenstände zu bemerken. Und ich weiß keine bessere Schule, das Leben zu bilden, als unablässig eine große Verschiedenheit anderer Lebensweisen, Sinnesarten und Gebräuche vor Augen zu haben."

Montaigne

„Die Paradiese liegen für die einen in der Vergangenheit, für die anderen in der Zukunft. Für eine Lebenszeit, die so mit Emotionen, das heißt mit Glückserwartungen und Sehnsüchten besetzt ist wie Ferien und Urlaub, wird es immer zur Kritik kommen. Denn wo auch immer die Paradiese liegen, sie bleiben unerreichbar. Und was sich – gewiß teilweise in der Form oder im Maß ungerecht – an Kritik umsetzt, ist nichts anderes als Trauer."

Roman Bleistein SJ

„Der Reisende erscheint als ein ‚Entdecker überall'. Das ist das Geheimnis des Reisens."

R. v. d. S.

„Die alten Reiseberichte werden so kostbar sein wie die größten Werke der Kunst; denn heilig war die unbekannte Erde, und sie kann es nie wieder sein."

Elias Canetti

„Amerikanische Reise. Wer den Westen der Vereinigten Staaten bereist, liebt Mythen und singt ein Hohelied auf ein Stück zauberhafter Erde, auf Menschen, die das weite Land und den Himmel verehren, auch wenn man nicht mehr nur ein wildes Pferd besteigt."

R. v. d. S.

Inhalt

Der Nordwesten: Schönheiten an Naturbildern

Die Nordwestecke der Vereinigten Staaten ist als pazifischer Anrainerraum voll von dunklen Wäldern, die auf Landzungen bis in den Pazifik hineinwachsen, voll von markanten Bergen und Tälern, von Flüssen und Bächen, in denen sich Fische tummeln, voll von Seen und Inseln, von Salbeisteppen und am südlichen Rand von Wüsten. Eine ungebrochene Natur, lebendig und reich an bezaubernden Schönheiten.

In der Prärie im westlichen Montana ist der Kojote (Präriewolf) das häufigste Wildtier. Ansonsten ist die Tierwelt durch das Auto in die Reservate zurückgedrängt worden. Die Prärie geht im Staat Washington in Getreidefelder und schließlich in Idaho in Viehweiden über. In dieser Region gibt es nicht wenige Bergwerke, so daß sich hier die Gelegenheit der Begegnung der beiden so verschieden gearteten Arbeitswelten bietet.

Ist der pazifische Küstenstreifen ein Grüngürtel, der sich vom parallel zur Küste verlaufenden Gebirge mit seinen bekannten Bergen, den Mounts, wie Shuksan (2782 m), Baker (3285 m), Logan (2770 m), Rainier (4392 m), St. Helens (2950 m), Hood (3424 m) und Scott (2721 m) zum Pazifik hin leicht absenkt, so gehört das Flachland östlich davon zu einem Hochplateau, das eine durchschnittliche Höhe von fast 2000 Metern aufweist und am Ende in die gewaltigen Rocky Mountains einmündet.

Der Nordwesten mit seinen Staaten Washington, Oregon, Idaho, Montana und Wyoming und mit dem eigentlich dazugehörenden nördlichen Streifen der Staaten Utah, Nevada und Kalifornien hat seine atemberaubenden Naturschönheiten. Dieser Landschaftsgürtel wird nur von dem verstanden, der Einsamkeit sucht und liebt. Er kehrt mit einer Fülle von Reiseerlebnissen heim, von denen er immer wieder zu berichten weiß.

Aufzuzählen wären an Schönheiten: Die olympische Halbinsel mit dem Berg Olympus (2428 m) und den weiten Waldungen, die pazifische Riviera, die Mündung und der Flußlauf des Columbia, der tiefblaue Crater Lake, die Wüste um die Steens Berge, der Salzsee, der Hells Canyon, der Yellowstone Park und die Tetons, der Lolo und der Lost Trail Pass, der Glacier Park, der Yaak Fluß sowie der nördliche Kaskaden Park.

Die Lebensader ist der quer durch den Nordwesten verlaufende Columbia-River. Er hat seinen Ursprung in Kanada. Auf dem Weg zur Mündung stellen sich zahlreiche Staudämme seiner Strömung entgegen. Die gestauten Wassermassen sind die wahren Lebensspender dieser Region. Das angrenzende Land hat sich durch Bewässerung in eine Kornkammer und in einen wundervollen Obstgarten verwandelt, der die amerikanischen Supermärkte reichlich beschenkt. Das Flußbett mit seinem Gestein und seinen in Jahrtausenden geschaffenen bizarren Felsformationen kann von der Straße, die vielfach Hunderte von Meilen am Ufer entlangführt, eingesehen und bewundert werden.

Trotz der amerikanischen Zivilisation hat der Nordwesten seine berauschenden, ja mystisch stimmenden Naturschönheiten bewahrt, die das kulturelle Leben in diesem Gebiet prägen und die Lebensform unter den Einfluß dieser eindrucksvollen Landschaft stellen.

Das Tor zum Westen

St. Louis. Im Zentrum steht das Denkmal, das das Stadtbild von St. Louis beherrscht. Es ist ein 192 Meter hoher Bogen – im Volksmund „arch“ genannt – aus Edelstahl, der den träge dahinfließenden Mississippi zu überbrükken scheint. Ein sich verjüngender Bogen, der in das Unbekannte weist. Gestern in die Weite des Westens, heute in die Stille des Weltraums. Eine Verschmelzung von Zeit und Raum. Ein Symbol für das große, weite Herz Amerikas. Ein Denkmal, das die Traditionen der Alten Welt in noch auffälligeren Dimensionen widerspiegeln will.

Ähnliches bewirken Bauwerke wie der fast 170 Meter hohe Obelisk in Washington, die Golden Gate Brücke in San Francisco, die Pontchartrain-Straßenbrücke in der Nähe von New Orleans oder Projekte von Christo wie der 40 Kilometer lange „running fence“ durch Kalifornien, der „valley-curtain“ oder in jüngster Vergangenheit die mit Stoff bedeckten Strände mehrerer hintereinander liegenden Inseln. Ein anderes Bauwerk, das wohl meist bestaunte, ist die Freiheitsstatue. Kafka, der über Frankreich und Norditalien nie hinauskam, läßt in seinem Roman „Amerika“ seinen Helden Karl Roßmann diese Statue staunend bewundern. Es heißt zu Beginn seines Romans: „Als der sechzehnjährige, der von seinen armen Eltern nach Amerika geschickt worden war, weil ihn ein Dienstmädchen verführt und ein Kind von ihm bekommen hatte, in dem schon langsam gewordenen Schiff in den Hafen von New York einfuhr, erblickte er die schon längst beobachtete Statue der Freiheitsgöttin wie in einem plötzlich stärker gewordenen Sonnenlicht. Ihr Arm mit dem Schwert ragte wie neuerdings empor, und um ihre Gestalt wehten die freien Lüfte, ‚So hoch!‘, sagte er sich.“

Der schlanke, elegant und dynamisch wirkende Bogen von St. Louis, das „gateway to the west", wirkt zeitlos wie die Zikkurate in Mesopotamien oder die Pyramiden in Ägypten oder Mittelamerika. Sind es nicht immer wieder die einfachen Formen, die die Epochen überdauern? Auch dieser Bogen ist ein Wunderwerk bautechnischer Ingenieurkunst, die zu neuen Grenzen vorstieß, als am 28. Oktober 1968 das letzte dreieckige Bauteil eingesetzt wurde. Die Oberfläche des Bogens, der von dem finnischen Architekten Saarinen entworfen wurde, reflektiert das pulsierende Geschehen ringsum. Der Edelstahl hat trotz der zwanzig Jahre seit Bestehen dieses Denkmals noch keine Schwächung der Lichtreflexe gezeigt. Bei dem Einsetzen des letzten Bauteils zeigte sich, daß die beiden dreißig Meter tiefen Fundamente so genau gegossen waren, daß die Pfeiler in der Bogenhöhe nahtlos zusammentrafen. Die Einweihung wurde mit einem Volksfest gefeiert, da das Tor zum Westen nicht nur daran erinnern soll, daß im Jahre 1803 Louisiana durch den Präsidenten Jefferson Napoleon abgekauft wurde, sondern auch an den Aufbruch der Expedition Meriwether Lewis und William Clark im Jahre 1804 in die bis dahin unerforschte Weite des Westens.

Von der Spitze des Bogens blickt man auf das Stadtzentrum von St. Louis, auf den Mississippi, die Kopie eines Mississippi-Dampfers, auf die größte Brauerei der Welt (Anheuser-Busch Companies Inc. mit den bekannten Marken „Budweiser" und der Spitzenmarke „Michelob" – Ausstoß 72 Mio. Hl – 32,5 % Marktanteil; 2. Rang: Miller Brewing – 45 Mio. Hl – 20,1 %) und das angrenzende Flachland.

Der Weg in den Westen, der langsame Prozeß der Besiedelung entlang des ständig weiter westwärts verlaufenden Frontiers, vollzog sich im wesentlichen auf den Überlandwegen, den sogenannten trails. Der nordwestliche trail verlief von St. Louis über Independence nach Ft. Kearny, dann entlang des Platte Flusses über Chimney Rock, Ft. Laramie, Independence Rock, Devil's Gate zum South Pass am Sweetwater Fluß. Hier gabelte sich der trail in zwei Überlandwege: den Oregon trail und den California trail.

Oregon trail:	Ft. Hall entlang des Snake Flusses über Ft. Boise, Whitman Mission entlang des Columbia Flusses über The Dalles nach Ft. Vancouver.
California trail:	Ft. Bridger, Salt Lake City, östlich um den Salzsee, dann entlang des Humboldt-Flusses durch einige ragtowns (Ansiedlungen von schnell aufgebauten, einfachen Hütten und Bretterbuden mit Saloons und einigen Gaststätten im Zentrum) über Carson City nach Sacramento.

Die Besiedlungswellen liegen in den Zeiträumen 1830 bis 1850 und 1851 bis 1865. Man sammelte sich in den Ausgangsorten im Winter zu Gruppen, kaufte gemeinsam ein und bereitete sich auf ein sechs- bis achtmonatiges ungewisses Abenteuer vor. Der Aufbruch erfolgte in den Monaten April und Mai je nach Wettersituation und Bodenbeschaffenheit in einem Planwagen, in dessen Inneren mittags eine nahezu mörderische Temperatur von mehr als 35 °C herrschte, in Richtung Westen über die sich weit ausdehnenden, waldfreien Grassteppen, die Great Plains, auf denen erst um die Mitte des 19. Jahrhunderts Viehzucht und Getreideanbau, vorwiegend von Weizen und Mais, betrieben wurde.

Der Weg in den Westen brachte nicht jeden Reisenden

ans Ziel. Durchweichte, sumpfige Böden, Gewitter, Sommerstürme, Flußüberquerungen, Berge, Flußtäler, fehlende Weideplätze und Wasserstellen, ansteckende Krankheiten und Tod machten den Siedlern zu schaffen. Nicht einzelne Menschen, sondern ganze Familien waren davon betroffen, auch junge Menschen und Kinder. Von den Pionierleistungen der Frauen ist in der Geschichte der Besiedlung des Westens wenig die Rede gewesen. Aber gerade die Frauen haben Heldentaten vollbracht, obwohl sie sich oft dem Treck unfreiwillig anschließen mußten, da sie sich den Beschlüssen ihrer Männer, Väter oder Familien nicht widersetzen konnten. Über die Frauen auf den trails berichtet L. Schlissel. „Sie wünschten sich keine Sonderstellung. Vielmehr beschäftigten sie sich aufopfernd mit den täglichen mühevollen Aufgaben. Neben der Zubereitung von Mahlzeiten, der Reinigung der Wäsche und ihrer Tätigkeit als Lenker eines Gespanns sammelten sie den Dung in Stücken auf, die sogenannten Bison-Scheiben. Damit erhielten sie ihre Feuer am Leben, wenn es kein Brennholz gab. Und wenn die Bison-Scheiben ausgegangen waren, dann gingen die Frauen gehüllt hinter ihren Wagen her und sammelten Unkraut. Die Frauen suchten Wildbeeren, und irgendwie gelang es ihnen, auf einem wackeligen Wagensitz einen Teig auszurollen und in heißen Steinen eine Pastete zu backen, die zu den meisten Mahlzeiten aus Bohnen und Kaffee eine willkommene Abwechslung bot.

Für Frauen mit Kleinkindern war die Reise nervenzerrüttend. Die Kinder fielen aus den Wagen; sie gingen unter den Hunderten von Siedlerfamilien, den Ochsen und Schafen verloren; sie machten auf dem trail all die üblichen Kinderkrankheiten durch... Für manche Schwangere wuchs sich die Fahrt in den gelobten Westen zu einem Alptraum aus. Keine konnte sicher sein, wann die Wehen einsetzen würden: vielleicht im Indianergebiet oder in den Bergen oder bei strömendem Regen. Vielleicht ist auch gerade keine andere Frau zur Stelle und man ist mit seiner Angst allein ...

Die Tagebücher der Frauen heben sich von den Aufzeichnungen der Männer sowohl auf oberflächlicheren wie auch auf subtileren Ebenen ab. Die Frauen beschreiben die Indianer beispielsweise häufiger als hilfsbereite Führer und Handlanger und nicht als Feinde. Wenn die Frauen allgemein auch die Indianer fürchteten, so konnten sie doch mit einem gewissen Vergnügen erzählen, daß ihre Männer mit den Indianern Handel trieben und nach vergeblicher Jagd Hemden gegen Lachs und getrocknetes Bisonfleisch tauschten ...

Angst vor den Indianern entstand auch durch das Unwissen über ihre Lebensweise. Bei vielen Indianerstämmen war es Sitte, Fremden ein Zeichen der Gastfreundschaft zu übergeben. Umgekehrt erwarteten sie es von den Durchreisenden. Die Fremden beschrieben das Verhalten der Indianer daher als Betteln und fanden es abstoßend.

Wenn eine Frau schließlich die lange Fahrt in den Westen überstanden hatte, spürte sie ein deutliches Siegesgefühl. Die Probe bestand für die Frau darin, ob sie in der Lage war, ihre Familie gegen alle Kräfte, die sie in alle vier Winde verstreuen wollten, zusammenzuhalten. Wenn jemals Männer und Frauen ihre psychischen Energien auf entgegengesetzte Ziele gerichtet hatten, dann war das in dieser Zeit. Nebeneinander auf dem Wagensitz fühlten Mann und Frau doch unterschiedliche Bedürfnisse, während sie den endlosen Weg entlangblickten, der sie ins Neue Land führen sollte."

Siedler, die in ihrer neuen Heimat Land bestellen wollten, erwarben für eine Eintragungsgebühr von zehn Dollar einen claim, der in etwa fünfundsechzig Hektar entspricht. Ein Siedlerehepaar konnte die doppelte Hektaranzahl erwerben. Mit dem Kauf war die Auflage verbunden, das Land mindestens fünf Jahre lang zu kultivieren und innerhalb von sechs Monaten nach Ansiedlung ein Heim zu errichten. Hatte ein Gebiet eine bestimmte Siedlungsdichte erreicht, erhielt es von der Bundesregierung den Status eines Territoriums. Aber erst, wenn es zum Bundesstaat geworden war, verfügte es über ein eigenes Parlament und eine eigene Verfassung.

Die riesigen Gebiete des nordamerikanischen Kontinents wurden in voreuropäischer Zeit von nicht viel mehr als 500 000 Indianern bewohnt. Die Bevölkerung der Indianer hat in der Zeit der Ansiedelung der Europäer ständig abgenommen. Heute dürften über 300 000 Indianer leben. Little Turtle, Häuptling der Miamis, hat einst in seiner Rede (um 1790) an die Weißen seine Verwunderung über die rasche Besiedlung zum Ausdruck gebracht:

> „Eine unbegreifliche Sache ist es mit der Bevölkerung der Weißen. Kaum zwei Menschenalter sind verflossen, seit Ihr Euren Fuß auf unseren Boden gesetzt, und schon bedeckt Ihr ihn wie Insektenschwärme, indes wir Urbewohner, die, wer weiß wie lange, hier zu Hause sind, noch so dünn darauf gesät sind, wie die Hirsche, die wir jagen.
> Freilich versteht Ihr Weißen es auch, aus einem Flekken, nicht viel größer als meine Hand, nützlichen Gewinn zu ziehen. Auf einem Raume, 15–20mal so groß als diese Stube, baut ein Weißer so viel Nahrungsmittel, daß er ein ganzes Jahr reichlich davon leben kann. Hierzu nimmt er noch etwas Land, mit Gras und Kräutern bewachsen, und erzieht darauf sein Vieh, das ihn mit Milch und Fleisch versieht. Wir roten Menschen hingegen bedürfen eines ungeheuren Gebiets, denn der Hirsch, den wir töten, und der uns

kaum Nahrung für zwei Tage gewährt, hat ein großes Stück Land nötig, um seine gehörige Größe zu erreichen. Und wenn wir 200–300 Hirsche erlegen, so ist es ebensogut, als ob wir alles Gras und Gehölz, wovon diese leben, verzehrten.

Die Weißen dehnen sich aus wie Öl auf einer Decke, wir hingegen schmelzen wie Schnee an der Frühlingssonne, und wenn wir nicht bald einen anderen Weg einschlagen, so ist es ganz unmöglich, daß unsere Rasse noch ferner fortdauere" (F. Philippi, Geschichte der vereinigten Freistaaten von Amerika, 1826, S. 32).

Philippi bemerkt dazu:

„In der Tat kann man auch annehmen, daß Mangel an hinreichender Nahrung schon an sich dem Anwachsen der Bevölkerung entgegentrat; daß die blutigen Kriege, in welche die einzelnen Stämme wegen häufiger unvermeidlicher Verletzung ihrer weitläufigen Jagdgebiete unaufhörlich untereinander verwickelt waren, dabei nicht minder das ihrige taten, und daß endlich die traurige Lage des weiblichen Geschlechts bei den Indianern, das mit der Leibesfrucht belastet und die Kinder auf dem Rücken tragend, zugleich als Sklavin ihres Mannes, demselben Jagdgerät und Mundvorrat bis zur Erschöpfung nachschleppen, und dabei noch härtere Behandlung als das geplagteste Lasttier erdulden muß, daß dies alles der Fortpflanzung ebensowenig günstig sein konnte und auf jeden Fall den geringen Vorteil, der aus der Vielweiberei der Indianer für schnellere Population entstehen mochte, wiederum aufhob."

Seattle

Der erste Blick auf Seattle beim Anflug über die vielen Inseln und in der Sonne schimmernden Wasserarme löst Begeisterung aus. Wenn das Stadt-Panorama aus dem leichten Dunstnebel auftaucht und, während das Flugzeug sich der schmalen, an grünen, bebauten Hängen entlangziehenden Landebahn des Seattle-Tacoma Flughafens nähert, zur Wirklichkeit erstarrt; wenn drumherum die Seen wie der Lake Washington, der Lake Union, die Elliott Bay und der sich anschließende Puget Sound meeresfarben leuchten, wird Sehen zum mächtigen Staunen über die Wunder Amerikas. Welche Stadt kann sich eines so üppigen Füllhorns der Natur rühmen?

Seattle, die 1851 gegründete, wie Rom auf sieben Hügeln erbaute Stadt mit 525 000 Einwohnern, hat nicht das heitere Flair von San Francisco und nicht den Ernst New Yorks, aber wie keine andere Stadt im Nordwesten repräsentiert sie wirtschaftliche Dynamik und übt sich in touristischer Selbstdarstellung.

Berühmt wurde die Stadt 1897, als das Schiff Portland aus Alaska den Hafen mit einer Tonne puren Goldes an Bord anlief. Dies löste über die ganze Nation hinweg einen derartigen Goldrausch aus, daß Seattle fast daran erstickte. Eine Zeitlang war sie Ausgangspunkt für die zahlreichen Goldgräber, die ihr Glück in der äußersten Ecke der Vereinigten Staaten suchten.

Die hügelige, von Wasserläufen umgebene Stadt zeigt sich von ihrer erhabensten Seite aus der Sicht des im 152 Meter hohen Space Needle Turm befindlichen rotierenden Restaurants. Natürlich ist dieser nicht vergleichbar mit dem Sears Tower in Chicago, dem mit 110 Stockwerken und 443 Metern höchsten Gebäude der Welt.

Seattle, kein Venedig mit Gondeln, aber eine Wasserstadt, die durch Flugzeuge mit allen Weltpunkten verbunden ist. In dieser Stadt sind die bekannten Flugzeugwerke Boeing beheimatet.

Aber so elegant und offen Seattle in seinen Renommierplätzen wie Center House und Rainier Square mit seinem von dem großen Architekten Minoru Yamasaki errichteten 40-stöckigen Rainier Bank Tower wirkt, der zugleich das in der Nähe befindliche IBM-Gebäude sowie den Pacific Science Komplex im Seattle Center entworfen und gebaut hat, so gibt es einen Hauch von Montmartre entlang der Waterfront mit ihren weltberühmten Piers Nr. 51 und 70 – letzterer gegenüber der Old Spaghetti Factory (Abb. 1) – und rund um den mit einem 18 Meter hohen Totem-Pfahl geschmückten Pioneer Square mit seinen eleganten Restaurants, Boutiquen, Antiquitätenläden, Galerien und Buchläden. Die Häuser, die nach dem Brand im Jahre 1889 errichtet worden sind, wurden mit viel Sorgfalt restauriert.

Abb. 1: Seattle – The Old Spaghetti Factory

Die Nostalgie hat die Stadt noch auf einem anderen Gebiet ergriffen. Auf den alten Gleisen längs der Waterfront verkehrt eine historische Straßenbahn, die in Australien erworben wurde. Eine weitere Attraktion bildet die Einschienenbahn Allweg, deren Strecke freilich recht kurz ist. Zu einem Monorail-Netz ist sie nicht erweitert worden. Daß die Stadt auf dem Verkehrssektor sehr experimentierfreudig ist, beweist ihre Führungsrolle beim Einsatz moderner Busse. Es sind bereits 400 MAN-Gelenkbusse neben 700 Zweiachs-Omnibussen im Einsatz. Neben MAN bietet G. Auwärter (Neoplan) Busse aus eigener Produktionsstätte in Amerika an.

Was für den Einsatz der Busse spricht, ist die Tatsache, daß der Bus das sicherste und im Hinblick auf den Energiehaushalt das wirtschaftlichste Verkehrsmittel ist. Denn sein Energieverbrauch je Personenkilometer liegt mit weitem Abstand unter dem der Schienenbahnen und des Flugzeugs. Dank geräusch- und schadstoffarmer Dieselmotoren gehört er auch zu den umweltfreundlichsten Verkehrsmitteln. Darüber hinaus erfüllt er auf Reisen den lang gehegten Wunsch nach Geselligkeit.

Amerika ist eine Autozivilisation. Faszinierend ist immer wieder der Blick aus dem Flugzeug auf die übergroßen Parkplätze, bunt wie die holländischen Tulpenfelder. Fast geräuschlos fahren die PS-starken Wagen an einem vorbei. Das Auto, dieses Gefährt aus Metall, Kunststoff und Energie, hat das Leben in all seinen Formen geprägt: keine peripheren Wohnlagen, keine Märkte am Rand der Städte, keine soziale Mobilität ohne Auto. Selbst die erotischen Gewohnheiten hat es verändert. Das Auto. „Heimat im Auto."

Der Öl-Schock 1973 hat die Beziehung der Amerikaner zu ihren Autos zwar ein wenig gedämpft, doch setzen sie weiterhin auf ihr Lieblingsgefährt. Immerhin hat sich die Zahl derer erhöht, die von den Massentransportmitteln mehr und mehr Gebrauch machen. Noch bis 1973 betrachtete man den Benutzer des öffentlichen Nahverkehrs als jemand, der sich ein eigenes Auto nicht leisten konnte. Daß die Bundesregierung die Anschaffung von modernen Nahverkehrsmitteln beinahe bis zu 50 Prozent subventioniert, sofern sie im wesentlichen in den Vereinigten Staaten hergestellt worden sind, hat heute dazu beigetragen, daß sich die Angebotspalette in den Großstädten zugunsten der Konsumenten erweitert hat:

Fähren:	Boston, Chicago, Corpus Christi, Galveston, New Orleans, New York, San Francisco, Seattle.
Straßenbahn:	Boston, Cleveland, Detroit, Pittsburg, San Diego.
Oberleitungsbusse:	Boston, Chicago, Dayton, Denver, Indianapolis, San Francisco und Umgebung, Seattle, St. Paul, Washington.
U- oder Hochbahn:	Atlanta, Boston, Chicago, Cleveland, New York, Philadelphia, San Francisco, Seattle.

Amerika ohne Auto! Das wäre ein böses Trauma wie im Film „Ein Tag danach". Kaum anderswo wäre vorstellbar, daß man auf mehreren Meilen in seinem Wagen die Bergwelt in einer Höhe von 4000 Metern erfahren kann. Das bietet vor allem der Nordwesten.

Olympische Halbinsel: La Push und der Regenwald

Es ist kurz nach Sonnenaufgang. Der erste Morgen mit leichten Regentropfen. Ein dünner Dunst verhüllt die Stadt. Es heißt Abschied nehmen, nach einem Abendessen, das aus verschiedenen Meeresfrüchten bestand. Seattle ist für seine Fischdelikatessen wie Lachs, Krabben, Austern und Muschelgerichte bekannt. Im Fisherman's Terminal liegt die größte Lachs- und Heilbuttflotte vor Anker. Den besten Blick auf diese Schiffe hat man von der Ballard Brücke.

Unsere Fahrt verläuft südwärts, bis wir auf den Highway Nr. 50 einbiegen, der uns zunächst über die Lake Washington (Mercer Island) Brücke – wobei wir die gute Aussicht von dem Lake Washington Boulevard genießen – und dann weiter nördlich über die Evergreen Ziehbrükke wieder in Richtung Seattle führt. Dann folgen wir dem Wegweiser Edmonds, wo Fährschiffe den Puget Sound überqueren, um die Reisenden nach Kingston zu bringen. Während der Überfahrt kreisen die Gedanken um den Namensgeber der Stadt, Seathl (1786–1866), der Häuptling der Suquamisch und Duwamisch war, die an der nordwestlichen Pazifikküste lebten. Sein Grab liegt nördlich von Suquamisch an der Nr. 305, gleich weit entfernt von Kingston oder Winslow. Einige Auszüge aus seinem berühmten Brief an Präsident Franklin Pierce im Jahre 1855, deren Zeitlosigkeit uns heute mehr denn je erstaunen läßt und deren Tiefe ins Herz trifft, seien hier eingefügt. Er verfaßte diesen Brief, als sein Volk die Heimat aufgeben, das Land an die Regierung verkaufen und in die Reservation ziehen sollte:

„Der große Häuptling in Washington unterrichtet

uns, daß er unser Land kaufen will. Der große Häuptling übermittelt Worte der Freundschaft und des guten Willens. Dies ist gut gemeint von ihm. Doch wir wissen, daß er unsere Freundschaft gar nicht benötigt. Dennoch werden wir über seine Anfrage wohl nachdenken, denn wir wissen Bescheid, daß der Weiße Mann, wenn wir seiner Anfrage nicht entsprechen, sich mit Gewalt unser Land nimmt.

Wie kannst Du den Himmel kaufen oder verkaufen ... die Wärme der Scholle? Dieser Gedanke ist uns völlig fremd. Die Frische der Luft oder das Schimmern des Wassers gehören uns doch nicht. Wie kannst Du es von uns kaufen? Jedes Stück Scholle ist meinem Stamm heilig. Jede leuchtende Fichtennadel, jedes Sandkorn eines Strandes, jeder feuchte Nebel in den geheimnisvollen Wäldern, jedes unbefangene und summende Insekt ist meinem Stamm durch Überlieferung und Erfahrung heilig.

Wir wissen, daß der Weiße Mann uns nicht versteht. Ein Stück Scholle ist für ihn wie ein anderes, denn er ist ein Fremder, der in der Nacht kommt und von der Scholle wegnimmt, was für ihn von Nutzen ist. Die Erde ist nicht sein Bruder, sondern sein Feind, und wenn er sie erobert hat, zieht er weiter. Sein Hunger wird die Erde verschlingen und nur eine Wüste hinterlassen. Der Anblick seiner Städte bereitet den Augen des Roten Mannes Schmerzen. Vielleicht deshalb, weil der Rote Mann ein Wilder ist und es nicht versteht.

Wenn ich den Antrag annehme, so nenne ich eine Bedingung. Der Weiße Mann muß in den Tieren dieses Landes seine Brüder sehen. Was ist der Mensch ohne Tiere? Wenn es keine Tiere gäbe, würden die Menschen an Vereinsamung der Seele sterben. Denn was immer den Tieren zustößt, stößt auch den Menschen zu.

Eines wissen wir, was der Weiße Mann eines Tages entdecken mag: Unser Gott ist derselbe Gott. Du denkst vielleicht, daß Du ihn besitzest, wie Du es Dir wünschest, unser Land zu besitzen. Aber dazu bist Du nicht imstande. Es ist unser aller Gott. Und sein Erbarmen ist dem Roten Mann und dem Weißen Mann ebenbürtig. Diese Erde ist ihm lieb. Und der Erde Leid zufügen, bedeutet, den Schöpfer mit Schmach zu überhäufen. Auch die weiße Rasse wird vielleicht rascher als ein anderer Stamm verschwinden. Fahre fort, Dein Bett zu vergiften, und Du wirst eines Abends an Deinem eigenen Gift sterben. Wenn die Büffel alle erlegt, die Wildpferde alle gezähmt sind, die heiligen Orte des Waldes von dem Geruch der Menschen geschwängert sind, und der Blick auf die in reifer Frucht stehenden Hügel fällt, die von den Telegrafenmasten befleckt sind; wo ist dann das Dickicht? Wo ist der Adler? Und was bedeutet es, von dem Fruchtwechsel und der Jagd Abschied zu nehmen? Das Ende des Lebens und das Herannahen des Todes.

Es gibt keinen stillen Ort in den Städten des Weißen Mannes, keinen Ort, wo das Wachsen der Blätter im Frühling oder das Schlagen der Flügel der Insekten zu hören ist. Aber vielleicht sehe ich es so, weil ich ein Wilder bin und es nicht verstehe …

Ein Rascheln schon scheint die Ohren zu schmerzen. Und was bedeutet schon Leben, wenn der Mensch nicht den wunderschönen Laut des Ziegenmelkers oder das Wortgefecht der Frösche am Teichrand bei Nacht hören kann? Der Indianer liebt das leise Raunen des Windes, gereinigt vom Mittagsregen oder vom Fichtenduft angereichert. Die Luft ist dem Roten

Mann kostbar, denn die Schöpfung teilt sich den Atem ... die Tiere, die Bäume, der Mensch. Der Weiße Mann nimmt die Luft, die er einatmet, nicht wahr. Wie ein Mensch, der seit Tagen dahinsiecht, empfindet er den Gestank nicht mehr.

Erst wenn wir wissen, welche Träume der Weiße Mann hat, können wir verstehen, welche Hoffnungen er seinen Kindern an langen Winterabenden macht, welche Visionen er ihnen einflüstert, so daß sie sich den nächsten Morgen herbeisehnen. Aber wir sind Wilde. Die Träume des Weißen Mannes bleiben uns verborgen.

Und weil sie uns nicht bekannt sind, werden wir unseren Weg weitergehen. Wenn wir Deinen Antrag annehmen, doch nur deshalb, weil wir die Reservate, die Du uns versprochen hast, zugesichert haben wollen. Dort werden wir unsere kurzen Tage so verbringen, wie es unserer Lebensweise entspricht. Wenn der letzte Rote Mann die Erde verlassen hat und sein Gedenken nur noch der Schatten einer über die Prärie dahinziehenden Wolke ist, werden die Wüsten und Wälder die Seele meines Volkes festhalten. Denn es liebt die Erde wie der Säugling den Herzschlag seiner Mutter. Wenn wir Dir das Land verkaufen, liebe es so, wie wir es liebten, beschütze es so, wie wir es beschützten, behalte das Land, wie es jetzt ist, wie Du es nimmst, in Erinnerung. Und mit all Deiner Kraft, Macht und Deinem Herzen erhalte es für Deine Kinder und liebe es, wie Gott uns alle liebt. Eines wissen wir ... Dein Gott ist derselbe Gott. Die Erde ist ihm lieb. Selbst der Weiße Mann kann dem gemeinsamen Schicksal nicht entgehen."

(Anläßlich der 200-Jahr-Feier hat die Regierung der Vereinigten Staaten von Amerika diesen Brief nochmals der Öffentlichkeit zugänglich gemacht.)

Bevor wir die Olympische Halbinsel erreichen, suchen wir den historischen Ort Port Gamble auf. Von der Anhöhe her schauen wir dem Treiben eines am Wasser gelegenen Sägewerks zu. Flöße werden auf dem breiten Wasserarm von kleinen Dampfern geschleppt, hineinbugsiert in kleinere Becken, wo sie aufgelöst und schließlich in einzelnen Stämmen vor Eingangsschleusen liegen bleiben. Je nach Beschaffenheit werden sie zu Baumaterial oder zu Zellstoff verarbeitet. Große Schiffscontainer füllen sich mit dieser Papierrohstoffmasse. Auf der anderen Straßenseite stehen wir vor einer einfachen, fast 110 Jahre alten Holzkirche, daneben liegen einige schmuckvolle Holzhäuser aus derselben Zeit. Es ist beeindruckend, wie liebevoll die historischen Bauten gepflegt werden. In der Regel sind es private Stiftungen, die sich einer solchen Aufgabe widmen.

Der Verkehr auf der Straße ist noch rege. Kleinere und größere Ortschaften wechseln ab. Die Siedlungsdichte wird aber geringer. Die Landschaft wird von Augenblick zu Augenblick reizvoller. Die ersten Anhöhen und Bergketten zeigen sich. Vor Port Angeles biegen wir ab, um über das Dorf Heart of the Hills in Serpentinen zum Hurricane Ridge Lodge zu fahren. Da der Himmel klarer geworden ist, bietet sich eine herrliche Fernsicht auf den Gletscherberg Olympus mit seinen beiden Gipfeln (West- 2428 m, Ost-Gipfel 2770 m), den Puget Sound und im Norden auf die Straße Juan de Fuca. Der Hurricane Ridge ist ein im Westen sanft ansteigender, aber zum Osten hin steil abfallender Bergrücken.

Das Nachtquartier für mehrere Tage finden wir im Lake Crescent Lodge (Tel. 206-928-3211), direkt am türkisblauen Lake Crescent inmitten von Hemlock-Tannen, Douglas- und Silberfichten mit herrlichem Ausblick auf den See und die im Süden aufragende Bergwelt.

Die Fahrt zum Makah Reservat, das am äußersten

Zipfel der Halbinsel liegt, vermittelt erste Kenntnisse über das Indianertum dieser Gegend. Das Museum in Neah Bay, dem Zentrum des Reservates, gibt Aufschlüsse über die Geschichte und die Lebensweise der Makah-Indianer. Reste eines 500 Jahre alten Dorfes, eines 2500 Jahre alten Fischerortes, die Replika eines Langhauses, für Walfang, zum Fischen und zum Transport eingesetzte Kanus aus Zedernholz sowie Artefakte sind die wohl interessantesten Ausstellungsstücke.

Die Hoko Ausgrabungen in der Nähe des Ozette Sees sind ebenfalls von archäologischer Bedeutung. Anhand der Funde konnte man die reiche Entfaltung der Ozette Küstenfischerkultur vor bereits 3000 Jahren nachweisen. Auf der Nr. 112 biegt man in Sekiu westlich entlang des Hoko-Flusses ab. Reservierungen sind telefonisch unter (509) 335-85 66 oder schriftlich an Hoko River Archeological Project, 326 Commons, Washington State University, Pullman, Wa. 99164, vorzunehmen.

Abb. 2: Der ‚Leuchtturm' von La Push

Quilayute Reservat in La Push. Wovon die Leute hier leben, wollen wir gerne wissen. Der Chief fährt uns mit seinem Boot auf die im Meer gelegene, kleine bewaldete Felseninsel (Abb. 2). Ein schmaler Pfad schlängelt sich bis in eine Höhe von 25 Metern nach oben. Der Durchmesser des Felsrückens beträgt kaum 300 Meter. Nicht weit von uns im offenen Meer sehen wir Fischerboote. „Unsere Ahnen lebten vom Fischfang wie auch wir heute. Dieser Felsen ist uns immer eine Art Leuchtturm gewesen. Er zeigte den Fischern bei stürmischer See den sicheren Weg in den Hafen", sagt der Chief. „Vor nicht allzu langer Zeit hielten wir hier noch Wache. Früher kamen die Feinde vom Meer, heute sind es die Fangnachrichten."

Er bittet uns zu Tisch im Trading Post. In einem großen, weißgetünchten Raum stehen einige Tische und Stühle, während sich auf der linken Seite die Verkaufstheke mit Schmuckarbeiten und dahinter die Küche befinden. An den Wänden hängen verschiedene Flecht-, Web- und Schnitzarbeiten. Wir bekommen Tee und Toast mit selbstgemachter Marmelade. Eine köstliche Vorspeise! Die Übersetzung der Bezeichnungen der Beeren bleibt trotz großer Genauigkeit unverständlich. Vielleicht sind es Marmeladen aus Prachtbrombeeren und Beeren der Salal. Danach gibt es fangfrische Lachsfilets auf indianische Art zubereitet. Eine einmalige Delikatesse! Kein Restaurant kann diese zarte Frische bieten. Mich hat die Indianerin noch ein Fisch-Taco kosten lassen. Das Essen ist beendet. Wir reden weiter. Über den Fischfang, über das Leben in den Reservaten, über die Drogen, den Alkohol, über den Pluralismus des Indianertums – und letztlich über die außerhalb der Reservate lebenden Indianer, denen es durch Gründung einer panindianischen Organisation gelang, erstmalig indianische Rechtsansprüche durchzusetzen.

Der Hoh-Fluß weist uns den Weg zu den Hoh-Indianern. Der Besuch des Verwaltungszentrums beweist erneut, daß sich die Küstenstämme durch ihre Fischerkultur ganz erheblich von den Kulturen der übrigen Indianerstämme unterscheiden. Der schmale Streifen zwischen dem Gebirge und der Küste mit seiner üppigen Vegetation ist schon seit einigen Jahrtausenden dicht besiedelt. Charakteristisch für dieses Gebiet zwischen Nordkalifornien und Alaska sind die hochentwickelten Holzschnitzereien, die auf kulturelle Eigenständigkeit hinweisen. Die Frauen der Hoh-Indianer beschäftigen sich hauptsächlich mit Flechtarbeiten. Die Holzschnitzkunst ist heutzutage nicht so sehr beliebt. Wir werden in ein Haus geführt, in welchem eine Großfamilie wohnt. Das Haus liegt auf einem vor dem Meer geschützten Terrain, seitlich stürzt ein Bach in den Pazifik. Während wir plaudern, bringt ein jüngeres Mädchen Körbe verschiedenster Größen in das geräumige Zimmer, das zugleich Wohn- und Spielzimmer für die Urenkel ist. Als Gäste dürfen wir dem Treiben der Familie und der alten Indianerfrau zuschauen, wie ihre geschickten Hände die Kunst des Flechtens ausführen. Da die jüngeren Kinder der Urgroßmutter zusehen, wird das Bedürfnis, diese Arbeit eines Tages einmal selbst zu machen, bereits in frühen Jahren geweckt. Die alte Frau ist kräftig, sehnig, voll Leben und wirkt wegen ihrer Güte anziehend. Sie erzählt, daß ihre Vorfahren stets Fischer waren und nie die Absicht hatten, in das Innere des Landes vorzudringen, um ihren Lebensunterhalt auf eine andere Weise zu sichern. In der Bodenbebauung sahen sie keine Alternative. Der Fischfang ernährte sie. „Wir hatten auch nie den Ehrgeiz wie ihr weißen Männer, das Unbekannte zu erforschen. Diese Eigenschaft ist uns fremd. Wir haben nicht die Weite des Meeres aufgesucht. Wir wollten die Welt nicht erkunden. Vielleicht waren unsere Kanus dafür nicht geeignet. Da wir nicht die Begegnung mit dem Fremden suchen, sind wir darauf bedacht, selbst unentdeckt zu bleiben." Diese Worte der alten Indianerfrau hallen noch lange nach. Zum Abschied gibt sie uns einen Korb mit, der uns an sie erinnern soll.

Wir stehen wieder einmal am Steilufer. Die jüngeren Mitglieder der Familie begleiten uns. Das Meer ist rauh. Die Brandung schlägt ohrenbetäubend gegen die Felsen und das Erdreich, in das sich die Wurzeln der Bäume tief eingegraben haben. Die zerstörerische Kraft des Pazifiks nagt am Festland. Wir können diesen Prozeß mit eigenen Augen verfolgen. Felsbrocken, Erdreich und Baumwurzeln werden von der Brandung weggerissen. Die Natur öffnet ihren unersättlichen Schlund und verschlingt alles, was greifbar ist. Natur spielt mit Natur. Es findet ständig eine Tragödie in ihrer „Ur-Fassung" statt.

Bei strahlendem Sonnenschein ist der Pazifik so sanft, als könnte ihn kein Lüftchen erregen. Die Sandstrände sind an diesem Küstenstreifen nahezu menschenleer. Reisende kommen nicht scharenweise.

Wenn man am Strand entlangfährt, stößt man hin und wieder auf vom Meer glattgeschliffenes und von der Sonne gebleichtes Strandgut (Abb. 3) wie Wurzelwerk, Stämme und Äste. Es liegt an manchen Stellen in einer derartigen Dichte, daß es wirkt, als ob Riesen diese Kunstwerke aus der Natur herausgemeißelt hätten.

Am nächsten Morgen folgen wir dem Hoh-Fluß in der entgegengesetzten Richtung, um den Regenwald von Hoh aufzusuchen. Bis zum Forsthaus ist die Straße befestigt. Danach geht es zu Fuß über die Olympus Ranger Station weiter bis zu den Glacier Meadows zum Rand des Blauen Gletschers.

Die Entstehung dieser Bergwelt führt man zurück auf zueinander gerichtete Schubbewegungen zweier Erdplatten. Vom Westen her ist es die Juan de Fuca-Meeres-

Abb. 3: Strandgut am Pazifik

platte, vom Osten her die Kontinentalplatte. Beide bewegen sich aufeinander zu, treffen sich und driften nach oben. Dies geschieht unter enormen Spannungen, die sich oft in Erdbeben entladen, welche Bruchlinien hinterlassen. So ist der Berg Olympus ein Ergebnis der Erdbewegungen. Er ist daher keine Erhebung, die aus erstarrter Lava besteht. Lava ist lediglich an einigen Stellen aus Spalten hervorgequollen.

Die Theorie von der Kontinentalverschiebung wurde 1910 von dem Geophysiker Alfred Wegener aufgegriffen, wonach die Kontinente auf starren driftenden, 30 km dicken Platten liegen, die wie Schlacke auf der heißen flüssigen Masse des Erdmantels treiben. Die Bewegungen im heißen Zentrum der Erde sind Antriebskräfte für Verschiebungen, die vor kurzem von der NASA durch Messungen nachgewiesen werden konnten, wie z. B.:

- Nord- und Südkalifornien, die auf verschiedenen Platten ruhen, konvergieren jährlich um 6,6 cm.

- Nordamerika und Hawai streben jährlich um 5,1 cm aufeinander zu.
- Der Atlantik wird jährlich um 1,5 cm breiter.
- Nordamerika und Australien divergieren jährlich um 1 cm.

In der Mitte der Ozeane brechen die Platten auseinander. Dort taucht neues Gestein auf. An den Stellen, wo die Platten aufeinanderstoßen, tauchen die Platten mit ihren Rändern in das heiße Innere zurück und werden dort geschmolzen. An den Grenzlinien der Platten verzeichnet man häufig Erdbebenzonen.

Ein weiterer bedeutender geologischer Entwicklungsprozeß spielt sich in Nord-Süd-Richtung ab. Es handelt sich um einen Rift, ein Grabensystem, das dem Lauf des Rio Grande folgt und sich durch die Bundesstaaten Colorado und Neu-Mexiko hinzieht. Geophysiker haben entdeckt, daß es kein Erosionstal ist, sondern eben ein Rift, das im Laufe der Jahre um einen Millimeter bis zu mehreren Zentimetern auseinanderdriften kann. Das aufsteigende glutflüssige Gestein würde ein aus zahlreichen Vulkanen bestehendes unterseeisches Gebirge und somit einen neuen Ozeanboden bilden, der sich zum Golf von Mexiko hin öffnet. Die Rift- oder Teilungsbewegung findet sich auch auf anderen Kontinenten, wie beim Baikal-Rift im Süden Sibiriens, dem Rheintalgraben zwischen Bingen und Basel sowie dem afrikanischen Rift von Äthiopien über Kenia bis Tansania.

Die Küstenkordillere bildet einen bis zu 200 km breiten Gebirgsriegel, der nur von wenigen Flußtälern oder Fjorden unterbrochen ist. Die enorme Vergletscherung und die Erosion durch wechselnde Meeresniveaus schaffen in der Küstenzone alpine Formen von sonst unbekannter Schärfe und Wildheit.

Da das Gebirge parallel zur Küste verläuft, dringen ozeanische Einflüsse nicht weit in das Landesinnere ein. Feuchtwarme Meeresluft kühlt sich beim Aufsteigen ab, so daß es zu hohen Niederschlägen an der Westseite der Olympischen Gebirgskette kommt. Obwohl es begreiflich ist, wundern wir uns stets von neuem, daß hier die jährliche Niederschlagsmenge 5 Meter beträgt, während sie in Sequim – 64 km östlicher – einen halben Meter mißt. Wenn auch die Temperaturen in den Talufern relativ verträglich sind, sind für den Wegemarsch zum Blauen Gletscher wasserfeste Schuhe und Regenbekleidung angebracht.

Die Natur des Regenwaldes ist nicht bedrückend finster. Es handelt sich um den tropischen Regenwald der gemäßigten Zone, er liegt auf dem Breitengrad von Basel. Man kann den Regenwald am ehesten mit einer gotischen Kathedrale vergleichen, deren Inneres durch einen weichen Lichteinfall ausgeleuchtet wird. Die feingliedrigen Pfeiler und Bögen entsprechen den hochgewachsenen Bäumen und deren raumübergreifenden Ästen mit ihren Zweigen. Eine natürliche Filigranarbeit. Wohin man auch sieht, überall grüne Patina: Büschelweise hängt das Baummoos von den Gewächsen herab, wenn auch nicht jede Baumart befallen ist. Fehlt es dem Regenwald an Dichte, so ragen Bäume wie die Hemlocks, die Sitkas (Abb. 4) und die Zedern hoch in den Himmel hinein.

Es regnet nicht immer. Es gibt sogar Trockenperioden. Doch dies schadet dem Regenwald nicht, da Rinnsale und kleinere Bäche die mit Farnen, Moos und an einigen Sonnenplätzen mit Blumen überdeckte Waldebene durchziehen. Ein natürliches Bewässerungssystem, das einen feuchtgeschwängerten Dunst erzeugt, der an den Reisenden Anforderungen stellt.

Am Quinault Lake inmitten des Olympic National

Abb. 4: Eine Sitkafichte, die bereits 1776 schon 250 Jahre alt war

Forest finden wir eine Bleibe in dem 50 Jahre alten Lake Quinault Lodge (Tel. 206 – 288-2571). Da das Hotel fast ganz aus Holz erbaut ist, strahlt es nicht nur eine behagliche Atmosphäre aus, sondern erinnert an die alten Schwarzwaldhäuser. Nicht so romantisch im Wald gelegen ist das am Meer befindliche Kalaloch Lodge (Tel. 206 – 962-3411).

Festkalender der Olympischen Halbinsel

Februar	
Fog Festival	Ocean Shores
Salmon Derby	Discovery Bay
April	
Olympic Village Art Festival	Gig Harbor
Mai	
Irrigation Festival	Sequim
Rhododendron Festival	Port Townsend

Forest Festival	Shelton
Juni	
Skandia Midsommarfest	Poulsbo
Juli	
Arts in Action	Port Angeles
Old-Fashioned Fourth of July	Forks
Festival of People	Montesano
August	
Makah Days	Neah Bay
September	
Loggers Playday	Hoquiam
Wooden Boat Festival	Port Townsend

Lake Quinault Lodge! Der Mensch in der Landschaft. Man spaziert durch den Olympia-Wald. Refugium für eine Existenz in der schöpferischen Provinz. Blick aus dem Fenster des Lodge auf See, Berge, Wald und Mitmenschen – auf Sein und Zeit. Ein angemessener Arbeitsplatz für einen, der Einsamkeit liebt. Erinnerungen an die Schwarzwaldhütte Heideggers in Todtnauberg werden wach. Auch hier Wege, die in das Unbehauene führen. Nicht der augenblickliche Genuß und das gewollte Erlebnis auf einer Reise bereichert den Menschen, sondern erst das Nachdenken über die Reise öffnet den Raum des Bewußtseins für die Reisebilder und deren Wirklichkeit. Wie die Umgebung der Hütte für Heidegger Arbeitswelt war, so könnte auch diese Landschaft Arbeitswelt werden. Eine faszinierende Landschaft, in die man sich begeben sollte, nicht wenn man Ablenkung sucht, sondern um sie zu meiden. Eine Einsamkeit, die einen in die Nähe des Ursprungs des Universums führt. Sie ist schöpferische Unruhe, die letztlich auch dieses Buch bewirkt hat.

Die Indianer der mittleren Region der Nordwestküste

In diesem Kulturraum leben Indianerstämme von unterschiedlicher Größe und Sprache. Nach W. Lindig und M. Münzel (S. 51 ff.) umfaßt dieser Raum die zentrale Küste von British Columbia, die Insel Vancouver und den Nordteil der Olympia-Halbinsel. Die meisten seiner Bewohner gehören zur Wakash-Sprachfamilie. Von ihnen sind insbesondere die Kwakiutl durch die jahrzehntelangen Forschungen des Nestors der amerikanischen Völkerkunde, Franz Boas, weltweit bekanntgeworden. Daneben gibt es die Bellacoola, die Nootka und die Makah.

Neueste archäologische Entdeckungen machen es wahrscheinlich, daß sich die Nordwestküstentradition wenigstens teilweise an der Mündung des Fraser River, in der Nähe der Stadt Vancouver, entwickelt hat. Hier findet sich schon seit etwa 4000 v. Chr. eine Küstenfischerkultur, die von Binnenlandstämmen ins Leben gerufen worden war. Der Pugetsund wurde in früher historischer Zeit von verschiedenen Stämmen der Küsten-Salish bewohnt, die, wie ihr Name besagt, sprachlich mit den Binnenland-Salish verwandt sind und von diesen abstammen dürften. Der archäologische Befund scheint dies zu bestätigen.

Südlich des Küstengürtels und der großen Meeresbucht des Pugetsundes lebte am Unterlauf des Columbia einst die volkreiche Gruppe der Chinook. Sie war der wichtigste Handelspartner der Binnenlandstämme jenseits der Kaskadenkette und versorgte diese mit den Produkten der Küste. Das Chinook war als Verkehrs- und Handelssprache von Vancouver bis nach Nordkalifornien verbreitet. Der Unterlauf des Columbia River, der bei The Dalles die Kaskadenkette durchbricht und die Küste mit dem Columbia-Plateau verbindet, war schon seit altersher ein wichtiger Handelsweg; das bezeugen die hier gelegenen archäologischen Fundstationen von Indian Wells und Five Mile Rapids, deren unterste Fundschichten Artefakte und Fischgräten aus dem 5. Jahrtausend v. Chr. enthielten.

Am stärksten wichen die Kalapuya, die Bewohner des prärieartigen Willamette-Tales in Oregon, und die zahlreichen kleinen Stämme der mittleren und südlichen Oregon-Küste von der dynamischen und reichen Kultur der nördlichen und mittleren Nordwestküste ab. Nordkalifornien mit dem Unterlauf des Klamath River zählt zwar ebenfalls noch zur Nordwestküstenprovinz, doch macht sich hier schon der Einfluß des kalifornischen Kulturtyps bemerkbar.

Lebensunterhalt: Fischfang und Waljagd

Alle Nordwestküstenstämme mit Ausnahme der Kalapuya lebten fast ausschließlich vom Fischfang; die Nootka und die Makah gingen in größerem Umfang auch dem Walfang nach. Die zahlreichen Küstenflüsse und das küstennahe Meer lieferten so riesige Mengen von Fischen (vor allem Lachs, aber auch Hering, Heilbutt, Kabeljau, Dorsch, Stör, Stint), daß hier niemand hungern mußte. Die Fische und Meeressäuger (Robben, Delphine, Seelöwen, Wale) vermochten eine dichte Bevölkerung ausreichend zu ernähren, und sie trugen zugleich zur Entstehung einer besonders hypertrophen Form des Verdienstfestwesens, dem Potlatch, bei, zu dessen Feiern große Mengen von Nahrungsmitteln verschenkt oder vernichtet wurden. Der Flußfischfang wurde zur Laichzeit der Lachse... mit Angeln, Speeren, Reusen und Dämmen betrieben. Zu anderen Jahreszeiten zog man mit großen Booten auf das Meer hinaus, um

Kabeljau, Heilbutt und Dorsch zu angeln oder mit Netzen einzuholen. Für den Walfang verwendete man Harpunen und Lanzen, für die Robbenjagd Bogen und Pfeil. Der Walfang wurde in ganz ähnlicher Weise betrieben, wie dies bei den Nordalaska-Eskimos beschrieben wurde; auch die magisch-rituellen Vorbereitungen erinnern in vielen Einzelheiten an eskimoische Gebräuche.

Weniger zur eigentlichen Ernährung als zur Abwechslung der Kost trugen die zahlreichen Schaltiere bei, die von den Frauen am Strand eingesammelt oder von den Felsen abgekratzt wurden. Eine geringe Rolle spielte die Jagd auf Landwild wie Hirsch, Bergschaf, Bergziege und Bär. Einige Stämme unterwarfen sich einem Tabu, das den Genuß von Wildbret und Lachs am gleichen Tage verbot. Oft wurde die Landjagd nur als Sport oder zur Erlangung der Wolle der Bergziege für die Deckenweberei betrieben. In Nordkalifornien dagegen war die Hirschjagd, zu der die Jäger Hirschmasken trugen, auch für die Ernährung von Bedeutung.

An pflanzlicher Nahrung wurden Beeren und Wurzeln, vor allem die wohlschmeckende und stärkehaltige Camaszwiebel (Camassia quamash) gesammelt. Die Kwakiutl ernteten eine besondere Kleeart; wahrscheinlich wird es sich dabei weniger um eigenen Anbau als um ein regelmäßiges Einsammeln von Kleeblättern gehandelt haben. Im südlichen Oregon und in Nordkalifornien verwendeten die Indianer nach kalifornischem Vorbild Eichelmehl. Als die Russen in ihren amerikanischen Territorien die Kartoffel einführten, wurde diese Pflanze begeistert angebaut; sie machte bald einen beträchtlichen Teil der Ernährung aus. Seit Ende des 19. Jahrhunderts werden in den südlichen Teilen der Nordwestküste auch verschiedene europäische Getreidearten angepflanzt, die jedoch bei den Indianern nur geringen Anklang gefunden haben.

Materieller Kulturbesitz: Das Holz der Zeder

Die Ergologie der Nordwestküsten-Indianer wird überwiegend von einem Rohstoff geprägt, dem Holz. Mit einfachen Werkzeugen wie Dechseln, Meißeln, Keilen, Bohrern, Hämmern und Messern, die früher aus Stein und Muschelschalen bestanden, heute jedoch aus Eisen gefertigt sind, schlug man die Riesenzeder, spaltete sie und bearbeitete das Holz, meist Bretter, über heißem Wasser, Feuer oder – seltener – aus dem Vollen. Aus Zedernbrettern errichtete man Plankenhäuser, die im Durchschnitt 10 × 15 m, im Süden als Versammlungshäuser eine Länge von über hundert Meter erreichten. Auch für Kochkisten, Truhen und Wandschirme verwendete man Holzbretter. Aus dem Vollen dagegen wurden die Kanus, die als Kriegsboote bei den Haida bis zu zwanzig Meter Länge erreichten, gearbeitet. Halbierte Zedernstämme wurden mit Feuer ausgehöhlt, mit Hölzern gespreizt und so schließlich sorgfältig zugehauen. Die Seetüchtigkeit solcher Einbäume wurde erhöht, indem man an Bug und Heck Holzplanken aufsetzte. Aus dem Vollen wurden außerdem kleine Schalen und Schüsseln für den Haushalt geschnitzt. In der Holzbearbeitung beherrschte man alle Techniken, von der Verzapfung bis zur Verformung in der Dampfkiste.

Zedernbast bildete das Grundmaterial für die geflochtenen Hüte und Kleidungsstücke. Der Bast für die Tracht wurde mit Klopfern weichgeschlagen. Matten wurden aus Rinde oder Schilfrohr geflochten. Horn von Bergziegen oder Holz lieferte das Material für Löffel, die man im Dampf zurechtbog und mit Einlagen aus Muschelschalen, Glimmer und Kupfer verzierte. Aus Bergziegen- oder Hundewolle wurden in der Technik der Halbweberei, die eher der Flechterei als der Weberei, in der ja Webschiffchen verwandt werden, nahesteht,

Decken und andere Kleidungsstücke gewebt; in der gleichen Technik stellte man aus Bergziegenwolle nach gemalten Vorbildern die bekannten Chilkat-Decken der Tlingit her; sie dienten vor allem den Häuptlingen als Umhänge. Bei warmem Wetter gingen die Männer der Nordwestküste meist nackt, die Frauen trugen kurze Baströcke. Bei kalter und feuchter Witterung legte man Decken aus Zedernbast, Wolle oder Daunenfedern an oder zog Regencapes oder Pelz- und Lederhemden über; dazu trug man Korbhüte oder Kapuzen. Im Norden waren auch Mokassins und Hosen bekannt.

Die meisten Gegenstände der materiellen Kultur, so z. B. Haus, Boot, Truhe, Löffel, Hut oder Decke, waren dekoriert. Plastisch ausgestaltet waren Löffel- und Keulengriffe (sog. Sklaventöter), bemalt wurden Häuser, Boote und Hüte, in Halbrelief geschnitzt waren viele Truhen. Als Farben verwendete man bei den Chilkat-Decken Moos, Baumrinde oder Kupferlauge. Schon früh wurden europäische Farben, vor allem zur Bemalung der Kanus und Wappenpfähle (Totempfähle), eingehandelt.

Als Körperschmuck war das Tätowieren und Drucken mit Stempeln verbreitet. Lippenpflöcke wurden vor allem im Norden getragen, Schädeldeformation war besonders im zentralen Gebiet und im Süden verbreitet. Die Schädeldeformation, die auch bei den Stämmen des Columbia-Plateaus vorkam – man denke an die Flathead –, zeigt die engen Beziehungen der südlichen Küstengruppen zur Binnenlandbevölkerung.

Kunst: Der Tierstil in Plastik, Relief und Malerei

Auf dem Gebiet der Kunst erreicht die Nordwestküsten-Kultur einen für ganz Nordamerika einmaligen Höhepunkt. Sie ist besonders in der plastischen Darstellung in Holz, aber auch in der Reliefdarstellung und in der

Malerei entwickelt. Eine überragende Rolle spielt hier die Tierplastik. Das erklärt sich aus der Bedeutung der Tiergeister in den Glaubensvorstellungen dieser Indianer. Meist sind die Tiere in schematisierter Form wiedergegeben, obwohl sich auch naturgetreue Skulpturen finden. Jede Tierart ist stark stilisiert und durch besondere charakteristische Merkmale gekennzeichnet: der Schwertwal durch die hoch aufragende Rückenflosse, der Bär durch das breite Maul mit den großen Zähnen, der Biber durch die oberen Schneidezähne und den üppigen Schwanz. Der Grund für solche Stilisierung liegt darin, daß es sich nicht um die Darstellung individueller Tiere handelt, sondern um mythische Gattungswesen. Zu dieser Schematisierung, die sich vor allem im Norden der Nordwestküste findet, mag beigetragen haben, daß aus einer ursprünglich plastischen Kunst Reliefdarstellungen und dann später Malereien geworden sind. Der Gegenstand – eine Truhe, ein Hut, ein Wandschirm, ein Wappenpfahl – wurde als Tierfigur aufgefaßt, so daß das Tier um den Gegenstand herumgelegt werden mußte. Auf der Vorderseite wurde dann der Kopf, auf den Seiten der Körper mit den Vorderfüßen und auf der Rückseite der Schwanz mit den Hinterfüßen dargestellt. Das Flachrelief wurde durch Bemalen stärker hervorgehoben und schließlich ganz ersetzt. So entstand aus der Plastik die Flächendarstellung, die ihren früheren dreidimensionalen Charakter nur noch insofern besitzt, als sie um einen viereckigen oder runden Gegenstand gelegt ist. Der stärkere Zwang zum Realismus bei der Skulptur ist nun weggefallen, und so werden die ursprünglich naturalistischen Vorbilder immer stärker stilisiert und in ihre Grundbestandteile aufgelöst. Infolge der Füllsel und Betonung bestimmter Elemente, z. B. der Gelenke, ist die zugrunde liegende Figur oft kaum noch zu erkennen. Ein Tier wird deshalb nur selten im Profil oder in Vorderansicht, sondern meist als Doppelprofil dargestellt, das entsteht, wenn man eine um einen Gegenstand herumgezeichnete Tierfigur auf eine Fläche ausbreitet. Dabei wird der Tierkörper durch einen Schnitt vom Schwanz zur Nase halbiert.

Solche Flächendarstellungen wurden auch auf Textilien übertragen, z. B. auf die Chilkat-Decken.

Die Wappenpfähle, die in der populären Literatur meist als Totempfähle bezeichnet werden, tragen ebenfalls stark schematisierte Tierdarstellungen. Die Tiere sind aber keine Totems, sondern Wappentiere und Würdezeichen des Besitzers eines Pfahles. Man errichtete solche Pfähle, die Höhen von zehn Metern erreichten, aus verschiedenen Anlässen: zu Ehren eines verstorbenen Häuptlings, anläßlich einer Bestattung – manchmal dienten sie selbst als Gräber, indem der Leichnam in sie hineingelegt wurde –, bei dem Bau eines neuen Hauses. Meist stellten die auf den Pfählen übereinander angeordneten Tiere wichtige Ereignisse aus der Familiengeschichte eines Häuptlings dar, z. B. vor allem Begegnungen mit Tiergeistern und Dämonen. Man liest gelegentlich, daß die Wappenpfähle erst nach der Einführung von eisernen Werkzeugen durch die Europäer hergestellt wurden; doch besitzen wir Berichte aus der zweiten Hälfte des 18. Jahrhunderts (James Cook 1778, Malaspina-Expedition 1793), aus denen hervorgeht, daß Wappenpfähle schon damals existierten, wenn sie auch kleiner gewesen sein mochten als die der Kontaktzeit. Offenbar hatten die Wappenpfähle primär die Funktion von Bestattungspfosten, wie sie in Westalaska und in Sibirien in allerdings wesentlich einfacherer Form vorkommen.

Soziale Umwelt: Klassenschichtung, erbliches Häuptlingstum und totemistische Klane

Der riesige Überfluß an Nahrungsmitteln und der schier

unerschöpfliche Vorrat von Rohstoffen für den materiellen Kulturbesitz, wobei das leicht zu bearbeitende Holz der Riesenzeder an erster Stelle zu nennen wäre, gaben den Nordwestküstenstämmen wie keiner anderen indianischen Bevölkerung Nordamerikas die Möglichkeit, auch komplexe gesellschaftliche Strukturen zu entwikkeln, die sich im allgemeinen *nicht* in archaischen Gesellschaften finden. Mit anderen Worten: Einer Gesellschaft mit aneignender Produktionsweise standen hier Sozialordnungen gegenüber, die sonst nur bei entwickelteren Gesellschaften mit produzierender Wirtschaftsform auftreten. Aufgrund des hohen Stellenwertes, den das ständige Streben nach Anhäufung von Nahrungsmitteln und Gebrauchsgütern, Sklaven und Luxusartikeln einnahm, kann hier von einer primitiven Form des Kapitalismus gesprochen werden, verbunden mit einer vom Reichtum bestimmten sozialen Klassenschichtung. Charakteristisch für die Nordwestküstengesellschaften war ferner die Betonung genealogischen Denkens, die zur Entstehung unilinearer (Verwandtschaftsrechnung nach nur einem Elternteil) Gruppen führte, die bei der Erlangung von Reichtum und Privilegien miteinander rivalisierten.

Politische Verbände bei Naturvölkern werden oft als Stämme, ihre Führer als Häuptlinge bezeichnet. In den meisten Fällen, so auch in bezug auf die Nordwestküste, ist das nicht korrekt. Die „Stämme“ waren Lokalgruppen oder kleine Sprachfamilien, die sich aus mehreren autonomen Dörfern zusammensetzten; man könnte also höchstens von Dorf„häuptlingen“ sprechen. Im ganzen nördlichen Bereich waren die Lokalgruppen oder Dorfgemeinschaften mit Klanen, im Süden mit Sippenverbänden identisch ... Die Stämme im Süden, insbesondere die Küsten-Salish, waren überwiegend patrilinear und nicht in Klane organisiert ...

Innerhalb dieser an und für sich schon komplexen

Verwandtschaftsstrukturen gab es ein hierarchisches System mit verschiedenen Rangklassen: Häuptlinge, die den Löwenanteil aller Ehren beanspruchten und denen die Führung im Klan bzw. in der Sippe zustand, den Adel, meist von den engeren Verwandten der Häuptlinge getragen, und dem gewöhnlichen Volk. Die unterste Schicht bildeten die Sklaven, die gewöhnlich Kriegsgefangene waren und sich freikaufen lassen konnten... Jedes Individuum hatte die Möglichkeit, aus seiner Klasse in die nächst höhere Schicht aufzusteigen. Hierzu konnten ihm besondere Erfolge bei der Jagd oder im Krieg verhelfen; oder es konnte als angesehener Künstler sein Gewicht in die Waagschale werfen, wenn es galt, die Hilfe der Verwandten zu erbitten, um ein großes Geschenkverteilungsfest, einen Potlatch, auszurichten. Denn nur bei solcher Gelegenheit konnte es die ihm durch Geburt zustehende gesellschaftliche Position verbessern...

Der Potlatch

Das Wort stammt aus dem Chinook und bedeutet soviel wie „geben". Man bezeichnet damit alle Formen von Geschenkverteilungsfesten, die an der Nordwestküste üblich waren: zur Namengebung, anläßlich der Übernahme eines Häuptlingsamtes, bei Rangerhöhungen, an Gedächtnisfeiern, bei der Errichtung eines Wappenpfahles, zur ersten Menstruation eines jungen Mädchens, bei Heirat, Tod und vielen anderen Anlässen...

Solche Feste bedurften umfangreicher Vorbereitungen. Oft dauerte es Jahre, bis alle Geschenke beisammen, d.h. durch Tausch eingehandelt oder in einem komplexen Kreditsystem gegen hohe Zinsen beschafft waren. Neben Gütern des täglichen Gebrauchs wie Decken, Kisten mit Olachenöl oder getrockneten Lachsen und

Pelzen gehörten zu den Geschenken an die Gäste auch Schnitzarbeiten und aus rohem Kupfer gehämmerte und mit Wappen und Symbolen bemalte Y-förmige Platten. Die Kupferplatten stiegen nach jeder Übergabe in ihrem Wert; bei den nördlichen Gruppen durften sie überhaupt nicht mehr verschenkt werden, sondern wurden nur noch als hochgeschätzte Familienerbstücke zur Schau gestellt. Das besonders bei den Kwakiutl entwickelte Kreditsystem mit Zinsen bis zu zweihundert Prozent jährlich ist allerdings erst nach der Ankunft der Europäer... entstanden.

Die Geschenke wurden den feierlich eingeladenen Gästen während des Festes überreicht oder bei einem Potlatch-„Kampf" zwischen zwei rivalisierenden Häuptlingen zerschlagen, verbrannt, ins Meer geworfen oder im Falle von Sklaven getötet. Der „besiegte" Rivale mußte nun bei passender Gelegenheit seinerseits einen Potlatch abhalten und seinen früheren Gastgeber an Geschenken oder zerstörten Gütern zu übertreffen versuchen... Als der Pelzhandel Reichtum ins Land brachte, wurde das System des Wett-Potlatches zum Laster... Man häufte Güter an, um andere zu ruinieren. Für die Zuschauer war das immer ein aufregendes Schauspiel, und es ist verständlich, daß diese Feste eine wichtige Rolle im Leben der Nordwestküsten-Indianer spielten.

Religion: Geheimbünde, Tiergeister und Schamanen

War die gesellschaftliche Struktur mit ihrem komplexen Verwandtschaftssystem und ihrer hierarchischen Klassenschichtung, die sich im steten Kampf um Statusänderung und in einer ungeheuerlichen Verschwendungssucht äußerte, in höchstem Maße auffallend für ein Kultursystem mit aneignender Produktionsweise, so mag es nicht verwundern, daß auch der religiöse Sektor ein ähnlich komplexes und schillerndes Bild bietet.

Neben den verbreitet in Nordamerika vorkommenden Vorstellungen von Tiergeistern – hier sind es vor allem Lachsgeister, die als Unsterbliche in Gestalt von Lachsen jedes Jahr wieder die Ströme aufwärts schwammen – und dem mit den Tiergeistvorstellungen zusammenhängenden Schamanismus, der bei der Krankenheilung in Erscheinung trat, gab es im Winter, der „heiligen Zeit", sakrale Gruppen mit kollektiven Riten: die Geheimbünde. Sie übernahmen alle säkularen und magischen Funktionen der im Sommer „regierenden" Verwandtschaftsgruppen und boten mit Tänzen, Besessenheitszeremonien der Schamanenbünde, mit Masken, Marionetten und allerlei Zauberkunststücken ein höchst dramatisches und faszinierendes Schauspiel. Auch die gewöhnlichen magischen Tricks der Schamanen wurden zu erregenden theatralischen Aufführungen umgearbeitet. Da alle Vorstellungen bei Feuerschein in den halbdunklen Häusern stattfanden, konnten die Zuschauer um so leichter getäuscht werden: Mit feinen Fäden öffnete man Klappmasken, so daß sich plötzlich die Gesichter von Tieren in Menschen und umgekehrt verwandelten, oder man ließ übernatürliche Gestalten an dünnen Seilen durch den Raum schweben; mit Hilfe von Sprachrohren konnte man Stimmen aus verschiedenen Teilen des Raumes ertönen lassen.

Jeder Erwachsene war Mitglied eines Geheimbundes. Nachdem sich ihm in einem Traumerlebnis ein bestimmter Tiergeist, der Symbol- und Schutzgeist des betreffenden Bundes war, gezeigt hatte, wurde er in einer feierlichen Initiationszeremonie in den Bund aufgenommen. Der vornehmste Bund der Kwakiutl war der Hamatsa- oder Kannibalenbund; ihm gehörten alle reichen Häuptlinge und die großen Schamanen an. Seinen Mitgliedern stand das Recht zu, Menschenfleisch zu essen.

Geschichte: Auswirkungen durch die Besiedlung der Weißen

... Die jüngere Kontaktgeschichte der Küsten-Salish im südlichen Teil British Columbias und im Staat Washington nahm einen völlig anderen Verlauf als im Norden. Nach einer kurzen Zeit regen Handels mit weißen Pelzaufkäufern und den ersten Siedlern gerieten die Küsten-Salish in den Sog der hier einsetzenden rasanten Entwicklung von Produktions- und Handelsstätten, die schon bald zur Entstehung von Städten und industriellen Ballungsräumen führte. Es gibt, mit Ausnahme der nördlichen Atlantikküste zwischen Boston und New York, kaum ein Gebiet in Nordamerika, das so schnell und vollständig urbanisiert wurde wie das Küstengebiet zwischen der Straße von Georgia und dem südlichen Pugetsund. Wollten sie nicht wegziehen, waren die hier ansässigen Indianer gezwungen, sich dieser Entwicklung anzupassen. Sie wurden zu Lohnempfängern in der Industrie, aber sie blieben nicht ungelernte Arbeiter, die sich für Hungerlöhne verdingen mußten, sondern wurden Facharbeiter in den Fischereibetrieben, in Sägewerken und in der Holzverarbeitungsindustrie, und bald bekleideten sie auch in anderen Gewerbebetrieben verantwortliche Stellungen als Vorarbeiter. Zu dieser schnellen Anpassung trug entscheidend bei, daß die Küsten-Salish neuen Technologien gegenüber immer schon sehr aufgeschlossen waren und in ihrer eigenen Kultur eine ausgeprägte Arbeitsteilung kannten.

Gedanken des Indianers Tatanga Mani über die Natur (K. Recheis und G. Bydlinski): „Für euch Weiße waren wir Wilde. Ihr habt unsere Gebete nicht verstanden. Ihr habt nicht einmal versucht, sie zu verstehen. Wenn wir der Sonne, dem Mond oder dem Wind unsere Loblieder sangen, betetet wir in euren Augen Götzen an. Ohne uns zu verstehen und nur, weil unsere Art der Anbetung anders war als eure, habt ihr uns als verlorene Seelen verdammt.

Wir sahen das Werk des Großen Geistes in seiner ganzen Schöpfung: in Sonne, Mond, Bäumen, Berg und Wind. Manchmal traten wir durch das, was er geschaffen hatte, an ihn heran. War das so schlecht? Ich weiß, daß wir aus ganzem Herzen an das höchste Wesen glauben, und unser Glaube ist vielleicht stärker als der vieler Weißer, die uns Heiden nannten. Die roten Wilden waren immer enger mit der Natur verbunden als die weißen Wilden. Die Natur ist das Buch jener großen Kraft, die ihr Gott nennt und die wir den Großen Geist nennen. Was für einen Unterschied macht schon ein Name aus!“

Astoria

Wir wachen früh auf und freuen uns auf die wohlschmekkenden pancakes mit maple syrup. In der Halle hängen Jagdtrophäen und Stiche, die Indianer von der Küste darstellen. Die Vitrinen sind mit indianischen Kultgegenständen, Jagdwaffen und Schmuckstücken ausgelegt. Aus dem Frühstückszimmer werfen wir den letzten Blick auf Lake Quinault. Wir blättern in einem Heft über „Die Indianer des Pugetsund“. Es ist die Übersetzung eines deutschen Artikels von Dr. Häberlin aus der Zeitschrift für Ethnologie, Jahrgang 1924, Heft 1–4. Die Sprachstruktur der Küstenindianer unterscheidet sich nicht von denen anderer Indianerstämme. Sie haben keine ungewöhnliche Raum-Zeit-Vorstellung wie die auf felsigen Tafelbergen (mesas) wohnenden Hopis. Diese Pueblo-Indianer verfügen über keine unserem Sprachverständnis entsprechenden Wörter für Raum und Zeit.

Das friedliebende Hopivolk, das seit etwa 900 Jahren für sich lebt, hat die Zeitauffassung einer Bauernkultur. Die Zeit ist in den Kreislauf der Natur eingebettet. Es gibt keine Wochen und Monate, sondern ihre Zeitvorstellungen richten sich nach Ereignissen wie Unwetter, Mißernten oder starken Regenfällen. Die Zeit ist für die Hopi ein großes Rad, das sich auf der Stelle dreht. Gelenkt wird es von „Vater Sonne".

Weiter auf der Bundesstraße 101 nach Süden. Von Cosmopolis fahren wir nach Westport, um auf Lachs- und Thunfischfang zu gehen. Doch das Wetter ist ungünstig. Die Fischer laufen mit ihren Booten nicht aus. Die Straße verläuft an der Küste entlang durch das Shoalwater Indianer-Reservat nach Raymond, wo wir uns wieder auf der 101 befinden. Die Long Beach-Halbinsel begeistert uns mit ihren herrlichen Sandstränden. Ähnlich wie in Seaside, dem ältesten Badeort des Staates Oregon, oder etwas südlicher ab Florence bis nach Coos Bay, ist es ein berauschendes Erlebnis, mit einem Sandbuggy zu fahren. In der Nähe von Ilwaco im Fort Canby State Park besuchen wir das Lewis-Clark-Informationszentrum. Die Expedition von Lewis und Clark durchquerte als erste den weiten unerforschten Westen im Jahre 1805. In Fort Clatsop überwinterten sie.

Die Straße nach Astoria ist wie die Straße zur Schöpfung. Man wird still, verstummt im Schweigen und in der Weite der Wälder. Hunderte von Meilen zieht sich die Straße fast gradlinig durch Forstwälder (Abb. 5) des „Holzkönigs" Weyerhaeuser. Die Brust öffnet sich der Landschaft, sie schmiegt sich ein in die offenen Kammern des Herzens. Trotz der Stille lauern aber Gefahren auf dem Wege, die einen zwingen, auf der Hut zu sein. Es ist zwar keineswegs die schlimmste Straße auf der Olympia-Halbinsel, aber sie hat Tücken, die selbst den mutigen Fahrer beängstigen. Es sind die Fernlastwagen,

Abb. 5: Der nicht aufhörende Wald

mit Baumstämmen von üppigem Wuchs beladene Fahrzeuge, unterwegs zu den Sägewerken oder Papiermühlen im Norden und Süden der Halbinsel. Die Fahrer stehen im Akkord. Man merkt es an ihrer Konzentration sowie an der Geschwindigkeit ihrer Fahrzeuge. Es sind harte Burschen, die Cowboys der Landstraße. Geschickt lenken sie ihre Wagen auf den schmalen Straßen oder besonders in kurvenreichen Strecken an entgegenkommenden Fahrzeugen vorbei. Für die Holzfahrer ist das Lenken des Fahrzeuges hartes Rodeo. Vor Fahrtantritt lassen sie es sich nicht nehmen, persönlich die Verkettungen der Fracht zu überprüfen, selbst wenn auch nur ein Baumstamm – toothpick (Abb. 6) – geladen ist. Denn vor ihnen liegt eine nicht ungefährliche Wegstrecke von 80 Meilen und mehr.

Auf der Olympia-Halbinsel gibt es Bäume, die mehrere hundert Jahre alt sind. Manche sogar tausend Jahre. Trotz des Fällens der Bäume braucht man um den Wald nicht bange zu sein, da die klimatisch ausgeglichene

Abb. 6: Ein gewaltiger Baumstamm (toothpick)

Wetterzone das Wachstum begünstigt. Selbst die Baumstümpfe, die man beim Fällen zurückläßt, vermodern relativ rasch wegen der hohen Feuchtigkeit, so daß auf diesem Nährboden Neuanpflanzungen gut gedeihen können. Raubbau wird nicht betrieben. Forstliche Betriebswirtschaft ist in diesem Lande ebensowenig unbekannt wie in der Alten Welt. Aufforstungen erlebt man immer wieder auf beiden Straßenseiten. Das Alter der einzelnen Anpflanzungen geben Schilder der Firma Weyerhaeuser bekannt. An keiner Stelle ist der Wald unterbrochen. Ein unendlicher Wald, der sich in die Herzen der Menschen einnistet.

Aus dem entrindeten Faserholz wird mittels eines Holzschleifers Holzschliff oder mittels einer Hackmaschine gebleichter oder ungebleichter Zellstoff gewonnen. Unter Zusatz von Leimstoffen, Kaolin und Farbstoffen erhält man den Ganzstoff als Rohstoff für die Papierindustrie. Dieser Industriezweig nimmt einen Teil der Arbeitskräfte der Olympia-Halbinsel auf.

Abb. 7: Die bucklige Straßenbrücke in Astoria

Abb. 8: Astoria mit weiteren imposanten Brücken Foto: Anneliese Schmitt

Dann der erste wirkliche Blick auf die Breite des Columbia und die fast 6 km lange, bucklige Straßenbrükke (Abb. 7). Es ist nicht ein Blick, sondern eine Aussicht auf eine Welt. Es ist erstaunlich, daß noch kein Maler den Zauber dieser technisch-idyllischen Flußlandschaft mit ihrer imposanten Brücke (Abb. 8) vermittelt hat. Ist das Licht zu ätherisch, um vom Pinsel eingefangen zu werden? Es gibt hier keine Spur von Häßlichkeit, von einem Übermaß an Technik oder fehlender Linie, Form und Gestalt. Es ist die vollkommenste Übereinstimmung zwischen Natur und Technik.

Astoria an der Mündung des Columbia ist benannt nach Johann Jakob Astor (1763–1848) aus Walldorf bei Heidelberg, der im Alter von 20 Jahren nach Amerika auswanderte, bettelarm war und seinen Reichtum in der Neuen Welt mit Immobiliengeschäften erwarb. Eine weitere Quelle seines Reichtums war später der Pelzhandel östlich des Mississippi, und nachdem er sich in dieser

Region seine Vorrechte erkämpft hatte, versuchte Astor, den Pelzhandel auf den Nordwesten auszudehnen. Er hatte die Idee, an der Stelle, wo Lewis und Clark den Winter verbrachten, eine Handelsstation zu gründen. Zu diesem Zweck schickte er eine Gruppe von 64 Trappern von St. Louis zur Mündung des Columbia, wo sie sich mit der Mannschaft der Brigg Tonquin, die am 8. September 1810 von New York aus in See stach und 33 Mann an Bord hatte, treffen sollte. Die Brigg befuhr am 22. März 1811 die Mündung des Columbia und geriet dabei wegen eines heftigen Orkans in Schwierigkeiten. Trotz einer starken Brandung ließ der Kapitän ein Boot zu Wasser. Sieben Männer ertranken, während einige wenige das Ufer erreichten, wo sie das Fort Astoria aufbauten. Mit dem Rest der Mannschaft segelte der Kapitän Thorn weiter nordwärts, um Pelze einzuhandeln. Während des Aushandelns der Gegenleistung tötete Thorn einen Häuptling der Salish. Die Indianer kamen nach wenigen Tagen mit Pelzen auf das Schiff zurück und überfielen die Besatzung. Bis auf einen schwerverwundeten Matrosen wurden alle Männer ermordet. Der übriggebliebene Matrose schleppte sich in die Pulverkammer, die er anzündete. Es dauerte nur wenige Minuten und die Brigg Tonquin explodierte.

Die Trapper, die in St. Louis aufgebrochen waren, hatten einen unerfahrenen Händler zum Führer, der sie von einer Schwierigkeit in die andere brachte. Ihr Weg sollte entlang des Lewis-Clark trails führen: den Missouri aufwärts bis zur Quelle, über den Lemhi- und Lolo-Paß zum Clearwater, von dort zum Snake und dann zum Columbia. Die Leute befuhren den Snake mit Kanus und gerieten in den mit Stromschnellen übersäten Hell's Canyon. Es ertranken vier Leute, während sich die übrigen Männer über die steilen Felswände hinweg retteten. Von den 64 Trappern erreichten 45 das Fort Astoria.

Am 8. Mai 1813 legte Astors Schiff Beaver an, das Entlastung brachte und die Fort-Mannschaft mit neuen Nahrungsmitteln versorgte. Pelze wurden verladen, und weil man glaubte, daß weitere Schiffe folgten, kaufte man erneut Pelze ein. Doch der Krieg zwischen England und den Vereinigten Staaten führte dazu, daß am 13. Dezember 1813 der englische Kapitän Black über dem Fort die britische Flagge hißte und das Fort Astoria in Fort George umbenannte. Ein Jahr später erhielten es die Amerikaner zurück. Doch Astor kümmerte sich nicht mehr um das Fort und seine Handelsstation. Das Unternehmen hatte nur Verluste eingebracht.

Zur Erinnerung an die Siedler wurde in Astoria eine 38 Meter hohe Säule errichtet, die die Geschichte dieser Region in Bildern und Beschreibungen darstellt. Von der Spitze bietet sich ein herrlicher Rundblick auf die Stadt, die Brücken und den Columbia mit den ein- und auslaufenden Schiffen. Zur raschen Erschließung der Flüsse, Wälder und Berge des Westens hat eigentlich auch europäische Mode beigetragen: der Biberhut, der von den Herren in der Zeit vom 17. bis zur Mitte des 19. Jahrhunderts getragen wurde, und bei den Damen der Pelzbesatz von Fuchs, Marder und Otter.

Portland – Mt. Hood – Kah-Nee-Ta

In Astoria herrscht Sonnenschein, und es ist überraschend heiß. Es ist, als kehre man in den Sommer zurück. Ab und zu bläst der Wind vom Meer, dann ist es wieder erträglich. Wir überqueren den Columbia. Kaum haben wir die Straßenbrücke hinter uns, folgen wir der Straße flußaufwärts und halten nach einer Weile in den malerischen Orten Skamokawa und Cathlamat an. Ich bin mehrere Male hier gewesen, fast immer zur gleichen

Zeit, und jedesmal war ich von neuem begeistert. Man fährt unmittelbar in die Schönheiten des Landes hinein. Der Anblick der überdachten Brücke bei Grays River erinnert uns an Luzern.

Hier muß ich einen Maler aus Seattle erwähnen. An ihn muß ich denken, als wir diesen Punkt unserer Reise erreichen. Er hatte mir das Land geschildert und mit fester Überzeugung gesagt: „Der Nordwesten wird Ihnen gefallen, ich weiß es. Das Land ist ein Mosaikbild voller Schönheiten. Es wird Ihnen bestimmt gefallen." Diese Worte hatten mich mehr beeindruckt als alles andere, was er mir an mehreren Tagen über den Nordwesten der Vereinigten Staaten und andere Länder erzählt hatte. Es wird Ihnen gefallen... Das blieb in meinem Gedächtnis.

Auch eine Flußlandschaft ist voller Reize. Erst recht bei solchen Dimensionen. Auf der einen Straßenseite ragen Felsblöcke in mikroskopischer Schärfe in den Himmel, auf der anderen gibt es Bäume, in Sonnenlicht getauchte, verzauberte Bäume, die bis zur Flußebene hinabreichen. Man sollte auf dieser Straße nicht im Auto dahinrasen – das ist eigentlich ein Frevel. Das Auge sollte das Schöne erspähen wie der weiße Seeadler seine Beute, und der Mensch sollte sein ganzes Ich von den vielen strahlenden Bildern der Natur durchleuchten lassen.

Wie Seattle den Mt. Rainier hat, so hat das an beiden Ufern des Flusses Willamette erbaute Portland den Mt. Hood. Portland mit seinen über 10 000 Rosenstöcken gilt als die „Stadt der Rosen". Im Juni veranstaltet die Stadt zehn Tage lang ein Rosenfest, berühmt durch die farbenprächtigen Umzüge. Darüber hinaus befinden sich in einer parkähnlichen Landschaft auf Crystal Springs Island mehr als 4000 Rhododendronbüsche. Elegante Restaurants und Geschäfte (Lloyd Center mit über 100 Geschäften an der N.E. 10th und Multnomah Street oder entlang der S.W. 5th, 6th oder des Broadway), Museen (Entwicklung der Holzindustrie, Kunstwerke über „Western Americana", Gemälde der Renaissance sowie andere Werke amerikanischer und europäischer Maler und Bildhauer), Konzerte, Opern und Theater erfreuen den Besucher während seines Aufenthaltes in dieser so schön gelegenen Stadt.

In Portland beschließen wir, dem Columbia auf seinem Südufer zu folgen. Der riesige Bonneville Staudamm, der für Niveauregulierungen, Bewässerung und Strom sorgt, sowie der tiefe Durchbruch des Flusses durch die Kaskaden sind ergreifende Anblicke. Verglichen mit diesem Naturschauspiel sind die Sehenswürdigkeiten z. B. am Rhein von bescheidenem Zuschnitt.

Abends in einem Restaurant lernen wir einen Bankier aus Portland kennen, der am nächsten Tag nach Japan fliegen will. Diese Reise mache er des öfteren während eines Monats. Wir haben nicht viel zu sagen, wir hören ihm gebannt zu, begeistert von der Beschreibung einer Entwicklung, die futuristisch klingt. Hier im Westen der USA ist deutlich eine Pazifik-Orientierung zu spüren. Der Bankier spricht von einer Techniker-Elite im pazifischen Raum. Der Nordwesten wird Ausgangspunkt eines hochtechnologischen Informations-Zeitalters sein. Wachsende politisch-strategische und wirtschaftliche Bedeutung wird dem pazifischen Raum als Kraftfeld des 21. Jahrhunderts mit einer extrem disziplinierten, arbeitswilligen und gut motivierten Arbeitnehmerschaft zukommen. Das Gravitationszentrum des wissenschaftlichen Fortschritts liegt in dieser Region. Sind früher aus diesem Raum, der von einem besonders lernbegierigen und dynamischen Teil der Menschheit bewohnt wird, die Techniker nach Europa geströmt, um neue Technologien und Produktionsabläufe kennenzulernen, so kommen von dort heute Waren, die die europäischen Märkte überfluten. Europa wird dabei leicht als sitzengeblieben angesehen, als verkrustet, technikfeindlich und sogar kulturpessimistisch. Wie sieht die Stellung Europas in der Welt von morgen aus – politisch, wirtschaftlich, technisch und kulturell? Mehr peripher nach einer fast 200 Jahre dauernden Vorherrschaft des atlantischen Raumes in der Welt? Da Europa von der sinkenden Bedeutung des atlantischen Raumes stärker betroffen ist als der Osten der USA und die Sowjetunion, wird es sich in Zukunft viel intensiver um den pazifischen Raum zu kümmern haben. Eine pazifische Herausforderung sollte Europa noch annehmen können. Doch wird dies nur gelingen, wenn die Bindungen Europas an Amerika nicht schwächer werden. Um dies zu gewährleisten, haben wir Amerika als eine wesentlich andere Nation, als ein Volk mit anderen Werten und Zielen, als eine andere Kultur verstehen zu lernen. Es ist ein anderes Land, und das haben wir zu respektieren.

Am nächsten Morgen wollen wir die atemberaubenden Anblicke von der Höhe genießen. Hinter der Stadt beginnt die Alternate Scenic Route, die alpinen Charakter hat. Das Auf und Ab, die engen Kurven, das Gefälle, die nahen Wasserfälle, deren Gischt wie feiner Nebel den Vorbeifahrenden umhüllt, kleinere Bäche in den Tälern, ein dichter Wald sowie auf manchen Strecken die Straße übergreifende Äste, die wie ein Naturgewölbe auf uns wirken, sind die besonderen Merkmale dieser wildromantischen Straße. An Aussichtspunkten wie dem Crown Point blickt man hinab auf den im Sonnenlicht wie ein Diamant glitzernden Columbia mit einem farblich nuancierten Felsgestein als Bühnenhintergrund. Keine Melancholie oder Schwermut taucht auf. Vielmehr ist man von einer gläubigen Bewunderung ergriffen. Wundersame Natur unter dem Schutz des Schöpfers – man glaubt, man spüre seinen Atem. Die Menschen mögen weiterhin ihre täglichen Bosheiten tun – aber der Schöpfer läßt noch immer den Zauber seines Werks ausstrahlen.

Es ist eine bizarre Landschaft mit atmosphärischen Effekten. Es drängt einen zu wandern, wäre nicht der Abgrund vor den Füßen. Wie eine Fata Morgana verschwimmt die Weite der Landschaft in der Ferne. Man tritt an den Rand heran, um das Naturspiel noch näher sehen zu können. Es überkommt einen ein Gefühl, als könne man den gegenüberliegenden Hang mit ein paar Riesensprüngen erreichen – wäre man oben angekommen, würde man wie ein von Schönheit Trunkener den Grat der Uferhöhe entlangeilen. Hier dringt alles in die Seele, läßt einen allein in unirdischer Glückseligkeit.

Die Straße kehrt nach einigen Windungen wieder zum Highway 80 zurück, und dort, wo der Wald allmählich aufhört, in Hood River, beginnt der Anstieg zum Mt. Hood, einem 3424 Meter hohen Berg. Ohne es zu

Abb. 9: Obst in Fülle

merken, kommen wir aus der Flußebene auf eine fruchtbare Anhöhe mit Apfel-, Birnen- und Pflaumenplantagen. Auch saftige Wiesen und buntfarbene Felder wechseln ab. Nirgends gibt es einen Fluß, nirgends eine Eisenbahn. Dafür stehen hier und dort Berieselungsanlagen. Es beginnt zu regnen. Es ist nur ein kurzer Schauer, der die Erde zum Dampfen bringt. Wir steigen an einem der Obststände (Abb. 9) aus, um die Fülle des Obstes in Augenschein zu nehmen. Der Obststand ist natürlich nicht vergleichbar mit den Obstständen auf dem Karlsplatz in Düsseldorf oder Viktualienmarkt in München. Ein junges Landmädchen hilft uns bei der Auswahl des Obstes. Sie wirkt sehr anziehend. Ihre Augen funkeln wie Sterne, wie die Augen eines Beduinenmädchens. Ihre Vitalität zeichnet sich an ihren farbenprächtigen Kleidern ab; ihre Brüste aber machen sie weiblich und sanft. Diese aparte Schönheit am Fuße des Mt. Hood wirkt wie ein Symbol des Nordwestens der USA.

Der Regen hat aufgehört. Die Wolken ziehen dahin. Sonnenstrahlen treffen die Erde. Lediglich einige Wolken umgeben das Haupt des Mt. Hood (Abb. 10 und 11). Wir verlassen die fruchtbaren Hügel und dringen immer tiefer in den Wald hinein. Wegen der hohen Niederschläge sind die tieferen Regionen bewaldet. Fichten, Tannen und Hemlocks wachsen üppig. Wir steigen langsam aufwärts. Skilifte verraten, daß das Gebiet um den Mt. Hood auch im Winter gut besucht wird. Oregon besitzt überhaupt gute Skizentren wie den Mt. Bachelor westlich von Bend, Hoodoo Bowl südöstlich von Salem und das Skigebiet um den Mt. Ashland. An einem Rastplatz direkt vor dem Berg halten wir an. Wir wollen warten, bis sich die Wolkenkrone auflöst. Wem die Glücksfee hold ist, der braucht nur den Wunsch zu äußern, die Spitze des Berges sehen zu wollen, und schon zeigt sich der erloschene Vulkan in seiner majestätischen

Abb. 10: Obstparadies vor dem Mt. Hood

Abb. 11: Mt. Hood in Wolken

Schönheit. Ursprünglich hatte der konisch geformte Berg einen Krater. Im Laufe von Jahrtausenden haben Erosionskräfte den Kraterrand abgeschliffen, so daß eine Eishaube die Spitze des Berges bildet, von der acht gletscherartige Streifen aus Eis in die Tiefe hinabzüngeln.

Der Mt. Hood hat uns sein Gesicht gezeigt. Ohne Wolkenkrone ist seine Spitze sichtbar geworden. Unter den Bergen der Kaskaden ist er einer der schönsten Gipfel. Sein Bild prägt sich ein, wie er aus der weiten Ebene ragt als riesiger Felsenkegel.

Die Straße nach Warm Springs führt durch Wald und nochmals Wald. Man denkt nicht mehr an seinen Ursprung oder Nutzen. Man wird still, stumm im geheimnisvollen Schweigen des undurchdringlichen Waldes.

„Wir lieben die Stille;
es stört uns nicht,
wenn die Maus
bei uns spielt;
wenn der Wind im Wald
mit den Blättern raschelt –
wir fürchten uns nicht."

(Der Text stammt aus der Rede eines indianischen Häuptlings an den Gouverneur von Pennsylvania, 1796 – s. K. Recheis und G. Bydlinski)

Eben noch das in die Ferne entrückende Grün, jetzt schon die Brauntöne des Plateaus. Der Wechsel der Farben kommt immer überraschend. Die Kaskaden mit den Bergen Wilson, Pinhead Buttes und Jefferson verlaufen fast parallel zur Straße, die mitten durch das Warm Springs-Indianer-Reservat eine Diagonale zieht. Hinter Warm Springs taucht eine nahezu unüberwindbare Felsbarriere im Hintergrund auf. Der Einfall der Sonnenstrahlen läßt den Anblick noch dämonischer erscheinen. Überhaupt ist das Licht gleißend, durch keine Feuchtigkeit gebrochen, immer wieder anders und neu, ständig umfärbend und modellierend wie die Hände eines Künstlers. Ein Naturschauspiel in stetiger Unruhe. Kein Auto kommt entgegen. Die Menschen verteilen sich über die wenigen Orte im Reservat. Keine Zersiedlung gibt es in dieser amerikanischen Landschaft. Jungfräulichkeit ist dem Reservat geblieben.

Unendlich vielfältig und formenreich ist die Natur. Die Bergbarriere, auf die man zufährt, wechselt die Farben von gelb, hellrot, rostrot zu dunkelschwarz je nach Licht- und Schattenwirkung. Sie ragt imposant vor dem südlichen Horizont auf. Keine Wolkenbänke umkränzen die Berggipfel. Nichts stört den kosmischen Ablauf. Im Abendrot glänzen die beiden Seen Simtustus und Chinook wie kostbare Minerale, während die Bäume am Chinook gelbrot und bronzen aufleuchten. Westlich erheben sich die Kaskaden mit dem bekannten Hoodoo Skigebiet, östlich davon das Willamette Waldgebiet sowie die Mt. Jefferson Wilderness Area.

Der Erholungsort Kah-Nee-Ta ist nicht weit von Warm Springs, dem Verwaltungssitz des Reservats, gelegen. Im trockenen Steppenklima sich in das Thermalwasser zu begeben, hat eine ganz besondere Heilwirkung. Dieser Gesundbrunnen kommt freilich nicht an das Flair und die Urbanität der Weltbäder der europäischen Kurorte heran. Er hat auch nicht die lange Bade-Geschichte und Höhepunkte wie z. B. Pyrmont Ende des 17. Jahrhunderts oder Baden-Baden Anfang des 19. Jahrhunderts. Dafür ist Kah-Nee-Ta ein bescheidener Kurort inmitten eines Reservats mit guten Restaurants und Einkaufsmöglichkeiten. Schon die Fahrt dorthin hat ihre beeindruckenden Reize. Da und dort Berieselungsanla-

Abb. 12: Fahrbare Berieselungsanlagen

gen (Abb. 12), die sich leicht weiterschieben lassen, da die miteinander verbundenen Rohre auf eine Länge von hundert Metern und mehr von breitspurigen Speichenrädern getragen werden. Das Badewesen ist erst in den beiden letzten Jahrzehnten entwickelt worden. Die Zahl der Erholungsuchenden steigt von Jahr zu Jahr. Es sind vor allem diese Gäste sowie die Passanten, die den Wohlstand des Badeortes mehren. Der Ort ist nicht bekannt wegen seiner mondänen Geselligkeit. Es ist kein Badeort, den man aufsucht, um zu sehen und gesehen zu werden, sondern um zu gesunden oder als Passant den Spaß zu haben, sich im Thermalwasser zu tummeln. Auf jeden Fall bietet dieser Kurort inmitten der Steppe ein attraktives Heilklima.

Keine Tankstellen auf dem weiteren Weg durch das Reservat. Es ist gut, daß wir noch in Kah-Nee-Ta nach dem Benzinstand geschaut haben. Simnasho besteht aus wenigen, teilweise schon verfallenen Häusern. Selbst Pine Grove, Wamic und Tygh Valley scheinen keine

Prosperität zu kennen. Das hügelige Gelände ist nahezu Trockensteppe. Der Pflanzenwuchs ist spärlich. Es handelt sich um Pflanzen, die nur wenig Wasser benötigen und mehr vom Morgentau leben. Es ist der Wüstensalbei, der als harter, leicht grüner Strauch den kargen Boden in lockeren Abständen bedeckt. Da der sagebrush nicht dicht gedrängt steht, ist er für Mensch und Tier passierbar. Wenn er grünt und die gelben Blätter weit sichtbar sind, entfaltet er einen Duft, der vom Wind durch die Landschaft getragen wird. Dieses Naturparfum ist ein weiterer Reiz des Großen Beckens, eines Plateaus, dessen Fauna Vielfalt bietet. Neben den schnurgeraden Straßen begegnet man in der Steppenwüste Füchsen, Kojoten und vor allem Herden von Pferden in allen Farbschattierungen. Weiße, graue, gescheckte und besonders die dunkelschwarzen Pferde heben sich deutlich von dem Bodengrund ab. Es ist ein spannendes Erlebnis, wenn sich zwei Hengste im Kampf gegenüberstehen. Das wilde Stampfen, das Schlagen der Hufe, der gezielte Biß, die biegsamen Körper, die straff gespannten Muskeln, die fliegenden Mähnen sind die Begleiterscheinungen des erregenden Dramas. Mehrere Herden haben wir auf unserer Fahrt durch das Reservat angetroffen. Und immer wieder haben wir uns im Wagen still verhalten, um das Leben der Pferde in der freien Wildnis in uns aufzunehmen.

„Im Leben eines Indianers gab es eine Pflicht, deren Erfüllung er nie vergaß – die Pflicht, jeden Tag im Gebet das Ewige und Unsichtbare zu ehren. Wann immer er auf seiner täglichen Jagd auf ein Bild ehrfurchtgebietender Schönheit stößt – eine Regenbogenbrücke vor einer schwarzen Gewitterwolke über den Bergen; einen weißschäumenden Wasserfall im Herzen einer grünen Schlucht; eine weite Prärie, vom Sonnenuntergang blutrot angestrahlt –, verharrt der rote Jäger einen Augenblick in anbetender Haltung.

Alles, was er tut, hat für ihn religiöse Bedeutung. Er spürt den Geist des Schöpfers in der ganzen Natur und glaubt, daß er daraus seine innere Kraft erhält.

Er achtet das Unsterbliche im Tier, seinem Bruder, und diese Ehrfurcht führt ihn oft so weit, daß er den Kopf eines erlegten Tieres mit symbolischer Farbe oder mit Federn schmückt.

Dann hält er die gefüllte Pfeife hoch – als Zeichen, daß er auf ehrenhafte Weise den Geist seines Bruders befreit hat, dessen Körper zu töten er gezwungen war, um selber weiterzuleben."

(Ohiyesa [1859–1939], einer der ersten Dakota, der eine Hochschule besuchte; er promovierte 1890 zum Doktor der Medizin an der Universität in Boston – s. K. Recheis und G. Bydlinski.)

Auf dem Rückweg zum Columbia (Abb. 13) machen wir am Rande des Städtchens Dufur Halt, um etwas zu trinken. Man macht uns nach dem ersten kühlen Getränk auf etwas aufmerksam, was wie bunte Schmetterlinge am Himmel schwebt. Es sind vier knallbunte Heißluftballons. Als wir sie entdecken, schwindet für mich die Gegenwart und Szenen aus der Vergangenheit tauchen auf. Ich erinnere mich an meine Erlebnisse mit Ballons in Albuquerque in Neu Mexiko, der Metropole der Ballonfahrer. In jedem Jahr findet dort ein Massenstart von

Abb. 13: Am Columbia-Ufer

mehr als vierhundert Heißluftballons statt. In diesem Mekka der Ballonfahrt kletterte ich vor Jahren in den Korb, um den Alltag an Bord einer modernen Montgolfiere mitzuerleben. Wie der Vogel die Aufwinde zum Gleiten nutzt, ist für den Ballon der Wind die einzige Energiequelle. Das Windrauschen ist ein erhabener und wohltuender Gegensatz etwa zum knatternden Geräusch eines Hubschraubers. Die Heißluftballons der Neuzeit bestehen aus feuerfestem Kunststoff mit regulierbarem Propangasbrenner, der für wenige Sekunden Flammen in die Ballonhöhle schickt, so daß sich durch die eintretende Hitzewelle der Ballon aufwärts hebt, und erst, wenn der Auftrieb allmählich endet, gibt der Ballonführer wieder Gas. Wie schwere Motorräder, Feuerstühle genannt, immer größere Beliebtheit gewinnen, so ziehen seit einigen Jahren anachronistisch wirkende „Feuerstühle" am Himmel entlang und tupfen ihn mit Farben wie ein Regenbogenmosaik.

Wieder am Columbia, dem größten Strom des Nordwestens, der wie kein anderer Strom zwei Staaten, Kanada und USA, miteinander vernetzt. Wälder begleiten ihn im Norden, Steppen in der Mitte, im Süden durchbricht er ein Bergmassiv und läuft in einem breiten Mündungsbett aus. Der Columbia! Unser Columbia!

Die Uferstraße, die den Flußwindungen folgt, liegt an den Rändern des Flußbettes. Die Straßenbauer waren klug genug, um diese vorteilhafteste Route zu wählen. Da starkes Gefälle den gewaltigen Strom auf dem Weg zur Mündung auszeichnet, bot es sich an, seine Kraft nutzbar zu machen. Deshalb findet man eine Vielzahl von Dämmen im Verlauf der Fahrt entlang des Stromes.

Wer den Fluß von einer Dammkrone, vom Ufer oder von einer Anhöhe aus betrachtet, ist ergriffen und fasziniert von den abwechslungsreichen Bildern, die der majestätisch dahinziehende Strom dem Betrachter zu den verschiedenen Tageszeiten darbietet. Der Columbia! Unser Columbia!

Lewis' und Clarks Expedition

Bei Begegnungen mit den freundlichen Bewohnern des Nordwestens kam das Gespräch immer wieder unvermutet auf die Lewis-Clark-Expedition, und als wir auf einer Anhöhe, die uns einen weiten Blick in die zauberhafte Landschaft gestattet, ankommen, steht vor uns ein Schild mit den Köpfen von Meriwether Lewis und William Clark. Die Erzählung über Lewis und Clark beginnt meistens mit einem geschichtlichen Ereignis und endet oft als unvollendeter Roman. Die Geschichte der Expedition hat uns schon tagelang verfolgt. Jetzt, da der breite

Columbia in der Flußsenke vor uns liegt, fühlt man sich verpflichtet, die Geschichte der Expedition in Gedanken zu rekapitulieren: Im Jahre 1803 fragte der französische Außenminister Talleyrand beim damaligen Botschafter der Vereinigten Staaten an, ob sein Land daran interessiert wäre, über die Stadt New Orleans hinaus das Gebiet Louisiana für 15 Millionen Dollar zu kaufen. Diese einmalige Offerte ließ sich Präsident Jefferson nicht entgehen, da sich durch den Kauf die Fläche der Vereinigten Staaten mehr als verdoppeln und zugleich der Weg in den Westen freigelegt sein würde. Zweifellos hatte der Kongreß das Recht, den Kauf nicht zu billigen. Doch Jefferson war derart geschickt, daß er die Kongreßmitglieder überzeugte. Der Vertrag wurde am 9. März 1804 von seinem Jugendfreund Lewis, dem späteren Expeditionsleiter, in St. Louis unterzeichnet. Anrainerregionen waren das spanische Gebiet im Südwesten und das Land Oregon im Nordwesten. Das Vertragsgebiet selbst lag westlich des Mississippi und erstreckte sich bis zu den Füßen der Rocky Mountains. Da auch diese Region bisher unerforscht war, kam es Jefferson in den Sinn, das Land bis zum Pazifik erkunden zu lassen. Daher waren Lewis und Clark mit ihren 28 Leuten die ersten Amerikaner, die den Westen bis zum Pazifik durchquerten. Da es keinerlei Anhaltspunkte, Landkarten oder Reiseberichte über dieses Gebiet gab, waren sorgfältige Vorbereitungen Voraussetzungen für ein Gelingen der Expedition. Wie unzureichend die geographischen Kenntnisse waren, zeigt sich daran, daß z. B. auf einer spanischen Landkarte aus der Mitte des 17. Jahrhunderts Kalifornien als Insel (Abb. Rückseite des Einbands) eingezeichnet war. Weiteres Material, mit Ausnahme einzelner Berichte von Stätten an der Pazifikküste, war nicht vorhanden. Es verstrichen Jahrhunderte, bis der erste Weiße den Pazifik erreichte. Es war der Brite Alexander Mackenzie, der im Mai 1793 von Fort Fork aufbrach, um mit seinen sieben Männern am 20. Juli 1793 – fast genau dreihundert Jahre nach der Entdeckung Amerikas durch Columbus – zur Pazifikküste nördlich der Stadt Vancouver zu gelangen, wo ihn das Meer tosend empfing.

Die Lewis-Clark-Expedition begann ihre Forschungsreise am 14. Mai 1804 in St. Louis den Missouri entlang. Über Sioux City, Iowa, drang sie bis zur Mündung des Knife River südlich des Sakakawee-Sees, Nord-Dakota, vor, wo sie in einem Blockhaus die letzten Tage des Herbstes und die unerwartet kalten Wintertage, an denen die Temperaturen manchmal bis auf – 43 °C fielen, verbrachte. Da Lewis die ihm vom Präsidenten auferlegte Aufgabe erfüllte, Indianerstämme aufzusuchen und deren Häuptlinge nach Washington einzuladen, begegnete er eines Tages bei den Minnetaree-Indianern einem Frankokanadier und seiner Frau Sacajawea, einer Shoshonin, die als elfjähriges Mädchen entführt und später als Sklavin an die Weißen verkauft worden war. Lewis gewann ihr Vertrauen und warb sie als weitere Teilnehmerin der Expedition an, die am 7. April 1805 aufs neue aufbrach. Auf dem weiteren Wege westwärts gelangte sie an die Missouriquelle und an die Kontinentalwasserscheide. Sacajawea bewährte sich nicht nur als Dolmetscherin, sondern war auch eine gute Führerin in der Wildnis. Sie bewältigte Kleinigkeiten und meisterte dadurch große Dinge. Als sich die Expedition von Tag zu Tag der Heimat der Shoshonen näherte, erkannte Sacajawea Orte in der Landschaft wieder, die sie in ihrer Kindheit berührt hatte. Welch ein Staunen muß sie empfunden haben, als die Bilder ihrer Kindheit auftauchten! Aufregender noch als der äußere Marsch muß die Reise in ihrem Innern gewesen sein. Lewis selbst war darauf bedacht, die Shoshonen kennenzulernen. Mit Hilfe der Indianerfrau glaubte er, die Freundschaft dieses Stammes leichter erringen zu können. Doch die Shoshonen zeigten sich sehr mißtrauisch und ängstlich. Sie waren nicht bereit, mit den Weißen Verhandlungen aufzunehmen. Selbst Gastgeschenke verweigerten sie. Erst als eine Frau aus den Reihen der Indianer auf Sacajawea zuging und sie als Freundin umarmte, war der Bann gebrochen. Trotzdem waren sie noch immer zurückhaltend, bis plötzlich Sacajawea den Häuptling Cameahwait als ihren Bruder erkannte und auf ihn zustürzte. Da war das Mißtrauen endgültig beseitigt. Geschenke wurden ausgetauscht, Einladungen ausgesprochen und Pferde den Weißen übergeben.

Die Route über die Westseite der Rocky Mountains war schon wegen der Wildheit der Natur sehr mühsam: Steilhänge, Felsenmeere und schließlich Stromschnellen im Columbia. Und dann ging der Vorrat zur Neige, der auch nicht durch Wild zu ersetzen war, da man auf keines stieß. Die Lachse, die gelaicht hatten, waren nicht genießbar. Trotz aller Unbequemlichkeiten erblickte die Expedition den Pazifik am 7. November 1805. Welch ein Gefühl der Befreiung und Freude muß geherrscht haben! Lewis und Clark waren mit ihren Mannen wochenlang durch die Wildnis gezogen. Sie hatten jede Freude, jede Verzweiflung gekostet. Jetzt wußten sie, was es heißt, wenn die Vision des Reiseziels Wirklichkeit wird. Ähnlich geht es wohl heute den Pionieren bei der Eroberung des Weltalls. Die Expedition wird beim ersten Blick auf den Pazifik die größte Befriedigung empfunden haben. Nichts gab es mehr zu erobern: die Küste des Pazifik war betreten und der Stille Ozean lag vor ihnen.

Am 23. März 1806 begann der sechsmonatige Rückweg, wobei sich Lewis und Clark unterwegs voneinander trennten, um weitere unbekannte Flußgegenden zu durchqueren. Mitte August trafen sich die beiden Expeditionsleiter an der Mündung des Yellowstones wieder, um am 20. September 1806 die erste weiße Ansiedlung La Charette am Missouri zu erblicken. Von dort waren es nur noch drei Tage bis nach St. Louis. Am 23. September 1806 beendeten sie ihre so erfolgreiche Forschungsreise. Aufgrund vieler Eintragungen in fast mehr als ein Dutzend Reisebüchern und topografischer Skizzen entstand die erste Landkarte über den bis dahin unerforschten Westen der USA mit dem Titel: „A Map of Lewis and Clark's Track, Across the Western Portion of North America – From the Mississippi to The Pacific Ocean; By Order of the Executive of the United States in 1804, 5 & 6."

Walla Walla

In stets gewundenem Lauf fließt der Columbia dahin, sofern nicht Dämme die Wassergewalt brechen und einen riesigen Stausee wie hinter Umatilla bilden. Die Uferstraße verläuft oft sehr nahe dem Columbia entlang und gewährt Ausblick auf zahlreiche schöne Flußabschnitte. Die industrielle Zivilisation ist noch nicht mit ihrer Brutalität über das Columbiatal hergefallen. Überdies ist es wegen der Weite des Gebiets kaum möglich, daß die Orte am Fluß zu einer einzigen Stadt werden und der Columbia zum Boulevard. Wer Augen hat zu sehen, wird im Columbiatal viel Lehrreiches und Geschichtliches entdecken. Es ist die große Einwanderungsstraße des Nordwestens der USA, die Straße der Flut der Siedler aus dem Osten.

In Wallula verlassen wir den Columbia und erreichen bald die Whitmansche Missionsstation, benannt nach dem Arzt und Missionar Marcus Whitman, der mit seiner Frau Narcissa und elf anderen Mitbewohnern am 29. November 1847 von Cayusen getötet wurde. Diese

Missionsstation ist zu einer Pilgerstätte geworden, denn ohne die Taten der beiden Whitman wäre das weite Umland nicht so rasch besiedelt worden.

Whitman wollte schon immer Missionar werden. Doch aus Geldmangel konnte er zunächst das lange wissenschaftliche Studium nicht finanzieren. Deshalb wandte er sich der Medizin zu, wo er am Krankenbett als Praktikant seine medizinischen Erfahrungen sammelte. Je mehr er sich aber in die Aufgaben eines Arztes vertiefte, um so stärker spürte er seine eigentliche Berufung zum Missionar. Doch seine erste Reise in den Westen machte er als ärztlicher Begleiter. Nach seiner Rückkehr heiratete er zunächst Narcissa. Ihre beiden Anträge, die Indianer missionieren zu dürfen, bewilligte man mit der Auflage, daß sie innerhalb einer kleinen Gruppe, die sich im Jahre 1836 einem Handelstreck anschloß, ihre calvinistische Missionstätigkeit aufnehmen sollten. Die Missionsgruppe erregte Aufsehen auf ihrem Wege zum Westen, da sich unter ihnen zwei Frauen befanden, die als erste den Kontinent durchquerten und sich später im Nordwesten ansiedelten.

Als Arzt hatte Whitman tagtäglichen Zulauf, weil es immer wieder galt, sich um Verletzungen und Krankheiten zu kümmern. Daneben war seine Frau wegen ihres trotz aller Strapazen heiteren Wesens bei allen recht beliebt. Dies mißfiel freilich den anderen Missionaren, die sich ins Abseits gedrängt fühlten. – Als der Treck am Green River für mehrere Tage Rast einlegte, um die vom Westen kommenden Trapper zu treffen, hatten vor allem die Indianerfrauen genügend Gelegenheit, die beiden Frauen zu bewundern, ihre Hände zu schütteln und sie zu umarmen.

Die Missionare zogen mit den Trappern westwärts. Auf die vielen Wagen wollten sie trotz des schwierigen Fortkommens nicht verzichten. Solange sie sich auf der

Prärie fortbewegt hatten, waren die schweren Wagen nicht hinderlich gewesen. In bergigem Gelände war das anders. Whitman zeigte sich besonders hartnäckig. Er wollte beweisen, daß es möglich sei, mit dem Wagen in den Westen zu ziehen. Würde ihm dies gelingen, könnten alle späteren Siedler mit ihren Frauen und dem wichtigsten Hab und Gut im Osten aufbrechen, um sich eine bessere Zukunft im Westen zu schaffen. Als aber der äußerste Rand der Prärie erreicht war, zwangen die natürlichen Gegebenheiten doch zur Aufgabe zunächst der schweren Wagen. Lediglich leichte Wagen konnten die Fahrt fortsetzen. Die Weiterfahrt gestaltete sich von Tag zu Tag beschwerlicher, die Wagen mußten immer häufiger repariert werden. In Fort Boise ließ man den letzten Wagen zurück. Und nun ging es zu Pferd weiter. Wie richtig diese Entscheidung war, zeigte sich beim Überqueren der zerklüfteten Blue Mountains. Fort Walla Walla erreichte man am 1. September 1836.

Die Kunde über die gute Ankunft der beiden Frauen verbreitete sich schnell im Osten. Es dauerte nur wenige Jahre, und der erste Treck mit schweren Wagen setzte sich in Bewegung.

Die Missionare waren auf der Suche nach geeigneten Missionsstätten. Sie suchten auch das Fort Vancouver auf und entdeckten auf ihrer Rundreise, daß bereits andere Missionare am unteren Lauf des Columbia wirkten. Daraufhin zogen sie wieder in östliche Richtung. Whitman entdeckte nicht weit von Fort Walla Walla einen indianischen Lagerplatz, den er sich als Sitz der Mission auserwählte.

Mit Hilfe der Indianer bauten die Whitmans Haus um Haus. Zugleich wurde das Land kultiviert und mit Bewässerungsgräben versehen. Der Fluß Walla Walla war in der Nähe. An diesem Ort gebar Narcissa ein Mädchen. Die Indianer behandelten es, als ob es eines der ihren wäre.

Mit der Zeit kam weitere Hilfe aus dem Osten. Die Missionsstation war zugleich Anlaufstelle der Siedler auf ihrem weiteren Weg in den Westen. Der Oregon trail führte die Trecks zu dieser Stätte, wo die Siedler nach langen entbehrungsreichen Tagen zum ersten Male wieder ein festes Dach über sich hatten und vor allem ärztliche Betreuung erhielten. Der Ruf Whitmans als Arzt zog immer mehr Siedler an, so daß sich die Indianer von ihm mehr und mehr vernachlässigt fühlten.

Der erste Schicksalsschlag traf die Whitmans, als die zweijährige Tochter im Walla Walla ertrank. Diesen Verlust konnte Narcissa über Jahre hinweg nicht verschmerzen. Vier Tage lang hielt sie das Kind in ihren Armen, bevor sie es für das Begräbnis hergab. Unter den ankommenden Siedlern gab es auch verwaiste Kinder, die dann eines Tages von Narcissa an Kindes Statt aufgenommen wurden. Hierzu schreibt L. Schlissel: „Catherine Sagers Vater, ein ruheloser Mann, emigrierte 1838 von Ohio nach Missouri und zog dann 1844 weiter nach Oregon. Catherine schreibt in ihren Erinnerungen, daß niemand daran gewöhnt war, in einem Planwagen zu reisen, und die Bewegung führte bei allen zu Unwohlsein. Die unbequeme Situation wurde durch den einsetzenden Regen verschlimmert, weil man nun nicht mehr das Dach zurückrollen konnte, um frische Luft hineinzulassen. Das führte außerdem zu einem feuchten, muffigen Geruch, bei dem es einem übel wurde. Erst nach mehreren Wochen legte sich diese ‚Seekrankheit'. Man versteht die Übelkeitsanfälle besser, wenn man in den Erinnerungen weiterliest ‚... am 22. Mai wurden wir von der Ankunft einer kleinen Schwester überrascht.' In einem feuchten Wagen über steinige Wege gerüttelt zu werden, ist für jede Schwangere ein unseliges Schicksal, und für Catherines Mutter waren die ersten Tage nach der Geburt unerfreulich. Das Wasser lief ins Zelt, und das Bett war völlig durchnäßt. Die Familie wurde vom Pech verfolgt. ‚Bald danach kamen wir an eine Stelle mit einer Böschung an der einen Straßenseite. Obwohl Vater versucht hatte, das Unglück abzuwenden, raste die Gruppe genau hinein, der Wagen kippte um, und Mutter wurde beinahe getötet... Ein Zelt wurde errichtet, Mutter wurde hineingetragen und lag eine lange Zeit bewußtlos. Der Wagen wurde wieder aufgerichtet, alles verladen, und wir konnten weiterfahren, da Mutter sich inzwischen erholt hatte. Dieser Unfall sollte nicht der letzte sein. Am 1. August hielten wir mittags in einem wunderschönen Hain am Ufer des Platte River... Die Kinder hatten sich an das ewige Rein und Raus gewöhnt, daß sie keine Angst mehr vor dem Wagen hatten. Sie stiegen auf die Deichsel und sprangen von dort in sicherem Abstand vom Wagen, so daß Vater nicht jedesmal anhalten mußte. Als ich an diesem Nachmittag vom Wagen springen wollte, verfing sich der Saum meines Kleides in einem Achsbolzen, ich stürzte unter die Räder, die beide über mich hinwegrollten, bevor Vater die Ochsen zum Stehen bringen konnte. Als er sah, daß ich nicht mehr unter den Rädern lag, hob er mich auf und versuchte, mit mir im Arm das Gespann zum Halten zu bringen, das vor Furcht beinahe durchging. Als er sah, daß mein Bein in der Luft umherschlenkerte, erkannte er das volle Ausmaß meiner Verletzung und rief mit gebrochener Stimme: ‚Mein Kind, das Bein ist ja völlig kaputt.‘

Die Unfälle häuften sich, bis die Reise zu einem Alptraum geworden war. Vor Fort Laramie brach in einer Bisonherde Panik aus. Henry Sager versuchte, die riesigen Tiere davon abzuhalten, seinen Wagen zu zerstören, aber bei diesem Versuch verlor er sein Leben.

Sehr bald war allen klar, daß er sterben mußte. Auch er selbst wußte, daß er im Sterben lag, und konnte sich nicht beruhigen bei dem Gedanken, daß er seine große hilflose

Familie allein zurückließ... Ich lag neben ihm, und er sagte zu mir: ‚Mein armes Kind! Was soll aus dir werden?‘ Bald kam Captain Shaw und fand meinen Vater weinend... Sein Weib sei nicht von kräftiger Natur, die Kinder klein und eines für lange Zeit ein Krüppel. Ohne jede Angehörigen im Land hätten sie noch einen großen Teil der Reise vor sich. Er bat Captain Shaw in mitleiderregendem Ton, sich seiner Familie anzunehmen und sie sicher in den Westen zu begleiten.‘

Nach dem Tod ihres Mannes raffte sich Mrs. Sager auf, ihre Kinder nach Oregon zu bringen. Sie stellte einen jungen Mann zum Wagenlenken an, aber es stellte sich bald heraus, daß weder Höflichkeit noch Loyalität die unanfechtbaren Tugenden der Überlandfahrer waren. Er nahm das Gewehr der Familie, allerdings nicht zum Jagen, sondern um die Gesellschaft vor ihnen zu übernehmen, in der seine Geliebte saß. Das Glück schien den Sagers ständig einen Streich zu spielen.

Mrs. Sager, noch von der Geburt geschwächt, wurde bald ein Opfer des Camp-Fiebers. Nachts und morgens war es bitterkalt... sie litt unter einer Entzündung im Mund, dem Vorboten des todbringenden Fiebers. Sie waren nun im Territorium Utah. Sie fiel bald ins Delirium... Für ihr Baby sorgten die anderen Frauen des Zuges. Sie kamen auch, wenn die Wagenkolonne nach Einbruch der Dunkelheit anhielt, wuschen Mrs. Sager den Staub vom Gesicht und versuchten, es ihr so angenehm wie möglich zu machen. Man grub ihr ein Grab an der Seite des Weges. Innerhalb von nur 26 Tagen waren sieben Kinder Waisen geworden, das älteste 14 Jahre und das jüngste gerade ein paar Wochen alt.

Die Kinder zogen weiter mit dem Zug bis zur Missionssiedlung von Marcus und Narcissa Whitman im südöstlichen Oregon...

Als Narcissa die Sager-Kinder sah, gefiel ihr das Baby

am allerbesten. Im Oktober wurden sechs Kinder ohne Schuhe an den Füßen und ohne Haare auf dem Kopf an der Missionsstation zurückgelassen, und ein Säugling dazu."

Nun wieder zurück zum Geschehen auf der Station. Die ankommenden Siedler konnten für die Weiterfahrt Proviant, vor allem Getreide, Gemüse und Speck, einkaufen. Nicht allen Siedlern paßte es, auf einer christlichen Station nach all den Mühsalen noch etwas dafür bezahlen zu müssen. Whitman gab es auch einigen umsonst, die den Proviant nicht kaufen konnten. Manche Siedler, die in der Gegend blieben, maßten sich an, das Land als ihr Eigentum zu betrachten. Dies brachte den Whitmans Unglück, da jetzt die Cayusen in den beiden nur die Vorboten der Weißen sahen, die es auf das Land der Indianer abgesehen hatten. Die Cayusen glaubten nun, die eigentliche Absicht Whitmans bestehe darin, die ankommenden weißen Siedler zu stärken, statt die Indianer zu christianisieren. Die Missionsstation selbst war inzwischen zu einer Siedlung gewachsen. Auch Handwerker hatten sich niedergelassen. Die Cayusen fühlten sich somit durch die Übermacht der Weißen gefährdet. Außerdem wurden sie von Angestellten der Hudson's Bay Company gegen die Missionare aufgewiegelt: diese würden nur immer mehr Siedler heranlocken. Die zunehmende Besiedelung des Landes führte dazu, daß der Pelzhandel der Gesellschaft von Tag zu Tag schrumpfte. Damit war ihre Existenzgrundlage genauso gefährdet wie die der Indianer. Die Zerstörung der Whitmanschen Siedlung war daher lediglich eine Frage der Zeit. Hinzu kam, daß Infektionskrankheiten die Kinder der Weißen befielen, wobei sie nach einigen Tagen wieder gesund waren. Die indianischen Kinder hingegen erkrankten und konnten trotz aller Mühen Whitmans nicht gerettet werden. Da nach altindianischer Sitte der Medizinmann zum Tode verurteilt war, wenn sein Patient starb, erwartete Whitman ein ähnliches Schicksal. Dies war Whitman bewußt. Doch er half weiter, obwohl seine Medizin bei den Indianerkindern nicht wirkte. Die Indianer glaubten, daß er ihnen ein Gift verabreiche, während die weißen Kinder Medizin erhielten. Am 29. November wurde die Missionsstation von den Cayusen angegriffen. Marcus Whitman und seine Frau sowie zwölf andere Mitbewohner wurden umgebracht. Die übrigen Bewohner wurden als Gefangene mitgenommen und später freigekauft.

Pendleton – Steens Mountain

Von Walla Walla, einem im Grünen gelegenen Städtchen an den Ausläufern der Blue Mountains mit vielen parkartigen Wohngebieten, bis nach Pendleton (Abb. 14), einer typischen Wildweststadt, ist es eine kurze Wegstrecke. Mitte September eines jeden Jahres findet das bekannte Rodeo, das Round-Up (Abb. 15) mit Festzügen, sowie ein Wettrennen der Pony-Express-Kutschen statt. Beim Rodeo sind Pferde und Bullen nur deshalb so wild, weil ein Band am Unterleib sie dazu reizt. Sobald das Band gelöst wird, ist das Tier wieder friedfertig und kehrt in seine Box zurück. Für das Tier ist der Cowboy also Nebensache. Das Bestreben des Cowboys dagegen ist ein möglichst langer Balanceakt und ein glückliches Davonkommen ohne irgendwelche Verletzungen. Oftmals beginnt er den Wettkampf mit einem Gebet.

Für den Ästheten und den Kulturhistoriker bietet eine Wildweststadt keinen Reiz. Hinter der schnell bekannten Fassade verbirgt sich keine Kultur. Die Weißen sind ja erst vor gerade 100 Jahren in diese Gebiete vorgesto-

Abb. 14: Pendleton am Oregon Trail

Abb. 15: Werbung für das berühmte Round-Up
Aufnahme: Eleonore van de Sandt

ßen und haben sie nach frühkapitalistischer Wirtschaftsmentalität erschlossen. Dafür gibt es allerdings auch keinen tiefgreifenden sozialen Niedergang wie in den alten Kulturstädten, der dem Entwicklungs- und Modernisierungsprozeß entspringt. Wenn auch die Orte des Wilden Westens ihre Entwicklungen durchgemacht haben, so gründete sich doch ihre Wirtschaft von Anfang an auf den Bedarf des modernen Menschen und die moderne Technik. Ganz anders die alten Städte im Orient. Die Vielfalt des Handwerks z. B. in Bagdad, Damaskus und Fes fiel zunehmend der Modernisierung zum Opfer. Aufzuzählen wären Kupfer-, Silber-, Gold- und Messingschmiede, Juweliere, Schlosser, Wollfärber, Lederfärber, Gerber, Mosaikleger, Tischler, Weber, Spinner, Knüpfer, Buchbinder, Seiler, Sattler, Polsterer, Seiden- und Brokathersteller, Schneider – alle diese Handwerker hatten ihre Gasse, Gassen oder Viertel. Aber es blieb immer noch ein Rest der alten Kultur. Im jungen Amerika fehlte das kulturelle Fundament völlig, und so sind nur wenige und eintönige Lebensformen gediehen.

Die kleine Privatmaschine startet in Pendleton, überfliegt die Blue Mountains, östlich den Wallowa Whitman National Forest, das Skigebiet um den Anthony Lake westlich von North Powder an der Highway Nr. 84, Mt. Austin, den mit fast dreitausend Metern höchsten Berg der Strawberry Mountains, läßt die Weite des Großen Beckens hinter Burns erkennen, gleitet über die beiden südlich gelegenen Harney- und Malheur-Seen und landet nach einem fast anderthalbstündigen Flug in Burns, wo wir am anderen Morgen in aller Frühe einen Jeep besteigen.

Das Große Becken, scheinbar flußlos, da alle Bäche oder Gewässer irgendwo versickern, ist keine gewöhnliche Ebene ohne Erhebungen, flach oder am Rande aufgewölbt, sondern überall sind durch Verschiebungen an den geologischen Schnittstellen Platten aufgefaltet. Die Ränder sind kantig, da sie wegen der geringen Niederschläge in ihrer ursprünglichen Form verblieben. Die Erosion blieb aus. Deshalb trat auch keine Abrundung der Gesteinskanten ein. Die aufragenden Platten sind von unterschiedlicher Stärke und Höhe. Daher ist das Große Becken ein geologisch reizvolles Gebiet.

Von oben herab sieht der Pflanzenwuchs üppig aus. Er verdichtet sich zu einem Pflanzenteppich. Aus der Nähe gesehen ist er jedoch spärlich. Der Sagebrush, ein dicker, grau-grüner Busch mit winzigen Blättern, steht vereinzelt, so daß die Trockensteppe leicht zu begehen ist. Durch diese Trockensteppe sind die wenigen Straßen wie mit einem Lineal gezogen und haben das Aussehen eines Spinngewebes. Die Straßen rund um das langgestreckte, nahezu baumlose Bergmassiv der Steens Mountains können je nach Wetterlage staubig trocken oder morastig sein. Die Umstrecke über Frenchglen, Fields,

New Princeton zurück nach Burns beträgt fast dreihundert Kilometer. Inmitten liegt das Malheur National Wildlife Refuge.

Das Harney-Becken war um 1845 das Ziel zahlloser Digger, der Goldschürfer. Der Goldrausch ging auf Erzählungen Überlebender eines Wagentrecks zurück, die Goldkörner in dieser so kargen Region gefunden hatten. Doch erlangten diese Goldfunde nicht die Bedeutung wie die auf den Ländereien von August Sutter in der Sierra Nevada östlich von San Francisco im Jahre 1848. Der auri sacra fames, der verfluchte Hunger nach Gold, brachte allein im Jahre 1849 mehr als 35 000 Abenteurer nach San Francisco; darunter waren nur knapp einige Hundert Frauen. Wo ein Ei einen Dollar kostete, konnte man sich schon ein Vermögen erarbeiten. Hunderte von Spielhöllen, Saloons und Bordellen standen miteinander im Wettbewerb. In der Sin City blühten Glücksspiel und Gangstertum. Daneben hatten Theater, Restaurants und Hotels ihre Blütezeit. Vier Opernhäuser unterhielt die Stadt. Gleichzeitig war San Francisco eine literarische Oase. Hier begannen ihre Karriere als Schriftsteller Mark Twain, Bret Harte, John Muir, Henri George, Joaquin Miller und Ambrose Bierce.

Von dem Goldrausch ist im Harney-Becken nichts mehr zu spüren. Das Gebiet lebte wenige Jahre auf, um dann wieder in den verschlafenen Zustand zurückzusinken. Dieser Landstrich war auch schon von der Natur nicht begünstigt. Es fehlte das Meer, ein Klimagemisch aus Sonne und Feuchtigkeit und üppige Vegetation. Selbst Siedler lockte es nicht an. Vielmehr suchte man ständig nach einem schnelleren, wenn auch unbequemeren Weg durch die wüstenartige Gegend für die aus dem Osten kommenden Siedler. Man wollte einen Pfad direkt zum Salzsee erschließen. Doch immer wieder wurden die durchziehenden Siedler von Indianern aufgeschreckt.

Als 1846 England das Oregon-Territorium an die USA abtrat, sorgte Captain Harney für sicheres Geleit der Siedler. Zum Dank wurde dieses Becken nach ihm benannt. Die Steens-Berge erhielten den Namen von Captain Steens, der einer in Bedrängnis geratenen Kavallerieeinheit raschen Beistand leistete.

In Frenchglen lassen wir den Jeep für die Fahrt rund um die Steens-Berge überprüfen. Der Himmel zeigt einige Wolken. Ist das nicht ein gutes Zeichen für das trockene Land? Das Sonnenlicht erleuchtet den Rand der dahinziehenden Wolken und reflektiert glitzernd am Boden. Wir brechen auf und erreichen schon nach kurzer Zeit das Flußbett des Donner und Blitzen. Es ist eine Gegend mit erstaunlichen atmosphärischen Effekten wegen des ständig wechselnden Lichtes. Die Berge locken, man wünscht, ihnen entgegenzueilen. Die Straße wird immer holpriger. Der Ansturm auf den Berg ist schwieriger als erwartet. Der Gipfel erweist sich als eine Fata Morgana, die flieht, je näher man ihr zu kommen versucht. Der Weg ist morastig. Es muß geregnet haben, denn in manchen Spurrillen steht noch Regenwasser. Unsere Absicht, den Berghang zu erklimmen, wird jäh vereitelt, als wir mit dem Jeep im Morast steckenbleiben. Wieder freigekommen, versuchen wir es mehrere Male, einen passablen Weg zu finden. Doch der Straßenzustand wird nicht einladender; wir beschließen daher umzukehren. Es wäre zu mühsam, sich weiter durch den Schlamm durchzuwühlen. Wir fahren dafür auf der Südroute um die Steens-Berge und betrachten sie aus der Nähe, wie sie sich ganz still und ruhig vom Himmel abheben. Schon seit unendlichen Zeiten liegen sie so unter der leuchtenden Sonne. Wieder packt uns die Sehnsucht, den Berghang hinaufzueilen.

Der Fluß Donner und Blitzen entspringt in den Steens-Bergen, bewässert ein Sumpfgebiet und mündet schließlich in den Malheur-See. Die Gegend ist relativ trocken. Wegen der geringen Niederschläge hat man die Farmwirtschaft aufgegeben, geblieben ist lediglich Viehzucht großen Stils. Das Sumpfgebiet ist zu einem Naturpark erklärt worden. Dem Ornithologen schlägt das Herz höher, wenn er die zahllosen Vogelarten in der Wildnis beobachtet: Geier, Habichte, Falken, Kraniche, Kormorane, Fischreiher, Pelikane, Fasane und eine Vielzahl von Kleinvögeln. Die Sumpfflora ist ungewöhnlich artenreich, die Fauna weist vor allem Antilopen, Maultierhirsche und Biber auf. Eine unversehrte Landschaft, die man lieben muß. Diese Landschaft lebt, lebt inmitten einer langsam sterbenden Welt. Es ist eine einsame Gegend, deren Atmosphäre unmittelbar in die Seele dringt. Das Hineingeworfensein in den Raum öffnet die Türen des Herzens. Das Es, das Äußere, kann ins Innere hereingeholt und so zum Ich werden, wie Hermann Hesse es im „Demian" beschreibt.

In Burns erwarten wir unser kleines Flugzeug. Ich setze mich in den Halbschatten einer Blockhütte. Ein Hund kommt auf mich zu, beschnüffelt mich und läßt sich streicheln. Sein Fell ist struppig und voller Staub, als hätte er längere Zeit in der Wildnis verbracht. Wovon hat er gelebt? Wie konnte er überleben? Ist er nicht ein Symbol für den Lebenswillen und den Reichtum an Lebensmöglichkeiten, der dieses weite Land immer noch kennzeichnet?

Die Indianer des Großen Beckens

Das Große Becken umfaßt die Binnenlandschaft zwischen den Kaskaden und der Sierra Nevada im Westen und den Rocky Mountains im Osten. Vom Norden, von British Columbia über Washington, Montana, Teilen von Oregon, Idaho, Utah und Nevada erstreckt es sich über den Colorado bis nach Arizona als Südgrenze. W. Lindig und M. Münzel (S. 81 ff.) bemerken dazu, daß im Gegensatz zum nördlichen Teil dieses geographischen Raumes „das südlich gelegene Gebiet des Großen Bekkens eine abflußlose, aus zahlreichen Becken bestehende Plateaulandschaft, die Basin and Range Province ist. Bis auf wenige kleinere Zonen trägt der gesamte intermontane Raum eine Trockensteppenvegetation aus Büschelgräsern und Kräutern (sagebrush), der Süden geht in Halbwüste mit Kakteen und Yuccas über. Nur die höheren Lagen der meridional streichenden Bergketten des Großen Beckens und die Gebirgssysteme der Plateaus tragen dichteren Waldbewuchs (Gelbkiefer, Pinyon, Douglasie, Fichten).

Die Zahl der indianischen Bevölkerung der intermontanen Gebiete wird auf knapp 50 000 geschätzt. Sprachlich gehören die Stämme des Fraser- und nördlichen Columbia-Plateaus zu den Binnen-Salish. Die bekanntesten von ihnen sind die Shuswap, Lilloet, Thompson, Okanagon, Sanpoil, Nespelem, Spokan, Coeur d'Alêne und Flathead. Die Kutenai, die ebenfalls hier leben, bilden eine eigene Spracheinheit. Nach Südwesten zu schließen sich sahaptinsprechende Stämme an: Yakima, Cayuse, Nez Percé, Umatilla u. a. Die ebenfalls sahaptinsprechenden Klamath und Modoc wohnen im Grenzgebiet von Südwest-Oregon und Nordost-Kalifornien. Alle Gruppen des Großen Beckens gehören dagegen zur Shoshone-Sprachfamilie (Numish) des Uto-Aztekischen. Ihre wichtigsten Stammesverbände sind die Westlichen, die Nördlichen und die Windriver Shoshone, die Nördlichen Paiute (Paviotso), die Südlichen Paiute und die Ute. Als gegen Ende des 19. Jahrhunderts das Bisonjägertum des Plainsgebietes seinen Höhepunkt erreichte, drangen starke Einflüsse über die Rocky Mountains in das östliche Columbia-Plateau und das östliche Große Becken ein. Von ihnen wurden im Norden insbesondere die Flathead, im Süden die Windriver Shoshone, die Nördlichen Shoshone und die Ute in so starkem Umfange erfaßt (Übernahme des Pferdes und zahlreicher materieller Güter und Ideen), daß diese Gruppen früher häufig als Plainsindianer klassifiziert wurden. Der Einfluß war aber nur von kurzer Dauer, denn mit der Ausrottung der Bisons in den achtziger Jahren des vorigen Jahrhunderts und dem Vordringen der Weißen auch in diese entlegenen Teile des Kontinents brach die Entwicklung ab.

Lebensunterhalt: Reiche Lachsfischer auf dem Columbia-Plateau, arme Sammler im Great Basin

Die beiden nördlichen Plateaus, die von Fraser und Columbia entwässert werden, boten den Bewohnern dieses Gebietes mit ihrem Wasserreichtum gute Voraussetzungen zum Lebensunterhalt, vor allem aufgrund der reichen Möglichkeiten des Fischfangs. Alle Ströme, bis in die kleinsten Nebenflüsse hinein, wurden von verschiedenen Arten von Lachsen, die zum Laichen alljährlich stromaufwärts ziehen, in großen Mengen bevölkert, so daß sie ohne Mühe in Netzen gefangen, geangelt oder gesperrt werden konnten. Außerdem bot die Natur hier den Menschen Wildwurzeln, insbesondere die Camas-Knolle, zahlreiche Beerenarten und in den Wäldern Jagdwild. Im Süden war das Nahrungsangebot der Natur weitaus kärglicher. Die abflußlosen Zonen weisen mit ihren wenigen Flüssen und nicht versalzenen Seen nur einen geringen Fischbestand auf, und auch das Wild ist weniger reichlich als im Norden; die wichtigsten Nahrungsquellen bildeten Pinyon-Nüsse und Grassamen. Im Herbst fanden Hasen- und Antilopenjagden statt. Der Norden war also durch seinen Fischreichtum ein für den

Menschen anziehendes Gebiet, der Süden dagegen ein armes Land, das nur wenige Menschen ernähren konnte.

Der materielle Kulturbesitz: Fischspeer, Grabstock und Sammelkorb

Der gesamte materielle Kulturbesitz war dürftig und entsprach dem wenig entwickelten sozioökonomischen Niveau dieser Jäger, Sammler und Fischer. Bei den mehr seßhaften Völkern des Columbia- und Fraser-Plateaus waren Unterkunft und Gerätschaften differenzierter und vielfältiger als bei den nomadischen Gruppen des Großen Beckens. Hier im Norden dienten als Winterbehausungen stabile runde Grubenhäuser aus Planken, im Sommer zur Zeit der Fischzüge bewohnte man mit Matten bedeckte Sommerhütten. Dagegen kannten die Steppensammler im Süden nur einfache Windschirme, die ihrer nomadischen Lebensweise genügten; den Winter verbrachten sie in Höhlen oder Felsnischen.

Bei den Lachsfischern gab es Einbäume (schwerer als das Kanu aus Birkenrinde, das zusammengenäht und mit Kiefernharz abgedichtet wurde – Anm. d. Verf.) und Rindenboote (Kutenai), im Winter schnallte man in schneereichen Gebieten ovale Schneeschuhe („Bärentatzen") an, um dem Jagdwild zu folgen. Seit Beginn des 19. Jahrhunderts verbreitete sich in den östlichen Teilen beider Gebiete das Pferd; es wurde bald zum wichtigsten Transport- und Verkehrsmittel.

Bei den einfachen Sammlern und Kleinwildjägern des Großen Beckens waren Grabstöcke zum Ausgraben von wilden Wurzeln und Körbe zum Tragen der gesammelten Früchte und als Vorratsbehälter wichtig. Lange Netze wurden während der herbstlichen Treibjagd quer durch kleine Täler gespannt, um die Hasen (amerikanisch: jack rabbit) darin einzufangen. Auffallend war, daß die meisten Shoshone-Gruppen die Herstellung von einfachen Tonwaren kannten, eine Ausnahme bei nichtseßhaften Wildbeutern. Mit Handwalzen wurden Samenkörner und Nüsse auf Steinplatten zu Mehl zerrieben. Solche Handreibsteine sind ein in diesem Gebiet sehr altes Artefakt, das schon von den archaischen Steppensammlern, deren Hinterlassenschaft man in zahlreichen Höhlen in der Nähe des Großen Salzsees gefunden hat, vor Tausenden von Jahren benutzt wurde.

Soziale Umwelt: Lachshäuptling und Hasenschamane

Die Sozialstruktur war bei den Plateaustämmen des Nordens im allgemeinen stabiler, weil die ökonomische Basis durch den sehr ergiebigen Lachsfang gesichert war. Jedes Dorf hatte seinen Häuptling. Für die Dauer der großen Lachsfangzüge wurden sie allerdings von den sogenannten Lachshäuptlingen abgelöst, die während der ganzen Saison uneingeschränkte Befugnisse besaßen. Ein Stammeshäuptlingstum fand sich nur bei den Gruppen, die unter dem Einfluß der Plains-Kultur größere Stammesverbände gebildet hatten. Jedoch besaßen auch diese Häuptlinge nur selten absolute Autorität; sie verdankten ihre Macht, wie bei vielen Plainsstämmen, ihrem Führungsgeschick und ihrem Jagdglück.

Die Bewohner des Großen Beckens waren politisch noch weniger integriert. Das war die Folge einer durch die notwendige ökonomische Tätigkeit bedingten Aufsplitterung in kleine und kleinste Gruppen. Nur im Herbst schlossen sich mehrere solcher autonomer Sammelgruppen zu größeren Einheiten zusammen, um unter der Führung eines Schamanen die Hasen- oder die Antilopenjagd gemeinsam zu betreiben.

Die verwandtschaftliche Organisation war bei den meisten Gruppen des intermontanen Raumes bilateral, in den Plateaugebieten mit leichter Patri-, im Großen Becken mit leichter Matri-Dominanz. Beide Formen der

Polygamie kamen vor. Weit verbreitet war die Sitte, nach dem Tode des Ehemannes dessen Bruder (Levirat) oder nach dem Tode der Ehefrau deren Schwester (Sororat) zu heiraten. Diese Gebote sowie die Kreuzvetternheirat erklären sich aus wirtschaftlichen Gründen zur Sicherung der meist aus Verwandten bestehenden Kleingruppen. Die Wohnsitzregelung war nicht genau vorgeschrieben, bei einigen Plateaustämmen (Sanpoil, Flathead, Shuswap) war sie viri-patrilokal. Mädchenpubertätszeremonien als wichtigster ‚rite de passage' kamen in mehr oder weniger ausgeprägter Form bei allen Gruppen vor. Sie waren jedoch im Süden nicht von so großer Bedeutung wie im Norden.

Religion: Kollektivrituale im Norden, Ritualarmut im Süden

Die religiösen Vorstellungen der Bewohner des intermontanen Raumes ähnelten denen der Subarktiker. Man glaubte an die Macht übernatürlicher Tiergeister, die, in Träumen oder in Visionen erscheinend, den Menschen Kraft und Beistand im täglichen Leben, vor allem aber in Krisenlagen zu geben vermochten. Die Schutzgeistervorstellungen, die im Norden sehr ausgeprägt waren und dort zur Ausbildung eines Medizinmann- oder Schamanentums geführt hatten, spielten im Süden eine geringe Rolle. Daß der bei den Ute verbreitete Bärentanz zu einer älteren Glaubensschicht gehört – er ist vor allem in Ostsibirien verbreitet! –, wird vielfach angenommen, kann aber nicht mit Gewißheit belegt werden. Auffallend ist im Großen Becken eine ausgesprochene Ritualarmut. Das ist sicher nicht eine Folge des schlechten Forschungsstandes, der hier zweifellos vorliegt, sondern ein Charakteristikum zahlreicher Wildbeutervölker.

An kollektiven Ritualen steht im Norden die Zeremonie des Ersten Lachses im Vordergrund; im Großen

Becken hat der Geistertanz, eine messianische Bewegung, die sich 1889/90 von Nevada aus über das ganz Große Becken und die Plains ausbreitete, zeitweilig eine gewisse Bedeutung gehabt. Der Sonnentanz, der auch heute noch von verschiedenen Stämmen im östlichen Großen Becken abgehalten wird und hier wieder mehr geworden ist als folkloristisches Survival, nämlich eine neue Identitätsfindung, stammt dagegen aus den Plains und ist vermutlich durch die Arapaho zu den Nördlichen Shoshone und über sie zu den Ute gelangt."

Geschichte: Kontakt mit Europäern bis zur Erschließung des Westens

Die Fahrt von Lewiston nach Missoula durch das Nez Percé-Reservat läßt vieles von der Geschichte der Indianer dieser Region lebendig werden. Die Gegend ist voller Naturschönheiten, sie hat aber auch etwas Trauriges an sich; man glaubt, Klagelieder zu hören. Das Lied vom sterbenden Indianer hallt von den Felswänden. Die Zeit seit der Forschungsexpedition 1805, die Lewis und Clark zur Pazifikküste unternahmen, bis zum Ende des 19. Jahrhunderts ist eine Ära der Gewalt, der Unterdrükkung, der Vertreibung, der Rechtlosigkeit und letztlich der Vernichtung der in dieser Gegend beheimateten Indianer. Der verzweifelte Kampf, den die Indianer gegen den Weißen Mann geführt haben, wird am ehesten am Wortlaut von Unterredungen deutlich. Als z. B. Towasi, Häuptling der Comanchen, sich mit einer Gruppe Comanchen 1869 in das Fort Cobb begab, begrüßte er General Sheridan in gebrochenem Englisch: „Towasi guter Indianer." Der General, der die Indianer haßte, erwiderte: „Die einzigen guten Indianer, die ich gesehen habe, waren tot." Daraus leitete sich das geflügelte Wort ab: „Nur ein toter Indianer ist ein guter Indianer."

Ihr heutiges Dasein in den Reservaten wird verständlich durch die Erhellung des geschichtlichen Hintergrundes. W. Lindig und M. Münzel berichten, daß die Südlichen Ute die erste Begegnung mit Europäern um 1675 hatten, als der spanische Gouverneur Otermin Gespräche mit ihnen zu führen versuchte. „Zu dieser Zeit kannten die Indianer Südwestcolorados bereits das Pferd, das sie durch Handel und Raub von anderen benachbarten Stämmen, vor allem den Plainsstämmen und den Pueblo-Indianern, in ihren Besitz brachten. Vermutlich hatten die Südlichen Ute in der Gegend von Santa Fe, ihrem südlichsten Winteraufenthalt, der zugleich die nördlichste spanische Kolonie war, Pferde und Anbauprodukte der seßhaften Indianer gegen Felle eingetauscht. Von nun an besaßen sie eine Schlüsselstellung in der Verbreitung der Tiere unter den Stämmen weiter im Norden und Nordwesten. Der Kontakt führte... auch dazu, daß spanische Siedler Ute-Kinder in ihre Familien aufnahmen und dafür Pferde anboten. So entstanden im Laufe der Zeit recht freundschaftliche Beziehungen zwischen Ute und Spaniern, und in den Kämpfen der Spanier mit anderen Stämmen (Apache, Comanche, Pueblo) stellten die Ute als Verbündete oft Krieger zur Verfügung.

Unter diesen Umständen konnten die Südlichen Ute bald auch ungefährdet Teile der westlichen Plains aufsuchen, um dort den Bison zu jagen. Ihr materieller Besitz vergrößerte sich, und die Lagergemeinschaft wurde zu einem stabilen Zentrum der Gruppe. Ähnlich verlief die Entwicklung um die Mitte des 19. Jahrhunderts weiter im Norden bei den Nördlichen Ute, den Nördlichen Shoshone und den östlichen Gruppen des Columbia-Plateaus. Aus den kleinen Lokalgruppen bildeten sich größere Verbände, und ein (erbliches) Kriegshäuptlingstum entstand. Das Pferd erlaubte den Transport von größeren Mengen von Nahrungsmitteln zu zentral gelegenen

Lagerplätzen, die alsbald den Charakter fester Dorfsiedlungen annahmen.

Aber schon in der ersten Hälfte des 19. Jahrhunderts wurden die Ute von den schnell expandierenden südlichen Plainsgruppen angegriffen. Außerdem mußten sie nun unter Zwang Land an weiße Siedler abgeben. Aus dem ihnen zugesprochenen Reservat wurden in den siebziger Jahren Parzellen auf öffentlichen Auktionen verkauft; als Rest blieb die Southern Ute Reservation, die sich in eine östliche anpassungswillige und eine westliche konservative Gruppe spaltete.

Die durch den Besitz des Pferdes entstandene Konsolidierung der Südlichen Ute, die eine Erweiterung ihres Beutegebietes zur Folge hatte und ein politisch stabiles Führertum hervorbrachte, ja sogar zu einem Männerbund nach Plainsmuster, der Hunde-Kompanie, führte – alle diese Leistungen verfielen, gerieten in Vergessenheit oder verloren zumindest ihren alten Stellenwert in der Kultur und sanken zu bloßen Reminiszenzen herab. Die letzten Versuche einer kulturellen Revitalisation bildeten der Sonnentanz, der Geistertanz und der Peyote-Kult. Der Geistertanz war nur von kurzer Dauer und verschwand völlig. Bei den Bewohnern des östlichen Reservatsteiles wurde die Integration mit den Weißen stärker vorangetrieben, so daß bald nichts mehr von der traditionellen Kultur erhalten blieb. Dagegen behielten die westlichen Gruppen den Sonnentanz und den Peyote-Kult (s. u.) bei. Nach dem Zweiten Weltkrieg gerieten beide Gruppen wieder ins Scheinwerferlicht der Öffentlichkeit, als in ihrem Reservat Uran gefunden wurde. Man verstand es, die Indianer mit größeren Beträgen für längst schon verlorenes Land abzufinden und Bergwerke gegen Pachtgebühren einzurichten.

Auch im nördlichen Teil des Großen Beckens drangen weiße Siedler in die den Indianern zugesicherten Gebiete ein. Zuerst betrachteten die Weißen das Große Becken und das nördliche Plateau nur als Durchzugsgebiete, so daß die Stämme wenig gestört wurden. Später aber begannen sie, das Land zu besetzen. Es kam zu ständigen Reibereien. Da nur wenige Stämme stark genug organisiert waren, um ernstlichen Widerstand zu leisten, wurden viele Indianer zwangsverschleppt. Ein charakteristisches Schicksal erfuhr ein Teil der Nez Percé unter der Führung des Häuptlings Joseph (Inmut-too-yah-lat-lat, übers.: „über den Berg rollender Donner"; 1840–1904). Zunächst hatte diese Gruppe zugestimmt, in ein für sie geschaffenes Reservat zu ziehen. Nach und nach wurde ihnen immer mehr Land abgenommen... Es folgte ein langer und blutiger Krieg...

Auch der Bannock- und Ute-Krieg brachte schwere Verluste für die Indianer und endete mit ihrer Verschleppung in Reservate. Als die Mormonen unter Brigham Young 1847 nach Utah eindrangen, gelang es dem Mormonenführer zunächst, mit den Ute und Paiute friedlich auszukommen. In ihrem eigenen Kampf gegen die Truppen der US ließen die Mormonen dann den Indianern freie Hand. Als aber bald darauf die großen Durchzugsrouten nach Kalifornien von den Paiute unterbrochen wurden, kam es zu schweren Kämpfen, auf die in den sechziger Jahren die Niederschlagung der bewaffneten Indianeraufstände folgte; die Sicherung der Überlandwege war garantiert."

Der Peyote-Kult entstand gegen Ende des 19. Jahrhunderts und breitete sich vom Osten bis zum Westen aus. Der Kult ist zu einer panindianischen Bewegung geworden, und zwar als Verbindung zwischen christlichen und altindianischen Glaubensvorstellungen. „Seine Wurzeln (s. W. Lindig und M. Münzel) gehen auf eine ursprünglich im nordwestlichen Mexiko beheimatete Kultzeremonie zurück, die erst als Folge des ihr innewohnenden nativistischen Aspekts aus einer individuellen Visionssuche zu einem kollektiven Ritus abgewandelt wurde. Im Verlauf ihrer Verbreitung kam es zu zahlreichen Varianten im Ritual... Das wichtigste allgemeine Element liegt wohl in dem Glauben an einen Großen Geist, der oft mit Gott oder Jesus gleichgesetzt wird... Unter der Bezeichnung Native American Church, ab 1944 unter dem Namen Native American Church of North America, hat sie sich jedoch... durchgesetzt und als christlich-indianische Kirche mit einem gewählten Präsidenten institutionalisiert.

Das Peyote-Zeremoniell besteht im wesentlichen in der Einnahme des Peyote-Kaktusses (Lophophora Williamsii), eines kleinen stachellosen Kaktusses, dessen dicke Wurzel in getrocknetem oder zerriebenem Zustand gegessen oder, zu einem Aufguß bereitet, getrunken wird. Die besondere Wirkung des Peyote-Kaktusses liegt in seiner chemischen Zusammensetzung von neun Alkaloiden, deren wichtigstes Mescalin ist, das visuelle Halluzinationen und gewisse physiologische Störungen des menschlichen Bewußtseins hervorruft. Die ersten Wirkungen zeigen sich in Form von Übelkeit und Depressionen, denen eine Phase der Euphorie folgt. Meist hat der Peyote-Esser auch einen Farbenrausch und damit verbunden eine Vision. In diesem Punkt trifft sich die altindianische Visionssuche mit dem Offenbarungsglauben des Christentums.

Ein Peyote-Meeting wird gewöhnlich abgehalten, wenn sich jemand durch ein Gelübde dazu verpflichtet hat; meist wird es aber heute in regelmäßigen Abständen, etwa einmal in der Woche, durchgeführt. In der ursprünglichen Form war zuerst ein reinigendes Schwitzbad vorgeschrieben – auch dies ist ein altindianischer Brauch. Der Stifter der Zeremonie muß vor der Sitzung nicht nur genügend Peyote-Knöpfe besorgen, die er durch Tausch oder Kauf aus Südtexas oder aus dem nördlichen Mexiko erwirbt, er hat auch für alle weiteren Kosten aufzukommen ... Das rituelle Zubehör, das die Zeremonie erfordert, besteht aus einem Stab, einer kleinen Kürbisrassel, einer Pfeife aus Adlerflügelknochen, einem Fächer aus Vogelfedern, einer halb mit Wasser gefüllten Trommel und einem Vorrat an Zedernholz zur Erzeugung von würzigem Rauch. Die Zeremonie verläuft folgendermaßen: Auf einen kleinen halbmondförmigen Altar aus Erde wird eine Peyote-Scheibe gelegt, der Great Peyote. Nahebei wird ein Feuer angezündet. Die Teilnehmer sitzen kreisförmig um Altar und Feuerstelle herum. Das Treffen wird nach Möglichkeit in einem Tipi abgehalten ... Zu Beginn der eigentlichen Zeremonie erhält jeder nun reihum eine Peyote-Scheibe oder einen Schluck des Peyote-Suds. Jeder Teilnehmer singt Peyote-Lieder und wird dabei von seinem Nachbarn auf der Trommel und von einer Rassel begleitet. Dann wird wieder Peyote zu sich genommen, der Zedernwart fächelt den Rauch in die Gesichter der Teilnehmer. Jeder starrt in die Flamme des Feuers und überläßt sich ganz der vom Peyote erzeugten Wirkung und dem Rhythmus des Trommelschlages. Während der Andacht werden Zigaretten aus einem besonderen Tabak gefertigt und geraucht; die Zigarettenenden werden als Opfergaben an den kleinen halbmondförmigen Altar gelegt. Ein strenger Peyotist raucht niemals außerhalb des Peyote-Rituals. Man beginnt meist gegen Abend, um Mitternacht wird eine kleine Pause eingelegt, in der jeder Teilnehmer einen Schluck Wasser erhält, und im Morgengrauen endet die Zeremonie mit einem feierlichen gemeinsamen Mahl (Kommunion), dem Peyote-Frühstück aus Obst, Mais und Wildbret."

Pendleton – Lewiston

Nach einem üppigen Mahl in einem kleinen Restaurant in Pendleton gehen wir, etwas beschwipst vom schweren kalifornischen Rotwein, zu unserer Herberge zurück. Es ist bereits dunkel geworden. Die Straßen sind leer, es parken nur noch Autos. Wir treffen eine amerikanische Familie, der wir kurz in Astoria begegnet waren. Weitere Amerikaner gesellen sich hinzu. Sie überschütten mich gleich mit Fragen über Deutschland und deutsche Schriftsteller. Einer von ihnen war mehrere Male in Deutschland, ist in den Städten Köln, Mainz, Heidelberg, Tübingen, Freiburg, Ulm, Würzburg und München umhergewandert. Er ist, wie es sich beim Gespräch herausstellt, Professor für amerikanische Literatur an einer bekannten Universität. Die Vorstellung, wie er staunend die Städte im Gehen eroberte, veranlaßt mich, Hermann Hesse zu erwähnen, der ebenfalls durch die Straßen gewandert ist, um im „Steppenwolf" die nihilistische Verzweiflung und das fast ratlose exzessive Experimentieren mit dem Leben zu skizzieren. „Demian" und „Steppenwolf" sind lange Bestseller der amerikanischen Jugend gewesen. Spiegeln sich bei näherer Reflexion darin nicht die Blumenkinder Kaliforniens wider? Eine Pan-Eros-Zeit waren diese 60er Jahre, in der sich vieles wandelte. So kommen wir ohne Umschweife auf Robert Musil, der die Gegenwart als ein Porträt vieler einzelner beschreibt, die für sich eine wilde und ungebundene Autonomie und mit ihr das Ende jeder Hierarchie und jeder Unterdrückung fordern, aber auch das Ende jeder festen Beziehung zu den anderen und jeder individuellen Einheit. „Unser ganzes Sein", so schreibt Musil, „ist nichts als ein Delirium vieler." Zwischenhinein singen des Professors Tochter Dorothy und unser vierjähriges

Töchterchen Ricarda Alexandra zusammen mit meiner Mutter eine deutsche Volksweise: „Müde bin ich, geh zur Ruh, schließe beide Äuglein zu. Vater laß die Augen dein – über meinem Bettchen sein." Dieses Duettino war nicht bühnenreif, aber wie schön waren die beiden Kindergesichter, als sie das sangen! Ich kann dem Professor noch sagen, bevor wir uns trennen, daß eine Gedenktafel an dem Hause Bilker Straße 14 in Düsseldorf – heute Heinrich-Heine-Institut – an das Lied von Luise Hensel erinnert.

Wir verlassen Pendleton und kommen nach Cayuse inmitten des Umatilla Indianer-Reservats. Die Landschaft hat sich gewandelt. An den Straßen befinden sich schmucke Farmen mit hohen Getreidesilos aus Aluminiumblech. Die Gegend besitzt guten Boden. So bleibt das Bild der Landschaft, bis wir Tollgate erreichen, ein Dorf, das bereits inmitten des Umatilla National Forest liegt. Hinter Elgin beginnt auf der rechten Straßenseite der Höhenzug der Wallowa Berge. Unsere Fahrt entlang den waldigen Hügelketten erweist sich wieder als eine Reise in die Schönheit. Enterprise und Joseph am Wallowa Lake, benannt nach dem Häuptling der Nez Percé, dessen Grab nicht weit von Nespelem im Colville-Reservat an der Bundesstraße 155 nördlich von Coulee Dam im Staate Washington liegt, sind Erholungsorte im Grünen.

Wenn man die Straße Nr. 3 nördlich in Richtung Clarkston und Lewiston am Snake River nimmt, bietet sich ein bezaubernder Blick in den Joseph Canyon. Faszinierende, surrealistische Landschaft, die den Betrachter durch die farbenreiche Linienführung der Gesteinsschichten bezaubert. Die Linien sind so merkwürdig, daß man sich ihren Schwüngen nicht entziehen kann. Es ist wie eine Magie, die einen bannt. Sie erinnern mich an die Werke der Künstler Brauer und Fuchs, die zur Wiener

Schule des Phantastischen Realismus gehören. Jetzt verstehe ich den bedeutungsvollen Satz von Paul Klee, daß Kunst nicht das Sichtbare wiederzugeben, sondern sichtbar zu machen habe. Die unter und vor uns liegende phantastische Felslandschaft macht geradezu süchtig, versetzt unwiderstehlich in einen taumelähnlichen Zustand.

In dieser Landschaft zu sein, umgeben von einer Natur, die das Bizarre und Groteske, das nackte und in Farben getauchte Gestein, das Übermächtige und Erhabene, die greifbare Nähe und das fern entrückte Unberührbare wie durch Zauber geschaffen hat, bedeutet, sich wie in einem Märchen zu fühlen. Man weiß nicht, wohin man sich zuerst wenden soll. Jedes Mosaiksteinchen des Naturbildes, jedes winzigste Detail erscheint bedeutungsvoll. Andächtig und innerlich tief bewegt von der unendlichen Vielfalt der Naturschönheiten bewegt man sich weiter. Hinter jedem Felsen kann sich ein neues Geheimnis, eine neue Verheißung verbergen. Dieses Gefühl macht einen derartig fiebrig, daß man dann doch viel zu wenig innehält, um das Außergewöhnliche dieser Landschaft aufzunehmen. Kein Foto kann die Natur und ihre vielen Farbnuancen nachempfinden.

Die Straße in den Joseph Canyon, die so schmal ist, daß sie oft nur von einem Auto befahren werden kann, folgt den terrassenartigen Konturen der Felswand. Vom Straßenrand geht es hunderte Meter steil in die Tiefe. An manchen Stellen freilich ist das Gefälle sanfter. Leitplanken sind selten eingebaut. Ein Ausweichen an den vorgesehenen Überholstellen oder ein Rückwärtsfahren ist Gebot für die PKWs. Die Asphaltstraße befindet sich in gutem Zustand. Wir fahren nicht durch einen Canyon, wo Geröllhalden, Sandstellen oder tiefe Spurrillen zu überwinden wären. Da käme man nur mit einem Allradantrieb weiter.

Wir lassen uns am Straßenrand nieder, um das Canyonbett mit den Augen abzutasten. Das Gewässer, das sich da unten durch die Felsen schlängelt, in die sich der Fluß im Laufe von Millionen Jahren eingegraben hat, können wir nur erahnen. Schütteres Grün bedeckt die Lauffläche des Flusses. Blickt man die Schluchtwände hinauf, erscheinen Farben von Braun über Rot bis Beige. Wieder regenbogenartige Farbbänder, die die Gesteinsschichten voneinander trennen. Die unterschiedlichen Färbungen der Schichten bringen Bewegung in die erhabene Statik der Felswände. Aus der Nähe glaubt man wiederum, bildhauerische Arbeiten erkennen zu können. Die Schluchtkanten zeigen sich ganz besonders plastisch, wenn sich dort die Sonnenstrahlen brechen.

In der trockenen und dunstfreien Luft zeigen sich die Felsbildungen dem Betrachter so klar, daß er vor Ehrfurcht erschrickt. Die Leuchtkraft der Farben und die Fülle der Natur, so verschwenderisch dargeboten, läßt ihn erschaudern.

In engen Kurven führt die Straße in die tiefe Schlucht hinab. In der Canyonsohle verweilt sie nur für Augenblikke, um dann wieder steil anzusteigen, bis endlich nach zahlreichen Haarnadelkurven die Paßhöhe erreicht ist. Das Plateau liegt im Gewitterdunkel. Die ersten Regentropfen klatschen hernieder. Ein schweres Gewitter entlädt sich über uns. Die Scheibenwischer erlahmen bei diesen Wassermassen. Felsgestein fällt auf die Straße. Es heißt aufpassen. Ich murmele ein Stoßgebet, das hoffentlich erhört wird. Für Sekunden erleuchten kurze, schlagartige Blitze den Rand des Horizonts. Wie glühende Meteoriten schlagen sie in der Ferne in das Gestein. Sie sind kurzlebig wie Mesone. Eine seltsame Spannung liegt nach dem Abzug des Gewitters in der unruhigen Atmosphäre. Ein Regenbogen setzt den Schlußakkord. Die linke Bogenhälfte steht mitten auf der Straße, als wäre dort der Quell gebündelter Farblichtstrahlen zu suchen. Wir selbst atmen auf. Kein Stein hat unser Auto getroffen. Wir sind von den Naturgewalten verschont geblieben. Wir danken unserem Herrgott.

Nach Norden fällt das langgestreckte Plateau ab. Tastet man den Horizont ab, so erkennt man die nach Clark und Lewis benannten Städte, die 1861 gegründet wurden, in Umrissen. Lewiston liegt östlich von Clarkston und unmittelbar an der Mündung des Clearwater River in den Snake River. Die Bundesstraße 12, die auch Lewis und Clark Highway genannt wird, folgt mehr oder weniger der Expeditionsroute im Jahre 1805, die wiederum mit einem Indianerpfad, dem Lolo Indian Trail, identisch ist. Die Nez Percé Indian Reservation beginnt nur wenige Meilen östlich von Lewiston. Das Visitor Center und Museum befinden sich in Spalding an der Straße 95.

Der Hells Canyon, ein Abschnitt des Snake River, der mit einer Tiefe bis zu 2400 Meter die tiefste Schlucht ist, kann mit einem Schiff mit Düsenantrieb befahren werden. Der Canyon ist noch erhabener und ehrfurchteinflößender, als ich es mir vorgestellt hatte. Ich fühle mich richtig erleichtert, als wir mit dem Boot einige Meilen flußauf sind. Eine Schiffahrtsgesellschaft hat den Auftrag, einmal wöchentlich den abgelegenen Farmen und Siedlungen zwischen Grande Ronde River und Johnson's Bar, 93 Meilen von Lewiston entfernt, die Post zuzustellen. Wer andere Kontinente bereist hat, weiß von den Schwierigkeiten der Postanlieferung zu berichten. Der US Postal Service hat sich die Aufgabe gestellt, alle Siedlungen im Lande zu erreichen. Und dies trotz aller Witterungsunbilden und Hindernisse.

Die Stromschnellen, von denen es einige gibt, müssen von den jet boats flußauf und flußab überwunden werden. Aus diesem Grunde haben die Boote einen stabilen Schiffsrumpf, festen Boden und starke Düsenantriebe.

Die Steuerung übernehmen je nach Richtung die linken oder rechten Düsen. Welche Kraft die Düsenantriebe haben, erfährt man, sobald das Boot die Mitte des Snake erreicht hat. Der kühle Wind bläst noch von den Bergen herab und erfaßt uns. Vor Kälte schütteln wir uns. Die Tagessonne hält ihre Glut zurück. Die Hitze kommt erst gegen Mittag. Die westliche Uferstraße, auf der kaum ein Auto zu sehen ist, weil viele lieber mit dem Boot den Snake aufsuchen, endet kurz vor der Mündung des Grande Ronde River. An dieser Stelle, in Heller Bar, gibt es die ersten Übernachtungsmöglichkeiten in Holzhütten, die mit Gasheizung und elektrischem Licht ausgestattet sind. Wir übernachten im Copper Creek.

Die Berge rücken immer enger und bedrohlicher heran. Der Fluß wird reißender. Der Einschnitt ist von einer schauerlichen Tiefe. Die Wildheit und Urtümlichkeit des Snake ist grandios und unmittelbar. Der Blick aufwärts zeigt, daß der Himmel von Meter zu Meter schmäler wird. Bedrückende, steile Felswände lassen Angstträume entstehen. Mit verhaltenem Atem lauschen wir dem Gebrüll des Flusses. In dieser schmalen Flußrinne glaubt man, den Urkräften der Natur bei der Arbeit zusehen zu können. Es ist der Atem Gottes, den man spürt.

An den Stromschnellen beweist das Boot seine taugliche Konstruktion. Auf Vollgas gestellt, stoßen die Düsen das einströmende Wasser mit enormem Druck am Heck wieder heraus. Da jede Stromschnelle eine Wasserrinne hat, gilt es, diese zu erkennen und das Boot mit Vollkraft voraus darauf zuzusteuern, damit es über dem Wasserstrahl entlanggleitet und das nächste Niveau erreicht. Dies gelingt natürlich nur, wenn die Geschwindigkeit des Bootes schneller ist als die Strömungsgeschwindigkeit des Flusses. Ich kann es kaum glauben, daß dieses Boot die Flußschnellen so leicht überwindet. Wenn wir in eine Flußschnelle hineingleiten, ragt das herabstürzende

Wasser wie ein Ungeheuer auf, das über uns herzufallen droht. Die Wassermassen stürzen uns mit einer solchen Kraft entgegen, daß es auch unsere ganze Kraft erfordert, uns mit beiden Händen festzuhalten. Bei einer Flußschnelle schlägt das Wasser über uns zusammen und durchnäßt uns bis auf die Haut. Da aber die Sonne mittlerweile so hoch steht, daß ihre Strahlen den Flußlauf treffen, erwärmen wir uns schnell und alles ist im Nu trocken. Als wir anlegen, erfahre ich von einigen Passagieren, daß sie eine Heidenangst vor den Flußschnellen hatten, da sie als Landbewohner derartiges nicht gewohnt seien.

Copper Creek liegt hinter der Mündung des Imnaha. Zuvor hat sich der Salmon River mit dem Snake vereinigt. Das Getöse der herabstürzenden Wassermassen verfolgt uns noch lange. Während des Abendessens finden wir uns zur Erzählung zusammen. Wie hilfsbereit, gastfreundlich die Bewohner dieser Gegend sind, die ständig den Unbilden der Natur ausgesetzt sind, erfahren wir im Laufe des Abends. Unvergeßlich bleiben für uns die Tage in der Höllenschlucht.

Auf der Rückfahrt, nachdem wir den Hells Canyon Dam in der Ferne gesehen haben, berichtet uns ein Rancher, wie seine Vorfahren sich an den steilen Felshängen des Snake River entlangkämpfen mußten. Von Fort Boise folgten sie einem trail, der sie zu den Blue Mountains führte. Dort wurden die Wagen mit Seilen und Flaschenzügen hochgezogen und Steine untergelegt, damit sie nicht wieder zurückrollten. Nachdem die Wagen Meter für Meter den Bergrücken hinaufgeschafft worden waren, mußten sie auf dieselbe Weise wieder langsam herabgelassen werden. Bei steilen Wegen kam es darauf an, daß die Zugtiere nicht von dem schweren Planwagen erdrückt wurden. Als zusätzliche Bremse verwendete man junge Bäume, denen man lediglich die Krone beließ.

Man schob sie dann von vorne unter den Wagen und befestigte sie an der Hinterachse. Der Baum schleifte mit seiner Krone über den Boden und so erzielte man eine nützliche Bremswirkung.

Im Gegenzug berichten wir von unseren zahlreichen Verwandten in USA. Im 17. Jahrhundert wanderten die ersten Familien unserer Vorfahren nach Amerika aus. Von New York zogen sie weiter in die Staaten Virginia, Tennessee, Missouri, Mississippi und dann mit dem allgemeinen Treck in den wilden Westen. Von historischer Bedeutung für unsere Familie ist vor allem Texas. Die Städte Marshall und vor allem Fort Worth stehen in engem Zusammenhang mit dem Wirken der van Zandts. Unter ihnen sind Isaac van Zandt (1813–1847), der die Annexion Texas' mit der Regierung in Washington aushandelte, der das Texas Homestead Law entwarf, und zu dessen Ehren ein Freistaat van Zandt mit der Kreisstadt Canton in der Nähe von Dallas benannt wurde, der heute noch besteht, sowie sein Sohn K. M. van Zandt (1836–1930) hervorzuheben. Als K. M. 1865 nach Fort Worth kam, zählte die Siedlung gerade 250 Einwohner. An dem raschen Aufstieg der Stadt war er maßgebend beteiligt. Er richtete den ersten Postschalter ein, gründete mit anderen die spätere Fort Worth National Bank, deren Präsident er von 1874 bis 1930 war, unterstützte das Schulwesen und die Kirche und erwarb mit einem zweiten Partner eine Ranch mit über 70 000 acres, die dann 1899 an G. F. Swift, Chicago, verkauft wurde. Das „van Zandt Cottage" ist heute als Museum zu besichtigen. Der Abend ist mir durch die vielen Erzählungen in lebendiger Erinnerung geblieben. Homerische Ereignisse wurden erzählt und zugleich eine Hommage den Vorfahren und Verwandten gewidmet, die den Daseinskampf im Westen bestehen mußten.

Lewiston – Missoula

Die Flüsse Lochsa und Selway, deren Quellen im Bitterroot Range zu suchen sind, münden in den Clearwater. Der Salmon entspringt im Boise National Forest, also im mittleren Teil Idahos. Allen Flüssen ist gemeinsam, daß sie westwärts fließen. Von den Siedlern erhielten sie den Namen „river of no return“, da es von ihnen aus kein Zurück gab. Die kontinentale Wasserscheide verläuft von Butte in Montana zunächst westlich bis zum östlichen Rand des Bergrückens Bitterroot Range, entlang der Staatsgrenze Montana, ab dem Monida Paß östlich und dann südlich vom Yellowstone National Park. Das Wassereinzugsgebiet des Missouri liegt demzufolge östlich der Wasserscheide.

Wir nehmen die Bundesstraße 12 und besuchen das Museum in Spalding, das Einblicke in die Lebensgewohnheiten der Nez Percé-Indianer vermittelt. Weiter führt der Weg uns über Culdesac, Craigmont bis nach Nezperce. Hier treffen wir einige Indianer an. In aller Ruhe treiben sie eine Rinderherde vor sich her. Sie reiten ohne Sattel mit wehendem Haar. Die Luft ist voller Staub. Viehtransporter erwarten die Rinder schon. Ein übler Geruch breitet sich aus. Mit der Herde kommen die lästigen Fliegen.

Das Nez Percé-Reservat wird nur von wenigen Indianern bewohnt. Man entdeckt keine Lehmhütten oder rostende Autos in den Einfahrten oder auf den Straßen. Die Holzhäuser sind sauber und ordentlich. Die Straßen befinden sich in gutem Zustand. Kein Asphalt ist aufgerissen, so daß man auch im Dunkeln fahren kann, ohne in tiefe Schlaglöcher zu geraten.

Beim Abendessen hören wir den monotonen Rhythmus der Trommeln. Dazu Gesang. Laut und beschwörend ist eine heisere Männerstimme zu vernehmen. In Abständen gibt es Aufschreie, beifälliges Murmeln und dann wieder Gesänge. Ein Indianer lädt uns ein, an dem religiösen Fest teilzunehmen. Um eine Trommel scharen sich Männer, Frauen, Jungen und Mädchen. Wir verweilen nicht lange, da die Menschen zu einer Peyote-Zeremonie zusammengekommen sind.

Bei Kamiah stoßen wir wieder auf die Bundesstraße 12, auf der man den Lochsa (perlendes Wasser) nicht aus den Augen verliert. Wir überqueren den 1800 Meter hohen Lolo-Paß und treffen spät in Missoula ein. Die Stadt, die auf eine im Jahre 1841 gegründete Mission zurückgeht, liegt in einem in der Eiszeit gebildeten Talbecken, an dessen östlichem Rande die Rocky Mountains aufragen. Missoula ist ein Agrarzentrum und beherbergt Holz- und Papierindustrie. In diesem Ort werden die berühmten Waldbrandbekämpfer, die smoke-jumpers, ausgebildet.

Die Nr. 12 ist die schönste und beeindruckendste Straße, die ich bisher gefahren bin. Die Wälder sind von einer großen Weite, sie reichen bis an den Fluß heran. Das Rauschen des perlenden Wassers ist das einzige, was die Ruhe unterbricht. Man fühlt sich unendlich wohl, frei und ungezwungen.

Ein seltsamer Zauber geht von diesem Flußtal aus. Nichts durchdringt die Einsamkeit als die Laute der Natur. Es ist nicht leicht zu sagen, wo der anmutigste Platz ist. Manchmal denke ich, daß es das tiefste Glück ist, am anderen Ufer des Lochsa unter einer Eiche zu liegen, mit Blick auf den rauschenden Fluß, eingehüllt von einer würzigen Waldluft und umschwirrt von den Flügelschlägen der Insekten. Manchmal meine ich, das Schönste ist der Blick von einem Holzsteg auf die sich im Wasser tummelnden Fische. Manchmal beansprucht eine kleine Furt, auf der Rehe zu sehen sind, der reizvollste Ort zu sein.

Lolo Indian Trail: Jahrzehntelang hatten Siedler mit Planwagen diesen Pfad gewählt, bis die Eisenbahn 1868 den Wagen ersetzte. Die Siedler blieben danach in der mittleren Bergregion, bauten ihre Häuser und das Gemeinwesen auf. Heute entdeckt man keine Wagenspuren mehr, obwohl damals die Räder jener Planwagen sich tief in den Stein gefressen haben. Bewegt man sich auf diesem Pfad, tritt mit einem Male Geschichte ins Bewußtsein, und es werden die Szenen lebendig, wie die Siedler mit ihren schweren Planwagen den Kontinent durchquerten. Hierüber schreibt L. Schlissel (S. 25): „Die Planwagen... mußten aus abgelagertem Hartholz gefertigt werden, um den extremen Temperaturschwankungen standzuhalten. Ein normaler Farmwagen war nicht stabil genug, um 3000 Kilometer anstrengender Fahrt zu überstehen. Der klassische Präriewagen war nicht der großrädrige Conestoga-Wagen, der von pennsylvanischen Handwerkern holländischen Ursprungs entwickelt worden war und mit seiner geschwungenen Bug- und Heckverkleidung an eine Fregatte erinnerte, sondern ein kleinerer, leichterer Wagen mit geraden Abschlüssen. Die meisten Emigranten benutzten einen Farmwagen mit einem flachen Bett, das drei Meter breit und sechzig Zentimeter hoch war. Benjamin Bonney erinnerte sich, daß sein Vater monatelang damit beschäftigt war, einen Wagen zu konstruieren, der sowohl Flußdurchquerungen als auch beschwerliche Bergfahrten aushalten würde. Ein Wagen, der für den Überlandtreck bestimmt war, konnte bis zu 1150 kg Ladung aufnehmen und von vier bis sechs Ochsengespannen gezogen werden. Für den Wagen und die Tiere mußten bis zu 400 Dollar investiert werden – der größte Posten bei dem Aufbruch in den Westen. Der Wagen war wie ein Amphibienfahrzeug ausgerüstet. An der Seite hing ein Teereimer herab und die Holzleisten waren abgedichtet. Zum

Schutz gegen Regen war der Wagen mit einer doppelten Lage ölgetränkten Leinens oder mit Segeltuch oder Musselin bespannt. Bestimmte Wagenteile wie Deichsel, Achsen, Speichen oder Räder unterlagen besonderem Verschleiß. Deshalb trafen die meisten Emigranten Vorsorge für Ersatzteile, die sie unter dem Wagenbett verstauten. Eimer mit Schmieröl, Wasserfässer und Tauwerk durften nicht fehlen. Während der Reise fielen immer wieder Reparaturen an, wenn ein Wagen wegen Überladung oder eines Unfalls auseinanderbrach.

Die nötigen Lebensmittel wurden erst kurz vor Anbruch der Reise zusammengestellt. Der Emigrant Guide to Oregon and California empfahl im Jahre 1845, jeder Emigrant solle sich mit 200 Pfund Mehl, 150 Pfund Speck, 100 Pfund Kaffee, 20 Pfund Zucker und 10 Pfund Salz ausrüsten. Zusätzlich wurden häufig Rindfleischflocken, Reis, Tee, Trockenbohnen, getrocknete Früchte, Backpulver, Essig, Eingelegtes, Senf und Talg mitgenommen. Die Grundausstattung für die Reiseküche umfaßte einen Kessel, eine Bratpfanne, eine Kaffeekanne sowie Teller, Tassen, Messer und Gabeln.

Die Verproviantierung... kostete zwischen 300 und 600 Dollar, je nachdem, wieviel die Familie schon von zu Hause mitbrachte. Außerdem mußte sich jede Familie mit Pulver, Blei und Munition versorgen. Weitere 60 bis 70 Dollar gingen für die Anschaffung eines Gewehres drauf. So beliefen sich die Minimalkosten für einen Emigranten auf 500 bis 1000 Dollar."

In Missoula begegnet uns eine Forschergruppe, die Baumringe auf Frostschäden hin untersucht. Diese Frostschäden stehen im Zusammenhang mit Vulkaneruptionen. Am Beispiel einer nordamerikanischen Borstenkiefer, die über 4000 Jahre alt ist, zeigen uns die Forscher die Verletzungen von Jahresringen, die aber erst ein oder zwei Jahre nach den Eruptionen auftreten. Vulkanausbrüche lösen wesentliche atmosphärische Effekte aus. Die Wirkung von Eruptionen auf das Klima ist darauf zurückzuführen, daß bei heftigen Vulkanausbrüchen Asche oder Schwefelsäure in unterschiedlicher Intensität in die Höhe geschleudert werden. Dies hat zur Folge, daß die Wärmestrahlung der Sonne gemindert wird und es somit zu Kälteeinbrüchen kommt. Es ergeben sich aber nur dann Frostschäden an Baumringen, wenn die Temperaturen in zwei aufeinanderfolgenden Nächten unter minus 6 °C fallen und die Tagestemperatur null Grad nicht überschreitet. Bei einer solchen Temperaturkonstellation bersten die noch nicht durch Lignin verfestigten Holzzellwände. Diese Schäden an den Jahresringen bleiben deutlich sichtbar. Mit Hilfe der Baumringarchive lassen sich Ereignisse genau datieren.

Einer sieht auf die Uhr. Es ist schon spät, denkt er wohl. Bevor es zum Abschied kommt, erzählen wir von der Paßfahrt zwischen Nezperce und Kamiah. Der Blick von hier oben verläuft sich schier in die Unendlichkeit. Links von uns der baumlose Bergrücken, an dem der schmale, sandige Weg verläuft. Und rechts das mit Wiesen bedeckte Gefälle, das mehrere hundert Meter hinabsteigt, bis der steile Hang in eine enge Senke ausläuft. Da und dort verwunschene ältere Farmhäuser, die uns wie Spielzeuge vorkommen. Und jenseits der Senke noch versteckt der Ort Kamiah.

Es ist ein reizender Abend. Das Steak ist heute abend hervorragend, und der kalifornische Rotwein auch. Ich nehme noch einen Schlummertrunk.

Im Land der Nez Percés

In dem berühmten Buch „Begrabt mein Herz an der Biegung des Flusses“ beschreibt Dee Brown das Schicksal der Nez Percés (S. 308 ff.): „Als Lewis und Clark im September 1805 auf ihrem Marsch nach Westen von den Rocky Mountains herabstiegen, waren die Teilnehmer der Forschungsexpedition so schwach, daß sie nicht imstande gewesen wären, sich gegen Feinde zu verteidigen, denn sie waren halb verhungert und litten an Ruhr. Sie befanden sich im Land der Nez Percés – diesen Namen hatten französische Trapper den Indianern gegeben, weil sie Schneckengehäuse an der Nase trugen. Hätten die Nez Percés dies gewollt, so hätten sie die Expeditionsteilnehmer umbringen und ihnen ihre wertvollen Pferde wegnehmen können. Statt dessen hießen die Nez Percés die weißen Amerikaner willkommen, versorgten sie mit Lebensmitteln und kümmerten sich mehrere Monate lang um ihre Pferde, während die Forscher mit Kanus zur Pazifikküste weiterfuhren.

So begann eine lange Freundschaft zwischen den Nez Percés und den weißen Amerikanern. Der Stamm war stolz darauf, daß seit siebzig Jahren kein Nez Percé einen Weißen getötet hatte. Doch die Gier der Weißen nach Land und Gold zerstörte schließlich die Freundschaft.

1855 lud Gouverneur Isaac Stevens vom Territorium Washington die Nez Percés zu Friedensverhandlungen ein. Er sagte, es seien viele Weiße im Land, und viele weitere würden kommen; er wolle, daß das Land abgegrenzt werde, damit die Indianer und Weißen getrennt werden könnten. Wenn sie in Frieden leben wollten, so sei es nötig, sagte er, daß die Indianer ein eigenes Land bekämen, und in diesem Land müßten sie bleiben.

Tuekakas, ein Häuptling, den die Weißen Old Joseph

nannten, sagte Gouverneur Stevens, keinem Menschen gehöre irgendein Teil der Erde, und was einem nicht gehöre, könne man nicht verkaufen.

Der Gouverncur begriff diese Einstellung nicht. Er drängte Old Joseph, den Vertrag zu unterzeichnen und Decken als Geschenk anzunehmen. ‚Nimm dein Papier weg', erwiderte der Häuptling. ‚Ich werde es nicht anrühren.' Aleiya, den die Weißen Lawyer nannten, und einige andere Nez Percés unterzeichneten den Vertrag, doch Old Joseph zog mit seinen Leuten heim ins Wallowa Valley, ein grünes Tal mit gewundenen Flüssen, weiten Wiesen, Bergwäldern und einem klaren, blauen See. Old Josephs Gruppe züchtete schöne Pferde und Rinder und lebte in schönen Hütten, und wenn seine Leute etwas von den Weißen brauchten, tauschten sie es gegen Vieh ein.

Schon wenige Jahre nach der Unterzeichnung des ersten Vertrags erschienen wieder Regierungsbeamte bei den Nez Percés und wollten mehr Land. Old Joseph wies seine Leute an, keinerlei Geschenke von ihnen anzunehmen, nicht einmal eine Decke. ‚Nach einer Weile', sagte er, ‚werden sie behaupten, ihr hättet Entgelt für euer Land angenommen.'

1863 wurde den Nez Percés ein neuer Vertrag unterbreitet. Ihm zufolge sollten sie das Wallowa Valley und drei Viertel ihres restlichen Landes hergeben und nur ein kleines Reservat im heutigen Idaho behalten. Old Joseph lehnte es ab, an den Verhandlungen teilzunehmen, doch Lawyer und mehrere andere Häuptlinge – von denen keiner je im Wallowa Valley gelebt hatte – unterzeichneten den Vertrag und traten ihr Land ab. Old Joseph nannte ihn den ‚Diebesvertrag' und war so empört, daß er eine Bibel zerriß, die ihm ein weißer Missionar gegeben hatte, um ihn zum Christentum zu bekehren. Um den Weißen zu zeigen, daß er das Wallowa Valley weiterhin als sein Eigentum betrachtete, ließ er die Grenze des Landes, in dem seine Leute lebten, mit Pfosten abstecken.

Bald darauf (1871) starb Old Joseph, und die Häuptlingswürde ging an seinen Sohn Heinmot Tooyalaket (Young Joseph) über, der damals etwa dreißig Jahre alt war. Als Regierungsbeamte erschienen und die Nez Percés aufforderten, das Wallowa Valley zu verlassen und in das Reservat Lapwai zu gehen, weigerte sich Young Joseph. ‚Weder Lawyer noch irgendein anderer Häuptling war befugt, dieses Land zu verkaufen', sagte er. ‚Es hat immer meinen Leuten gehört. Sie haben es von ihren Vätern geerbt, und wir werden dieses Land verteidigen, solange ein Tropfen Indianerblut die Herzen unserer Männer wärmt.' Er bat Ulysses Grant, den Großen Vater, seinen Leuten das Land, in dem sie immer gelebt hatten, zu lassen, und der Präsident erließ am 16. Juni 1873 eine Anordnung, in der er die Ansiedlung von Weißen im Wallowa Valley untersagte.

Kurz danach traf eine Gruppe von Kommissaren ein, um eine neue Indianeragentur im Tal zu errichten. Einer von ihnen versuchte Joseph klarzumachen, wie vorteilhaft Schulen für seine Leute wären. Joseph erwiderte, die Nez Percés wollten nicht die Schulen der Weißen.

‚Warum wollte ihr keine Schulen?' fragte der Kommissar.

‚Sie werden uns beibringen, daß wir Kirchen brauchen', antwortete Joseph.

‚Und ihr wollt keine Kirchen?'

‚Nein, wir wollen keine Kirchen.'

‚Warum nicht?'

‚Weil sie uns beibringen werden, um Gott zu streiten', sagte Joseph. ‚Das wollen wir nicht lernen. Wir streiten wohl manchmal mit Menschen um Dinge auf dieser Erde, aber wir streiten nie um Gott. Das wollen wir nicht lernen.' Inzwischen drangen weiße Siedler auf das Tal vor. Sie waren voll Gier nach dem Land der Nez Percés, denn in den nahen Bergen hatte man Gold gefunden. Goldsucher stahlen die Pferde der Indianer, und Viehzüchter stahlen ihre Rinder und versahen sic mit ihren Brandzeichen, damit die Indianer sie nicht zurückverlangen konnten. Weiße Politiker fuhren nach Washington und erzählten Lügen über die Nez Percés. Sie beschuldigten die Indianer, den Frieden zu gefährden und den Siedlern Vieh zu stehlen. Genau das Gegenteil war wahr, doch die Indianer hatten, wie Joseph sagte, ‚keinen Freund, der ihre Sache vor Gericht vertrat'.

Zwei Jahre, nachdem der Große Vater Josephs Leuten das Wallowa Valley für immer zugesprochen hatte, erließ er eine neue Anordnung, in der er das Tal zur Besiedlung durch die Weißen freigab. Man gab den Nez Percés ‚eine angemessene Frist', ins Reservat Lapwai zu ziehen. Joseph hatte nicht die Absicht, das Tal seiner Väter aufzugeben, doch 1877 beauftragte die Regierung General Howard, von den Indianern One-Armed-Soldier-Chief genannt, das Wallowa Valley von den Nez Percés zu räumen.

In den vier Jahren, die vergangen waren, seit Oliver Otis Howard dafür gesorgt hatte, daß Cochise und die Apachen gerecht behandelt wurden, hatte er die Erfahrung gemacht, daß ‚Indianerfreunde' bei der Armee nicht beliebt waren. Als er jetzt in das Land im Nordwesten kam, war er entschlossen, sein Ansehen bei den militärischen Stellen wiederherzustellen, indem er seine Anweisungen rasch und korrekt ausführte. Vertraulich äußerte er guten Freunden gegenüber, ‚es sei ein großer Fehler, Joseph und seinen Nez-Percé-Indianern dieses Land wegzunehmen'. Doch im Mai 1877 forderte er Joseph auf, nach Lapwai zu einer Konferenz zu kommen, bei der der Termin, zu dem sie ihr Land zu übergeben hatten, festgesetzt werden sollte.

Als Begleiter wählte Joseph White Bird, Looking Glass, seinen Bruder und den Propheten Toohoolhoolzote. Der Prophet war ein großer, stiernackiger, häßlicher Indianer mit einer sehr scharfen Zunge. Bei Beginn der Verhandlungen, die in einem Gebäude gegenüber dem Wachhaus von Fort Lapwai stattfanden, stellte Joseph Toohoolhoolzote als Sprecher der Wallowa-Nez-Percés vor.

,Ein Teil der Nez Percés hat sein Land aufgegeben', sagte der Prophet. ,Wir haben das nie getan. Die Erde ist Teil unseres Körpers, und wir haben die Erde nie aufgegeben.'

,Du weißt sehr gut, daß die Regierung ein Reservat errichtet hat und daß die Indianer sich darin niederlassen müssen', erklärte Howard.

,Wer hat sich angemaßt, das Land zu teilen und zu bestimmen, wo wir leben sollen?' fragte Toohoolhoolzote.

,Ich. Ich bin der Beauftragte des Präsidenten.' Howard verlor allmählich die Geduld. ,Meine Anordnungen sind klar und deutlich und werden ausgeführt.'

Der Prophet gab nicht nach und fragte, wie das Land den Weißen gehören könne, wenn es die Nez Percés von ihren Vätern geerbt hätten. ,Wir sind aus der Erde gekommen, und unsere Körper müssen zurück zur Erde, ihrer Mutter', sagte er.

,Ich will deine Religion nicht beleidigen', antwortete Howard gereizt, ,aber wir müssen vernünftig miteinander reden. Du hast mir jetzt zwanzigmal gesagt, daß die Erde deine Mutter ist. Ich will nichts mehr davon hören, sondern endlich zur Sache kommen.'

,Wer hat das Recht, mir zu sagen, was ich in meinem eigenen Land tun soll?' entgegnete Toolhoolhoolzote.

So ging der Streit weiter, bis Howard beschloß, seine Macht zu beweisen. Er befahl, den Propheten festzunehmen und ins Wachhaus zu bringen. Dann teilte er Joseph schroff mit, daß die Nez Percés dreißig Tage Zeit hätten, vom Wallowa Valley ins Reservat Lapwai zu übersiedeln.

,Meine Leute sind immer Freunde dcr Weißen gewesen', sagte Joseph. ,Warum habt ihr es so eilig? Ich kann nicht in dreißig Tagen übersiedeln. Unser Vieh ist verstreut, und das Wasser des Snake River ist sehr hoch. Laß uns bis zum Herbst warten – dann wird das Wasser niedrig sein.'

,Wenn ihr die Frist um nur einen Tag überschreitet', antwortete Howard barsch, ,dann werden die Soldaten kommen und euch in das Reservat treiben, und alle eure Rinder und Pferde, die sich zu dieser Zeit außerhalb des Reservats befinden, gehen in den Besitz der Weißen über.'

Joseph war jetzt klar, daß er keine andere Wahl hatte. Es war unmöglich, das Tal mit weniger als hundert Kriegern zu verteidigen. Als er und seine Unterhäuptlinge heimkamen, waren bereits Soldaten da. Sie berieten sich und beschlossen, das Vieh sofort zum Umzug nach Lapwai zusammenzutreiben. ,Es waren sehr viele Weiße, und wir konnten es nicht mit ihnen aufnehmen. Wir waren wie Rehe. Sie waren wie Grizzlybären. Wir hatten ein kleines Land. Ihr Land war groß. Wir waren bereit, alles so zu lassen, wie es der Große Geist geschaffen hat. Sie waren es nicht, sondern sie änderten die Flüsse und Berge, wenn sie ihnen nicht paßten.'

Bevor sie sich auf den langen Marsch machten, forderten einige der Krieger, lieber Krieg zu führen, statt sich wie Hunde aus dem Land vertreiben zu lassen, in dem sie geboren waren. Toohoolhoolzote, der aus dem Gefängnis entlassen worden war, erklärte, nur Blut könne die Schande abwaschen, die One-Armed-Soldier-Chief ihnen zugefügt habe. Joseph riet jedoch, Frieden zu halten.

Um General Howards Termin einhalten zu können,

mußten sie einen großen Teil ihres Viehs im Tal zurücklassen, und als sie an den Snake River kamen, war der Fluß von dem Schmelzwasser, das von den Bergen herabströmte, angeschwollen. Wie durch ein Wunder gelang es ihnen, Frauen und Kinder auf Flößen aus Büffelhaut ohne schweren Unfall hinüberzubringen, doch inzwischen kam eine Gruppe Weißer und stahl mehrere Rinder von ihrer wartenden Herde. Als sie danach das Vieh schnell durch den Fluß trieben, ertranken viele Tiere in dem reißenden Strom.

Zutiefst empört verlangten die Häuptlinge, daß Joseph im Rocky Canyon haltmachte und eine Besprechung abhielt. Toohoolhoolzote, White Bird und Ollokot traten für einen Krieg ein. Joseph sagte ihnen, es sei ‚besser, in Frieden zu leben, als einen Krieg zu beginnen und zu sterben'. Die andern nannten ihn einen Feigling, doch er ließ sich nicht umstimmen.

Während sie im Canyon lagerten, schlich eines Nachts eine kleine Gruppe Krieger davon, und als sie zurückkam, konnten die Nez Percés sich nicht mehr rühmen, nie einen Weißen Mann umgebracht zu haben. Die Krieger hatten elf Weiße getötet, um sich für den Diebstahl ihrer Rinder und die Vertreibung aus ihrem Tal zu rächen.

Wie viele andere friedliebende Indianerhäuptlinge befand sich Joseph jetzt in einem Dilemma. Er beschloß, zu seinen Leuten zu halten. ‚Ich hätte mein Leben geopfert', sagte er, ‚wenn ich die Ermordung der Weißen durch meine Leute hätte ungeschehen machen können. Beide waren schuld – meine jungen Männer und die Weißen ... Ich beschloß, meine Leute – wenn möglich, ohne Kampf – ins Büffelland (Montana) zu führen ... Wir zogen zum fünfundzwanzig Kilometer entfernten White Bird Creek und kampierten dort, um unser Vieh zusammenzutreiben, bevor wir aufbrachen; doch die Soldaten griffen uns an, und es kam zur ersten Schlacht.'

Obwohl Howards Soldaten doppelt so stark waren, umzingelten die Nez Percés sie am White Bird Canyon, griffen ihre Flanke an, töteten drei von ihnen und trieben den Rest in die Flucht. Zehn Tage später erschien One-Armed-Soldier-Chief mit beträchtlichen Verstärkungen und stellte sich wieder zum Kampf, doch die Nez Percés zogen sich über die Berge zurück. Mit einer Reihe raffinierter militärischer Aktionen überlistete Joseph die verfolgenden Soldaten, fügte einer Vorausabteilung schwere Verluste zu und begab sich dann schnell zum Clearwater, wo Häuptling Looking Glass mit weiteren Kriegern wartete.

Die Indianer bestanden jetzt aus 250 Kriegern und 450 Frauen, Kindern und alten Leuten. Sie besaßen zweitausend Pferde und hatten am White Bird Canyon mehrere Gewehre und eine Menge Munition erbeutet.

Nach ihrem Rückzug über den Clearwater (wo ihre Väter Lewis und Clark als Vorboten der weißen Zivilisation willkommen geheißen hatten) rief Joseph die Häuptlinge zu einer Beratung zusammen. Sie wußten alle, daß sie nicht mehr ins Wallowa Valley zurückkehren konnten, und wenn sie nach Lapwai gegangen wären, hätte man sie bestraft. So blieb ihnen nur eine Möglichkeit – die Flucht nach Kanada. Sitting Bull war ins Land der Grandmother geflohen, und die Amerikaner wagten nicht, dorthin zu gehen und ihn zu töten. Wenn es den Nez Percés gelang, den Lolo Trail zu erreichen und die Bitterroot Mountains zu überqueren, konnten sie vielleicht nach Kanada entkommen.

Da sie es gewohnt waren, die Bitterroots zu überqueren, um in Montana zu jagen, hängten sie Howards mit schwerem Gepäck beladene Soldaten schnell ab. Doch als sie am 25. Juli den Canyon nahe der Mündung des Lolo Creek hinabzogen, sichteten ihre Kundschafter vor ihnen Soldaten. Die Blauröcke errichteten an einer schmalen Stelle des Passes eine Barrikade aus Baumstämmen.

Joseph, Looking Glass und White Bird ritten mit einer weißen Fahne zu der Barrikade, stiegen von ihren Pferden und drückten dem kommandierenden Offizier, Captain Charles Rawn, die Hand. Die Häuptlinge sahen, daß sich etwa zweihundert Soldaten im Lager befanden.

‚Wenn ihr uns laßt, ziehen wir ohne Kampf weiter', sagte Joseph zu dem Captain, ‚aber wir ziehen auf jeden Fall weiter.'

Rawn erwiderte, daß er sie nur durchlassen werde, wenn sie ihre Waffen ablieferten. White Bird sagte, das würden ihre Krieger nie tun.

Da Captain Rawn wußte, daß General Howard sich von Westen näherte und die andere große Streitmacht unter Colonel John Gibbon von Osten im Anmarsch war, versuchte er, Zeit zu gewinnen. Er schlug vor, sich am nächsten Tag wieder zu treffen und weiter über die Bedingungen zu diskutieren. Die Häuptlinge waren einverstanden, doch nachdem sie zwei weitere Tage fruchtlos verhandelt hatten, kamen sie zu dem Schluß, daß sie nicht länger warten konnten.

Am frühen Morgen des 28. Juli gruppierte Looking Glass die Krieger zwischen den Bäumen am oberen Hang des Canyon zu einer weit auseinandergezogenen Linie. Inzwischen führte Joseph die Zivilisten und das Vieh durch eine Schlucht zum Gipfel des Berges hinauf. Als Captain Rawn dahinterkam, was die Nez Percés machten, hatten sie die Barrikade im Canyon längst umgangen. Der Captain nahm die Verfolgung der Indianer auf, doch nach einigen Gefechten mit Josephs Nachhut beschloß er, keine richtige Schlacht zu riskieren, und kehrte zu seiner nun nutzlosen Barrikade zurück.

Da die Häuptlinge überzeugt waren, Howard entkommen zu sein, und nichts von Gibbons nahender Armee ahnten, beschlossen sie, nach Süden zu den vertrauten Jagdgründen am Big Hole River zu ziehen. Dort konnten sie ihre Ponys ausruhen lassen und Wild jagen. Wenn die Weißen sie in Ruhe ließen, dann brauchten sie vielleicht nicht ins Land der Grandmother zu flüchten und sich Sitting Bull anzuschließen.

Am Abend des 9. August erschien One Who Limps (Colonel Gibbon) mit einer aus örtlichen Freiwilligen und berittenen Infanteristen bestehenden Kolonne und versteckte sich auf einem Berghang oberhalb des Lagers der Nez Percés. Als es dunkel wurde, fragten die Freiwilligen, ob sie bei dem Angriff Gefangene machen sollten. Gibbon erwiderte, er wolle keine Gefangenen, weder männliche noch weibliche. Die Nacht war kalt, und die Männer tranken Whisky, um sich zu wärmen. Als Gibbon bei Tagesanbruch den Befehl zum Angriff gab, waren mehrere betrunken. Die Infanteristen feuerten mehrere Salven ab und griffen dann die Wigwams der Nez Percés an.

Der fünfzehn Jahre alte Kowtoliks wurde von den Schüssen geweckt. ‚Ich sprang von meinem Lager auf, lief etwa zehn Meter weit, warf mich auf Hände und Knie nieder und kroch weiter. Patsikonmi, eine alte Frau, kam aus ihrem Wigwam und warf sich links neben mir zu Boden. Dabei wurde sie in die Brust getroffen. Sie sagte zu mir: ‚Bleib nicht hier. Flüchte. Ich bin getroffen.' Dann starb sie. Natürlich rannte ich um mein Leben und versteckte mich in einem Gebüsch. Überall waren Soldaten und schossen. Ich sah, wie Kinder getötet wurden und Männer im Kugelhagel fielen.'

Black Eagle, ein anderer Junge, wachte auf, als Kugeln in den Wigwam einschlugen. Voll Angst rannte er weg und sprang in den Fluß, doch das Wasser war zu kalt. Er stieg heraus und half, die Pferde zu retten, indem er sie einen Berg hinauf und außer Sicht der Soldaten trieb.

Die Indianer hatten sich indessen von dem ersten Schrecken erholt. Während Joseph dafür sorgte, daß die Zivilisten in Sicherheit gebracht wurden, formierte White Bird die Krieger zu einem Gegenangriff. ‚Kämpft! Schießt sie nieder!' rief er. ‚Wir können ebensogut schießen wie diese Soldaten.' In der Tat waren die Nez Percés weit bessere Schützen als Gibbons Männer. ‚Die Soldaten sind voll Angst über den Fluß geflüchtet', sagte Yellow Wolf. ‚Sie haben sich benommen, als ob sie betrunken sind.'

Als die Soldaten eine Haubitze aufzustellen versuchten, überwältigten die Nez Percés die Bedienungsmannschaft und zerstörten die Kanone. Ein Krieger richtete sein Gewehr auf Colonel Gibbon und traf ihn.

Joseph hatte inzwischen das Lager abgebaut, und während eine Handvoll Krieger Gibbons Soldaten hinter einer schnell aus Baumstämmen und Felsblöcken errichteten Barrikade aufhielt, setzten die Nez Percés ihre Flucht fort. Sie zogen nach Süden, weg von Kanada, da sie glaubten, nur so ihre Verfolger abschütteln zu können. Die Krieger hatten dreißig Soldaten getötet und mindestens vierzig verwundet. Doch bei Gibbons erbarmungslosem Angriff am frühen Morgen waren achtzig Nez Percés umgekommen, über zwei Drittel davon Frauen und Kinder; ihre Körper waren von Kugeln durchsiebt, ihre Köpfe mit Stiefelabsätzen zerstampft und mit Gewehrkolben eingeschlagen. ‚Einige Soldaten führten sich wie Verrückte auf', sagte Yellow Wolf.

Die Nachhut der Nez Percés hätte Gibbons Soldaten wahrscheinlich hinter der Barrikade aushungern können, wenn ihnen General Howard nicht mit einer neu eingetroffenen Kavallerieeinheit zu Hilfe gekommen wäre. Die Krieger zogen sich schnell zurück und berichteten Joseph, als sie ihn einholten, daß One-Armed-Soldier-Chief wieder hinter ihnen her war.

‚Wir flohen, so schnell wir konnten', sagte Joseph. ‚Nach sechs Tagen kam General Howard in unsere Nähe. Wir griffen ihn an und erbeuteten fast alle seine Pferde und Maultiere.' Es waren hauptsächlich Maultiere, die Howards Proviant und Munition getragen hatten. Während die Soldaten hinter ihnen umherirrten, zogen die Indianer über den Targhee Pass zum Yellowstone Park.

Vor fünf Jahren hatte der Große Rat in Washington das Yellowstone-Gebiet zum ersten Nationalpark des Landes gemacht, und im Sonner 1877 besichtigten die ersten waghalsigen amerikanischen Touristen seine Naturwunder. Unter ihnen befand sich Great Warrior Sherman, der eine Inspektionsreise unternahm und Zeuge wurde, wie weniger als dreihundert Nez-Percé-Krieger die gesamte Armee des Nordwestens zum Narren hielten.

Als Sherman erfuhr, daß die fliehenden Indianer fast in Sichtweite seines luxuriösen Lagers den Yellowstone Park durchquerten, sandte er an sämtliche Fortkommandanten des Gebietes den dringenden Befehl, diese unverschämten Krieger einzukreisen. Am nächsten befand sich das Seventh Cavalry, das in dem Jahr, seit Custer es am Little Bighorn in die Katastrophe geführt hatte, wieder auf volle Stärke gebracht worden war. Voll Eifer, seine Ehre durch einen Sieg wiederherzustellen, marschierte das Regiment südwestwärts zum Yellowstone. Während der ersten Septemberwoche begegneten einander fast täglich Kundschafter der Nez Percés und des Seventh Cavalry. Durch geschickte Aktionen schüttelten die Indianer das Regiment nach einem Gefecht am Canyon Creek ab und zogen nordwärts nach Kanada. Sie wußten natürlich nicht, daß Bear Coat Miles auf Great Warriors Befehl hin von Fort Keogh losmarschiert war und ihren Weg kreuzen mußte.

Am 23. September überquerten die Nez Percés nach nahezu täglichen Nachhutgefechten bei Cow Island Landing den Missouri River. Während der nächsten drei Tage sichteten ihre Kundschafter nirgends Soldaten. Am neunundzwanzigsten entdeckten Jäger eine kleine Büffelherde. Da sie nur noch wenig Lebensmittel und Munition hatten und ihre Pferde erschöpft waren, beschlossen die Häuptlinge, in den Bear Paw Mountains zu kampieren. Am nächsten Tag wollten sie versuchen, mit einem Gewaltmarsch die kanadische Grenze zu erreichen.

‚Wir wußten, daß General Howard über zwei Sonnen hinter uns war', sagte Yellow Wolf. Am nächsten Morgen kamen jedoch von Süden zwei Kundschafter angaloppiert und riefen: ‚Soldaten! Soldaten!' Während man das Lager abbrach, um weiterzuziehen, erschien auf einem fernen Felsen ein anderer Kundschafter und gab mit einer Decke das Signal: *Feinde ganz in der Nähe! Sie greifen an!*

Es war eine von Bear Coat Miles angeordnete Kavallerieattacke; seine indianischen Kundschafter hatten vor einigen Stunden die Spur der Nez Percés entdeckt. Die Kavalleristen begleiteten die dreißig Sioux- und Cheyennekundschafter, die von den Blauröcken bei Fort Robinson gekauft worden waren, die jungen Krieger, die ihr Volk verraten hatten, indem sie Soldatenuniformen anzogen.

Der Donner von sechshundert galoppierenden Pferden ließ die Erde erbeben, doch White Bird postierte in alle Ruhe seine Krieger vor dem Lager. Als die erste Welle Ponysoldaten heranstürmte, eröffneten die Nez Percés mit tödlicher Genauigkeit das Feuer. Innerhalb weniger Sekunden töteten sie vierundzwanzig Soldaten und verwundeten zweiundvierzig andere. Der Angriff brach zusammen, und ausschlagende Pferde und abgeworfene Soldaten rannten wirr durcheinander.

,Wir schlugen aus einer Entfernung von nicht mehr als zwanzig Schritten zurück', sagte Chief Joseph, ,und trieben die Soldaten, die ihre Toten liegenließen, zu ihrer Hauptlinie zurück. Wir nahmen ihre Waffen und ihre Munition. In den ersten vierundzwanzig Stunden verloren wir achtzehn Männer und drei Frauen.' Unter den Toten waren Josephs Bruder Ollokot und der alte Prophet Toohoolhoolzote.

Bei Einbruch der Dunkelheit versuchten die Nez Percés sich nach Norden zurückzuziehen, doch Bear Coat hatte ihr Lager mit einem Kordon Soldaten umstellt. Die Krieger, die am nächsten Tag einen weiteren Angriff erwarteten, hoben während der Nacht Gräben aus.

Bear Coat griff jedoch nicht an, sondern schickte einen Boten mit einer weißen Fahne, der Joseph aufforderte, zu kapitulieren und das Leben seiner Leute zu retten. Joseph antwortete, er werde es sich überlegen und General Miles seine Entscheidung bald wissen lassen. Es hatte zu schneien begonnen, und die Krieger hofften, daß es ihnen gelingen würde, im Schutz eines Schneesturms nach Kanada zu entkommen.

Später am Tag kamen wieder einige von Miles' Siouxkundschaftern mit einer weißen Fahne angeritten. Joseph ging ihnen über das Schlachtfeld entgegen. ,Sie glaubten, sagten sie, daß General Miles es ehrlich meine und wirklich Frieden wolle. Ich ging weiter zu General Miles' Zelt.'

Bear Coat nahm Joseph trotz der weißen Fahne gefangen und hielt ihn die nächsten zwei Tage fest. Während dieser Zeit ließ Miles Artillerie auffahren und griff wieder an, doch die Nez Percés hielten ihre Stellung, und Joseph weigerte sich zu kapitulieren, während er gefangengehalten wurde.

Am dritten Tag gelang es Josephs Kriegern, ihn zu befreien, indem sie drohten, einen von Miles' Offizieren, der ihnen in die Hände gefallen war, zu töten, wenn der General ihren Häuptling nicht freiließ. Am gleichen Tag traf jedoch General Howard mit seiner Armee zu Miles' Verstärkung ein, und Joseph wußte, daß seine zusammengeschrumpfte Schar Krieger verloren war. Als Miles ihn durch Kuriere zu Waffenstillstandsverhandlungen auffordern ließ, ging Joseph zu ihm und fragte ihn nach den Kapitulationsbedingungen. Sie waren klar und einfach. ‚Wenn ihr euch ergebt und eure Waffen abliefert', sagte Miles, ‚werde ich euch das Leben schenken und in euer Reservat schicken.'

Joseph kehrte in das umzingelte Lager zurück und rief seine Häuptlinge zum letztenmal zusammen. Looking Glass und White Bird wollten weiterkämpfen – wenn nötig, bis zum Tod. Sie hätten sich über zweitausend Kilometer weit durchgeschlagen und könnten jetzt nicht aufgeben, meinten sie. Zögernd willigte Joseph ein, seine Entscheidung aufzuschieben. Am Nachmittag, bei dem letzten Gefecht der viertägigen Belagerung, wurde Looking Glass von einem Scharfschützen in die linke Schläfe getroffen und war sofort tot.

‚Am fünften Tag', sagte Joseph, ‚ging ich zu General Miles und gab ihm mein Gewehr.' Die Rede, in der er sich geschlagen erklärte, wurde von Leutnant Charles Erskine Scott Wood in der englischen Übersetzung aufgezeichnet und sollte später Berühmtheit erlangen:

‚Sagt General Howard, ich kenne sein Herz. Was er mir gesagt hat, habe ich in meinem Herzen bewahrt. Ich bin des Kämpfens müde. Unsere Häutlinge sind gefallen. Looking Glass ist tot. Toohoolhoolzote ist tot. Alle alten Männer sind tot. Es sind die jungen Männer, die ja oder nein sagen. Der Anführer der jungen Männer (Ollokot) ist tot. Es ist kalt, und wir haben keine Decken. Die kleinen Kinder erfrieren. Einige meiner Leute sind in die Berge davongelaufen und haben keine Decken und nichts zu essen, niemand weiß, wo sie sind – vielleicht erfrieren sie. Ich möchte Zeit, um meine Kinder zu suchen und zu sehen, wie viele von ihnen ich finden kann. Vielleicht werde ich sie unter den Toten finden. Hört mich an, meine Häuptlinge! Ich bin müde, mein Herz ist krank und traurig. Ich werde von dort, wo die Sonne jetzt steht, niemals mehr kämpfen.'

Nach Einbruch der Dunkelheit, während die Kapitulationsverhandlungen im Gange waren, krochen White Bird und eine Schar von Kriegern in kleinen Gruppen durch Felsspalten und liefen zu Fuß zur kanadischen Grenze. Am nächsten Tag überschritten sie sie, und am dritten Tag sahen sie in der Ferne berittene Indianer. Einer von ihnen signalisierte: ,Was für Indianer seid ihr?'

,Nez Percés', antworteten sie und fragten: ,Wer seid ihr?'

,Sioux', lautete die Antwort.

Am nächsten Tag brachte Sitting Bull die geflohenen Nez Percés in sein kanadisches Dorf.

Für Chief Joseph und die anderen hingegen gab es keine Freiheit. Statt sie, wie Bear Coat versprochen hatte, nach Lapwai zu bringen, transportierte die Armee sie wie Vieh nach Fort Leavenworth in Kansas. Dort wurden sie in einem sumpfigen Tal untergebracht und als Kriegsgefangene behandelt. Nachdem fast hundert gestorben waren, brachte man sie in eine unfruchtbare Ebene im Indianer-Territorium. Wie die Modocs wurden die Nez Percés krank und starben – an Malaria und an gebrochenen Herzen.

Sie wurden häufig von Bürokraten und Vertretern der Kirchen besucht. Diese versicherten sie ihres Mitgefühls und schrieben endlose Berichte an verschiedene Organisationen. Joseph durfte nach Washington fahren, wo er all die großen Häuptlinge der Regierung kennenlernte. ,Sie sagen alle, daß sie meine Freunde sind', sagte er, ,und daß uns Gerechtigkeit widerfahren wird, aber sie reden nur viel, und es wird nichts für meine Leute getan... General Miles hat versprochen, daß wir in unser eigenes Land zurückkehren können. Ich habe General Miles geglaubt – *sonst hätte ich mich nie ergeben.*'

Dann bat er eindringlich um Gerechtigkeit: ‚Ich habe Worte und Worte gehört, doch nichts wird getan. Gute Worte halten nicht lange, wenn sie nichts bedeuten. Worte sind keine Entschädigung für meine toten Leute. Sie sind keine Entschädigung für mein Land, das jetzt von Weißen überschwemmt wird... Gute Worte geben meinen Leuten keine Gesundheit und verhindern nicht, daß sie sterben. Gute Worte geben meinen Leuten keine Heimat, in der sie in Frieden leben und für sich sorgen können. Ich bin des Geredes, das zu nichts führt, müde. Mein Herz tut weh, wenn ich an all die guten Worte und gebrochenen Versprechen denke... Ihr könnt von den Flüssen ebensogut erwarten, daß sie rückwärts fließen, wie ihr von einem Mann, der frei geboren wurde, erwarten könnt, daß er zufrieden ist, wenn man ihn einsperrt und ihm die Freiheit verwehrt, zu gehen, wohin er will... Ich habe einige der großen weißen Häuptlinge gefragt, woher sie das Recht nehmen, dem Indianer zu sagen, er soll an einem Ort bleiben, während er sieht, wie die Weißen gehen, wohin sie wollen. Sie konnten es mir nicht sagen.

Laßt mich ein freier Mann sein – gebt mir die Freiheit zu reisen, mich niederzulassen, zu arbeiten, Handel zu treiben, wo ich will; die Freiheit, meine Lehrer zu wählen, nach der Religion meiner Väter zu leben, das Recht, frei zu denken und zu reden und zu handeln – dann will ich jedem Gesetz gehorchen...'

Doch niemand hörte auf ihn. Man schickte Joseph zurück ins Indianer-Territorium, und er blieb dort bis 1885. In diesem Jahr lebten nur noch 287 gefangene Nez

Percés; die meisten von ihnen waren zu jung, um sich an ihr früheres Leben in Freiheit zu erinnern, oder zu alt und krank und seelisch gebrochen, als daß sie die Macht der Vereinigten Staaten bedroht hätten. Einigen der Überlebenden gestattete man, in das Reservat ihres Volkes bei Lapwai zurückzukehren. Chief Joseph und etwa 150 andere hielt man für zu gefährlich, um sie mit anderen Nez Percés, die sie vielleicht beeinflußt hätten, zusammenzusperren. Die Regierung brachte sie nach Nespelem im Reservat Colville bei Washington, wo sie bis an ihr Lebensende in der Verbannung blieben. Als Joseph am 21. September 1904 starb, gab der Arzt der Agentur als Todesursache ‚gebrochenes Herz' an."

Kalispell – Glacier Nationalpark

Nördlich von Missoula liegt das Flathead Indian-Reservat mit dem größten Binnensee westlich des Mississippi, dem Flathead Lake, der von Kirschbäumen und Kiefern umsäumt ist. Der See ist voll von kleinen Inseln, auf denen Adler und Dickhornschafe zu sichten sind. Von der Spitze des Sees bis nach Kalispell sind es nur wenige Kilometer. Man muß nicht unbedingt das Agrar- und Ferienzentrum Kalispell auf 900 Meter Höhe besucht haben. Bemerkenswert an dieser Stadt ist nur ihre Lage inmitten der Rocky Mountains; sie ist umgeben von einer Vielzahl von einladenden Seen. Touristen beherrschen das alltägliche Bild. Aber für mich hat dieses Städtchen mit seinen 12000 Einwohnern eine besondere Bedeutung. Ich war nämlich vor fünfundzwanzig Jahren schon einmal hier. Damals kaufte ich warme Kleidung in einem Western-Store. In diesem Geschäft begegnete ich einem Mädchen mit den verführerischen Augen einer Audrey Landers aus der Dallas-Serie. Lange, auffällige Beine.

Blonde Haare, die ihr Gesicht umkränzten und weit über ihre Schultern lockig hinabfielen. Ein wenig Kosmetik. Eine offene Bluse, die üppige Rundungen andeutete. Ihre Jeans saßen eng, ihre Füße steckten in Sandalen. Ein Mädchen mit hübschem Gesicht, etwa zwanzig. Sie schien mich zunächst nicht zu bemerken. Ich war allein, sie war allein.

Ein Verkäufer kam aus einem Raum im Hintergrund und stattete mich mit Hosen und zierlosen, gefütterten Stiefeln aus. Er bot mir nicht die mexikanischen Stiefel mit Verzierungen, Schleifen und Reitutensilien an, die, wie mir schien, ohnehin für diese Gegend nicht geeignet gewesen wären. So probierte ich die gelben „Wanderstiefel" an, vorne eckig und hinten mit höherem Absatz. Der Verkäufer musterte mich und sagte in einem nicht gerade schmeichelnden Ton: „Gehen Sie, treten Sie hinein, treten Sie fest auf. Sie müssen den Boden spüren!" So schritt ich mehrere Male auf und ab. Die gelbe Farbe wirkte häßlich, ja sogar abstoßend. Auf gutes ständiges Zuraten hin behielt ich die Stiefel dennoch, weil, wie der Mann sagte, das Futter im Sommer angenehm wäre, im Winter aber notwendig.

Die Stiefel begleiteten mich damals durch den weiten Westen. In diesen Stiefeln betrat ich Banken, elegante Geschäfte in Dallas, Houston und West Palm Beach, Restaurants und vornehme Hotels. Selbst im Flugzeug ließ ich sie an. Nach und nach verloren sie ihre gelbe Farbe. Auch später habe ich keine Reise ohne meine Stiefel unternommen. Mit ihnen war ich im Irak und in anderen Ländern des Nahen Orients. In Taschkent sprach man mich wegen der Form meiner Stiefel an.

Bei der Auswahl der Hemden half mir das verführerische Mädchen. Auf der Ausstellungstheke lag ein aufgeschlagener Band Erzählungen von Edgar Allan Poe. An einer Stelle heißt es: „Hand in hand about this valley, for fifteen years, roamed I with Eleonora before love entered within our hearts. It was one evening... that we sat, locked in each other's embrace, beneath the serpent-like trees, and looked down within the waters of the River of Silence at our images therein. We spoke no words during the rest of that sweet day... We had drawn the god Eros from that wave, and now we felt that he had enkindled within us the fiery souls of our forefathers" (Eleonora). Ich scherzte ein wenig mit dem Mädchen und erzählte ihr von meinen Reiseplänen. Da sagte sie plötzlich: „Und wenn wir zwei zusammen ein paar Tage reisen würden?" Konnte das Leuchten meiner Augen unbemerkt bleiben? Eine Einladung auf zwei Wochen durch den Glacier Nationalpark! Ich konnte mein Glück kaum fassen. Wie hatte es mir, da ich fast nur wie im Traum vor mich hin sprach, gelingen können, dieses Mädchen für mich einzunehmen? Ich mußte es innerlich berührt haben! Das Mädchen war ungewöhnlich schön. Ich starrte ihr ins Gesicht. Es paßte einfach nicht zur Atmosphäre des Western-Store. Ein Glück, daß es meine Verwirrung nicht bemerkte.

Sie kommt mir jetzt kaum wirklich vor, diese Reise, dieses wunderbare Ergebnis eines kurzen Verweilens in einem Western-Store. Am Abend bereiteten wir bereits unsere Reise vor. Mit allen Fasern meines Wesens nahm ich die Existenz des jungen Mädchens neben mir in mich auf, ihre beunruhigende Wirklichkeit. Ich wußte lediglich, daß sie anglo-amerikanische Literatur studierte. Sonst nichts. Ein leeres Lebensblatt. Es füllte sich rasch mit Aufzeichnungen. Ich denke mit voller Verwunderung an die Tage im Glacier Naturpark zurück. Alles war so natürlich, unbefangen und so einfach gewesen, daß es wie ein Traum schien.

Auf der Bundesstraße Nr. 2 fuhren wir ein Stück nordwärts, um dann bei Camas den Glacier Naturpark zu betreten, der seinen Namen seinen fünfzig Gletschern verdankt. In Kanada geht der Park in den an Fläche wesentlich kleineren Waterton Lakes Nationalpark über. Beide Naturparks hat man aufgrund einer symbolischen Friedensgeste zwischen Kanada und USA in Waterton-Glacier Nationalpark umbenannt. Doch dieser Name hat sich im Sprachgebrauch nicht durchgesetzt.

Außer den vielen Gletschern gibt es mehrere hundert Wasserfälle, die aus den Eis- und Schneemassen gespeist werden und sich in Flüsse und Seen ergießen, eine stattliche Anzahl von Pflanzen- und Vogelarten und vor allem unter den Tieren den Grizzly, der hier ein Refugium gefunden hat. Von den schneebedeckten Bergen überschreiten zehn die Dreitausend-Meter-Grenze. Die zweiundachtzig Kilometer lange Going-to-the-Sun-Road überquert nach dem 2030 Meter hohen Logan-Paß die kontinentale Wasserscheide. Die „Straße zur Sonne" gehört mit zu den schönsten Straßen dieser Erde.

Die Route führte am Lake McDonald vorbei, dem sie mehr als zwölf Kilometer folgt. Dann mehr und mehr in die Berge hinauf. Die Straße wurde schmaler und schmaler, kurvenreicher und holpriger. Ratsam ist es, die Geschwindigkeit des Wagens zu zügeln. Die Hände fest auf dem Lenkrad, ließ ich die Augen immer wieder seitlich schweifen. Die Landschaft war überwältigend, zugleich eine friedliche Landschaft, die Ehrfurcht einflößte. Eine Landschaft, die lediglich von dem Grün der Wiesen, den Bäumen, den Gewässern, Felsen und schneebedeckten Bergen unterteilt war. Ein Bergparadies. Eine andere Welt. Wir waren erstaunt, Gletscherberge, um die wir in einer großen Schleife herumfuhren, so greifbar nahe zu sehen. Immer wieder unermeßliche Blicke in die Vielfalt der Natur. Vertraute Nähe zu dieser Landschaft.

Die Höhe machte uns zu schaffen. Wir hielten in einer Ausbuchtung und stiegen aus, um hinunter in die abgründige Tiefe zu blicken. Schon seit Stunden tranken wir in vollen Zügen die Schönheit der Natur, der Schöpfung Gottes.

Stille. Keine Zivilisationsgeräusche. Über uns schwebte ein Adler. Lautlos kreiste er. Zuweilen drang der Laut eines Flügelschlages herab. Die Stelle, an der wir standen, lag so hoch, daß wir das Gefühl hatten, über den Abgrund hinweg zum Grat des Bergrückens sehen zu können. Wer weiß, vielleicht lag er viel niedriger.

Erregt von der Großartigkeit der Ausblicke kehrten wir zum Wagen zurück und näherten uns allmählich dem Logan-Paß, der sich als eine kleine Mulde mit einigen Gebäuden aus Felsgestein inmitten der Bergwelt entpuppte. Der Paß ist nur in den Monaten Juni bis September zu befahren. Im Winter liegen meterhohe Schichten Schnee, die mühsam weggeräumt werden müssen, damit der Naturpark in den Sommermonaten für die Besucher zugänglich ist. Auf dem Paß erfaßte uns ein frostiger Wind. Wir beide waren darauf gut vorbereitet. Die gefütterten Arbeitsstiefel und die winterliche Kleidung schützten uns vor der Kälte. Wir starrten wie verzaubert auf die gewaltigen, gletscherbedeckten Berggipfel. Es ist vor allem der mächtige Going-to-the-Sun-Mountain mit seinen dreitausend Metern, würdevoll im wahrsten Sinne des Wortes, der beeindruckt. Während wir diesen Berg bewunderten, begriffen wir plötzlich, was er uns zu sagen versuchte. Das Wort „Berg" sprach es aus. Wir rollten die Laute wieder und wieder auf der Zunge – Berg, Berg, Berg. Jawohl, Berg, das ist es – man hatte es fast vergessen: Es bedeutet Majestät, Kraft, Ewigkeit.

Nach dem Logan-Paß begann die lange beschwerliche Abfahrt zum St. Mary Lake, der in einer Höhe von 1300 Metern liegt. Die Wälder am Ufer leuchteten goldgelb und dunkelrot. Kälte in der Nacht und Wärme am Tage, bevor die Blätter von den Bäumen fallen, verzauberten die Landschaft und bescherten den Besuchern einen farbenprächtigen indian summer. Nach den mythischen Vorstellungen der Indianer ist es der göttliche Jäger, der den Großen Bären erlegt, dessen Blut dann heruntertropft und die Blätter der Laubbäume verfärbt. In den Neuengland-Staaten ist der Farbreiz und die Farbenvielfalt durch die unterschiedlichsten Laubbaumarten gegeben. Unter ihnen hebt sich der Zuckerahorn mit seinen gelben und roten Schattierungen je nach Sonneneinfall hervor. Während dieser Zeit werden foilage tours veranstaltet, um den Bewohnern die Farbenpracht des Indianersommers vor Augen zu führen. Es ist zugleich die Zeit des Halloween, wo die Kinder mit ausgehöhlten und mit Fratzen versehenen Kürbissen von Haus zu Haus ziehen und die Bewohner durch „trick or treat" vor die Wahl stellen, sich entweder durch Süßigkeiten loszukaufen oder sich Schabernack einzuhandeln.

In St. Mary verließen wir den Glacier-Naturpark und kehrten in Browning ein, dem Verwaltungssitz der Blackfeet Indianer Reservation mit seinem Museum über die Indianer der Great Plains.

Die Indianer der Plains und Prärien

Unser Wagen wurde auf der Fahrt damals sehr strapaziert. Er war auch schon fast ein Wrack: Auf der einen Seite hing er durch, an manchen Stellen quietschte er recht hörbar; er bereitete uns gegen Ende der Fahrt ständigen Ärger. Aber er war uns in den weiten Landschaften wie zu einer Ergänzung unseres eigenen Körpers geworden. Ein erweitertes Ego, das uns von Ort zu Ort führte. In unseren Köpfen vermischten sich die Eindrücke: lange Fahrten in unserem klapprigen Wagen, Ausritte mit Packpferden, Wanderungen mit dem Ranger, Kanufahrten, Berglandschaften, ungemütliche Schlafstellen, wo wir uns als Liebende umarmten. Oft waren wir beim Aufwachen zu früher Tageszeit noch betäubt, schläfrig und verwirrt. Doch die Kühle am Morgen rüttelte uns aus der Versunkenheit des Liebesspiels.

Museum. Sie betrat es in einem weißen Wildlederkleid, die Fransen bedeckten gerade das Knie. Leuchtende indianische Muster dort, wo ihre Brüste zur Geltung kamen, und zwei kleinere an den Ärmeln. Ein Indianermädchen! So kamen wir rasch mit den Indianern ins Gespräch, die vor dem Gebäude Waren anboten. Mit etwas Glück kauften wir einen alten Kultgegenstand sowie neuen Schmuck: ein schweres Armband aus Silber und dazu passende Ohrringe, die an ihren feinen Ohrläppchen schaukelten.

Der Rundgang im Museum vermittelt einen guten Einblick in die Lebensweise der Indianer der Great Plains, der Plains und Prärien. W. Lindig und M. Münzel (S. 143 ff.) führen im einzelnen dazu aus: „Dieses Gebiet bildete ab Mitte des 18. Jahrhunderts eine eigene indianische Kulturprovinz. Bis zu diesem Zeitpunkt waren die (östlichen) Prärien von Völkern mit einer dem östlichen Waldland entsprechenden Kulturform besetzt, die (westlichen) Plains dagegen – von wenigen Ausnahmen abgesehen – nur im Süden ständig besiedelt; das zentrale und nördliche Plainsgebiet wurde allein von den Stämmen aus den Prärien und aus den Gebirgsbecken westlich des Felsengebirges aufgesucht, wenn sie zur Jagd auszogen. Erst als das Pferd aus den damaligen nördlichen spanischen Kolonien übernommen wurde, entstand ein neues ökologisches Kulturmuster, indem nun einige Stämme dazu übergingen, ausschließlich von der Bisonjagd zu leben und die Plains dauernd zu besetzen... Das Plains-Indianertum ist eine sehr junge Kulturerscheinung in Nordamerika... Schon knapp hundert Jahre nach seiner Entstehung begann mit der Dezimierung durch eingeschleppte Krankheiten und die Ausrottung der Bisons sein Zusammenbruch; die (östlichen) Präriestämme waren um diese Zeit bereits voll in den Mahlstrom der amerikanischen Kolonisation geraten und drohten darin unterzugehen... Der hartnäckige Kampf der Plains-Indianer hingegen, der sich etwas später vollzog und mit dem blutigen Gemetzel am Wounded Knee (1890) endete, führte der Welt den erbarmungslosen Kampf der Weißen gegen den Roten Mann noch einmal in eindrucksvoller Weise vor Augen...

Die Landschaft mit ihrem baumlosen großartigen Steppen- und Savannencharakter ist eines der größten Grasländer der Erde. Sie erstreckt sich vom Ostabhang der Rocky Mountains bis an den Westrand des Mississippitales und von Zentralkanada bis zum Rio Grande in Texas. Eingebettet in diese riesige Offenlandschaft sind einige kleine Berglandschaften mit Waldbewuchs: die Black Hills von South Dakota... Die weiten, sanft gewellten Ebenen werden von zahlreichen Flüssen durchschnitten, die das Land in starken Mäandern von West nach Ost durchfließen, um schließlich in den Missouri oder direkt in den Mississippi einzumünden... In den mittleren und unteren Flußtälern treten Galeriewälder auf, die sich teilweise weit ausdehnen und dann nach Westen zu, mit ansteigender Höhe, immer schmaler werden. Während der östliche Teil der großen Ebene, die Prärie, kräuter- und staudenreiche Schwarzerdeböden mit Langgrasbeständen aufweist, hat der westliche Teil, die Plains, nur eine steppenartige dünne Vegetation, die durch weitständig verteiltes niedriges Büschelgras und xerophytische Zwergsträucher, weiter im Westen dann auch Kakteen und Sagebrush (Artemisia) bestimmt wird. Ökologisch äußerst wichtig und folgenreich ist die Tatsache, daß die jährlichen Niederschläge in den Plains geringer sind als 500 mm und daß die Dauer der frostfreien Tage im Jahr unter 100 bzw. 120 Tagen liegt. Das bedeutet, daß in den Plains ein Bodenbau für die Indianer nicht möglich war. Die Voraussetzung für den Anbau von kultivierten Pflanzen war nur in den Prärien gegeben, und auch hier allein in den Alluvialböden der Flußauen, nicht auf der Prärietafel mit ihrem dichten Wurzelgeflecht. Erst der von den Weißen mitgebrachte Pflug vermochte den an sich fruchtbaren Prärieboden der Landwirtschaft zu erschließen.

Die Plains boten sich dagegen als bevorzugtes Jagdgebiet vieler Stämme an. Hier grasten riesige Bisonherden, so daß sich ein Nomadentum par excellence entwickeln konnte, sobald die Verwendung von Reittieren den Indianern eine größere Mobilität gewährte... Zu den Plains-Stämmen – erst in relativ junger Zeit von Völkern aus dem Osten besetzt – zählen die Teton-Dakota, Crow, Assiniboin, Blackfoot, Gros Ventre oder Atsina, Arapaho, Cheyenne, Plains Ojibwa, Sarsi und im Süden die Comanche, Kiowa und Kiowa-Apache. Die Lipan-Apache, die Jicarilla und die Mescalero wurden schon lange vor der weißen Landnahme in den Südwesten abgedrängt...

Die Mehrzahl der in der Prärie lebenden Stämme gehört zur großen Sprachfamilie der Sioux wie: Mandan, Hidatsa, Yanktonai-, Yankton- und Santee-Dakota (östliche Dakota), Ponca, Omaha, Iowa, Oto, Missouri, Kansa, Osage, Quapaw und im Süden die Pawnee, Wichita und die Caddo.

Es ist archäologisch nachzuweisen, daß der Bodenbau im östlichen Prärieraum bereits um Christi Geburt durch die aus dem Ohio- und Illinoisgebiet expandierende mittelwaldlandzeitliche Hopewell-Kultur eingeführt wurde. Ob die Träger dieser frühen Bodenbaukultur allerdings zu den Sioux gehörten, ist zweifelhaft... Sicherer ist die Zugehörigkeit der südlichen Präriepflanzer zur Gruppe der caddosprechenden Stämme. Die Verbindung beider Gruppen zum östlichen Waldland riß jedoch ab, als das Bisonjägertum der Plains das Ökosystem der seßhaften Präriepflanzer veränderte, also um die Mitte des 19. Jahrhunderts.

Lebensunterhalt: Bison und Mais

Die Bisonjäger der Plains

Die nomadischen Stämme der Plains lebten fast ausschließlich von der Jagd auf den Bison ... Die Hauptjagdzeit lag im Sommer. Dann verteilten sich die Stämme auf kleine Jagdgruppen, wobei sie teilweise uralte Methoden praktizierten wie z. B. das Kesseltreiben, bei dem sie kleinere Bisonherden umzingelten, um sie dann leichter zu erledigen... Bei einer Treibjagd wurden die Tiere zwischen zwei konvergierenden Linien aus Steinen, Strauchwerk oder schreienden, Felle schwenkenden Menschen entweder in ein Gehege oder in einen Abgrund getrieben. Eine dritte Methode schließlich war die Einkreisung von Bisonherden durch das Anlegen von Grasbränden; das war jedoch zumeist ein riskantes Unternehmen, denn es bestand immer die Gefahr, daß sich der Wind drehte und das Feuer das eigene Lager bedrohte; dabei war auch anderes Wild davon betroffen und wurde meist vernichtet...

Die verbreitetste Art, den Bison zu erlegen, war die, ihn zu umzingeln. Das begann damit, daß eine Gruppe von Spähern, die einem eigens für die Jagdzeit gewählten Jagdanführer unterstanden, auszog, um eine Herde aufzuspüren. Waren die Späher erfolgreich, so setzte sich die ganze Gruppe in Marsch und bewegte sich vorsichtig in Richtung auf die gemeldete Herde. Die Umzingelung wurde von einer Art Jagdpolizei, die während der Jagdzeit erhebliche Befugnisse besaß und Unvorsichtige und Voreilige mit harten Mitteln (Auspeitschen) in Schach hielt, überwacht. Erst auf das Zeichen des Jagdanführers hin begannen dann die Männer die eingeschlossenen Tiere abzuschießen.

Die große Bedeutung des Pferdes für die Entstehung der Bisonjäger-Kultur ist bereits angedeutet worden. Wie kam es aber zu der weiten Verbreitung des Pferdes in den nordamerikanischen Plains und Prärien? Die Spanier hatten diese Tiere schon gleich zu Beginn ihrer Landnahme in Texas (San Antonio) und im heutigen New Mexico (Santa Fé) eingeführt und dort Gestüte eingerichtet. Bereits um 1630 kamen die ersten Pferde in den Besitz von Indianern, die bei den Spaniern als Hirten reiten und mit den Tieren umzugehen gelernt hatten. Meist stahlen sie die Pferde, nur selten wurden die Tiere – oft gegen Kinder – eingehandelt... Schon um 1750 waren die meisten Präriestämme im Besitz von Pferden...

Das Gewehr... hat für die Ausbildung der Bisonjagd-Kultur jedoch nur geringe Bedeutung gehabt, denn die Jagd erfolgte meist mit Bogen und Pfeil, deren Handhabung einfacher, billiger, rascher und treffsicherer war als das umständliche Schießen mit dem alten Vorderlader...

Das Fleisch wurde zu Pemmikan verarbeitet, indem man es in lange schmale Streifen schnitt, trocknete, mit Steinhämmern zerstampfte und schließlich mit Knochenmark, Talg und getrockneten Beeren vermischte, als welches es zum Wintervorrat diente. Aber auch im Winter ging man auf die Jagd, und zwar einzeln oder gemeinsam mit einem Gefährten. Ziel war vor allem, die dicken warmen Winterpelze der Tiere zu erbeuten. Man versuchte, die Tiere in tiefe Schneewehen zu treiben, wo sie leicht eingeholt und angegriffen werden konnten. Bei dieser winterlichen Verfolgungsjagd benutzte man auch Rahmenschneeschuhe. Die Anstrengungen waren groß, aber man konnte bzw. wollte auch im Winter nicht ganz auf frisches Fleisch verzichten...

Die Maispflanzer der Prärie

Mit der Steinaxt wurde zunächst die vorgesehene Anbaufläche gerodet, dann mit der Hacke die Bodenkrume gelockert. Mit dem Grabstock stach man Löcher für Saatkörner aus, legte diese hinein und häufelte darüber Erde. In kleinen Beeten wurden auch Bohnen-, Kürbis- und Sonnenblumenkerne gesät. Der Pflanzstock, die Hacke, aus dem Schulterblatt eines Wapitis oder eines Bisons hergestellt, und ein einfacher Holz- oder Geweihrechen waren die einzigen Feldbaugeräte, die die Maispflanzer kannten. Die Anbauflächen waren in kleine Parzellen aufgeteilt, die den Familien eines Dorfes gehörten; sie waren selten größer als 100 Ar.

Die Felder wurden möglichst in der Nähe des Dorfes angelegt; doch konnte es vorkommen, daß sie auch bis zu zehn Kilometer entfernt waren, denn ein Dorf wurde nicht sofort verlegt, wenn der Boden in dessen unmittelbarer Umgebung erschöpft war. Dazu waren die Dörfer zu stabil errichtet; meist trugen sie Befestigungen. Die Felder befanden sich nicht nur wegen der leichten Bearbeitung des Bodens in den Flußauen, sondern auch wegen der besseren Schutzlage vor den heißen und trocknen Sommerwinden und wegen der in den Tälern etwas später einsetzenden Herbstfröste... Im Norden erbrachten die Maispflanzen meist nur Kolben von 10 cm Länge, während in der südlichen Prärie bei besseren Wachstumsbedingungen die Kolben bis zu 25 cm lang wurden. Doch waren die im Norden angebauten Arten frostresistenter, und sie benötigten nur eine Wachstumszeit von etwa 60 bis 70 Tagen bis zur Vollreife. Die Anpassung an die örtlichen klimatischen Bedingungen und die Herausbildung besonderer Arten sprechen für eine längere Siedlungszeit auch in den nördlichen Teilen der Prärie.

Bereits Anfang August wurden die ersten grünen Maiskolben geerntet. Doch ließ man den überwiegenden Teil der Pflanzen voll ausreifen, so daß die Haupternte erst ab Mitte September stattfand. Die getrockneten Kolben wurden mit einer Art Flegel ausgedroschen und die Maiskörner schließlich in große Lederbehälter gefüllt und in tiefen Vorratsgruben aufbewahrt. Die besten Körner behielt man als Saatgut für das nächste Jahr oder als Tauschwert, insbesondere für die Plainsstämme.

Zur Weiterverarbeitung zerstampfte man den Mais in Holzmörsern zu Mehl, das in primitiven Tontöpfen zu einer Suppe mit Fleisch und Gemüse gekocht wurde. Das recht eintönige Essen wurde durch Wildfrüchte und Wildbret angereichert. Bisonfleisch war für die Präriestämme traditionellermaßen die Hauptquelle zur notwendigen Deckung ihres Bedarfs an tierischem Eiweiß. Der Fischfang wurde dagegen nur von einigen Gruppen am oberen Missouri betrieben. Im allgemeinen spielte er keine Rolle, da die Flüsse, mit Ausnahme des Missouri, sehr flach und die Fischbestände dementsprechend gering waren.

Eine andere Kulturpflanze, die allerdings nur von den Präriedorfstämmen (Arikara, Mandan, Hidatsa) und einigen nördlichen Plainsstämmen (Blackfoot, Crow, Cheyenne) angebaut wurde, war der Tabak. Er diente ausschließlich zeremoniellen Zwecken und wurde in einigen Fällen nicht einmal geraucht, sondern als Opfer dargeboten.

Materieller Kulturbesitz: Stangenzelt (Tipi) und Erdhaus

Die Reiternomaden der Plains wohnten das ganze Jahr

über in großen Lederzelten, wie sie im übrigen auch im 19. Jahrhundert von den Dorfstämmen bei ihrer sommerlichen Bisonjagd verwendet wurden. Dem Typ nach handelte es sich hierbei um ein kegelförmiges Stangenzelt, das Tipi. Es bestand in der Regel aus einem Grundgerüst von drei oder vier schweren Zeltstangen, die, zusammen mit einer Anzahl weiterer leichter Stangen, kreisförmig aufgestellt und mit einer Plane aus Bisonhäuten bedeckt wurden. Ab Mitte des 19. Jahrhunderts begann sich die – von den Weißen eingetauschte – Leinwand den Häuten gegenüber durchzusetzen. Die Größe der Tipis variierte bei den einzelnen Stämmen beträchtlich: Ein Zelt der Santee-Dakota hatte bei einem Durchmesser von etwa 3,50 m eine Höhe von 3,50 m; die Lederplane bestand aus sieben bis acht Bisonfellen. Die Tipis der nördlichen Plainsstämme dagegen waren erheblich größer. Ihre Zeltstangen betrugen bis zu über 10 m Länge und ragten weit über die Plane hinaus, die sich aus 14 bis 18 Bisonfellen zusammensetzte. Früher, als allein der Hund als Zugtier zur Verfügung stand, konnten nur kleine Zeltstangen in Form der Tragschleife transportiert werden; erst das Pferd machte es möglich, auch große Zeltstangen und schwere Lederplanen zu befördern.

Bei den nördlichen und zentralen Präriestämmen findet sich das große, kuppelförmige und etwas in den Boden eingetiefte Erdhaus; an seiner Stelle stand im Süden die wie ein großer Heuhaufen aussehende Grashütte der Wichita und Caddo oder das mit Matten oder Fellen abgedeckte rechteckige Holzhaus der Osage. Das Erdhaus bestand aus einem zentralen Pfostengerüst, das mit Weidenzweigen, mit Gras und schließlich mit Grassoden und Erde abgedeckt war. Die ganze Holzkonstruktion wurde ohne Nägel oder Stifte zusammengefügt. Ein schräg nach unten verlaufender Eingangstunnel war ebenfalls aus Balken hergestellt und, wie das Gewölbegerüst, mit Erde bedeckt. In der Mitte hatte das Erdhaus ein großes Rauchabzugsloch, das bei Regen zugedeckt werden konnte. Die Erdhäuser variierten in der Größe etwas, doch kann man sagen, daß fünfzehn Meter Durchmesser die Norm darstellte. Sie konnten aufgrund ihrer stabilen Konstruktion und bei regelmäßiger Erneuerung der äußeren Abdeckung bis zu zehn Jahre bewohnt werden. Aber man verstand auch, große Häuser zu errichten, die als Versammlungshäuser dienten und bis zu vierzig Personen aufnehmen konnten.

Die Erdhausdörfer der Missouristämme waren an leicht zu verteidigenden Plätzen auf den Steilufern des Flusses angelegt und wurden meist mit Palisaden und breiten Gräben umgeben. Im allgemeinen waren die Häuser um einen großen Platz gruppiert, auf dem die religiösen Zeremonien abgehalten wurden. Einen festen Plan, wie er für zahlreiche prähistorische Dorfanlagen bezeugt ist, gab es in historischer Zeit offenbar nicht mehr.

Das Mobiliar war bei den Plains- und Präriestämmen kärglich. Als einziges Möbelstück war eine Rückenstütze aus Holzstäben bekannt. Man schlief auf Bisonfellen, die bei den Arapaho auf einer niedrigen Plattform, sonst aber auf dem Boden ausgebreitet waren. Der Hausrat bestand bei den seßhaften Stämmen aus Tonwaren, Kalebassen und Holzgegenständen sowie Korbflechtwaren, bei den Nomaden dagegen ausschließlich aus Lederbehältern sowie Knochen- und Bisonhorngeräten. Holzgegenstände waren bei den Plainsstämmen, die in der baumlosen Steppe lebten, rar. Schon bald nach den ersten Kontakten mit europäischen Händlern, die zum Pelzeinkauf in den Westen kamen und oft den ganzen Winter im Indianerlager verbrachten, wurden europäische Metallgegenstände, vor allem Kessel, Eimer, Trinkbecher, eingeführt.

Die traditionellen Waffen der Plains- und Prärie-Indianer waren Bogen und Pfeil, Lanze, Keule und Schild. Ab 1700 kam noch das von den weißen Händlern gegen Felle eingetauschte Gewehr dazu; doch konnte der Vorderlader Bogen und Pfeil nicht voll ersetzen. Der Bogen war im Präriegebiet als einfacher kurzer Flachbogen konstruiert, bei den Stämmen der Plains aus überwiegend einzelnen Knochen- und Hornstücken zusammengesetzt und mit Leder bezogen. Im allgemeinen wurde er mit Tiersehnen bespannt, während die Spitzen der Pfeile aus Stein, Knochen, Horn und – später – Eisen gefertigt wurden. Als Köcher für Bogen und Pfeile dienten Tierbälge oder Rohlederbehälter.

Im Kampf und zur Jagd verwendeten die Plains- ebenso wie die Präriestämme Lanzen. Wenn man diese nur selten in den Amerika-Sammlungen der Museen findet, so hat das seinen Grund vor allem darin, daß sie gewöhnlich zugleich als Embleme von Kriegsbünden dienten und deshalb nur als solche in die Hände von Weißen gelangten. Auf diese Weise in ihrer ursprünglichen Funktion verändert, behielten sie auch dann noch eine Bedeutung, als sie durch das Gewehr ersetzt worden waren. Zum Schutze im Kampf benutzte man, solange noch die Lanze im Gebrauch war, runde bemalte Bisonlederschilde. Sie wurden auch später noch verwendet, da man sich Schutz vor allem von der Bemalung bzw. Anhängseln versprach. Im Nahkampf wurden Hammer- und Totschlägerkeulen verwendet. Die Hammerkeule trug an einem biegsamen Stiel einen spitzeiförmigen Stein in einer Lederschlaufe, während die Totschlägerkeule aus einem in Leder eingenähten kugelförmigen Stein bestand, der beweglich mit dem oberen Ende des Schaftes verbunden war. Darüber hinaus gab es noch einen dritten Keulentyp, die Gewehrkolbenkeule, die sich aus der Säbelkeule, einer Art hölzernem Schwert, entwickelt hatte. Nach Einführung des Eisens wurde die Gewehrkolbenkeule auf der Schlagseite meist mit einer stählernen Klinge versehen. Der bekannte Name Tomahawk bezeichnet eine Steinaxt mit verschiedenen Klingenformen. Diese Axt ist in der Kolonialzeit von den Europäern eingeführt worden.

Das Rauchen war als Kultakt in Nordamerika weit verbreitet... Die Pfeifenköpfe der Plains- und Prärie-Indianer waren meist aus Catlinit hergestellt, dem rötlichen, feinförmigen, durch Eisenoxyd gefärbten Aluminiumsilikat, das sich, frisch gebrochen, leicht schneiden ließ. Die Bezeichnung Catlinit leitet sich von dem amerikanischen Maler George Catlin her, der den Pfeifensteinbruch im südwestlichen Minnesota als erster Weißer besuchte und beschrieb... Das Kalumet, das zwar vielfach als Pfeife diente, war vor allem ein bemalter federgeschmückter Stab und wurde stets paarweise bei zeremoniellen Anlässen benutzt. Das Kalumet war blau und grün bemalt und darin von symbolischer Bedeutung, als die beiden Farben Blau und Grün einen kosmischen Dualismus von Himmel-Erde, Krieg-Frieden, Tag-Nacht, Sonne-Mond, Süden-Norden, männlich-weiblich widerspiegelten.

Das Rauchen des Tabaks war eine wichtige soziale und religiöse Angelegenheit. Der Tabak wurde als heilige Pflanze betrachtet, deren Ursprung man in die mythische Zeit zurückverlegte. Man rauchte stets nur bei feierlichen Anlässen, bei Adoptionen, Festen, bei Beratungen und Verhandlungen von Bedeutung. Die Zeremonie verlangte, daß die Pfeife zuerst zur Sonne emporgehoben, daraufhin zur Erde gesenkt und dann ihr Rauch in alle vier Himmelsrichtungen geblasen wurde, bevor sie in der Runde der Teilnehmer zu kreisen begann. Mit den einheimischen Tabakarten wurden gewöhnlich noch andere Blätter vermischt.

Der Landtransport wurde, bevor das Pferd erschien, mit Hilfe des Hundes bewerkstelligt. Die Tiere trugen entweder die Lasten auf dem Rücken oder schleppten eine Stangenschleife, das Travois, hinter sich her. Die Schleife bestand aus zwei in spitzen Winkeln miteinander verbundenen Stangen, auf denen entweder ein leiterartiges oder ein ovales Gestell aus Weidenruten angebracht war... Als Beförderungsmittel von freilich einem ganz anderen Charakter ist schließlich noch die Kindertrage zu erwähnen, die aus einem hölzernen Rahmen und einem Ledersack bestand, in dem der Säugling auf dem Rücken getragen wurde.

Keine echte Weberei. Nur Flecht- und gewisse Knüpftechniken. Jagdtaschen, Säcke, aber auch Gürtel, Halstücher und Stirnbinden verstand man aus Bisonwolle oder Baumbast zu flechten; Matten und Leinentücher knüpften die Indianerinnen aus Gras oder Binsen... Die Fellbearbeitung oblag den Frauen, die das Rohmaterial sehr sorgfältig bearbeiteten, gerbten und schließlich zu Kleidungsstücken zusammennähten. Als Material wurden Felle von Antilopen, Bergschafen und Hirschen verwendet; für schwere Wintermäntel verarbeitete man Bisonhäute. Die Männer trugen Durchziehschurz, Mokassins und Fellmantel. Später traten Hemd und Leggings (Hose) hinzu. Hauptkleidungsstücke der Frauen waren ein langes Lederkleid und kurze Leggings sowie Mokassins... Von besonderem künstlerischen und kulturellen Interesse und Wert sind die großen Fellmäntel der Krieger und Häuptlinge. Man bezeichnet sie als Bisonroben. Sie waren sehr dekorativ entweder mit Figuren und ganzen Szenen oder mit geometrischen Symbolen bemalt...

Schmuckgegenstände wurden meist aus Tiermaterialien gefertigt: Halsketten aus Grislybärenkrallen, Ohrringe und Anhänger aus eingehandelten Muschelstükken, Brustschmuck aus polierten Hirschknochen, Adlerfedern, kammartiger Hirschhaarkopfschmuck, Bisonhörner auf Lederkappen und die große Adlerfederhaube mit langer Schleppe. Körper- und Gesichtsbemalung waren weit verbreitet. Auch die Tatauierung kam im ganzen Gebiet, besonders aber im südlichen Prärieraum, vor.

Religion: Visionssuche

Den Indianern war die Vorstellung gemeinsam, daß Tiere, Pflanzen und alle Naturgegenstände ... von einer übernatürlichen, magischen Lebenspotenz durchdrungen waren, die von den Algonkin ‚Manitu', von den Dakota ‚Wakan' und von den Crow ‚Maxpe' genannt wurde. Sie konnte in bestimmten Riten und durch besondere Gegenstände (Muschel, Kieselstein) oder aber in Träumen und Visionen durch mythische Tiere auch auf den Menschen übertragen werden, der ohne sie praktisch nicht leben konnte. Aus diesem Grunde war die Visionssuche nachgerade zu einer religiösen Institution geworden. Um von einem – meist tierischen – Schutzgeist diese lebenswichtige Potenz kennenzulernen und an ihr teilzuhaben, unterzog man sich im Jünglingsalter den härtesten Kasteiungen ... Wichtig war das Erlernen eines Rufes oder einer Melodie, mit der dieser Geist herbeigerufen werden konnte, wenn man seiner bedurfte. Der Schutzgeist gab dem Visionär unter anderem Anweisungen, wie er sich im Kampfe verhalten sollte und welche Medizin er erwerben mußte ... Ein Mann trug häufig das Zeichen seiner Vision auf der Kleidung oder auf seinem Schild, er besaß auch meist ein Medizinbündel, das die Dinge enthielt, die er nach Anweisung seines Schutzgeistes gesammelt und zusammengestellt hatte. Da diese Potenz als Lebenskraft aufgefaßt wurde, durfte kein Fremder das Bündel an sich nehmen oder öffnen."

Museum. Wir unterhielten uns über die Begegnungen der Indianer mit Regierungsvertretern in Washington, die Lewis und Clark im Verlauf ihrer Expedition in den Jahren 1804 und 1805 im Auftrage des Präsidenten arrangierten. Dabei wurde vereinbart, daß den Indianern das Gebiet westlich des Mississippi, den Weißen der östliche Teil gehören sollte. Dem vorausgegangen war das Gesetz vom 28. Mai 1830, wonach die Indianer in die westliche Region umzusiedeln hätten. Aufgrund dieser Versprechungen folgten friedliche Zeiten für die Bewohner dieser Gebiete. Zahlreiche Europäer bereisten das Land bis zu den Rocky Mountains. Bekannt wurde die „Reise in das innere Nord-America" 1839 bis 1841 des Prinzen Maximilian zu Wied-Neuwied in Begleitung des Malers George Catlin. Eines seiner Reisetagebücher mit 47 altkolorierten Aquatintatafeln wurde auf der Auktion von Reiss & Auvermann, Glashütten, vom 3. bis 7. April 1984 für DM 170 000 zugeschlagen.

Die dritte Woche war bereits angebrochen. Es blieben nur noch ein paar Tage. Wir huldigten und dankten der kleinen Gruppe von Menschen, die wir auf unserer Reise kennengelernt hatten. Wir sahen vor allem mit Hochachtung auf die Indianer, alle und jeden. Ihre Geschichte hatte uns die wahren Dimensionen des Menschseins enthüllt. Schreckliche Schicksale, die sich vor mehr als hundert Jahren abgespielt haben! Ausgestoßen wurden sie in eine Leere, Randfiguren wurden sie, die Führung ging auf die weiße Rasse über.

Am Morgen fuhren wir nach Great Falls. Dort besuchten wir das Charles M. Russel (Abb. 16) Museum, das Bilder aus dem Westen und eine beachtliche Indianersammlung zeigt. Gegen Abend brachte uns eine Privatmaschine nach San Francisco. Die Universitäten öffneten wieder ihre Pforten. Je näher wir San Francisco kamen, desto aufgeregter waren wir. Ich erwog, ob ich ihr einen Heiratsantrag machen sollte. Mit diesem Mädchen verheiratet zu sein, diesem zwanzigjährigen, schlanken Mädchen, das echte blonde Haare hatte, gutes Benehmen zeigte und von auffallender Schönheit war! Aber noch waren wir Studenten. Wir hatten vor, ein Buch zu schreiben. Eine „Love Story" im Stil „Des kleinen Prinzen". Dies hatten wir vorgehabt. Damals.

Wir verabschiedeten uns und sahen uns nicht wieder. Es war ein Abschied nach einer Reise in Schönheit („hozoji nashad" – navajo-Sprache, s. La Farga, Indianische Liebesgeschichte) und Anmut.

Abb. 16: „... ein verlorenes Frühstück ..." Charles M. Russel

Missoula – Skalkaho-Paß – Butte

Als wir in Missoula aufbrechen, ist es noch früh am Morgen. Die Straßen sind leer, keine Menschenseele. Die Sonne steigt langsam über den Bergrand der Rocky Mountains. Alles ist klar und deutlich zu sehen. Wir folgen dem Fluß Bitterroot flußaufwärts. Wir sind erstaunt, wie wenig besiedelt das Land ist. Montana ist zwar flächenmäßig größer als die Bundesrepublik. Doch seine Einwohnerzahl beläuft sich nur auf achthunderttausend. Die Hauptstadt Helena selbst zählt gerade 25 000 Einwohner. Ich bewundere die unendlichen Weiten. Welch riesige Entfernungen, bevor man einen Menschen trifft! Welch ängstliche Beklemmung befiel mich, als ich vor Jahren Studienfreunde auf einer Ranch (Abb. 17, 18) besuchte. Von der Einfahrt bis zum Farmhaus waren es 38 Kilometer! Wir von der Alten Welt, mit ihren dicht beieinanderliegenden Siedlungen und mit Millionen Menschen, die sich hautnah bedrängen, weil kaum ein Stück Land brachliegt, wir, die wir uns wegen der erstickenden Enge gereizt gebärden und uns, inmitten einer Vielzahl von Völkern auf kleinstem Raum, geängstigt fühlen, werden wir dieses in den Ressourcen so unermeßliche Land je begreifen?

In Grantsdale, südlich von Hamilton, verlassen wir die Straße 93 und bewegen uns fort auf einer sehr engen Straße, die nach wenigen Kilometern in einen sandigen Pfad übergeht, der früher von Indianern und später von Siedlern benutzt wurde.

Ein dichter Nadelwald nimmt uns auf. Fichten und Kiefern wechseln sich ab. Bewaldete Täler, Wasserfälle und kleinere Schnellen in einem Bachbett. In den Bächen entstehen natürliche Dämme durch Abbröckeln von Gestein. Regen dringt in die kapillaren Risse des Felsge-

Abb. 17: Ranch in Montana

Abb. 18: Büffelzucht

steins ein. Bei Temperaturen unter Null erstarrt das Wasser zu Eis, dehnt sich dabei aus und sprengt so das Gestein. Hat der Fluß das Felsgestein außerdem unterhöhlt, so stürzen größere Felsbrocken nach unten und versperren dem Gewässer seinen Weg. Eine andere Entstehungsart der Dämme ist die, daß von einem Hang ständig kleinere Felsbrocken in das Flußbett hinabrutschen.

Der Blick von diesem stetig ansteigenden Bergpfad fällt auf unberührte Natur. In der klaren Luft scheinen die Berggipfel nicht weit zu sein. In Wirklichkeit trennen uns Kilometer. Dieses optische Näherrücken ist eine Folgeerscheinung der relativ trockenen Luft. In der Trockensteppe und besonders im Canyonland tritt dieser Effekt noch deutlicher auf. Tafelberge, die greifbar nah scheinen, können mehrere Kilometer, sogar zwanzig Kilometer und mehr, entfernt sein.

Den 2170 Meter hohen, im Winter geschlossenen,

Abb. 19: Ein Stück aus der facettenreichen Landschaft Montanas

Skalkaho-Paß erklimmen wir langsam. Welch ein Blick bietet sich immer wieder von dem staubigen Weg! Berggipfel konturieren sich wie Scherenschnitte gegen den azurblauen Himmel. Rotwild begegnet uns in der Stille (Abb. 19) der einsamen Wälder.

Berge, Wälder und blumenübersäte Prärien sind die Wahrzeichen des Staates Montana. Das im Osten leicht hügelige Flachland, aus dem Berggruppen wie Inseln auftauchen, steigt von 600 Metern bis auf 4000 Meter im Westen an. Dazwischen bewegt man sich auf einer Höhenlinie von 1500 Metern.

Nachdem wir über den Paß gefahren sind, können wir uns an dem Georgetown-See ausruhen. Dicht hinter diesem See liegt der Silbersee, auf dem Segelboote und Surfer das Blau des Wassers wie mobile Farbtupfer unterbrechen. Das Bergwerksstädtchen Butte ist nach kurzer Fahrt erreicht. Die Gründung geht auf das Jahr 1864 zurück, als man zuallererst Silber entdeckte. Als das Silberschürfen nicht mehr so einträglich war, wurde Kupfer im Tagebau gewonnen. Einen Einblick in den Erzbergbau vermittelt der Besuch einer Kupfergrube inmitten der Stadt. Beeindruckend und zugleich beängstigend gleitet der Blick an den glatten Wänden, an denen sich Straßen in Serpentinen und auch längs gezogene Arbeitswege zeigen, tief hinab bis zur Sohle, die sich erst vor wenigen Wochen mit Wasser (Abb. 20) gefüllt hat. Die tiefschwarze Farbe hebt sich deutlich von dem rötlich-gelben Gestein in der gleißenden Sonne ab. Ein dunkles Loch in der Tiefe! Mich überfällt ein Schwindel, als ob sich hier die Pforte zur Unterwelt auftue. In kalten Schweiß gebadet, habe ich das Gefühl, ich müsse den Gott der Unterwelt abwehren, der versuche, mich in diesen entsetzlichen Abgrund zu ziehen.

Bei dem Besuch des 1888 erbauten Herrenhauses des Kupferkönigs W.A. Clark begegnen wir einer Studen-

Abb. 20: Butte – Kupfergewinnung im Tagebau

tengruppe. Wir verabreden uns in einem Restaurant, wo wir uns über verschiedene Themen unterhalten. Das Steak ergänzen wir mit einem köstlichen Rotwein aus Kalifornien, der, dem Wirt sei es gedankt, die richtige Temperatur aufweist. Ich genieße das Mahl ungemein, wohl, weil ich nicht allein in redseliger Stimmung bin. Wie so oft, wenn man sich zusammenfindet, hat die Unterhaltung nichts mit der jeweiligen Umgebung zu tun. Ich erinnere mich gut, wie wir von Hemingway, dem Idol des 20. Jahrhunderts, sprachen. Eine ähnliche Gestalt, so flechte ich ein, war im 19. Jahrhundert Lord Byron, der den Griechen zu Hilfe eilte und schließlich 1824 in Missolunghi starb.

Wer von Hemingway spricht, der versäumt es nicht, zugleich von der „verlorenen Generation" zu reden, die so sehr nach einem neuen Kunststil dürstete, weil sie bisher von der Kunst enttäuscht war. Man sehnte sich nach der blauen Blume, nach romantischen und gleichwohl modernen Erzählungen. Hemingway beglückte seine Leser. Seine Prosa war einfach, knapp, hart und herb. Sein Stil war von unkonventioneller neuerer Art, eine gleichwohl kunstvolle Sprache, die dazu führte, daß Hemingway fast zu einem Mythos wurde. Er beschrieb auch Ausschweifung und Perversion und geriet dabei oft in Grenzzonen des guten Geschmacks. Dies war er schon seinem Geltungsbedürfnis schuldig, das er stets überbetonte, weil er von Selbstzweifeln geplagt und sehr unsicher war. Er war seelisch erregbar, nervös und launisch. Sein Lebensrhythmus glich einer Sinuskurve: hochgestimmt und dann wieder depressiv. Die einzelnen Phasen lösten sich rasch ab. Mit den zeitgenössischen Schriftstellern wie Stafford, Lowry, Bellow, Trilling, Lewis, Capote, Fitzgerald, Wolfe, Pound und Faulkner war er uneins. Er ließ nur sich gelten. Überall waren seine Bewunderer, überall die zahllosen, liebenden Frauen. „Er war ein

Außenseiter, der", so erklärt man uns, „in diesem Jahrhundertabschnitt zu einer unvergeßlichen Figur aufrückte. Er verstand es, in der Welt zu repräsentieren. Die Welt mochte ihn. Die ‚verlorene Generation' bewunderte ihn."

Virginia City in Montana

Es ist früher Morgen. Der Tag beginnt in entspannter Stimmung. Die Briefkästen am Wegrand tragen Namen in Pinselaufschrift. Die Namen gehören den Besitzern von Gebäuden, die man in Gärten, inmitten von Bäumen, nur ahnen kann. Unser Blick fällt auf eine stille Welt. Keine andere Menschenseele zeigt sich in der weitläufigen Landschaft, in der es einst von Goldgräbern nur so wimmelte. In den Jahren 1862 bis 1937 wurde in Nevada City und Virginia City nach Gold geschürft. Die stille Welt von heute täuscht darüber hinweg. Die Straße über den Pipestone-Paß (1926 m), am Beef Trail Skigebiet vorbei, nach Nevada City über Silver Star, Twin Bridges, Sheridan und Alder war damals ein Pfad der Sehnsucht und Gier. Tausende und aber Tausende zogen auf ihr entlang, um ihr Glück zu suchen. Heute sucht hier niemand mehr. Der Reisende wird nachdenklich und still, wenn sein Blick auf die Anhäufungen von Steinen (Abb. 21) fällt, die man damals mühsam aus dem Bachbett holte. Er nimmt teil an Reichtum, Elend, an dem Wirken der bösen Mächte wie Gier, Selbstsucht, Neid und Laster.

Schürfformation: gehäufte Steine weit und breit. Eine künstliche Landschaft. Steine, nichts als Steine. Für die Goldgräber war der Schürfplatz intensiver täglicher Lebensraum, stimulierende und kräftezehrende Arbeitswelt. Ein Schürfplatz ist eine Welt für sich. Hier vereinen

Abb. 21: Stein auf Stein

sich das Wirken der Natur und menschliche Arbeitskraft zu einer Landschaftsformation von beeindruckender Gewalt. Die Spuren der Mühsal, Folgen einer leidenschaftlichen Suche nach Glück und der ungeheuren Energien der Goldgräber, zeichnen sich deutlich in der Landschaft ab: Die Anhäufung von Steinen, Ergebnis gewalttätiger Eingriffe, zeigt in untrennbarer Mischung Natur und Arbeit, Unberührtes und Geschaffenes, Spiele der Natur und menschliche Spuren, Gewachsenes und Zerstörtes. Bei näherem Schauen ist die Anhäufung sogar dekorativ. Keine tektonischen Verformungen sind im Spiel. Es ist menschliche Kraft, die formte. Aber man nimmt das Da-Sein der Steine auf, als hätten sie schon immer so dagelegen. Die steinerne Leblosigkeit der Schürflandschaft hüllt den Betrachter ein.

Nevada City, der Ort, der wohl am ursprünglichsten den Charakter einer einst blühenden Goldgräberstadt bewahrt hat, erscheint mir in dem historischen Licht noch erhabener und ehrfurchteinflößender, als ich es mir vorgestellt hatte. Am intensivsten fühle ich mich in die Historie versetzt, als wir im Nevada City-Hotel (Abb. 22) absteigen. Wir sind überwältigt von dem Fluidum des letzten Jahrhunderts. Der Blick aus dem Fenster beschenkt uns reichlich: eine Wildweststadt (Abb. 23) und eine Bahnstation, wo noch heute eine alte Dampflokomotive der Alder Gulch Short Line Aussichtswagen zwischen Nevada City und Virginia City bewegt. Während unseres Aufenthaltes scheint sich der Vorhang vor einer Welt zu heben, die nie untergegangen ist und sich unverletzt erhalten hat. Auch in Virginia City, Hauptstadt von Montana in den Jahren 1864 bis 1875, kann man den Lebensstil einer Goldgräberstadt bei lebhaftem Treiben auf den Straßen gut nachempfinden.

Die Häuser in den Goldgräberstätten und anderen Minenplätzen sind, wie man sieht, nur für temporäre Zwecke gebaut worden. K. Rühl berichtet über die Verhältnisse in den Minen-Regionen im Jahre 1866: „Die Häuser baute man einstöckig aus Brettern und Schindeln. Entweder ließ man es bei vier Wänden bewenden, oder machte aus Bequemlichkeitsrücksichten einzelne Abtheilungen mit Brettern. Um dem Haus ein größeres Aussehen zu verleihen, wurde gewöhnlich die Vorderwand ungefähr 6 Fuß über das flache Dach hinauf geführt. War nun dieser Giebel, wenn man diesen kleinen Überbau so nennen will, mit einer Firma beschrieben, so konnte das Haus schon zur respectabeln Classe gerechnet werden. Der Baustil... beruhte nur auf dem Prinzip des Vierecks, welches durch keine runde Linie gestört wurde. Wie Nürnberger Spielsachen wurden die Häuserchen nebeneinander aufgestellt, und da eine Straße hergebrachter Weise zwei Häuserreihen haben soll, so entstanden auch Gebäude den ersteren gegenüber. Nicht sehr viele Minenplätze haben es im Verlaufe der Zeit zu Seitenstraßen oder mehreren Hauptstraßen gebracht.

Abb. 22: Nevada City-Hotel (Nevada City in Montana)

Abb. 23: Eine Straße

Wohl aber sind viele solche Ansiedelungen wieder verlassen worden, weil die Miner in der Gegend nicht mehr ihre Rechnung fanden...

Die Straßen der Minenplätze boten stets einen interessanten, wenn auch nicht sehr wohlthuenden Anblick. An manchen Stellen von den Goldsuchern durchwühlt, zeigen sie die Spuren dieser Arbeit in tiefen, heimtückischen Löchern und Gruben; nicht selten ist sogar die Erde unter den Häusern weggenommen und durch Stützen ersetzt worden, was alles nach herrschenden Minengesetzen erlaubt war. Die Wohltat einer mit Planken belegten Straße oder eines Trottoirs kennt man nur in den größeren Plätzen oder Städten; in der Regel wandelt man ohne solche künstlichen Mittel auf Mutter Erde in ihrem primitiven Zustande, und die Winterregen verursachen einen Morast, vor welchem nur der Miner nicht zurückschreckt, der in dem Regen eine Wohlthat und in Schmutz und Schlamm sein Element findet. Auch die ‚Ladies' sind dann genöthigt, sich der Stiefel zu bedienen... In den nördlichen Plätzen, wo Schnee der gewöhnliche Wintergast ist, sind die Damen sogar genöthigt, sich der Schneeschuhe zu bedienen...

In den Minen lebt man noch unbelästigt von einer Straßenpolizei, welche in den Städten so vielfach mit der Bequemlichkeit der Bewohner in Conflict geräth. Was im Hause lästig ist, wirft man dort auf die Straße; von diesem Schicksale sind auch Menschen nicht ausgenommen, wenn sie irgendwo lästig werden. Die Straße ist daher der Sammelplatz aller ausgedienten Geräthschaften, deren Mannigfaltigkeit erschöpfend zu schildern kaum möglich ist... Aber aus einem so wilden Zustande haben sich nicht allein Orte, wie Columbia, Sonora, Nevada, Placerville und andere entwickelt, sondern auch die Städte San Francisco, Sacramento, Marysville und Stockton.

Wo sich ein neuer Minen-District aufthat, etablierten sich neben Wirthäusern zunächst Kaufläden mit den Artikeln, welche für die Miner unbedingt nothwendig waren. Da die meisten Miner ihre eigene Haushaltung führen mußten, so war der ‚Storekeeper' für sie von großer Wichtigkeit. Derselbe hielt in seinem Laden Nahrungsmittel aller Art, Getränke, Kleidungsstücke, Miner-, Ackerbau- und Küchen-Geräthschaften usw., kurz, er hatte die Aufgabe, alle vorkommenden Bedürfnisse der Gegend zu befriedigen. Diese ‚Storekeeper' kannten die Miner der Umgegend ganz genau. Sie wußten, ob die Gesellschaften fleißig und ihre Claims gut oder schlecht waren. Sie gaben auch den Minern Credit, wenn sie ihre ‚Zahlerde' nicht waschen konnten, und warteten in dem trockenen Sommer auf den kommenden Regen. Auf gutem Fuße mit dem ‚Storekeeper' zu stehen, war für den Miner viel werth. Aber jener befand sich bei dem Geschäfte gewöhnlich nicht schlecht. Seine Verluste waren nur dann bedeutend, wenn durch die Entdeckung eines entfernten Goldlagers ein neues Goldfieber angefacht wurde, und die Miner sich in Masse anschickten, ihre seitherigen Plätze zu verlassen. Die Preise, welche ein solcher ‚Storekeeper' berechnete, waren freilich nicht die niedrigsten; auch hatte er bei dem Ankaufe des Goldstaubs von seinen Kunden großen Vortheil; allein ein Mann, der in Zeiten der Noth Credit gibt, ist, selbst wenn es ihm zum Vortheile gereicht, in gewissem Sinne ein Wohlthäter.

Die Miner wohnen jetzt nicht mehr so häufig in Hütten und Zelten zerstreut, und deshalb hat sich dieses Verhältnis auch sehr geändert. Es gibt vielfach Boarding-Häuser, wo der Miner bloß sein Essen nimmt, oder auch schläft. In ganz Californien haben jene Häuser eine reichhaltige Küche. Bei den täglichen drei Mahlzeiten fehlte es kaum an frischem Fleisch und ab und zu an

Gemüsen, wodurch man einigermaßen dafür entschädigt wird, daß das Logis keinen besonderen Comfort bietet. Vor zwölf Jahren theilten wir in einem solchen Boarding-Hause das Schlafzimmer mit ungefähr 50 Minern. Es war der Dachboden dazu ungefähr wie die Kojen auf Auswandererschiffen eingerichtet...

Das Gespräch der Miner dreht sich gewöhnlich um Minen und Claims, ‚big strikes' und die Ditch Company, der sie das Wasser bezahlen müssen, auch selbst wenn sie nichts verdienen...

Neben den Hausierern (Pedlars), welche ihre Waren in den Minen-Districten umher fahren, die wollen wir hier nicht spezificieren, obgleich sie zum Minerleben gehören, sind die wandernden Photographen-Galerien von bedeutend größerem Interesse, und ihr Erscheinen wirkt in den Minen wie ein electrischer Schlag. Auch dort haben die Leute die Schwäche, gern ihr Portrait zu sehen... Auch den Miner selbst, während er im finstern, unergiebigen Coyote-Loch gräbt, beschäftigt der Gedanke an jenen Mammuth-Wagen, die photographische Gallerie enthaltend. Er macht sich einen Feiertag, legt sein Sonntagshemd an und nimmt seine Pfanne mit. So läßt er sich in der für ihn vorteilhaftesten, wenn auch unmalerischen Stellung abnehmen. Die Backen werden roth gemalt, goldene Knöpfe am Hemde und Ringe am Finger dürfen nicht fehlen, und die Pfanne wird so voll Goldstaub getupft, wie er sie noch nie gesehen, aber sich stets gewünscht hat. Dann wird das Portrait, unter das man füglich ‚Des Miners Traum' als Unterschrift setzen könnte, nach Hause geschickt und verbreitet Freude unter allen Angehörigen.

Eine oder mehrere Grobschmied-Werkstätten sind in den Minenplätzen unentbehrlich. Das Schärfen von Pickäxten ist eine einträgliche Arbeit für diese Schmiede. Am 4. Juli liefern sie auch die festlichen Böllerschüsse, indem sie den Amboß mit Pulver laden und abfeuern. Je nach Größe des Platzes findet man Schuhmacher, Schneider, Blechschmiede, Uhrmacher, Juweliere, Bierbrauer und andere Professionen, aber natürlich überall Metzger und Bäcker. Doctor und Apotheker fehlen an einigermaßen bedeutenden Plätzen nicht, ebenso wenig Schullehrer und Geistliche.

Die Expreß-Office ist für jeden Minenplatz eine höchst wichtige Anstalt, von größerer Bedeutung als die Post, deren Briefe häufig officiell durch den Agenten der Expreß besorgt werden. Sie befördert im ganzen Land Briefe, Pakete, Geld, Goldstaub und Zeitungen. Die Expreß bietet nicht allein mehr Bequemlichkeiten, sondern sie ist auch rascher als die Post ... Sie hat bedeutend mehr Etablissements und Beförderungsgelegenheiten und ist als Privat-Unternehmen frei vom langweiligen Bureaukratengange. Sie etabliert sich rasch überall, wo sich im Publicum ein Bedürfnis herausstellt. Der Wagen, welcher die Expreß- und Postsachen bringt, wird regelmäßig von einer Menge Miner erwartet, welche auf einen Brief von Hause hoffen, und wenn hier und da die Empfänger ihre Briefe auf der Straße lesen, dann sieht man manchmal Augen feucht, denen Thränen sicherlich ein ungewohntes Naß sind. Gleichviel ob der Miner aus dem Norden oder dem Süden stammt, der Gedanke an die alte Heimat verläßt ihn nicht, und ein beliebtes Gesprächsthema bleiben immer die ‚old folks at home‘.

Früheres Minerleben. Man ging aufs Gerathewohl in die Wildnis hinaus und war doch des guten Erfolgs gewiß. Die Minerwerkzeuge und Proviant auf dem Rükken oder auf ein Maulthier gepackt, mit einem Revolver, der unentbehrlichen Wolldecke und vielleicht noch einem Zelte versehen, zog man in die Berge oder die Flüsse und Bäche entlang. Man fand ja überall das Gold, im Wasser und auf dem Lande! Welche Hoffnungen mußte das nicht den neuen Ankömmlingen einflößen! Wohl keiner hatte die Absicht, sein Leben in dem Lande zu beschließen; jeder dachte in längstens zwei Jahren wieder nach Hause zu eilen, um durch das mit leichter Mühe gewonnene Gold sich dort alle Annehmlichkeiten des Lebens zu verschaffen – eine lockende Aussicht, die sich keinem der Goldsucher in seinen früheren Verhältnissen dargeboten hatte (Abb. 24).

Deshalb schreckte man auch vor keiner Mühe und Gefahr zurück. Selbst der Schwächliche wurde bei dem Traume von der goldenen Zukunft zum Starken... Die Hoffnung und Energie, mit welcher dem goldenen Ziele zugestrebt wurde, hielt Muth und Humor aufrecht...

Das damalige Leben der Miner war die Verwirklichung der Idee von Freiheit und Gleichheit. Es gab keine Polizei, welche Einschränkungen auflegte; der Zweck Aller war derselbe, und die mögliche Ausbeutung der Minen der leitende Gedanke.

Auch äußerlich standen sich die Männer gleich: der eine sah ebenso verwildert aus wie der andere. Das wollene Hemd und die hohen Stiefel waren die durch die Nothwendigkeit bedingte Tracht, der Schmutz die Zugabe, welche der Beruf mit sich brachte. Man konnte daher die Menschen unmöglich nach dem Äußeren beurtheilen...

Die Minengesetze, welche in Mexiko gelten, haben auf Californien keine Anwendung gefunden, indem die Gerichte entschieden haben, daß der Besitzer des Landes auch zugleich Besitzer der in demselben enthaltenen Mineralien ist. Es war eine weise Maßregel von seiten der Vereinigten Staaten, die Mineralländereien zur Bearbeitung freizugeben, ohne daß sie jedoch damit das Besitzrecht des Landes abgetreten hätten. Der Miner hat nur so lange Anspruch auf die ausschließliche Benutzung eines Stückes Land, als er dasselbe wirklich bearbeitet. In

Abb. 24: Unterkünfte der Goldschürfer

bezug auf die Ergreifung dieses Nutzungsrechtes sind nur insofern Beschränkungen vorhanden, als die in den einzelnen Minen-Districten bestehenden Gesetze deren auflegen...

Ein Claim ist das Recht auf die Bearbeitung eines Stückes Mineralland. Die Gesetze, welche die Größe desselben bestimmen und gewisse Bedingungen feststellen, welche der Bearbeiter zu erfüllen hat, um nicht seinen Anspruch zu verlieren, sind von den Minern selbst gemacht und nach den verschiedenen Districten verschieden; ihre Gültigkeit wird von allen Gerichten anerkannt. In zweifelhaften Fällen wird die Streitfrage gewöhnlich durch eine Miner-Jury endgültig entschieden.

Die Größe der Claims ist nach der Natur derselben verschieden, wie Placer-, Tunnel-, Flußufer- (Bar-), Ravine- oder Quarz-Claims. Um dem Monopol vorzubeugen, darf der Miner nur einen, selbst aufgenommenen Claim besitzen, wobei es ihm jedoch nicht benommen ist, auch noch andere, angekaufte auf seine Rechnung bearbeiten zu lassen. Die Entdecker neuer Minen oder Adern haben als solche ein Recht auf einen Extra-Claim.

Die Formalitäten, unter denen ein Claim aufzunehmen ist, bestehen einfach darin, daß man denselben mit Stöcken absteckt und auf einem derselben die Notiz anbringt, daß N.N. diesen hier abgesteckten Minen-Claim von so und so viel Länge und Breite an einem bestimmten Datum aufgenommen hat. Man läßt ihn dann bei dem Minen-Recorder gegen eine kleine Gebühr amtlich eintragen und ist damit Eigenthümer des Claims, vorausgesetzt, daß derselbe innerhalb der in dem betreffenden District vorgeschriebenen Zeit bearbeitet wird. Versäumt man dieses, so geht man seines Rechtes verlustig, und jeder Andere kann den Claim für sich in Anspruch nehmen, muß aber natürlich die vorgenannte Formalität ebenfalls erfüllen. Eine Gesellschaft kann so viel nebeneinander liegende Claims aufnehmen, als sie Mitglieder zählt.

Es gab überall in den Minen rohe Gesellen, welche ... die Miner mit Gewalt aus ihren Claims, wenn diese gut waren, vertrieben ... Diese Sorte Menschen belegte man mit dem Namen ‚Claim-Jumpers'. Jetzt können dieselben in den alten Minen-Districten ihr gewaltthätiges Wesen nicht mehr betreiben, da der kurze Prozeß der Miner-Justiz ihnen zu gefährlich ist ...

Von der allergrößten Wichtigkeit ist für den Miner das Wasser, ohne welches er seine Erde nicht waschen kann. Das Wasser kann in den Minen-Regionen ebenfalls der Gegenstand eines Claims sein, und der Claimant hat volle Freiheit, unbeschadet schon bestehender Rechte, Flüsse und Bäche abzudämmen und Reservoirs zu bauen, vorausgesetzt, daß er den Lauf der zu bauenden Wasserleitung abgesteckt und seinen Claim hat registrieren lassen ... Die Miner haben das Wasser nach Quadratzollen zu bezahlen. Dies ist für schlecht zahlende Claims manchmal eine recht drückende Ausgabe. Die Eintreibung obliegt dem ‚Watertax-Collector' ... Bezahlt der Miner eine Woche nicht, so erhält er kein Wasser mehr, und ohne dieses stockt sein ganzes Geschäft ...

Bei den Goldwäschen (Abb. 25) hat das Wasser die Erde aufzulockern und wegzuschwemmen, während das Gold zurückbleibt. Seit dem Jahre 1849 sind in den Gewinnungs-Methoden große Verbesserungen eingeführt worden.

In der ersten Zeit genügte die Pfanne (eine Blechschüssel), in welcher der Miner die Erde schlemmte, worauf das Gold nebst einem schweren schwarzen Sand zurückblieb, der dann getrocknet und weggeblasen wurde.

Dieser einfachen Gewinnungsmethode folgte der Rocker oder Cradle (eine Art Wiege) und darauf der

Abb. 25: Goldgewinnung

Long Tom ... Jetzt sind in den Placer-Diggings überall die Sluices von Holz eingeführt. Eine Sluice, die oft mehrere hundert Fuß lang ist, besteht aus ineinandergesteckten Sluice-Kasten, d. h. einer Art Holztröge, welche aus drei Brettern von 1 ½ bis 4 Fuß Breite und 12 bis 14 Fuß Länge zusammengenagelt sind. In den Kasten sind hier und da Riffles (Querleisten) angebracht, an denen sich das Gold in Folge seiner Schwere sammelt oder mit dem an denselben angebrachten Quecksilber verbindet. Es gibt verschiedene Arten Riffles. Auch gebraucht man zum Auffangen des Goldes durchlöcherte oder mit Quecksilber bestrichene Platten; ebenso doppelte Böden oder Leisten, die in den Kasten der Länge nach befestigt sind.

In die Sluice, deren Fall den Umständen nach reguliert werden kann, wird das Wasser ungefähr 2 Zoll hoch eingelassen. Die zu waschende Erde wird in den oberen Kasten geworfen und während sie durch die ganze Sluice geführt wird, aufgelöst. Die zurückbleibenden erdigen Theile und Steine werden bei dem Reinigen oder Fertigwaschen vollständig entfernt, worauf das edle Metall an den Riffles oder mit dem Quecksilber verbunden an den Amalgamatoren zurückbleibt.

Dasselbe Verfahren wird bei dem Waschen der Tailings, d. i. die schon einmal gewaschene und wieder trokken gewordene Erde, angewandt. In vielen reichen Claims, besonders wo die goldhaltige Erde aus schwer auflöslichem Lehm besteht, hat das Waschen der Tailings sich oft ergiebiger gezeigt als das erste Waschen.

Wo eine ziemlich große Wassermenge zu Gebote steht und zugleich eine Menge nicht sehr reicher Boden vorhanden ist, wird ein tiefer Graben durch den letzteren gezogen, in demselben die mit der Pickaxt gelockerte Erde fortgeschwemmt und dann in Sluices aufgefangen. Auf diese Weise kann man in kurzer Zeit sehr viel Erde waschen, hat aber bei dieser Methode weniger das Auffangen des feinen Goldes im Auge. Man nennt diese Art Gräben Ground-Sluices.

Die erfolgreichste Verfahrensweise, um eine große Masse Erde zu verarbeiten und zugleich Arbeitskraft zu sparen, ist das sogenannte hydraulische System, hauptsächlich anwendbar bei tiefen, in Hügeln befindlichen Goldlagern, welche vermittels eines Tunnels geöffnet werden. Das Wasser wird über die Höhen herbeigeleitet und in einen Schlauch geführt, an dessen Ende eine Metallspitze angebracht ist. Der Wasserstrahl wird nun gegen die zu bearbeitende Wand gerichtet und die herabstürzende, durch die Gewalt des Wassers aufgelockerte Erde fällt in die bereitstehenden Sluices und wird hier auf die bereits erwähnte Methode behandelt. Die Kraft des Wasserstrahls hängt natürlich von der Höhe der Säule im Schlauche ab; in einigen Claims beträgt dieselbe 150 Fuß. Sehr festen Boden sprengt man mit Pulver, wodurch die Erde aufgelockert und das Schlemmen derselben sehr erleichtert wird.

Die Gewinnung des Goldes aus dem Ufer oder dem Bette der Flüsse ist jetzt von geringerer Bedeutung als früher. Das meiste Gold findet sich auf dem Urgestein (Bed Rock). In früheren Jahren wurden die Flüsse durch offene Canäle abgeleitet, später durch Holzcanäle, Flumes genannt, welche entweder im Flußbett selbst oder dem Ufer entlang lagen. Wenn viele Gesellschaften nebeneinander arbeiten, so sind die Canäle oft viele Meilen lang. Die Breite und Tiefe derselben richtet sich nach der Quantität des Wassers, wenn dasselbe seinen niedersten Stand erreicht hat, was gewöhnlich in den Monaten Juli und August der Fall ist. Ist der Damm geschlossen, dann werden die Pumpen in Gang gesetzt, um sowohl das zurückgebliebene, stehende Wasser wie auch das Leckwasser und das zum Waschen des Goldes nöthige auszupumpen. Jetzt wendet man statt der Pumpen hauptsächlich Elevatoren an, welche leichter und schneller herzustellen sind.

Den goldführenden Quarzgängen wendct man immer mehr Aufmerksamkeit zu, weil man ihre Bedeutung ... immer mehr erkennt. Die Quarzarbeiten schienen anfangs nicht das Resultat zu liefern, welches man von ihnen erwartete. Die ungeheueren Kosten, welche die Errichtung von Mühlen früher verursachte, der hohe Tagelohn der Arbeiter ($ 2.50 bis $ 5) sowie die äußerst mangelhaften Methoden zum Ausscheiden des Goldes waren die Ursachen, daß die Quarzminen sich nicht rentierten und daher in schlechten Ruf kamen, welcher erst in den letzteren Jahren besseren und richtigeren Ansichten Platz gemacht hat ...

Die Feinheit des in den Minen gewonnenen Goldes variiert von 500 bis 992, im Durchschnitt 880.

Eine Übersicht über die Goldverschiffung von San Francisco, wobei das Jahr 1848 nicht aufgeführt ist, gibt die ‚San Francisco Mercantile Gazette'. Ferner ist in der Statistik all das Gold nicht enthalten, was Privatpersonen mit sich führten.

1849	4 921 250
1850	27 676 346
1851	42 582 695
1852	46 586 134
1853	57 331 034
1854	52 045 633
1855	45 161 731
1856	50 697 434
1857	48 976 692
1858	47 584 026

1859	47 640 462
1860	42 325 916
1861	40 676 758
1862	42 561 761
1863	46 071 920
1864	55 707 201
1865 (Januar bis Juni)	21 050 613
Gesamtsumme	719 597 606.“

Virginia City. Auch heute noch verkehrt mehrmals täglich ein Zug von Nevada City nach Virginia City (Abb. 26). Die Dampflokomotive der Alder Gulch Shortline mit ihrem rotbraunen Gespann ist für die Bewohner ein Wahrzeichen. Diese Kleinbahn befördert bis zu 10 000 Fahrgäste jährlich. Einen großen Gewinn wirft sie nicht ab. Besucher des Eisenbahnmuseums (Abb. 27, 28) tragen aber dazu bei, die Finanzmittel aufzubessern. Prunkstücke des Museums sind alte Loks und Salonwagen. Das Innere dieser Wagen ist von verblichener Farbe, alles wirkt antik. Meist zieht die Lok drei oder fünf ältliche Waggons, halboffene Aussichtswagen. Mit dem gemütlichen Tempo von vielleicht 18 Stundenkilometern fährt sie auf ihrer drei Kilometer langen Strecke dahin: in gerader Linie aus dem Bahnhofsgelände durch das Tal, vorbei an Goldgräberstätten und stillgelegten Minen. Für Augenblicke sind Ausschnitte aus der Saga des Goldgräberlebens zu sehen. Nach zehn Minuten ist Virginia City schon erreicht.

Ein kurzer Abriß der Geschichte dieser Stadt. Die Nachricht von Goldfunden verbreitete sich rasch. Es war der 28. Juli 1862, als eine Gruppe von Goldsuchern an der Mündung des Grasshopper Creek in den Beaverhead-Fluß campte. Am anderen Morgen schlenderte

Abb. 26: Virginia City, Montana, um 1870

John White entlang des Creek und entdeckte Steine von gelblich stumpfer Farbe im Wasser: reines Gold. Es war ihm nicht bekannt, daß an dieser Stelle vor rund sechzig Jahren die Lewis-Clark-Expedition Rast gemacht hatte. Diese benannte das Tal Willard's Creek; doch als Grasshopper Creek machte es Geschichte. Es kam zur Gründung einer Ansiedlung zwölf Meilen flußauf, die nach den Bannock-Indianern Bannack genannt wurde. Im Sommer 1863 zählte sie bereits rund tausend Einwohner.

Die Entdeckung des Goldes in Alder Gulch mit den späteren Städten Nevada City und Virginia City ist ebenfalls einem Zufall zu verdanken. Eine Gruppe Männer – Tom Cover aus Ohio, Henry Edgar aus Schottland, Burney Hughes aus Irland, Bill Fairweather sowie James (Bill) Sweeney und Harry Rodgers aus New Brunswick – unter der Leitung von Louis Simmons wollte sich eigentlich einer anderen Gruppe anschließen. Doch an der vereinbarten Stelle traf man sich nicht. So zog jede Gruppe für sich weiter. Simmons und seine Begleiter wurden auf ihrem Streifzug durch die Wildnis von Indianern aufgebracht und als Gefangene in das Zelt des Medizinmannes geführt, auf den man wartete. Fairweather, listig wie er war und schon als Stuntman in Kalifornien berühmt, hatte auf dem Ritt zum Lager zwei Klapperschlangen ergriffen und unter seinem weiten Hemd versteckt. Er wußte mit Schlangen umzugehen. Gegen Schlangengift war er immun. Die Situation der Männer im Zelt war nicht gerade erfreulich. Als die Indianer ihre Drohungen wahrmachen wollten, erschreckte er sie mit den beiden Klapperschlangen. Auch seine übrigen Kameraden waren erschrocken. Doch seine improvisierte Zirkusvorstellung zeigte Wirkung. Man ließ sie alle in Ruhe. Dann betraten der Medizinmann und die Älteren des Stammes das Zelt und ließen sich nieder. Das Debattieren wollte nicht aufhören. Die Lage war immer noch

Abb. 27: Verladerampe um 1880

Abb. 28: Verladerampe um 1980

bedrohlich. Nach langem Hin und Her ließ man sie unter der Auflage frei, daß sie nie mehr diese Gegend durchstreifen dürften. Beim Wegritt warnte eine Indianerfrau sie, daß eine Verfolgungsjagd geplant sei. Simmons zog es daher vor, nicht dem östlichen Trail in Richtung Yellowstone zu folgen, sondern dem südwestlichen in das Gebiet des Madison-Flusses. Sie durchquerten tagelang Täler und Höhen. Am 26. Mai erreichten sie erneut eine Talsohle. In Edgar's Tagebuch heißt es: „Mein Pferd war fast lahm..., grüne Hügel ringsum und viel Quarzgestein; Antilopen in unserer Nähe; dann von einer Anhöhe hinab zu einem kleinen Bach (Creek). Wir machten halt, um unser Nachtlager aufzuschlagen. Rodgers, Sweeney, Barney und Cover gingen zum Bach, um nach Gold zu schürfen. Bill's und meine Aufgabe war es, das Lager zu bewachen und nach den Pferden zu sehen. Wir säuberten ihre Hufe und bandagierten ihre Füße. Danach schaute sich Bill nach einem geeigneten Weideplatz um und betrat dabei eine Sandbank, aus der eine Felskante herausragte. ‚Hol die Werkzeuge und laß uns schürfen', sagte er zu mir. Bill nahm Spitzhacke und Schaufel, während ich die Pfanne in den Händen hielt. Bill füllte sie mit Sand und flüsterte mir zu: ‚Geh jetzt und wasche. Achte darauf, ob genügend Körner drin sind, damit wir in der Stadt Tabak kaufen können.' Der Bach hatte reichlich ‚Farbe'. Bevor die anderen zurückkamen, hatten wir bereits für 12.30 Dollar Gold herausgewaschen. Als wir unseren Fund zeigten, meinte Edgar in typischer Bergmannssprache: ‚Ihr habt es gesalzt!' Doch wir konnten sie alle von der Ergiebigkeit überzeugen."

Am nächsten Morgen steckten die sechs ihre claims ab und benannten sie mit ihren Namen. Dann kam die Frage auf, welchen Namen sie der Schlucht geben sollten. Edgar schaute sich um und taufte die Schlucht aufgrund des dichten Wuchses an Erlen „Alder Gulch". Man besprach sich und vereinbarte, die Goldfunde unerwähnt zu lassen. In Bannack wollten sie Werkzeuge, Proviant und ein paar andere notwendige Dinge einkaufen. Als die sechs Bannack am 30. Mai 1863 erreichten, erregte ihr Erscheinen Aufsehen in der Stadt. Sie ließen sich bewirten, besuchten die Saloons und kümmerten sich um ihre Einkäufe. Man erzählte sich weit und breit, daß sie zwei Pferdetaschen voller Gold mitgebracht hätten, obwohl keiner von ihnen von irgendwelchen Goldfunden gesprochen hatte. Dieses Gerücht begleitete sie, wo immer sie auftauchten. Man war auf Schritt und Tritt bei ihnen, denn keiner wollte ihren Aufbruch verpassen. Als sie am 2. Juni die Stadt verließen, herrschte wilde Aufregung. Denn die Gruppe der sechs mußte ja auf ihre geheime Goldstätte zusteuern, und es war an der Zeit, ihnen nachzueilen. Keine Stunde später waren sämtliche Pferde und Maultiere in der Stadt gepackt, und die halbe Gemeinde war auf ihrer Fährte in Richtung Berge unterwegs. Rasch wurden sie eingeholt. Am Beaverhead Rock (auch Backbone oder Point of Rock genannt), nicht weit von Alder Gulch entfernt, machten sie Rast, hielten eine Versammlung ab und wählten Edgar zu ihrem Sprecher. Er erzählte den Leuten, daß sie an zwei Tagen Gold im Werte von 189 Dollar gefunden und vor ihrem Aufbruch noch ihre claims abgesteckt hätten. „Wenn ihr unsere claims anerkennt, dann werden wir den Weg fortsetzen und euch die Goldstätte zeigen. Wenn ihr dagegen seid, bleibt alles unberührt liegen." Da die Goldfunde die Leute überzeugten, wurde die Forderung der sechs als Recht verbrieft. Darüber hinaus verpflichteten sich alle, die claims vor unberechtigten Zugriffen zu schützen.

Am Abend machten sie nochmals Rast. Die sechs trafen sich heimlich und wählten unter ihnen Barney Hughes aus, der vorauseilen sollte, damit die Grenzpfähle nicht versetzt oder sogar herausgezogen würden.

Edgar ritt in der Früh recht langsam, um Barney einen reichlichen Vorsprung zu gewähren. Als das Gefolge gegen Mittag Alder Gulch erreichte, drehte sich Edgar im Sattel herum und sagte: „This is it, boys!" An diesem Tage noch wimmelte es überall von Goldgräbern im Tale, die ihre claims absteckten.

Am 7. Juni versammelte man sich erneut, um den Fairweather Mining District mit allen claims zu legalisieren. Ein Ausschuß wurde ins Leben gerufen, der Gesetze erlassen und für Ordnung sorgen sollte. Unter den Mitgliedern ernannte man Dr. Giles Gaylord Bissel, der 1859 als Graduierter der Yale Medical School in den Westen kam, zum Richter.

Die Stadt Virginia City wurde am 12. Juni 1863 mit einer Fläche von 320 acres gegründet. Ein Zustrom von Goldgräbern setzte ein. Städte wie Nevada City, Highland und Summit folgten. Bis zum Herbst zählte man ungefähr 10000 Bewohner. Bis auf 35000 Einwohner stieg die Bevölkerung im Umkreis von 10 Meilen an.

Alder Gulch entwickelte sich zu einem Eldorado. James Marley notierte am 2. August 1863 in sein Tagebuch: „Acht Männer förderten 54 Pfund an einem Tage. Das sind nahezu 970 Dollar."

Im Herbst wählte man Henry Plummer zum Sheriff. Zu seinen Stellvertretern machte er Ned Ray, Jack Gallagher und Buck Hinson. Alle vier waren Banditen. Daher hielten sie zusammen wie ein Kleeblatt. Ein anderer Bandit war George Lane, der sich als Schuster versuchte und sein Geschäft in einer Ecke eines Krämerladens eröffnete. Dieser Laden war zugleich ein Nachrichtentreff. Die Leute besprachen sich, deponierten ihr Gold und erzählten die Neuigkeiten von den Daheimgebliebenen und ihre Reisepläne. Alle diese Informationen sammelte der Schuster und spielte sie dem Sheriff zu, der sich mit seinen Kumpanen auf die einzelnen Raubüberfälle bestens vorbereiten konnte. Am härtesten traf es die Goldsucher, die allein ihren Heimweg antraten. Mit all diesen Leuten machte die Bande kurzen Prozeß. Je mehr aber verschwanden und nicht mehr zurückkehrten, um so stärker breitete sich Unruhe und Angst unter den Goldgräbern aus.

Anfang Dezember war ein junger Deutscher namens Nicholas Tobalt unterwegs, um für seinen Arbeitgeber Maulesel einzukaufen. Als er nach Tagen nicht zurückkehrte, erkundigte man sich überall nach ihm. Doch niemand wußte etwas über ihn, bis am 17. Dezember gegen Mittag der Saloonbesitzer William Palmer den Toten heimbrachte und vor seinem Saloon aufbahrte. Eine Kugelwunde oberhalb des linken Auges sowie von einem Lasso herrührende Halswunden waren deutlich zu erkennen. Die Nachricht, daß man den jungen Deutschen gefunden hatte, verbreitete sich schnell. Menschen kamen zum Saloon, um den Tod zu rächen. Die Menge war aufgebracht. Doch ein Täter war nicht in Sicht. Es bildete sich eine Gruppe Reiter, unter ihnen Palmer, um die Stelle aufzusuchen, wo man ihn entdeckt hatte. Nicht weit von dieser Stelle war eine Ranch, auf die man zuritt. Man traf dort Männer an, die fest schliefen. Palmer erkannte unter ihnen einen Mann, der sich nicht bereitgefunden hatte, den toten Deutschen auf seinen Frachtwagen zu heben. Als er von der Reitergruppe immer heftiger befragt wurde, gestand er schließlich, daß ein Mann namens George Ives den Deutschen umgebracht hätte. Man fand Ives nach langem Suchen. In einem fairen Prozeß wurde er schließlich von den 24 Geschworenen zum Tode verurteilt. Das Urteil wurde am 21. Dezember 1863 vollstreckt.

Nach diesem Prozeß bildete sich der „Selbstschutz von Montana“, eine Gruppe von Männern, die sich zur Aufgabe machte, dem Banditenwesen ein Ende zu bereiten. Ob sich die Männer schließlich in Nevada City oder Virginia City zu den „Montana Vigilantes“ zusammenschlossen, läßt sich heute nicht mehr genau feststellen. Auf jeden Fall räumten sie in den kommenden Monaten unter den Banditen auf.

Eines Tages trafen die Vigilantes einen Mann namens „Red“ Yeager, der berichtete, daß die Banditen in Deer Lodge zu finden wären. Doch als man dort auftauchte, waren die Banditen spurlos verschwunden. Sie mußten also rechtzeitig gewarnt worden sein. Dies konnte lediglich Yeager selbst besorgt haben. Deshalb suchte man nach ihm und fand ihn schließlich in den Armen eines Saloonmädchens. Befragt gab er schließlich die Namen der Banditen preis. Höchst überrascht waren die Vigilantes, als sie den Namen des Sheriffs hörten. Daß er zugleich der Anführer der Banditen war, löste noch mehr Erstaunen aus. Die Vigilantes waren aber klug genug, mit all diesen Informationen behutsam umzugehen. Am 10. Januar 1864 wurden zunächst Sheriff Plummer sowie sein Stellvertreter Ned Ray und Buck Stinson gehängt. Es folgten noch 19 weitere Todesurteile, bevor in Alder Gulch Ruhe einkehrte.

In dem autobiographischen Reisebericht Mark Twains über den amerikanischen Westen in den Jahren 1861–1867 (Durch Dick und Dünn, 1872) berichtet er auf den Seiten 69 ff.: „Zur Pazifikküste drang die Kunde, der Selbstschutz habe … Slade erhängt. In dem spannenden kleinen Buch … ‚Der Selbstschutz von Montana, ein zuverlässiger Bericht über Ergreifung, Gerichtsverhandlung und Exekution von Henry Plummers berüchtigter Straßenaufseherbande; von Prof. Thos. J. Dimsdale, Virginia City, Montana‘, finde ich eine Darstellung der Affäre. Als Beispiel dafür, wie die Grenzer mit Verbrechern umgehen, wenn sich Gerichtshöfe als wirkungslos erweisen, ist Mr. Dimsdales Kapitel recht lesenswert. Er gibt über Slade zwei Äußerungen ab, die beide sehr treffend sind und wovon die eine außerordentlich bildhaft ist: ,Wer ihn lediglich in seinem natürlichen Zustand sah, erklärte ihn für einen guten Ehemann, äußerst freundlichen Gastgeber und höflichen Gentleman; wer ihm andererseits begegnete, wenn er vom Alkohol toll gemacht und von einer Bande bewaffneter Rowdys umgeben war, erklärte ihn zum Teufel in Menschengestalt' ... Nach der Exekution der fünf Männer am 14. Januar betrachteten die Leute vom Selbstschutz ihre Arbeit für nahezu beendet. Sie hatten das Land so ziemlich von Straßenräubern und Mördern befreit und entschieden, in Abwesenheit regulärer Zivilgestalt ein Volksgericht einzusetzen, wo allen Missetätern von Richtern und Geschworenen der Prozeß gemacht werden sollte. Das war die größtmögliche Annäherung an die gesellschaftliche Ordnung, welche die Umstände erlaubten, und man war fest entschlossen, die Wirkung des Tribunals aufrechtzuerhalten und seine Urteile zu vollstrecken. Es mag hier erwähnt werden, daß die offenkundige Tat, welche die letzte Sprosse der fatalen Leiter bildete, die zu dem Schafott führte, auf dem Slade sein Leben ließ, eben darin bestand, daß er einen Haftbefehl dieses Gerichtes zerriß und darauf herumtrampelte und hinterher den Richter, Alex. Davis, kraft vorgehaltener Derringer-Pistole eigenhändig festsetzte.

J.A. Slade gehörte, wie wir erfahren, selber zum Selbstschutz; er brüstete sich öffentlich damit und erklärte, an allem, was dieser wüßte, teilzuhaben. Er stand zwar nie unter Anklage, nicht einmal unter Verdacht, in diesem Territorium einen Mord oder einen Raub verübt zu haben ...; aber daß er in anderen Gegenden mehrere Menschen umgebracht hatte, war allbekannt, und sein diesbezüglicher schlechter Leumund stellte, nachdem man ihn schließlich oben erwähnten Vergehens wegen verhaftet hatte, bei der Entscheidung über sein Schicksal ein gewichtiges Argument dar. Nach seiner Rückkehr vom Milk River ergab er sich immer mehr dem Trunk, bis es ihm und seinen Freunden zuletzt schon zur alltäglichen Heldentat wurde, ‚die Stadt zu stürmen'. Ein nicht seltenes Schauspiel war, daß er und ein, zwei seiner Trabanten, alle auf einem einzigen Pferd, durch die Straßen galoppierten und brüllten, randalierten, Revolver abschossen und so weiter. Sehr oft ritt er mit seinem Pferd in ein Geschäft hinein, riß den Ladentisch um, warf die Wiegeschale zum Fenster hinaus und bedachte die anwesenden Personen mit den beleidigendsten Ausdrükken. Noch just am Vortage seiner Festnahme hatte er einen aus seinem Gefolge arg verprügelt, doch war sein Einfluß auf seine Anhänger derart groß, daß jener Mann nachher an der Richtstätte bitterlich weinte und flehentlich um Slades Leben bat. Mit der Zeit wurde es den Geschäftsleuten und Bürgern schon fast zur Gewohnheit, die Läden zu schließen und alle Lichter zu löschen, wenn Slade sich auf Zechtour befand, denn sie hatten Angst vor seinen Gewalttaten. War er nüchtern und hatte er Geld, so war er stets bereit, für die von ihm mutwillig zerstörten Waren und Einrichtungsgegenstände zu bezahlen; doch gab es nicht wenige, die Bezahlung als eine nur dürftige Genugtuung für die angetane Schmach ansahen, und diese Männer waren seine persönlichen Feinde...

Slade hatte die ganze Nacht hindurch getrunken und Krawall gemacht. Er und seine Kumpane hatten die Stadt in eine Hölle verwandelt. Am Morgen begegnete ihm der Sheriff, J.M. Fox, nahm ihn fest und mit aufs Gericht, wo er einen Haftbefehl verlas, den er aufgrund einer Anklage gegen Slade vorliegen hatte. Dieser geriet in maßlose Wut und ergriff das Schriftstück, riß es in Stücke, warf selbige auf die Erde und trampelte mit den

Füßen darauf herum. Sogleich war das Klicken der Revolverschlösser von Slades Begleitern zu hören, und es wurde eine Krise erwartet. Der Sheriff unternahm keinen Versuch, Slade zurückzuhalten; da er zumindest ebenso klug wie tapfer war, fügte er sich in seine Niederlage und ließ Slade sich zum Herrn der Lage und Eroberer und Beherrscher von Gesetz und Gesetzgebern aufspielen. Das war eine Kriegserklärung und wurde auch als solche aufgenommen. Der Selbstschutz meinte nun, die Frage der gesellschaftlichen Ordnung und des Übergewichts der friedlichen Bürger müsse unverzüglich und ein für allemal entschieden werden... Am Tage zuvor... hatte er sein Pferd in ein Lokal gelenkt und dort eine Flasche Wein gekauft und versucht, das Tier zu zwingen, sie auszutrinken. Man hatte das als keine ungewöhnliche Schaustellung angesehen, denn er war oft in Lokale eingedrungen und hatte angefangen, auf die Lampen zu schießen und eine wilde Panik auszulösen.

Ein führendes Mitglied des Selbstschutzes trat Slade entgegen und erklärte ihm in der sachlichen, ernsten Art und Weise eines Menschen, der sich der Bedeutung dessen, was er sagt, bewußt ist: ‚Slade, nimm sofort dein Pferd und mach, daß du nach Hause kommst, sonst geht es dir an den Kragen.' Slade fuhr auf und blickte den Gentleman aus seinen finsteren und durchdringenden Augen lange an. ‚Was willst du damit sagen?', heischte er. ‚Danach zu fragen hast du kein Recht', lautete die ruhige Antwort, ‚nimm dein Pferd und beherzige, was ich dir gesagt habe.' Nach einer kurzen Pause versprach Slade, es zu tun, und stieg auch tatsächlich in den Sattel; dieweil er aber noch immer betrunken war, rief er alsbald laut einen seiner Freunde nach dem anderen herbei, und schließlich schien er die erhaltene Warnung vergessen zu haben und fing wieder an zu lärmen, indem er als Herausforderung, möglicherweise auch bloß aus Bravour, den Namen einer stadtbekannten Dirne in Verbindung mit dem zweier Männer, die er für Führer des Selbstschutzes hielt, in die Gegend brüllte. Vielleicht hatte er die ihm zugegangenen Andeutungen persönlicher Gefahr nicht gänzlich vergessen, wenngleich er auch zu seinem Verderben einen törichten Weg einschlug, zu zeigen, daß er sich daran erinnerte. Er suchte sich den Richter des Volksgerichtes, Alexander Davis, zückte einen gespannten Derringer, richtete ihn auf des Richters Kopf und verkündete ihm, daß er ihn als Geisel für seine eigene Sicherheit festnehme. Da der Richter völlig ruhig dastand und keinen Widerstand leistete, folgte keine weitere Ausschreitung. Noch vor diesem Gewaltstreich war auf Grund der kritischen Lage der Selbstschutz zusammengetreten und schließlich übereingekommen, Slade dingfest zu machen. Seine Hinrichtung hatte man noch nicht beschlossen; eine solche wäre zu jenem Zeitpunkt todsicher verworfen worden. Ein Bote war nach Nevada hinuntergeritten, um die führenden Leute davon in Kenntnis zu setzen, was im Gange war, denn man wollte gern zeigen, daß entlang der ganzen Schlucht Einmütigkeit darüber herrschte.

Die Silbergräber zogen fast en masse los; sie ließen ihre Arbeit im Stich und rückten in geschlossener Marschkolonne, sechshundert Mann stark und bis an die Zähne bewaffnet, nach Virginia City ab. Da der Führer des Haufens die Stimmung seiner Leute kannte, stürmte er ihnen voraus und berief in aller Eile eine Versammlung des Vollstreckungsausschusses ein und erklärte dort offen, die Silbergräber hätten vor, ‚Ernst zu machen', und wenn sie erst einmal da seien, würden sie nicht in den Straßen herumstehen, um sich von Slades Freunden erschießen zu lassen, sondern ihn ergreifen und aufknüpfen. An der Versammlung nahmen nur wenige teil, da die aus Virginia City nicht gewillt waren, überhaupt zu handeln. Diese wichtige Bekanntgabe, wie die untere Stadt dazu stünde, erfolgte von einer Gruppe von Männern, die hinter einem Planwagen auf der Rückseite eines an der Hauptstraße gelegenen Ladens zu Rate saßen.

Der Ausschuß war durchaus nicht gewillt, zu irgendwelchen Verzweiflungstaten zu schreiten... Schließlich wurde vereinbart, daß der Ausschuß, wenn die Gesamtheit der Silbergräber dafür sei, Slade zu hängen, es diesen überlassen solle, mit ihm entsprechend zu verfahren. Der Führer der Nevada-Leute ritt dann im fliegenden Tempo davon, um zu seinem Kommando zu stoßen.

Als Slade herausfand, was man vorhatte, ernüchterte ihn das sofort. Er ging in den Laden von P. S. Pfouts, in welchem sich Davis befand, und entschuldigte sich für sein Benehmen, indem er sagte, er wolle alles zurücknehmen.

Zu dieser Zeit schwenkte die Spitze der Kolonne in die Wallace Street und rückte im Geschwindschritt heran. Vor dem Laden ließ der Führer des Vollstreckungsausschusses haltmachen und trat vor und verhaftete Slade, dem man sogleich mitteilte, was ihn erwartete, und die Frage vorlegte, ob er noch irgendwelche Angelegenheiten zu regeln hätte... Er ließ nicht ab, um sein Leben zu flehen und darum zu bitten, sein teures Weib sehen zu dürfen. Diese unglückliche Dame... wohnte zu jener Zeit auf beider Ranch am Madison. Sie verfügte über beträchtliche Reize: sie war groß, von guter Figur, anmutiger Haltung, gefälligen Manieren und zudem eine vollendete Reiterin...

Neben dem Steinhaus von Pfouts und Russel befand sich ein Pferch mit starken und hohen Torpfosten. Über diese wurde oben ein Balken gelegt, an welchem man ein Seil befestigte, und als Podest diente eine Schnittwarenkiste. Dorthin nun wurde Slade von einer Wache eskortiert, einer so gut bewaffneten und zahlreichen Streitmacht, wie sie im Territorium Montana noch nie aufgetreten war.

Der Verurteilte hatte sich durch Tränen, Gebete und Klagen so erschöpft, daß er unter dem Todesbalken kaum noch Kraft zum Stehen hatte. Immer wieder rief er: ‚Mein Gott! Mein Gott! Muß ich denn sterben? O mein armes Weib!'...

Von den führenden Leuten Virginia Citys war kaum einer dort anzutreffen, obgleich sich nach der Verhaftung zahlreiche Bürger in die Wache eingereiht hatten. Jedermann beklagte die strenge Vorschrift, die eine Exekution notwendig machte.

Als alles fertig war, erklang der Befehl: ‚Tut eure Pflicht, Männer!'. Und sofort wurde die Kiste unter Slades Füßen weggezogen, und er starb fast augenblicklich.

Der Leichnam wurde abgeschnitten und ins Virginia-Hotel getragen, wo man in einem abgedunkelten Raum noch mit seiner Wartung beschäftigt war, als in stürmischem Tempo die unglückliche und hinterbliebene Gattin des Toten eintraf, um festzustellen, daß alles vorbei und sie Witwe war. Ihr Gram und ihre herzzerreißenden Schreie waren grauenhafte Beweise ihrer tiefen Liebe zu ihrem verlorenen Mann, und es verging geraume Zeit, ehe es ihr gelang, die Herrschaft über ihre aufgewühlten Gefühle wiederzuerlangen."

Ein Jahr nach Gründung von Virginia City wurde Montana am 26. Mai 1864 als gleichberechtigter Bundesstaat in die Union aufgenommen. Virginia City wurde Hauptstadt und blieb es bis zum 10. April 1875, als Helena zur Bundeshauptstadt erklärt wurde. Ein Kapitol gab es in Virginia City nicht. Vielmehr brachte man die Verwaltung in mehreren Gebäuden unter. Nur wenige Gebäude aus jener Zeit überlebten die Brandkatastrophe im Jahre 1937.

Das Goldfieber ist in den USA erneut ausgebrochen, nachdem sich der Goldpreis seit 1982 auf einem Niveau von mehr als 300 Dollar je Unze (31.1 g) hält. Bei diesem Preis ist Gold fast das einzige Metall, dessen Verkaufserlös die Produktionskosten von 180 bis 275 Dollar je Unze bei weitem übersteigt. Die Goldsuche ist wieder wie im Jahre 1848 im Gange, doch ohne das weltweite Echo in den sechziger Jahren des 19. Jahrhunderts. Verlassene und aufgegebene Goldgräberstätten in den Staaten Virginia, Montana, Utah, Wyoming, Dakota, Colorado, Nevada und Kalifornien werden wieder aufgesucht. Der nördliche Teil Nevadas bringt auch heute noch das meiste Gold hervor. Die Goldgewinnung vollzieht sich im Tagebau. Wegen der kapitalintensiven Ausstattung eines solchen Betriebes liegt die Goldproduktion in Händen großer Gesellschaften wie Kennecott, Norando, Hecla, Hanna Mining, Inco, Phelps Dodge, Dome Mines, Homestake, Newmont sowie bei den Bergbau-Divisions der Ölgesellschaften Standard Oil of Ohio and Pennzoil. Die Entwicklung der Goldproduktion seit 1945 gibt folgende Tabelle des US Bureau of Mines wieder:

	Mio. Unzen
1945	1.0
1955	1.8
1965	1.6
1975	1.0
1979	0.9
1984 (geschätzt)	1.9
1985 (geschätzt)	2.4

Neben den bekannten Gesellschaften versuchen auch kleinere Explorationsgesellschaften und eine Vielzahl von Goldschürfern ihr Glück.

Yellowstone Nationalpark

Das Hotel in Nevada City bietet erstaunliche historische Effekte. In der Bar hängen Stiche und Fotos aus der Gründerzeit von 1863. Das Mobiliar gibt einen Einblick in eine Welt, die vom Goldrausch durchsetzt war. Glamourgirls (Abb. 29) blicken von den Wänden auf einen herab. Ich bin also wirklich in Nevada City, Stätte der Goldgräber. Inmitten einer Reise, die sich nicht nur im Äußeren, sondern auch im Innern, in einer weit geöffneten Seele, vollzieht. Am Anfang und am Ende eines Regenbogens, wo sich Weise und Narren treffen.

Während wir auf der Veranda des Hotels sitzen, kommt es uns in den Sinn, nach den klimatischen Verhältnissen Nordamerikas zu fragen. Dieser Kontinent liegt in derselben geographischen Breite wie Europa und Eurasien. Lediglich Alaska ist in seiner Lage mit Nord-Asien vergleichbar. Als Erdteil ist Nordamerika im Osten und Westen umgeben von zwei Weltmeeren, während das amerikanische Mittelmeer die Südgrenze umspült. Im Westen durchzieht ein junges Faltengebirge den Kontinent. Zwischen den Städten Vancouver und Los Angeles verläuft in Küstennähe ein Gebirgszug, der zunächst Kaskadengebirge und in der Höhe von San Francisco Sierra Nevada genannt wird. Am Ostrand des Gebirgszuges erstreckt sich ein Plateau mit dem Colorado Hochland, der Sonora- und Mojavewüste, dem Arizona Hochland, dem Großen Becken, dem Columbia-, Fraser- und Yukon-Plateau, das dann wiederum von einem Felsengebirge, den Rocky Mountains, begrenzt wird, von einer Hauptkette mit spitzen Gipfeln, schmalen Kämmen und tiefen Tälern. Es handelt sich um ein noch junges Faltengebirge, wie es Erdbeben und Vulkane an den Bruchstellen bezeugen. Die tektonischen Bewegun-

Abb. 29: Saloon

gen bilden einen ständigen Gefahrenherd in der Form von Erdbeben. Daß einige Flüsse den Pazifik erreichen, verdanken sie Querbrüchen. Den Rocky Mountains schließt sich eine Tieflandschaft (kanadische Ebene und Mississippibecken) an, die im Osten in die Appalachen, ein altes Mittelgebirgsland, übergeht. Also: Pazifik – Küstenstreifen – Küstengebirge – kalifornisches Tal – Sierra Nevada – Großes Becken – Salzsee – Wahsatchgebirge – Colorado-Plateau – Rocky Mountains – Prärien – Mississippibecken – Appalachen – Küstenebene – Atlantik.

Die Fjordküste Süd-Alaskas bis zur Insel Vancouver charakterisiert ein ozeanisches Klima mit starken Niederschlägen wegen des Westwindes und dichter Bewaldung (Rotzedern, Föhren, Küsten- und Riesenmammutbaum [Sequoia sempervirens et gigantea]), während das Küstengebirge, die Längstalsenke und die Sierra Nevada in Kalifornien der mediterranen, sommertrockenen Klimazone zugeordnet werden. Das Hochland zeichnet sich trotz einer Höhe von fast 2000 Metern durch ein besonders gesundes, gemäßigtes Klima aus.

Westküste:	Hier herrscht ozeanisches Klima mit einem sehr milden Sommer und Winter. Das gilt auch für das Hochplateau im Westen, das heiße Sommer und im Verhältnis zur Höhe milde Winter hat. Der schmale Küstenstreifen verzeichnet im Norden große Niederschläge und im Winter starke Schneemengen. In Kalifornien hingegen herrscht Sommerdürre und im Winter Regen. Je südlicher man kommt, desto mehr werden die Gebiete den Wüsten (Gila-, Mojave-Wüste) gleich.

Dem feuchten Küstenstreifen schließt sich ein Hochplateau im Regenschatten der Rocky Mountains an mit Niederschlagsmengen weit unter 200 mm. Da das Wasser in dieser Gegend nicht abfließen kann, bilden sich Salzseen. In Richtung Osten folgt ein Trockengebiet bis zum 100. Meridian.

Mitte des Landes: Kontinentales Klima mit Hitzewellen von Süden und Kälteeinbrüchen von Norden ist für diesen Landschaftsgürtel bezeichnend. Vom kanadischen Schild fallen kalte Winterstürme tief in das Mississippibecken, manchmal sogar bis zur Golfküste ein. New York ist wesentlich kälter als Rom, obwohl es südlicher liegt. Der Hudson, der in der geographischen Breite Nordspaniens liegt, ist bis zu drei Monaten im Winter mit Eis bedeckt. Vom Süden bewegen sich Hitzewellen bis nach Kanada. Daher können an einem Tage durchaus Wärmeschwankungen bis zu 20 °C auftreten.

Ostküste: Bis zum Cape Hatteras in North Carolina zieht ein Teil des kalten Labradorstroms, der an dieser Stelle den warmen Golfstrom nach Westeuropa ablenkt. Wegen der kalten Meeresströmung treten im Norden oft Nebel auf, während es in der südlicheren Küstenzone zu reichlichen Niederschlägen kommt. Der Regen dringt weit in das Binnenland bis zu den Appalachen ein.

Südostküste: Vom Golfstrom beeinflußt, kommt es oft zu monsunartigen Luftturbulenzen.

Die vielen Luftströmungen verursachen ebenfalls Turbulenzen. Bekannt sind vier Winde:

Hurrikane: Die an der atlantischen Küste entlanglaufenden, breitfächrigen Wirbelstürme nennt man Hurrikane. Woher nehmen diese Wirbelstürme ihre Energien? Als eine Art Brennstäbe erweist sich der Ozean: enorme Wassermengen verdunsten und gelangen in die Atmosphäre, wo sie zu Wassertröpfchen in Form von Gewitterwolken kondensieren. Bei dieser Transformation werden unvorstellbare Energiemengen frei, die der Hurrikan als Energiequelle braucht.

Weiterhin benötigt er eine Wassertemperatur von mehr als 26 °C an der Oberfläche, die in den Monaten Juli bis Oktober im tropischen Atlantik vorhanden ist. Daneben spielt die Erddrehung eine nicht unbedeutende Rolle, deren Einfluß aber erst ab dem fünften Breitengrad vom Äquator spürbar wird. Die Entstehungsgebiete liegen daher zwischen dem 5. und dem 25. Breitengrad südlich und nördlich des Äquators. Hinzu kommen die kleinen, von Ost nach West ziehenden „östlichen Wellen“ als Störfaktor, die die Wirbelbildung auslösen. Die Anzahl der tropischen Wirbelstürme schwankt in jedem Jahr von eins bis zwanzig. Das Ursprungsgebiet liegt häufig bei den Kapverdischen Inseln. Von da aus bewegt sich der Wirbelsturm in Richtung Karibik, indem er mit der Passatströmung mitzieht, und schwenkt dann in Richtung Südstaaten oder Atlantikküste. Im wolkenfreien Zentrum, das von riesigen Wolkenbändern umgrenzt ist, herrscht relative Windstille. Dafür kommen die Wellen aus allen Himmelsrichtungen und bringen Schiffe in äußerste Gefahr. Verläuft ein Wirbelsturm über Land, sind die Schäden gewaltig. Unbeschreibliche Regenmassen von 200 bis 400 Liter pro Quadratmeter stürzen in wenigen Stunden nieder. An der Küste spielen die fünf Meter hohen Wellen ein gefährliches Spiel. Dazu toben sich meterhohe kürzere Windwellen aus.

Tornados: Die aus dem Mississippibecken kommenden, beim Wechsel von der kalten zur heißen Jahreszeit entstehenden, nordostwärts schnell dahineilenden Wirbelstürme, die oft von Wolkenbrüchen flankiert werden, heißen Tornados.

Chinooks:	Seinen Ursprung hat er westlich der Rocky Mountains. Er rast dann, von der Feuchtigkeit an der Westseite des Felsengebirges entledigt, wie ein trokkener, warmer Föhn über die östliche Vorgebirgslandschaft bis in die Prärien. Man bezeichnet ihn im Frühling auch als „snoweater". Der Name stammt von den Chinooks, die am Unterlauf des Columbia lebten.
Blizzards:	Die vom Norden kommenden kalten Luftströme, auch Northers genannt, richten ebenfalls viel Schaden an. Erweisen sie sich als Schneestürme, nennt man sie Blizzards.

Der Weg zum Yellowstone Park, vorbei an dem Earthquake und Hebgen Lake, ist wiederum wie ein Abschnitt aus den Nationalparks. Diese Natur beschwingt. Wären wir doch Götter, dann könnten wir überall in der Welt sein, nicht an Raum und Zeit gebunden und völlig frei. Als sich die Götter den Augen der Menschen entzogen und nur die Schönheiten ihrer eigenen Schöpfung zurückließen, nahmen sie ein Geheimnis mit, das wir nie enträtseln werden. Oder werden wir es eines Tages wissen, was es heißt, ein ewiges und allgegenwärtiges Leben zu haben? Wird sich im Yellowstone Park ein wenig von dieser Sehnsucht erfüllen? Werden wir dort die Vollkommenheit der Natur erfahren oder wird uns auch dort unsere Endlichkeit bewußt werden?

Ich stelle mir Wälder vor,
Belaubt in saftigem Grün.

Ich stelle mir Wiesen vor,
Bedeckt mit farbigen Pflanzen.

Ich stelle mir Geysire vor,
Sprudelnd in ungleichmäßigen Zeitabständen.

Ich stelle mir Landschaften vor,
Getupft mit grasendem Wild,
Durch die ich betrachtend weiterfahre.
Da irgendwo müßte ich Ruhe finden...

Ich stelle mir noch Augenblicke vor,
Um dir die Perspektive auf die Schönheit
Der Natur zu öffnen.

Ich stelle mir vor,
Dir dies noch zu erzählen,
Damit du weißt, worin
Die Schönheit liegt...

Der Westen Amerikas ist unter den Bedingungen einer aufkeimenden Industrialisierung besiedelt worden. Die Neusiedler mußten nicht lange auf die fortschreitende Technologie warten. Auch sie wurden von der Welle der Autoflut erfaßt. Es entwickelte sich eine Autokultur, die alle Lebensbereiche prägte. Unter diesem Aspekt schienen Ressourcen wie Wasser, Wald, Ackerland, Wild und Energie in Überfluß vorhanden zu sein, so daß man meinte, keinerlei Rücksicht auf die Natur nehmen zu müssen, da die Technik mithalf, Widerstände der Natur zu überwinden. Bei Beginn der Besiedlung durch die Weißen waren die USA fast zur Hälfte mit Wald bedeckt. Heute muß das Land Holz aus Kanada einführen. Der Bison, der zu Millionen die Prärien durchstreifte und den Indianern zum Lebensunterhalt diente, ist in wenigen Jahrzehnten im 19. Jahrhundert fast ausgerottet worden. In neuerer Zeit sind Umweltprobleme im „Sonnengürtel", dem sunbelt, aufgetaucht. Wegen des trockenen und warmen Klimas haben sich viele Bewohner aus dem Osten hier angesiedelt. In Arizona ist der Grundwasserspiegel derart gefallen, daß das Wasser nur mit hohen Kosten beschafft werden kann. Dies beeinflußt nicht nur die Rentabilität der Landwirtschaft, sondern hat auch Auswirkungen auf die Städte in dieser Region. Galt Denver in den sechziger Jahren noch als Zuzugseldorado, so ist heute diese Stadt trotz der frischen Gebirgsluft fast ebenso stark smogverseucht wie Los Angeles. Gäbe es nicht tiefgründige Wirtschaftsinteressen und die Abneigung gegen staatliche Reglementierungen, so könnte man an die Fragen des Umweltschutzes viel leichter herangehen. Der Fluchtpunkt in allen öffentlichen Auseinandersetzungen wäre doch in Richtung auf Erhaltung eines natürlichen Gleichgewichts zu suchen.

Um die Schönheiten der Natur vor der Begehrlichkeit der Menschen zu schützen, hat man schon frühzeitig ein Sicherheitsnetz an Nationalparks als letzte Rettungsmöglichkeit gespannt. Es ist keine gemeinnützige, private Institution wie der britische National Trust, den es seit dem Jahre 1895 gibt, sondern die Nationalparks sind der in Washington D.C. ansässigen Bundesverwaltung zugeordnete Gebiete, in denen jede kommerzielle Betätigung und Eingriffe in die natürliche Umwelt untersagt sind. Die Bundesverwaltung ist Eigentümer von Bergen, Vulkanen, Wäldern und Mooren, von Küsten, Korallenriffen, Seen und Kanälen, von Wüsten, Felsendomen und Sanddünen. Die Nationalparks umfassen die unterschiedlichsten Landschaftsformen. Ihre Fläche macht mehr als die Hälfte der Fläche der Bundesrepublik aus. Die kleinste zu verwaltende Einheit bildet das Sterbehaus Abraham Lincolns. Das Weiße Haus gehört ebenfalls dazu sowie, als eines der jüngsten Objekte, der Wolf Trap Farm Park in Virginia, wo die alten Gebräuche der

Indianer und anderer Volksgruppen gepflegt und dargestellt werden.

In all den Parks sind die freundlichen, hilfsbereiten und geschulten „rangers“ mit ihren typischen breitrandigen Hüten anzutreffen, die auf die Parks aufpassen und bereitwillig Auskünfte erteilen. Der Besucher begegnet ihnen beim Parkeingang und im Besucherzentrum, dem „visiting center“, meist ein kleines Gebäude, wo alle Informationen über die besonderen Eigenheiten und Sehenswürdigkeiten des Parks erhältlich sind. Es gibt Karten mit Wanderwegen sowie Angaben über Fauna, Flora und geologische Daten, Unterkünfte, sportliche Tätigkeiten, Führungen, Vorträge, Kinderunterhaltungen, Krankenhäuser, Restaurants und Läden. Die preiswerten Farbprospekte sind von bestechender Qualität. Wer wissenschaftliche Auskünfte erhalten will, wendet sich an die „interpreter rangers“. Diese Auskunftspersonen haben eine besondere Fachausbildung und praktische Tätigkeiten hinter sich.

Wer in den Parks übernachten will, der muß meistens auf hotelartige Unterkünfte verzichten. Hotels gibt es nur in den größeren Parks wie Yellowstone, Yosemite und Grand Canyon National Park. Ansonsten ist der Schlafplatz das Zelt oder der Camper. Beliebt unter den Millionen Besuchern sind die Lagerfeuer, die „campfire-programs“. Um ein Lagerfeuer geschart, hört man den Vorträgen und Erläuterungen der Rangers gespannt zu. Romantik in der unberührten Natur. Heimkehr aus einer technisierten Welt. Es sind magnetisierende, magisch-dämonische Landschaften, die den Besucher in ihr Sein aufnehmen.

Trapper, Cowboys und Abenteurer haben viele Gegenden entdeckt, die heute Nationalparks sind. Zu erwähnen sind franko-kanadische Trapper, die dem Grand Teton National Park seinen Namen gaben. Jim Ridger und John Colter durchquerten Anfang des 19. Jahrhunderts das Gebiet des heutigen Yellowstone National Parks und berichteten von 10 Meter und mehr hohen Wassersäulen, die so dick wären wie ein Baumstamm. Man beschimpfte sie als Aufschneider. Der Bryce Canyon, in welchem noch Elche, Schwarzbären und vereinzelt Pumas leben, aus dem aber Dickhornschafe und Grauwölfe schon geflohen sind, wurde nach dem Mormonen Ebenezer Bryce benannt. In diesem Canyon hat die Natur vor rund 50 Millionen Jahren durch Erosion einen Wald aus rosa Felssäulen geschaffen, ein faszinierendes natürliches Kunstwerk. Eine andere Landschaft, die infolge von Dürre und Überflutungen vor 1,5 Milliarden Jahren entstanden ist, ist der gewaltige Stufenaufgang, der im 2000 Meter tiefen Abgrund des Grand Canyon seinen Anfang nimmt und über den Zion National Park bis zum Bryce Canyon hinaufführt.

Während uns die Landschaftsbilder einfangen, werden wir plötzlich durch Jim Peppers eindringliche Stimme aufgeschreckt. Indianische Folklore und Jazz, das scheint die musikalische Welt des Saxophonisten Pepper zu sein. Die alten Geschichten und Stammeslieder vererbte ihm sein Großvater Ralph, der ein Kaw war. Das Lied „Witchi Tai To“ klingt wie ein befreiender Aufschrei bei der Lösung vom Marterpfahl. In „Ya Na Ho“ (übrigens alles Stücke auf der Schallplatte „Comin' and Goin“), ist der erdverbundene Rhythmus von Trommeln aus gewalkten Tierhäuten zu vernehmen. Aus all den Liedern Peppers weht der Traum der Indianer von einer harmonischen Lebenswelt. Dieses Weltgefühl vermittelt der akustische Zauber der Musik.

In das Gebiet des heutigen Yellowstone Nationalparks kamen 1869 zufällig Goldsucher. In dieser Zeit wurde die Idee der Schaffung von Naturreservaten geboren, um Gebiete in ihrer Ursprünglichkeit für kommende Generationen zu erhalten. Im Jahre 1871 wurde das Gebiet der Rocky Mountains im Dreistaateneck Idaho, Montana und Wyoming, das halb so groß wie das Land Rheinland-Pfalz ist, von dem Geologen Ferdinand Heyden, dem Fotografen William Jackson und dem Maler Thomas Moran erforscht. „Das ist Gott ureigenes Land, das müssen wir schützen", so beschrieben sie dieses Stück Erde den Abgeordneten in Washington. Die Ergebnisse dieser Reise waren so überwältigend, daß der Kongreß im Jahre 1872 diese Region als Nationalpark für unantastbar erklärte. Dadurch wurde die Idee der Nationalparks derart bestärkt, daß sich das reine Nutzendenken bei der Besiedlung des Westens nicht überall durchsetzen konnte. Gegen Ende des 19. Jahrhunderts waren weitere Nationalparks geschaffen wie Yosemite, Sequoia, Mount Rainier und General Grant Grove. Im Jahre 1906 erließ man den „Antiquities Act", wonach der Präsident der Vereinigten Staaten das Recht hat, Orte von historischem oder wissenschaftlichem Wert zu „National Monuments" zu erklären. Zunächst überwachte das Militär die Parks, bis 1916 der National Park Service mit seinen „Rangers" gegründet wurde.

Der Weg von dem Städtchen West Yellowstone bis zu unserer Herberge bringt Ernüchterung. Die Straße führt uns durch einen Nadelwald, der sich nicht in grüner, üppiger Form darbietet, sondern sich als sterbender Wald entpuppt. Eine herbe Enttäuschung, die den Besucher befällt. Die Ursache, so wird uns erklärt, sei nicht der saure Regen, sondern ein Schädling, vergleichbar dem Borkenkäfer, der die Fichten heimsucht. Also kein Zivilisationsbegräbnis, dafür aber ein natürliches Ereignis, das ebenfalls abschreckt. Mit Chemikalien mag man vielleicht den Wald retten. Doch den reichen Wildbestand und das Kleingetier würde man dadurch stark verringern, wenn nicht sogar vernichten.

In den Wäldern des Nordwestens ist der Douglasien-Borkenkäfer (Dendroctonus pseudosugae) als Forstschädling sehr bekannt. Zwanzig Jahre lang hat es gedauert, bis man die Kommunikationsvorgänge unter diesen Käfern enträtselt hatte. Über die Untersuchungsergebnisse berichtet L.C. Ryker von der Simon-Fraser-Universität in Kanada: Jedes Jahr im Frühling verlassen die Borkenkäfer ihre Winterneste und suchen neue Douglasien auf, die irgendwie beschädigt sind. Als Lockmittel dienen gewisse Harz-Duftstoffe, vor allem die drei flüchtigen Terpenen wie Alpha-Pinen, Camphen und Limonen.

Die Weibchen bohren einen Gang in den nährstoffreichen Bast. Als zusätzliche Lockstoffe erweisen sich im Kot enthaltene Pheromone, die als Sozialwirkstoffe wirken, da sie sowohl Männchen als auch Weibchen anlokken. Der auslösende Faktor der Aggregationsreaktion ist also nicht das Sozialhormon allein, sondern ein Gemisch aus Pheromonen mit Terpenen des befallenen Baumes. Unter den Pheromonen spielt das Methylcyclohexenon (MCH) eine dominante Rolle. Je nach Stärke der Konzentration kann es bewirken, daß sich die Käfer auf der Rinde niederlassen, sich gegenseitig bekämpfen oder das Paarungsspiel aktivieren. Die feinen, schrillen Töne der Kot legenden Weibchen gehören ebenfalls zu den Reaktionsauslösern.

Die Ergebnisse der Forschung erlauben, lockstoffgeköderte Fallen einzusetzen, um die Forstschädlinge zu bekämpfen. Entweder erhöht man die Konzentration von MCH, um die Borkenkäfer aus Waldgebieten abzulenken, wo die Bäume noch nicht gefällt werden sollen, oder man stimmt das Stoffgemisch so fein ab, daß sich die Käfer auf Bäumen niederlassen, die vor Ablauf des Jahres in die Sägemühlen wandern.

Stunden später stehen wir bewundernd in der gewaltigen Halle des im Jahre 1903 erbauten Hotels Old Faithful Inn (TWA Services, Inc., Yellowstone National Park, Wyo. 82190 oder Tel 307 – 344-7311), die fast 25 Meter wie ein breit ausgelegter Turm einer Stabkirche in die Höhe ragt. Die vier übereinander ragenden balkonartigen Ränge, aus Rundhölzern gezimmert, sowie der aus Lavagestein erbaute Kamin mit acht Feuerstellen strahlen eine heimische Atmosphäre aus. Ebenso behaglich ist das Restaurant, wo wohlschmeckende Speisen serviert werden. Wir fühlen uns wie zu Hause, als wären wir im Hotel Haldenhof in der Nähe von Freiburg im Schwarzwald. Als ich einen guten Tropfen heimischen Chablis getrunken habe, verlasse ich das Hotel und besuche den Old Faithful. Obwohl es schon etwa acht Uhr abends ist, strömen noch Menschen aus allen Richtungen heran, um dem in regelmäßigen Abständen spuckenden Geysir ihre Reverenz zu erweisen. Längs des Weges sind Bänke aufgestellt. Menschen sitzen ruhig in der anbrechenden Dunkelheit und unterhalten sich leise. Dann öffnet sich der Vorhang des Naturtheaters. Der Geysir kündigt sich an. Zunächst kleine Fontänen, immer höher werdend, bis der volle Wasserstrahl seine Mächtigkeit zeigt. Der Wasserdampf steigt wie eine Wolke nach oben. Das heiße Wasser... überall sehe ich jetzt die Dampfsäulen. Die Natur begreift man plötzlich als ein Gemisch von vier wesentlichen Elementen: Erde, Wasser, Luft und Feuer. Für den Augenblick ist das aufsteigende Wasser das Hauptelement. Das Auf- und Ableben des Geysirs flößt mir das Gefühl ein, daß die Natur etwas Heiliges an sich habe. Wie verzaubert wandere ich an diesem Abend vor dem Hotel umher; auch dieser Nationalpark bleibt mir unvergeßlich. Der Aufenthalt dort ist wie die Quintessenz eines Verweilens vor einem majestätischen Gemälde oder an einem Ort, der das Ziel aller Sehnsucht ist.

Der Yellowstone Park ist fast so groß wie Rheinland-

Pfalz. In Nord-Süd-Richtung hundert Kilometer und ungefähr achtzig Kilometer in West-Ost. Die Zufahrten aus den vier Himmelsrichtungen sind vom 1. Mai an bis zum 1. November und vom 20. Dezember bis 11. März geöffnet. Lediglich die am Nordrand des Parks entlangziehende Straße von Gardiner über Mammoth Hot Springs, Tower Roosevelt nach Silver Gate ist auch im Winter befahrbar. Die Hotels öffnen zu unterschiedlichen Zeiten: Old Faithful Inn (6. Mai – 16. Oktober), Lake Yellowstone Hotel and Cabins (27. Mai – 26. September), Mammoth Hot Springs Hotel and Cabins (3. Juni – 19. September) und Grant Village (13. Juni – 12. September). Der Park läßt sich mit dem Auto erkunden. Das Straßensystem besteht aus einer stehenden Acht mit einer Gesamtlänge von fast 250 Kilometern und führt an allen Sehenswürdigkeiten vorbei. An manchen Stellen befinden sich noch kleine Zusatzschleifen, die dann nur in einer Richtung befahrbar sind. Natürlich kann man den Park auch zu Fuß oder zu Pferd erschließen. Doch sollte man sich in diesen Fällen Führern anvertrauen oder sich einer Gruppe anschließen.

Um einen guten Eindruck von dem Park mit seinen Seen, Canyons, Geysiren und Wildrevieren zu gewinnen, benötigt man eine Woche. Vor allem dann, wenn man die Fliegenrute nach Forellen im Indian Creek oder im Gibbon River auf der Westseite des Parks auswerfen will. Die Chance, daß man einem Schwarzbären begegnet, ist klein – noch weniger einem Grizzly. Trotzdem sollte man die Warnung, daß Bären wilde Tiere sind, beachten, obwohl seit Bestehen des Parks bisher nicht mehr als fünf Opfer zu beklagen waren. Das fünfte Opfer war eine junge Schweizer Touristin, die am 3. August 1984 von einem Bären am White Lake südöstlich vom Grand Canyon des Yellowstone River getötet wurde. Wenn man auch keinem Bären begegnen sollte, so sieht man doch eine Vielzahl von anderen Tieren greifbar nahe: Bisons, die einzeln oder in Herden bis zu fünfzig Tieren auftreten, Elche, Wapitihirsche, Antilopen, Füchse, Präriewölfe, Biber, Dickhornschafe, Murmeltiere, Weißkopfseeadler, Fischadler, Enten, Gänse, Murmeltiere, Streifenhörnchen und Dachse.

Ein Ranger erzählt uns, wie die Schwarzbären – ursus americanus – den Winter überstehen. Sie ziehen sich in Höhlen zurück und verbringen dort den Winter ohne irgendwelche Nahrungsaufnahme. In dieser Zeit nehmen sie auch keine Flüssigkeit zu sich. Folglich geben sie keinen Kot oder Harn ab. Im Gegensatz zu den übrigen Winterschläfern, bei denen die Körpertemperatur wesentlich herabsinkt, so daß sie in eine Art Kältestarre verfallen, bleibt den Bären die Körpertemperatur erhalten. Lediglich ihre Pulsfrequenz sinkt von 50 Schlägen auf 10 je Minute. In der Überwinterungszeit leben sie praktisch von den gespeicherten Fettreserven, die sie in Nahrung und Flüssigkeit umwandeln. Letztere gleicht den Wasserverlust aus, der durch Atmung und Diffusion aus der Haut entsteht.

Verwunderlich ist, daß die Bären den Harnstoff verwerten können, der ansonsten immer mit dem Urin ausgeschieden wird, da sich aus ihm giftige Stoffwechselprodukte bilden können. Der Ranger berichtet über die Forschungsergebnisse der Universität von Illinois und der Mayo-Klinik in Rochester, die besagen, daß das Glycerol, das beim Abbau von Fetten entsteht, die wesentliche Substanz ist, die bei der Umwandlung des Harnstoffs eine Rolle spielt. Während im Sommer viel Glycerol in Harnstoff umgewandelt wird, gestaltet sich Glycerol in Verbindung mit Stickstoff, der beim Abbau von Eiweiß entsteht und in der Zeit der Überwinterung nicht zu Harnstoff wird, in lebenserhaltende Substanzen um. Die Forscher hätten vor allem das Pyruvat entdeckt, das in Verbindung mit Aminosäuren wieder zum Aufbau von Eiweiß verwendet wird. Mit Hilfe dieses Umwandlungsprozesses könnten die Bären ohne Schaden die Winterruhe durchstehen.

Im Naturtheater spielen die Geysire (Abb. 30, 31) eine grandiose Rolle. In Harms Handbuch der Geographie „Amerika" heißt es auf Seite 149: „Im Park trifft man... auf 3600 heiße Quellen, darunter etwa 100 Geysire (Springquellen), die weit großartiger sind als die auf Island und Neuseeland. In regelmäßigen Abständen, etwa jede Stunde oder Minute, schleudern diese Springquellen heiße Wasserstrahlen in die Höhe, den höchsten bis zu 70 Metern. Wie auf Island, so hat auch in den Vereinigten Staaten die Tätigkeit der Geysire stark nachgelassen, der letzte neue Geysir ist 1929 in Tätigkeit getreten... Zahlreich sind auch die gewöhnlichen warmen Quellen, bis 60 °C, und die Heißdampfquellen, bis 92 °C. An einzelnen Stellen brechen von Zeit zu Zeit

Abb. 30: Geysir im Yellowstone Nationalpark

Abb. 31: Geysir in Aktion

Schlammvulkane (Abb. 32) aus oder quillt Schwefeldampf aus der Erde (sog. Solfataren). In der Nähe des oberen Gardinerflusses hat das Wasser der heißen Quellen prächtige Kalksinterstufen abgesetzt: ein Dutzend Terrassen auf einem 1½ km langen Hügelrücken, wie aus frisch gefallenem Schnee mit Eisblumen und Eiskristallen gebildet. Das heiße Wasser, das nahe der Spitze der Felsenpyramide entspringt (etwa 70–80 °C warm), sprudelt schäumend und dampfend von Terrasse zu Terrasse, in wunderbarer Klarheit und tiefblauer Färbung im ganzen 60 m fallend.

Die Fontänen entstehen dadurch, daß kaltes Wasser ungefähr 2500 Meter in die Tiefe dringt und in einer vergleichsweise geringen Tiefe auf feuriges Magma auftrifft. Das Wasser verdampft explosionsartig und schießt durch rohrartige Gänge nach oben. Dort, wo der Dampf durch Kalksteinschichten an die Oberfläche dringt, nimmt er Kalkpartikel mit. Und so kommt es zur Terrassenbildung.

Abb. 32: Schlammvulkan

Die Terrassen selbst, deren jede zahlreiche halbkreisförmige, seichte Becken besitzt, zeigen an den Rändern neben ihrer schneeigen Weiße (vom Kalksinter) auch weite Flächen in allen Farben des Regenbogens, namentlich in Schwefelgelb, Rot und Braun. Die Färbung rührt von Unmassen mikroskopischer Pflänzchen (Algen) her, die je nach der Wärme des Wassers, in der nur sie gedeihen können, eine andere, aber stets leuchtende Farbe besitzen. Das kochendheiße Wasser rauscht in Fällen über die Ränder der dampfenden, farbenglänzenden Becken hinab, wird immer kühler und gibt durch die entsprechende Algenart jeder Terrasse eine andere Färbung. Das Wasser des untersten Beckens ist so kühl, daß man es ungescheut trinken kann. Die Terrassen selbst sind durch mineralische Ablagerungen, vor allem von kohlesaurem Kalk, entstanden. Der Yellowstone-Fluß, der aus dem gleichnamigen See kommt, durcheilt im Park eine tiefe, wilde Felsschlucht, einen Canyon, dessen fast senkrechte Wände bis zu 360 m Tiefe jäh abstürzen; weiterhin bildet er einen prächtigen, fast 100 m senkrechten Wasserfall." Es gibt unter den Algen und Bakterien Arten, die die Hitze nicht nur überleben, sondern sie sogar benötigen. Unter den Bakterienarten gibt es eine, die im kochenden Wasser, das bereits bei 92 °C wegen der Höhe von ungefähr 2000 Metern siedet, gedeiht.

Wie oft nimmt man das Geschaffene einfach als Tatsache hin. Doch hier erweitert sich unsere Einsicht in die Natur, in die Temperaturgrenzen des Lebens. Ich bin meinen Eltern dankbar, dankbar dafür, daß sie mir das Leben geschenkt und es mir ermöglicht haben, die große Bühne des Naturtheaters zu betreten und inmitten auf einem wunderbaren Thron zu sitzen.

In der Halle des Old Faithful Inn erwarten wir Freunde, die in der Medienbranche tätig sind. Wollen wir à la carte essen oder ein ganzes Menü, ein königliches Mahl? Ein guter kühler Weißwein würde guttun, während wir uns über das Fernsehen unterhalten. Fast 98 Prozent aller amerikanischen Haushalte besitzen einen Fernseher, über die Hälfte sogar zwei oder mehr. Im Durchschnitt ist der Fernseher täglich sieben Stunden eingeschaltet. Die Programme bestehen aus einer Folge von Shows. Alles ist eine Show. Selbst die Tagesschau ist eine Show. Sie bedeutet Unterhaltung. Die Show ist eine sorgfältig inszenierte Welt, sozusagen eine künstliche Welt, die ein vertrautes Ambiente schaffen soll, um bestimmte Effekte auszulösen, so daß der Zuschauer in gezielter Stimmungslage zurückgelassen wird. Er soll lachend, weinend oder betrübt sein. Wird dadurch nicht alles zur Burleske? Ist es nicht so, daß nur das sichtbar wird, was gezeigt werden kann? Ist das nicht schon Aldous Huxleys „Schöne Neue Welt"? Nicht Orwells Vision ist Wirklichkeit geworden, wonach wir durch eine Macht von außen gegen unseren Willen unterdrückt werden, sondern Huxleys Vision, wonach die Menschen die Unterdrückung am Ende selbst gern erfahren und genießen, ja sogar die Technologien anbeten, die ihnen ihre Denkfähigkeit rauben. Nach Huxley werden wir zu Menschen, die zu keinem Buch mehr zu greifen wünschen. – Unsere lebhafte Unterhaltung mündet in das Ergebnis, daß Huxleys Vision eine Vision bleiben und das Fernsehen dem gedruckten Wort kein vorzeitiges Ende bereiten wird.

Wir gehen hinaus, um den Old Faithful zu sehen. Wir stehen in halboffenem Kreis und bewundern still den Sonnenuntergang. Es ist einer jener großen Ur-Sonnenuntergänge, bei denen der Mensch völlig sprachlos und sogar ausgeschaltet ist.

Die Tetons

Im Winter herrschen im Yellowstone-Land Temperaturen bis zu vierzig Grad minus. Dazu reichlich Schnee. Man erstickt sogar im Schnee. Doch wir haben Mitte September. Wir überqueren bei West Thumb die kontinentale Wasserscheide und fahren in Richtung Süden. Die Straße verläuft entlang des Lewis Lake und des Lewis River, der schließlich in den Snake River mündet. Der schmale Canyon des Snake River, der südöstlich im Yellowstone Park entspringt, ist von der Straße einzusehen. Kleine Naturschönheiten am Straßenrand. Der Süd-Eingang liegt bereits hinter uns und in der Ferne taucht ein gewaltiges Felsmassiv auf. Die Straße führt durch den John D. Rockefeller, Jr., Memorial Parkway, an den sich an der Nordspitze des Jackson Lake der Grand Teton National Park anschließt, der erst am 25. August 1972 zu Ehren des Mäzens und Philantropen

Rockefeller Jr. (1874–1960) errichtet wurde. Weitere Nationalparks gehen auf Schenkungen Rockefellers Jr. zurück wie: Acadia National Park in Maine, Great Smoky Mountains National Park in North Carolina und Tennessee, Virgin Islands National Park und The Blue Ridge Parkway in North Carolina und Virginia sowie die Restaurierung der historischen Stätte Williamsburg.

Als wir den Jackson Lake (Abb. 33) entlangfahren, ist das dunkelblaue Wasser an einer seichten Stelle mit Hunderten von weißen Schwänen getupft. Einige Wildenten tummeln sich am Seerand. Während unseres Aufenthalts für ein paar Tage im Jackson Lake Lodge (2085 m; Tel (307) 543-2811), das zwischen Colter Bay Village und Moran liegt, begegnen wir im Teton-Gebiet Elchen, Wapiti-Hirschen (elks), Dickhorn-Schafen, Gabelantilopen, Bibern, Falken und Adlern. Nicht weit entfernt von dem Hotel gibt es eine Abzweigung von der Teton Park Road, die uns zum Signal Mountain

Abb. 33: Jackson Lake und die Tetons (rechts im Bild Mt. Moran – 3842 m)

(2314 m) bringt. In sanften Kurven führt die Straße hinauf. Von der Anhöhe aus bietet sich ein eindrucksvoller Blick auf die majestätische Silhouette der Tetons mit ihren steilen Flanken, an denen der Schnee nicht haften kann. Mehr als zehn Berggipfel heben sich gegen den blauen wolkenlosen Himmel ab. Sie vom Norden nach Süden aufzuzählen, fällt nicht schwer: Ranger Peak (3461 m), Eagles Rest Peak (3431 m), Bivouac Peak (3299 m), Mt. Moran (3842 m mit seinen Gletschern), Mt. St. John (3484 m), Teewinot Mtn (3757 m), Mt. Owen (3940 m), der Teton Gletscher, Grand Teton (4197 m), Middle Teton (3903 m), Nez Perce Peak (3627 m), South Teton (3814 m), Mt. Wister (3502 m, benannt nach dem Schriftsteller Owen Wister, der den Roman „The Virginian“, der hauptsächlich in dieser Region spielt, geschrieben hat) und schließlich der Buck Mtn (3639 m). Die Luftlinie zwischen dem nördlichsten und südlichsten Gipfel beträgt rund 27 km. Fernglas und Teleobjektiv dürfen auf einer solchen Reise nicht fehlen, wenn es gilt, die Natur in ihren zahllosen Schönheiten festzuhalten.

„The Tetons!“ – „Les Grandes Tetons!“ – „Die großen Brüste!“ – Diese Felsgipfel verdanken ihren Namen einem franko-kanadischen Coureur de bois, einem Trapper, der sich nach wochenlanger Einsamkeit beim plötzlichen Anblick dieser drei Bergspitzen an weibliche erogene Körperformen erinnerte: „Les Grandes Tetons!“ „Die großen Titten!“ So schwer zu verstehen ist diese Namensgebung nicht, wenn man bedenkt, welche Strapazen und Entbehrungen ein Trapper in der Wildnis zu erdulden hat. Seine Phantasie, genährt von unerfüllten Wünschen, brach sich beim Anblick dieser drei Bergzinnen ihre Bahn, und die Verbindung von sexuellen Vorstellungen mit der Majestät der Berge entsprang sicher nicht nur einer sexuellen Reizmechanik, sondern vielmehr einer Verklärung des Sexuellen. Es lag diesem Vorgang nicht der Robotersex eines Henry Miller zugrunde – der in seinem „Opus Pistorum“ auf Seite 23 eine Szene schildert: „Ernest hat von seinem Fenster aus eine herrliche Aussicht. Er sieht in eine echte Kunstakademie, in der die Studenten abwechselnd füreinander Modell stehen, weil sie zu arm sind, um sich ein professionelles Modell leisten zu können. Wenn ich ihn besuche, sitzen wir immer eine Weile da und schauen ihnen zu. Ich mag die Ausstrahlung dieser Leute. Wenn die anderen am Modell vorbeigehen, geilen sie es auf, tätscheln ihre Titten“ –, sondern eher sexuelle Poesie nach Art einer Anais Nin, die den sexuellen Akt dichterisch verklärt. Ihre erotischen Erzählungen in dem Werk „Delta der Venus“ lassen das ständige Bemühen erkennen, Sinnlichkeit, Leidenschaft und Zärtlichkeit mit dem Sex pur zu verknüpfen. Ich finde es gar nicht so schlimm, dieses Gebirge so zu bezeichnen.

Beim Anblick der Tetons vom Signal Mountain kommt mir der Gedanke, daß die Landschaft und ich aneinandergekettet sind, sie, die Natur, und ich, der Erzähler, und daß Erzählung und Natur in der Niederschrift unauflöslich verschmelzen.

Das Teton-Gebirge ist ein typisches Lehrbeispiel für tektonische Bewegungen. Es haben hier Verschiebungen in großem Stile stattgefunden, sogar in den letzten Tausenden von Jahren. Die steile Ostseite ist das Ergebnis von Hebungen entlang einer Bruchlinie. Die Faltung des Gebirges ist relativ jung, aber manches Felsgestein wird 2½ Md. Jahre alt geschätzt. Gleichzeitig mit den Hebungen begannen Erosionskräfte zu wirken. Sie sind für die Bildung von Schluchten verantwortlich, in denen der Schnee in der Eiszeit vergletscherte. Wegen der gravitierenden Bewegungen der Eismassen kam es zu Überschiebungen der darunterliegenden Erdfläche durch das Eis.

Selbst auf dem Signal Mountain lassen sich noch Überbleibsel aus der Eiszeit finden. Klimaänderungen ließen das Eis langsam schmelzen. Geröll blieb zurück, ja sogar je nach Bodenbeschaffenheit Steinwälle, die wiederum die Bildung von Seen begünstigten. Daher die vielen Seen entlang der Tetons. Da sich die Gletscher auch auf den Berghöhen zurückbildeten, kam es zu bizarren Formationen, wie es die steilen, fialenartigen Berggipfel der Tetons bezeugen.

Vom Leigh Lake zum Jenny Lake (Abb. 34). Unter den hohen Fichten am Uferrand des grünlichblauen Sees lassen wir uns nieder. Im Wasser spiegeln sich die Bergspitzen. Dieses Gemälde bleibt unvergeßlich. Zugleich hat der Ort etwas Magisches an sich. Für mich ist er besonders dämonisch, weil sich mit ihm das Andenken an einen Engländer Leigh verbindet, der in dieser Gegend auf Biberfang aus war und ab und zu half, das Land zu vermessen. Mit von der Partie war seine schöne Frau Jenny, eine Schoschonin. Zum Dank für ihre vielen, ja sogar aufopfernden Mühen, den Vermessungsingenieuren das Land zu zeigen, wurden die beiden Seen, die dicht beieinanderliegen, nach ihnen benannt.

Wie grausam aber die Wildnis gegen den Menschen sein kann, zeigt sich am Schicksal der achtköpfigen Familie Leighs. Sie bewohnten eine Blockhütte. Im tiefen Winter wurden sie von einer schweren Krankheit befallen. Kein Arzt war zur Stelle. Dafür war Leigh selbst in einer Verfassung, die es ihm erlaubte, seiner Frau und seinen Kindern zu helfen. Doch alle seine Bemühungen waren umsonst. Zunächst starb seine Frau und dann ein Kind nach dem anderen. Er blieb als einziger übrig, verließ diesen Ort und siedelte sich später nicht weit davon entfernt wieder an.

Es ist fast Mittag, als wir Moose am Snake River erreichen. Der Grand Teton ist noch näher gerückt. Ehe

Abb. 34: Am Ufer des Jenny Lake

wir uns am Tisch niederlassen, erzählt der Gastgeber, wie ich ihn in Jackson auf einer einsamen Skipiste vor Jahren getroffen habe. Die gemeinsame Jagd nach einem Skihasen brachte uns an einem Steilhang zu Fall. Wir rutschten fast 80 m in die Tiefe. Als wir wieder auf den Beinen standen, war lediglich noch die Skispur des Hasen zu entdecken. Dem Skihasen selbst begegneten wir zur späten Stunde auf einer Party. Sie machte uns zum Gespött der anwesenden Gäste. Sie verriet aber auch Bewunderung, daß wir ihr folgen konnten, obwohl sie glaubte, die beste Skiläuferin zu sein. Ich erinnere mich, wie sie mir die Landschaften und vor allem das Skifahren in den Rocky Mountains beschrieb und voller Überzeugung sagte: „Richard, der Westen wird dir gefallen, ich weiß es." Diese Worte hatten einen tiefen Eindruck auf mich gemacht, nicht nur weil sie wie Crystel Carrington aussah, sondern weil sie sich später tatsächlich als ausgezeichnete Skiläuferin und Kenner der alpinen Skiwelt erwies. „Es wird dir gefallen"... Erinnerungen werden wach, während wir auf der Terrasse stehen und das Hochgebirge mit den Gletschern betrachten. O Crystel!

Zum Mittagessen gibt es Büffelzunge. Im 19. Jahrhundert war sie eine Delikatesse. Geräucherte oder gesalzene Büffelzunge wurde auch in Europa als feinster Lekkerbissen gepriesen. Sie ist deshalb so köstlich, weil sie ein glatteres Gewebe als die Ochsenzunge hat. Zwei Stunden im Sud gekocht, wird sie warm oder kalt in dünnen Scheiben mit Sauce serviert. Büffelfleisch selbst ist etwas süßer und schmeckt kräftiger als Rindfleisch. Dafür ist der Cholesteringehalt weitaus geringer. Eigentlich müßte Büffelfleisch wichtigster Bestandteil der heutigen Managerkost sein!

Wie groß müssen die Bisonherden gewesen sein, bevor in den Jahren 1871 bis 1883 mehr als vier Millionen Bisons im Auftrag der Pelzhandelsgesellschaften erlegt wurden! Von einer Jagd kann eigentlich keine Rede sein, wenn man sich dieses grauenhafte Gemetzel vorstellt. Die Indianer haben immer nur so viele Bisons getötet, wie sie zum täglichen Leben brauchten. Dabei ging es den Indianern nicht nur um das Fleisch, sondern um Knochen und Horn für Werkzeuge und Löffel, Sehnen für Garn, Häute für Bekleidung, Taschen, Zelte, Wasserbehälter, Boote und Schilde, Leim für Bogen und Pfeile und Hirn für das Gerben der Felle. Von Pte (Dakotah-Sprache) nährten sich die Indianer von Generation zu Generation.

Das Essen ist verblüffend köstlich. Eine feine Western-Kochkunst, die bereits in Vergessenheit gerät. Die Gastgeberin erweist sich als ausgezeichnete Köchin. Tagsüber beschäftigt sie sich mit Entwürfen von Luxus-Dessous aus Seide, Satin und Spitze. Auch die deutsche Verbraucherin hegt den Wunsch nach nobler Nachtwäsche und Negligés oder sogenannten French Knickers, Camisols und Teddies (Einteiler aus Spitze). Sexy Styling, gute Paßform sowie eine Vielfalt in Material und Farbe zeichnen die Produkte „made in USA" aus. Das „Darunter" wird von der amerikanischen Frau weitaus mehr geschätzt als von den Europäerinnen. Nach der Statistik erwirbt sie etwa dreimal mehr Büstenhalter. Im Vergleich zu Deutschland mit seiner Produktion von rund 233 Millionen DM Wäsche und Mieder fertigen die USA Wäsche im Werte von 2,3 Md. Dollar (1983), wovon sie für 7,7 Mio. Dollar nach Europa exportieren. Auf Deutschland entfallen rund 2,1 Mio. Dollar.

Nach dem Essen gönnen wir uns eine kleine Ruhepause, und dann bringt uns der Helikopter zu einer Kapelle, die aus Rundhölzern erbaut ist und am Rand des Jackson Hole liegt: The Chapel of the Transfiguration. Das Gotteshaus (Abb. 35) gehört zur Episkopalkirche. Unter einem winzigen Dach ist die Glocke untergebracht. Sie

Abb. 35: The Chapel of the Transfiguration Aufnahme: Maria van de Sandt

läßt sich mit der ausgestreckten Hand anfassen. Ein selbständiger Baukörper weitab von der Kapelle, ein Kirchturm, Symbol für das Bedürfnis, sich dem Alltag zu entziehen, um Höheres zu erleben. Ich denke an Marcel Proust, der von einem Kirchturm sagt, daß er dem Menschen ästhetischen Genuß schenken kann: natürliche Grazie gepaart mit Distinktion. Im Westen der USA erlebt man immer wieder, wie sich hinter den Nervensträngen der Zivilisation Kirchtürme über einer Ansiedlung inmitten einer weiten Landschaft erheben. Es sind die „Bäume Gottes", die den Menschen an seine Winzigkeit gegenüber der Größe und Herrlichkeit des Himmelreiches erinnern sollen. Respekt sollen sie bei dem Betrachter auslösen und auf das Ende des irdischen Jerusalem hinweisen.

Das Gotteshaus ist einfach. Eine Blockhütte in sakraler Form. Ein Altar mit einem schlichten Kruzifix. Dahinter kein Altarbild. Kein von Meisterhand gemalter, geschnitzter oder skulpturierter Ausschnitt aus dem Leben Jesu. Vielmehr ein Fenster zur Natur. Ein Natur-Altarbild: Ungehindert fließt das südliche Licht durch die kleine Kapelle, die so heimelig ist. Den Blick durch das helle Fenster (Abb. 36) auf das wilde, hoch in den Himmel hineinragende Gebirgsmassiv der Tetons bezeichne ich als „mein schönstes Altarbild". Naturgewordene Kirchtürme. Die Stille wirft den Betrachter hinein in den Raum. Sein Blick wandert die Tetons hinauf bis zur Spitze, wo er nicht verweilt, sondern, den Geist des Ursprungs erahnend, sich im Universum verläuft. Dieses „Erdraumbild" sollte man besser „Weltraumbild" nennen. Ein Gewölk in changierenden Formen erweckt die Vorstellung eines unendlichen Raumes.

Ein Harmonium spielt auf. Kirchenmusik aus diesem Erdteil. Auch Spirituals.

Abb. 36: Das schönste Natur-Altarbild
– Wer die Schöpfung liebt, schaut – Lukas 14, Vers 23: – Impleatur domus mea – (Auf, daß mein Haus voll werde)

It's me, oh Lord

It's me, it's me, it's me, oh Lord
standing in the need of prayer.
It's me, it's me, it's me oh Lord
and I am standing in the need of prayer
oh Lord. It's prayer.

Ain't my mother or my father
but it's me oh Lord
standing in the need of prayer.
Ain't my mother or my father
but it's me oh Lord
standing in the need of prayer.

Ain't my deacon or my leader
but it's me oh Lord
standing in the need of prayer.
Ain't my deacon or my leader
but it's me oh Lord
standing in the need of prayer.

Amen
Amen, Amen

Amen, Amen, Amen.

In der Gewölbezone keine allegorischen Gestalten, die z.B., wie im Augustiner-Chorherrenstift Reichersberg am Inn, Erdteile – „Asien" mit Turban, „Afrika" als Neger und „Amerikaner" als Indianer – darstellen, sondern aneinandergefügte Rundhölzer, die das Himmelsgewölbe abbilden. Das winzige Kirchlein also eine Quelle der Inspiration. In Gedanken versunken schwebt mir irgendwo eine Kirche vor, deren Fundamente Ur, Luxor, Karnak und Baalbek sind und deren Rundbögen sich über dem Erdgeschoß im Stil der griechischen und römischen Antike aufbauen. Dazu die absoluten Spitzen der Gotik und die Vorderseite im Stil der Renaissance. Könnte man einem solchen Werk der Vergangenheit etwas an die Seite stellen? Oder ist es nur ein Werk mit dem Titel „Des Erzählers Traum"?

An dieser Stelle sei erinnert an das gemeinsame Erbe der Väter der evangelischen und katholischen Reform, das heutzutage zu einem Hoffnungsschimmer ermutigt, den mehrere Jahrhunderte tiefen Graben zwischen den beiden christlichen Religionen flacher werden zu lassen.

Freie Gesellschafts- und Wirtschaftsordnung. Amerikanischer Kapitalismus. Wo liegt die Geburtsstätte dieses faszinierenden Wirtschaftssystems? Max Weber hat zu Beginn des 20. Jahrhunderts nachzuweisen versucht, daß ein solches Wirtschaftssystem, in welchem Nachfrage und Angebot im Wechselspiel ihren Ausgleich finden, in welchem rationalisiert und Kapital gebildet wird, seine Wurzeln in der calvinistisch-reformierten Ethik und Lebenshaltung habe. Ist es wirklich Calvin in Genf gewesen, der die Entwicklung der modernen Wirtschaftsgesinnung geprägt hat? Neuere soziologische Forschungen sehen eher in dem Reformator Zwingli aus Zürich den Bauherrn, der die geistigen Grundsteine gelegt hat, ohne die das heutige Wirtschaftssystem nicht denkbar wäre.

Was ist eigentlich Protestantismus oder Katholizismus? Der Unterschied ist für einen Laien nicht leicht herauszufinden. Wie im Judentum hat das Alltägliche seinen Stellenwert im Katholizismus. Die Lebenswünsche und Ängste der Menschen zeigen sich in rituellen Gebärden. In meiner Kindheit wurde kein Brot angeschnitten, ohne daß vorher ein Kreuzzeichen gemacht wurde. Das Essen wurde durch ein Gebet bereichert. Die Ernte, die Tiere, der Abschied und der Tod wurden gesegnet. Ging es um die Erfüllung von Wünschen, wurden in der Kirche oder am Heimaltar Kerzen angezündet. Die katholische Religion dringt viel tiefer in das häusliche Leben ein, weil sie im Gegensatz zum Protestantismus ein besseres Verhältnis zu den Traditionen hat. Die Gebärde, eine Kerze anzuzünden, wiederholt sich viele Male und in dieser Form überall und kann daher überall zum Symbol werden. Die protestantischen Traditionen ersetzen die Gesten durch das Wort. Das Wort kann aber keine Szene ersetzen. Ebensowenig kann eine inhaltliche Zusammenfassung eines Faulkner-Stückes dessen Aufführung substituieren. Im Wort allein kommt die Sehnsucht des Lebens zu kurz.

Beim Hinausgehen aus dem Gotteshaus trifft unser Gastgeber Geschäftsfreunde aus „Big D", die wie er an der Büro- und Wohnstadt Las Colinas am Rande der Skyline von Dallas beteiligt sind. Dieses neue Zentrum wirkte auf mich bei einem jüngst erfolgten Besuch wie eine im Detail gelungene Puppenstube. Abwechslungsreiche Gebäudeformen, die Bewunderung hervorrufen. Texanische Architektur, die inspiriert. Auf Kanälen erblickt man Wassertaxis, die die Verbindung zu den einzelnen Bauten herstellen. Sie transportieren tadellos, ja sogar modisch gekleidete Leute aller Hautfarben. Wegen der Weiträumigkeit gibt es zahlreiche Landungsstege, Brücken und sehr viel Grün. Ein Campanile erinnert an Italien. Ebenso Fassaden, wo Blumen ranken. Die Boutiquen und Antiquitätengeschäfte verraten „Big Money". Noch ist nicht alles vermietet, wie wir hören. Doch in den Glaswänden der Hochhäuser spiegelt sich nicht nur Dallas, sondern vor allem Mut und Weitsicht. Sie widerspiegeln den Glauben der Menschen an die eigenen Fähigkeiten – dieser Glaube ist das Faszinierende an Amerika.

Einmal im Monat verbringen die beiden texanischen Familien ein verlängertes Wochenende in den Tetons, um eine regenerative Atmosphäre um sich zu haben.

Wenn hier der Mond scheint und kein Laut außer dem Atem der Schöpfung ertönt, fühlt man sich wie mit seiner Umgebung verschmolzen.

Daß den Texanern der Süden viel näher ist als der Norden, zeigt sich immer wieder an den Diskussionen. So wenden sie sich den Entwicklungen in Mittel- und Südamerika zu und begrüßen vor allem, daß die Kirche in Lateinamerika, die immer römisiert war, ihre eigene Identität findet. Die Unterdrückung, so meinen sie, darf man nicht einfach als eine Tatsache hinnehmen, sondern man muß sie als soziale und strukturelle Fehlleistung verstehen. Der Kampf der Völker um Befreiung ist ein politisches und zugleich ein theologisches Ereignis. Im Mittelpunkt der Theologie der Befreiung steht der Mensch. Es darf nicht Ziel sein, Menschen, Völker, ja sogar ganze Nationen in Knechtschaft zu halten. Aber oft beraubt man Menschen unter dem Vorwand, sie befreien zu wollen, der Freiheit. Das ist der bekannte verführerische Trick des Marxismus-Leninismus. Das ist die Schande unserer Zeit.

Die Kirche hat viel zu lange übersehen, daß sie den Dienst am Menschen vernachlässigt hat. Gottesdienst ist ohne Menschendienst lebensfremd. Gibt es nicht eine Verbindung zwischen „ora" und „labora", zwischen vita „activa" und „contemplativa"? So betrachtet, gewinnt die Kirche in diesem Raum eine neue Glaubwürdigkeit. Es ist nicht ausgeschlossen, daß die Theologie der Befreiung die Weichen für die Zukunft stellt. Es werden auch Fragen über dieses Thema an uns gestellt.

Wir sitzen da und bewundern die herrliche Sammlung an Kachinas. Mehr als 110 Kachinas stehen hinter Glas. Daneben auch Schmuckarbeiten aus Silber, Gold und Halbedelsteinen von dem bekannten Hopi-Künstler Charles Loloma. Die Hopi-Dörfer, darunter Oraibi, das zu den ältesten ständig bewohnten Siedlungen der USA seit 1150 gehört, liegen auf Tafelbergen (Mesas) westlich vom Grand Canyon. Die Lebensweise der Hopi richtet sich auch heute noch nach der Religion, die von der Vorstellung beherrscht wird, daß der Mensch mit der Natur in Harmonie leben müsse, wobei die Erde die nährende Mutter und die Sonne den samenspendenden Vater darstellen. Wie alle Indianer versagen sie einem Lebewesen niemals die Achtung, die sie für sich selbst beanspruchen.

Die Hopis kennen mehr als dreihundert Kachinas. Die Kinder lernen sie schon frühzeitig in Form von Puppen kennen. Eine seltene Sammlung, da es sich hier um alte Kachinas handelt, die Geister verkörpern, die zwischen Schöpfer und Mensch vermitteln. Jeweils ein halbes Jahr verweilen die Kachinas unter den Menschen. An Niman, am Tag der Sommersonnenwende, kehren sie heim. An diesem Tag, in der Regel im Monat Juli (s. d. Verf.: USA, Eine Reise durch den Westen), gibt es den feierlichen Heimtanz der Kachinas, eine Art Mysterienspiel. Tanz und Gesang erinnern an Bewegungen und Rhythmen in anderen Ländern. Jedes Detail der Masken und der Bemalungen der Körper hat symbolische Bedeutung und wird seit Jahrhunderten überliefert. Erstaunt steht unsere kleine Tochter Ricarda vor der Vitrine und ist begeistert von den vielen Kachinas. Ihre Hände wollen greifen. Doch die Kachinas sind zu kostbar, um sie in Kinderhände zu legen. – Kind zu sein! Die Welt mit Staunen, Freude und Verspieltheit zu sehen! Einstein benutzte das Wort „Verwunderung", um seine Erfahrung als Kind zu beschreiben. Er hat einmal von sich gesagt, daß er die Relativitätstheorie nie hätte formulieren können, wenn er nicht in der Lage gewesen wäre, kindliche Fragen zu stellen.

Unser Aufenthalt in den Tetons zieht sich hinaus. Wir wollen noch nach Jackson (Abb. 37). Dies ist unser heuti-

Abb. 37: Eine heroische Landschaft um Jackson Hole mit dem Teton-Gebirge

ges Ziel. Dieses Städtchen mit etwa 5000 Einwohnern liegt am Snake River und auf einer Höhe von 1811 m. Es ist ein Fremdenverkehrsort mit sehr guten Wintersportmöglichkeiten. Ski-Fans tummeln sich auf dem 3135 Meter hohen Rendez-vous Peak. Es ist der Hausberg von Jackson. Steilhänge für Könner. Kaum bucklige Pisten und enge Abfahrten. Eine offene, weite Ski-Landschaft. Ski total. Ideal für Tiefschneefahrer. Après-Ski kommt ebenfalls nicht zu kurz, und zwar im Western-Stil: Gegen 16.00 Uhr wird er mit einem Pistolenduell eingeläutet. Ambulanz steht für diesen Augenblick nicht zur Verfügung. Abends ist man im Restaurant des Hotels Best Western Alpenhof. Den landschaftlichen Reiz des Ski-Ortes macht vor allem seine Umgebung aus.

Am nächsten Morgen besteigen wir einen Helikopter, der den Touristen die bizarren Formen der Tetons aus der Nähe zeigt. Er erscheint mir wie eine vermarktete Plastik. Seine elliptische, pfeilartige Form zeigt erst in der Bewegung die Eleganz der Technik. Die Bewegung der Rotorblätter erzeugt Rundungen, wie durch einen Zirkel gezogene Kreislinien. Das bewirkt den Eindruck spielerischer Leichtigkeit. Eine kinetische Skulptur im Fluge. Sie erinnert an die Plastiken des nun dreiundsiebzigjährigen Künstlers George Rickeys, die als langsame Rotation entworfen und gestaltet sind. Kein Geräusch und keine Hektik gehen von ihnen aus. Luftströme bewegen das Gebilde aus Stahl, Lichtreflexen und Schatten. Aus Schwingungen entsteht tausendfache Vielfalt von Formen. Was diese Gebilde so besonders charakterisiert, ist ihre Schwerelosigkeit. Was im Augenblick Gestalt ist, wird im nächsten Augenblick wiederum durch Bewegung aufgelöst. Auf ähnliche Weise gerät durch den Flug alles im Betrachter in Schwingung, und er erfährt die Bilder der zauberhaften Landschaft in immer neuen Variationen.

In Jackson befindet sich auch das für Wyoming charakteristische Standbild von Bud Boller, eine Reiterstatue. Sie zeigt einen Cowboy auf einem Mustang, einem bockenden Pferd, der es sich trotz des aufbäumenden Pferdes nicht nehmen läßt, seinen breitrandigen Hut mit Grazie zu schwenken. Die Silhouette der Statue schmückt das Autokennzeichen von Wyoming, wie der Kaktus das von Arizona oder „Famous potatoes“ das von Idaho.

Die Biber am Yellowstone

Auf dem Rückweg der Expedition Lewis und Clark trafen sie am 12. August 1806 zwei Indianer an, die am Ufer des Missouri jagten, nicht weit entfernt von der Mündung des Yellowstone. Im „Tagebuch einer Entdekkungsreise durch Nordamerika" heißt es (S. 313 ff.): Die beiden Indianer „erzählten uns, daß Captain Clark mit seinen Leuten am Abend vorher bei ihnen vorbeigegangen wäre. Wirklich hatten wir auch noch vor Mittag die Freude, uns mit Captain Clark und seiner Mannschaft wieder zu vereinigen. Sie befanden sich alle bei vollkommen guter Gesundheit, und dies war auch der Fall bei uns übrigen, jedoch mit Ausnahme von Captain Lewis, dessen Wunde noch nicht richtig heilen wollte... Am 15. blieben wir im Lager, um die Antwort eines indianischen Häuptlings abzuwarten, dem wir den Vorschlag gemacht hatten, uns samt seiner Familie in die Vereinigten Staaten zu begleiten. In der Zwischenzeit kamen die zwei indianischen Jäger – gemeint sind hier Forrest Hancock und Joseph Dickson, Anm. d. Verf. –, die wir am 12. am Ufer des Flusses angetroffen hatten, zu uns und beredeten einen – gemeint ist John Colter, Anm. d. Verf. – unserer Leute, mit ihnen zu gehen und am Missouri und am Yellowstone hinauf mit ihnen auf gemeinschaftliche Rechnung zu jagen." Zwei Jahre lang war Colter mit Lewis und Clark unterwegs und kannte daher den Westen wie kein anderer, ausgenommen die Teilnehmer der Expedition. Für die beiden Jäger war die Begleitung von Colter eine willkommene Fügung des Schicksals, denn sie wollten auf Biberjagd gehen. Diese drei Pelzjäger waren die ersten Trapper (mountain men) aus den Vereinigten Staaten. Francokanadier hatten sich schon seit Anfang des 16. Jahrhunderts als coureurs de bois betätigt und handelten mit Pelzen von Bibern, Nerzen, Ottern und Mardern. Um die Flüsse stromaufwärts fahren zu können, benutzten sie die aus Birkenrinde und mit Kiefernharz bestrichenen, leicht zu tragenden Kanus. Als die Engländer Kanada im Jahre 1763 eroberten, bedienten sie sich zweier Handelsgesellschaften: der im Osten residierenden Hudson's Bay Company und der North

West Company, die vor allem dadurch bekannt wurde, daß sie den kanadischen Westen durch Forscher wie Alexander Mackenzie erkunden ließ. Die Amerikaner selbst hatten nicht viel Glück mit ihrem Pelzhandel, da die von John Jacob Astor gegründete Handelsstation in Astoria an der Columbia-Mündung nicht lange bestand.

„Auch am 16. mußten wir noch im Lager bleiben, um die Antwort des Häuptlings abzuwarten. Unter den Indianern befanden sich viele sehr gute und gefällige Menschen, die uns so viele Lebensmittel, als sie konnten, herbeibrachten; allein andere unter ihnen suchten jede Möglichkeit auf, um uns zu bestehlen. An diesem und dem vorigen Tag entwendeten sie uns mehrere Löffel und Messer, drei Pulversäcke und zwei mit Munition angefüllte Jagdtaschen. – Am Nachmittag stattete der Häuptling, der der Dicke Weiße (Big White) hieß, einen Besuch bei uns ab und willigte ein, uns zu begleiten. Wir verschoben deshalb unsere Abreise noch bis auf den anderen Tag um Mittag, um ihm Zeit zu lassen, die nötigen Vorbereitungen zu seiner Reise und seiner Sendung zu treffen.

Die Captains fertigten dem Soldaten (John Colter), der mit den beiden Jägern gehen sollte, sowie auch dem Dolmetscher, der sich hier unter den Indianern häuslich niederlassen wollte, förmliche Abschiede aus. Dem letzteren überließen sie alle Werkzeuge des Schmiedehandwerks, die wir besaßen, in der Überzeugung, daß sie den Indianern von großem Nutzen werden könnten. Auch schenkten sie den Dickbäuchen eine kleine Kanone, die diese sehnlichst zu besitzen wünschten.

Am 17. August 1806 war es für die Jahreszeit ziemlich kalt. Die beiden... Jäger und der Soldat, der seinen Abschied bekommen hatte, verließen uns am frühen Morgen. Nachdem wir unsere kleinen Kanus zusammengebunden hatten, um ihnen mehr Festigkeit zu geben und sie dadurch fähig zu machen, eine weit stärkere Last zu tragen, segelten wir ab und langten gegen Mittag beim Dorf des Dicken Weißen an. Hier schiffte sich dieser nebst seiner Frau und einem Kind und außerdem noch mit seinem Dolmetscher, dessen Frau und zwei Kindern in unsere Kanus ein, um mit uns nach den Vereinigten Staaten zu fahren. Weil der Wind sehr heftig und der Fluß äußerst unruhig war, legten wir am Nachmittag nur noch ungefähr 4 Meilen zurück."

John Colter, der die harten Anforderungen, die die Wildnis an den Menschen stellte, kannte, kleidete sich mit einem Hemd aus Hirschleder und Leggings. Ein Bisonfell diente ihm als Decke. Ansonsten führte er ein Gewehr, Salz und kleine Geschenke für die Indianer mit. Im ersten Winter waren alle drei als Fallensteller sehr erfolgreich. Sie hatten ja im Tal des Yellowstone ihr Lager errichtet. Als sich der Frühling ankündigte, verließen die beiden Jäger ihn, während er sich auf den Weg nach St. Louis aufmachte. Unterwegs, am oberen Lauf des Missouri, traf Colter eine Gruppe Pelzjäger aus St. Louis unter der Leitung von Manuel Lisa, einem Spanier, der schon die Expedition Lewis und Clark mit Lebensmitteln versorgt hatte. Er hatte sich stets vor Augen geführt, welche Erwerbsquellen sich nach erfolgreichem Abschluß der Expedition erschließen ließen und überredete Colter, mit ihm und seinen 60 Leuten weiter westwärts zu ziehen. Auf den Rat von Colter ließen sie sich an der Mündung des Bighorn River in den Yellowstone nieder und errichteten eine Handelsstation und ein nach Lisa benanntes Fort. Bis in den Winter hinein hatte die gesamte Gruppe viel Jagdglück.

Ein Trapper hatte in der Regel keine Lebensmittel außer etwas Tee, Kaffee, Mehl und Salz bei sich. Er ernährte sich von Beeren, Nüssen und Wild. Büffel, Hirsch, Gabelbock, Elen, Kaninchen, Vögel und Fische standen auf seinem Speiseplan. In Notzeiten griff er zu Wurzeln, Rinde und sogar Häuten. Auf der Jagd diente ihm eine Hawken-Rifle aus St. Louis, die bis auf 150 Meter Entfernung genau schoß. Es war ein großkalibriges (40 oder 60) Gewehr. Daneben führte er eine Anzahl Biberfallen mit sich, für die er bis zu 16 Dollar pro Stück aufzubringen hatte. Es gab zwei Jagdzeiten. Die erste begann im Frühjahr, sobald das Eis schmolz, und endete zu Beginn des Sommers. Die zweite Fangzeit erstreckte sich vom Herbst bis zum ersten Schneefall. Die Falle wurde in der Weise aufgestellt, daß der gefangene Biber unter Wasser erstickte. Das Fell wurde in einem quadratischen Rahmen gespannt und von Fleischresten befreit.

Die Trapper haben oft Indianermädchen gekauft, um die Einsamkeit besser ertragen zu können. George Catlin berichtet in seiner Beschreibung der Indianer Nordamerikas, daß man stets mit dem Vater zu verhandeln hatte. Man „gibt für das schönste und bescheidenste Mädchen des Stammes vielleicht nur zwei Pferde, eine Flinte nebst einem Vorrat von Kugeln und Pulver für ein Jahr, fünf bis sechs Pfund Glasperlen, einige Quart Branntwein und eine Anzahl Pfriemen (S. 112)“. An anderer Stelle heißt es (S. 452): „In Sitten und Bräuchen haben die Trapper manches von den Indianern angenommen und viele verheiraten sich mit indianischen Frauen. Ihre Kleidung ist aus Leder gemacht und ihr Kopfhaar lassen sie lang wachsen. Die Stelle des Geldes vertreten Biberfelle, für die sie in den Forts ihre Bedürfnisse eintauschen. Ein Pfund Biberfelle wird gewöhnlich mit vier Dollar in Waren bezahlt, diese selbst aber werden ihnen zu sehr hohen Preisen, sogenannten Gebirgspreisen, angerechnet. So kostet z. B. eine Pinte (½ Quart Preuß) Mehl ½ bis 1 Dollar, eine Pinte Kaffeebohnen, Kakaobohnen oder Zucker 2 Dollar, eine Pinte verdünnter Alkohol (das einzige geistige Getränk im Gebirge) 4 Dollar, ein Stück

Kautabak, der gewöhnlich nach indianischer Weise mit Kräutern vermischt geraucht wird, 1 bis 2 Dollar; Gewehre, Munition, Biberfallen, wollene Decken, Tücher und bunter Putz für die Squaws sind ebenfalls sehr teuer. Einmal in jedem Jahr finden an gewissen Plätzen, die jedoch öfters wechseln, Zusammenkünfte von Agenten der Handelsgesellschaften, Trappern und Indianern statt, um auf dieser ‚Messe der Wildnis' zu kaufen, zu verkaufen, alte Kontrakte zu erneuern oder neue zu schließen, Verabredungen zu treffen, alte Bekannte wiederzusehen, die erlebten Abenteuer zu erzählen und eine Woche hindurch – so lange währt gewöhnlich die Zusammenkunft – sich gütlich zu tun und alle überstandenen Beschwerden zu vergessen."

Um die Jahreswende 1807/1808 unternahm Colter allein einen Marsch durch die unberührte Wildnis, um weitere Flüsse zu entdecken, in denen Biber vorkamen. Der Weg ist heute nicht mehr genau nachvollziehbar. Er bahnte sich wahrscheinlich den Weg entlang des Wind River flußaufwärts, überquerte den Union Paß und damit die Kontinentalwasserscheide, drang weiter westwärts, watete durch den Snake River, überstieg die Teton Range, um dann als einer der ersten Weißen die heißen Quellen im heutigen Yellowstone Nationalpark zu entdecken. Zurückgekehrt nach Fort Lisa, blieb er für eine Weile Pelzjäger.

Im Herbst 1808 brach er mit einem anderen Trapper auf, um am Jefferson Fork am oberen Missouri (östlich von Butte/Montana) Biber zu fangen, als einige hundert Blackfoot-Indianer sie überfielen. Während sein Partner von einem Pfeil getötet wurde, nahm man ihn gefangen und band ihn an den Marterpfahl. Die Indianer konnten sich über die Art der Folter nicht einigen. Es wurde lange Zeit palavert, bis sich ein Häuptling erhob und Colter fragte, ob er ein guter Läufer wäre. Da er die Gebräuche der Indianer kannte, gab er zu verstehen, daß er so langsam wäre wie eine Schnecke. Daraufhin gab man ihm einen kleinen Vorsprung, den er dazu ausnutzte, möglichst wenig Indianer in Reichweite herannahen zu lassen. Der Boden war mit Gestein und Geröll übersät, da er in Richtung Jefferson Fork lief. Nach gut fünf Kilometern blieb ihm lediglich ein Indianer auf den Fersen, den er schließlich in der Weise überwand, daß er ihn stolpern ließ und mit dem eigenen Speer tötete. Als Colter den Fluß erreichte, versteckte er sich sofort unter in das Wasser hinabreichende Zweige. Die Indianer durchsuchten das Ufer. Doch sein Versteck blieb unentdeckt. Als er keine Laute mehr vernahm, schwamm er mehrere Kilometer flußabwärts und setzte dann seine Wanderung auf dem Lande fort. Noch sieben Tage benötigte er, um Fort Lisa zu erreichen. Dort kurierte er zunächst seine wundgelaufenen Füße sowie seinen Körper, in welchem sich viele Stacheln befanden. Aufgrund seiner robusten Gesundheit hatte Colter schnell die Strapazen überwunden und kehrte bald in die Berge zurück, wo er Biberfallen aufstellte und die Blackfoot-Indianer bekriegte.

Währenddessen brachte Lisa die Pelze nach St. Louis, gründete dort eine Handelsgesellschaft mit mehreren Gesellschaftern, unter denen sich auch Clark befand. Er wurde auch zugleich Präsident der Gesellschaft, während Lisa sich darum kümmerte, Trapper anzuheuern, die dann die Pelze nach Fort Lisa zu bringen hatten, damit diese dann weiter nach St. Louis transportiert werden konnten. Damit der Pelzhandel überhaupt florieren konnte, versuchte Lisa, mit den in diesem Gebiet lebenden Stämmen Frieden zu schließen. Lisa verstand es nicht nur, die Häuptlinge mit Geschenken zu überhäufen, sondern heiratete noch eine Indianerin, um sich die Gunst der Indianer zu erkaufen. In den Augen seiner

Frau und der Bewohner in St. Louis war ihm dies sehr abträglich. Doch seine geschäftlichen Erfolge bis zu seinem Tod im Jahre 1820 ließen diese Gegebenheiten schnell vergessen.

Colter blieb bis Anfang 1810 in der Wildnis. Da er jedoch mit den Blackfeet keinen Frieden schließen und bei einem erneuten Überfall gerade noch entkommen konnte, faßte er den Entschluß, das Trapperleben aufzugeben. Colter kehrte endgültig nach St. Louis heim. Da er keinerlei Aufzeichnungen gemacht hatte, war es für ihn besonders schwierig, unter den Bürgern von St. Louis als erfahrener Trapper Anerkennung zu finden. Lediglich bei seinem früheren Captain Clark fand er Gehör. Clark machte sich auf seiner Landkarte immer wieder Notizen, wenn Colter ihm von seinen Erlebnissen berichtete. Doch reichte dies alles als Beweis für die Leistungen Colters nicht aus, und so mußte er auf Ehrungen für seine erlebten Strapazen verzichten.

Cody – Casper – Fort Laramie – Cheyenne – Laramie – Jackson

Wieder einmal sehen wir den Yellowstone Lake vor uns. Kleinere Orte liegen auf dem Weg nach Cody, das wir über den Ost-Ausgang erreichen. Der Westen hat in Wyoming mit seinen Parks, das erst 1890 zum Staat erklärt wurde, seine besonderen Reize. Weiter östlich gehen die Ausläufer der Rocky Mountains in flachere Berge und schließlich grasbedeckte Ebenen über. Der Cowboy nimmt das harte Leben in diesem weiten Land auf sich. Rinderzucht ist auch heute noch wirtschaftlicher Mittelpunkt. In den Straßen von Cody, Casper, Sheridan und Cheyenne trifft man auf Leute, die die typischen Stetson Hüte und Stiefel mit hohen Absätzen tragen.

Kennzeichen für Wyoming ist eingefriedetes Land: einsame Gatter an den Zufahrten zu den Ranches, Zäune mit Stacheldraht. Die Einzäunung ist Folge einer offenen Fehde zwischen Siedlern und den Viehzüchtern aus dem Süden, die ihre großen Rinderherden nach Osten trieben. Heute gibt es in Wyoming mehr Stück Vieh – Rinder, Schafe und Pferde – als Menschen. Dieser Bundesstaat hat im Vergleich mit anderen Bundesstaaten der Rocky Mountains die kleinste Einwohnerzahl. Vor hundert Jahren gab es noch unzählige Büffelherden. Mit der Besiedlung begann die Ausrottung. Berühmtester Büffeltöter war Buffalo Bill, der sich später dem show-business verschrieb. 1885 kam Annie Oakley zu seiner Schautruppe hinzu. Sie schoß 1891 bei einer Vorstellung die Asche von der Zigarre Kaiser Wilhelms II. weg. In dem Musical „Annie get your gun“ von Rodgers und Hammerstein wurde Annie verewigt. Ein geflügeltes Wort wurde der Hauptschlager: „There is no business like show-business.“ Kein anderer zuvor hat sich so vermarktet wie Buffalo Bill, der sich selbst zum Markenzeichen machte.

Buffalo Bill war bei der Büffeljagd sehr unzufrieden damit, daß die Erlegung eines Tieres so mühsam war; denn beim ersten Schuß eines Jägers flüchtete die Herde wie wild. Da er beim Bau einer Eisenbahn für die Ernährung der Streckenbauarbeiter zuständig war und täglich mindestens zwölf Büffel benötigte, dauerte die Versorgung viel zu lange. Er kam plötzlich auf die Idee, in der Herde jeweils den Leitbüffel auszumachen und diesen zu töten. Dann konnte er in aller Ruhe seine Anzahl Büffel töten, da der Leitbüffel kein Zeichen mehr zu setzen imstande war. Es brauchte Zeit, bis die Büffel begriffen, was mit ihnen geschah, und in Panik gerieten.

Nur ein knappes Vierteljahrhundert dauerte es und

der Weiße war Besitzer dieses Landes. Bis zum Ende des Bürgerkrieges bekriegten sich die Weißen gegenseitig. Doch dann vollzog sich die Besiedlung in raschen Schritten. Militärs errichteten Forts, um die Grenzer bei ihrer Landnahme zu schützen. Der Viehwirtschaft auf offenem Lande folgte der Ranchbetrieb und schließlich der Tourismus.

Hotels waren schon 1870 im Yellowstone Nationalpark entstanden. Der Straßenbau begann erst 1890 und versah den Park mit einem Straßennetz, das eigentlich die Voraussetzung für den Fremdenverkehr sein müßte. Doch um 1880 wurden bereits zweitausend Touristen gezählt.

Als Catlin im Jahre 1832, etliche Jahre bevor die Union Pacific 1868 den Westen erschloß, seine erste Reise in die weite Wildnis unternahm, hielt er seine Eindrücke fest (S. 51): „Wer in einem solchen Lande ist, wie ich gegenwärtig, der hat keine Muße zum Schreiben und kaum Zeit genug zum Moralisieren. Alles, was er tun kann, ist, seinen Skalp zu bewachen und sich nach Lebensmitteln umzusehen. Aber die flüchtigen Vorfälle des wilden Lebens geben schnelle und unauslöschliche Eindrücke der lebhaftesten Art, und wer sie sich wieder zu vergegenwärtigen vermag, dem bietet sich ein reichliches Material für seine Feder dar. Wer für solche Eindrücke empfänglich ist, kann eine Menge von Vorfällen sammeln, die sich leicht beschreiben lassen – er braucht nur das Gemälde einer Welt zu entwerfen, die von allem, was man bisher gesehen und geschildert, gänzlich verschieden ist; mit ihren Tausenden von Meilen, mit ihren Tausenden und aber Tausenden von rasenbewachsenen Hügeln und Tälern, wo das tiefste Schweigen herrscht und wo der zu Betrachtungen geneigte Geist seinem Schöpfer näher zu sein glaubt... Man hat nur ein weites grünes Land voll grüner Felder zu schildern, wo die Menschen alle rot sind

– wo Fleisch das Hauptnahrungsmittel bildet – wo es keine Gesetze gibt als die der Ehre – wo an die Stelle der Eichen und Nadelhölzer der Baumwollbaum und der Pecan treten – wo der Büffel, das Elen, das Bergschaf und die windschnelle Antilope herumschweifen – wo Elstern und plaudernde Papageien statt des Rotkehlchens und der Bachstelze erscheinen – wo die Wölfe weiß und die Bären grau – wo Fasanen die Hühner der Prärien sind und die Frösche Hörner haben – wo die Flüsse gelb sind und zivilisierte Menschen das Aussehen von Wilden erhalten."

Das Städtchen Cody mit seinen fast 7000 Einwohnern wurde von William F. „Buffalo Bill" Cody (1846–1917) gegründet und nach ihm benannt, der das beste Beispiel dafür ist, daß ein jeder sein Glück in „Big Wyoming" machen kann. Wyoming als Kulisse vieler Western-Filme und Drehort für Zigaretten-Reklame zeigt auch heute noch eine große Weite und läßt viel Spielraum für Abenteuer und Träumereien. Sehnsucht, Hoffnung und Verzweiflung spiegeln sich im Lebensweg Codys wider. Cody, der in Scott, Iowa, geboren wurde, zog mit seinen Eltern und fünf Geschwistern nach Kansas. Als Bullwhacker, als Kutschenmann, mußte er mit elf Jahren zum Unterhalt der Familie beitragen, nachdem sein Vater von einer Kugel getötet worden war. Dann vollzogen sich rasche Berufswechsel: ein Jahr später berittener Bote, mit dreizehn erfolgloser Goldgräber in Colorado, darauf Trapper und mit vierzehn Postbote beim Pony-Express. Neben der Bibel führten diese Postboten einen 36er Colt mit sich und fuhren durchschnittlich 90 Meilen am Tag mit fünf Gespannwechseln. Die Kutsche nahm ihren Weg von St. Joseph, Kansas, nach Sacramento, Kalifornien. Mit vierzehn war Cody bereits der berühmteste Postreiter: er legte 325 Meilen (etwa 520 km) in nur 22 Stunden mit 21 Gespannwechseln zurück.

Mit siebzehn Jahren wurde er Kavallerist der Unionsarmee. Mit der Beendigung des Bürgerkrieges 1865 heiratete er und wurde anschließend Zivil-Scout beim Kampf gegen die Sioux. Als 1867 die Eisenbahnlinie quer durch den Kontinent gebaut wurde, ließ er sich als Büffeljäger von der Kansas Pacific Railroad Company verpflichten und versorgte die Arbeiter mit frischem Fleisch. Innerhalb von 18 Monaten erlegte er mehr als 4000 Büffel und erhielt dafür den Ehrennamen „Buffalo Bill". Ab 1872 ging Cody ins Showgeschäft. Seine Wild-West-Shows waren eine Sensation. Im Sommer 1885 schloß sich der Hunkpapahäuptling Sitting Bull der Show Buffalo Bills an und reiste mit ihr quer durch die Vereinigten Staaten und Kanada. Sein Name zog die Zuschauer an. Manchmal wurde er mit Buhrufen und „Killer of Custer" empfangen. Doch jedesmal nach seinem Auftritt gab er Autogramme all denen, die ihn anfangs beschimpft hatten. Sein Pferd war darauf abgerichtet, ein besonderes Kunststück vorzuführen: Wenn ein Schuß fiel, setzte es sich hin und hob einen Huf.

Auf einer Tournee durch Europa, die für 1887 und danach vorgesehen waren, begleitete Sitting Bull Buffalo Bill nicht, da er glaubte, daß er im eigenen Land eher gebraucht würde. Ein Jahr später erschien eine Kommission aus Washington, die versuchen sollte, mit den Sioux-Häuptlingen eins zu werden, daß das große Sioux-Reservat in sechs kleinere aufgeteilt und darüber hinaus neun Millionen Morgen an Siedler abgetreten werden sollten. Die Verhandlungen zogen sich über Monate hin. Doch letztlich unterschrieben alle Häuptlinge. Lediglich Sitting Bull war dagegen. Das Land war für ihn „das Teuerste auf Erden". Am 15. Dezember 1890 sollte er in ein Militärgefängnis gebracht werden, weil man glaubte, er wäre der Unruhestifter. Von dem Indianerpolizisten Red Tomahawk wurde er schließlich durch eine Kugel getötet.

Cody bewirtschaftete zwischen seinen Tourneen seine viertausend Morgen große „Scout's Rest Ranch“ in Nebraska, kaufte in Sheridan das Restaurant „Sheridan Inn“, das trotz verschiedener Abrißpläne aufgrund einer Bürgerinitiative bis heute erhalten geblieben ist, errichtete zwischen Cody und Yellowstone Nationalpark eine zweite Ranch „Trail's End“, gründete in Cody eine Zeitung und kaufte die dazu notwendige Druckerpresse, empfahl den Bau eines nach ihm benannten Staudamms am Shoshone River und erbaute 1902 ein Hotel in Cody, das den Namen seiner Tochter Irma noch heute trägt.

Seine Shows zeigten mehr und mehr Szenen der Eroberung des Wilden Westens. Dramatisierung und Idealisierung lagen dabei dicht beieinander: Inhalte waren das harte Leben der Cowboys, die Gefahren als Postreiter, Hitze und beißende Stürme, Schneegestöber, hungrige Wölfe, die den Rindertrecks folgten, das Kriegsgeschrei der Indianer und das Überleben in der Wildnis als Späher. Buffalo Bill verdiente mit seinen Shows viel Geld, das er aber zum Ende seines Lebens hin durch viele unglückliche Spekulationen beinahe wieder vollständig verlor.

Im Buffalo Bill Historical Center sind außer seinen persönlichen Gegenständen wie der hirschledernen Hose, den bestickten Mokassins, dem Bowiemesser, dem Colt mit Perlmuttgriff, der Stetson und seiner Winchester Modell 73 indianische Arbeiten und Waffen zu besichtigen. Daneben Postkutschen, Sättel, Brandzeichen von den verschiedenen Ranches, Kleidungsstücke und zahlreiche Kultgegenstände. Sehenswert ist die Whitney Gallery of Western Art, die eine bedeutende Gemäldesammlung über den Westen von Künstlern wie Charles Schreyvogel beherbergt, dessen Werke über die Kämpfe zwischen Weißen und Indianern von beeindruckender Lebendigkeit sind, wie Frederic Remington, der meisterhaft seinen Stift und Pinsel zu führen verstand und trotz seines kurzen Lebens (1861–1909) mehr als 2500 Zeichnungen und Bilder über die Besiedlung des Westens, das Leben der Cowboys und der Indianer sowie Szenen aus dem Alltag der Frontiers hinterließ, wie Henry F. Farney, der zahlreiche Indianerbilder malte, und Olaf Seltzer. Weitere berühmte Maler des Westens, die Horst Hartmann chronologisch in seinem Buch „Catlin und Möllhausen" (S. 128 f.) aufführt, sind: Charles Bird King (um 1820 – U.S. Nationalmuseum in Washington und dänisches Nationalmuseum in Copenhagen), George Catlin (ab 1830 – American Museum of Natural History in New York und Museum für Völkerkunde in Berlin), Karl Bodmer (ab 1833, der Maximilian Prinz zu Wied begleitete), Seth Eastman (ab 1841, der die sechsbändige Ausgabe von Henry Rowe Schoolcraft illustrierte), Alfred Jacob Miller (ab 1837, der über Fort Laramie hinaus Szenen des Westens festhielt und mit berühmten Männern wie Kit Carson und Jim Bridger bekannt war – Walters Art Gallery in Baltimore), Rudolph Friedrich Kurz, John Mix Stanley (ab 1839 und wesentlich in den Jahren ab 1846, in welchen er an einer militärischen Expedition von Santa Fé ausgehend teilnahm), Karl Wimar (ab 1843 als fünfzehnjähriger in St. Louis, Besuch der Kunstakademie in Düsseldorf unter Emanuel Leutze, dann wieder ab 1858 im Westen), Paul Kane (ab 1846, wobei seine Reise bis zum Fort Vancouver am Columbia River führte – Royal Ontario Museum of Archeology in Toronto), Albert Bierstadt (ab 1857, der wegen seiner Landschaftsmalereien berühmt wurde und zuvor die Düsseldorfer Kunstschule besucht hatte), Ralph Albert Blakelock (ab 1867), Cassily Adams (der die berühmte Custer-Schlacht vom 25.6.1876 malte), Charles M. Russell (bekannt wegen seiner Wandmalereien im Capitol in Helena, der Hauptstadt von Montana, sowie in der C. M. Russell Art Gallery daselbst) sowie im 20. Jahrhundert Rudolf Cronau, Frederick Weygold, Winold Reiss, Ira Moskowitz, Langdon Kihn und schließlich Mildred Valley Thornton.

Im Buffalo Village trifft man noch auf ein wenig Atmosphäre aus der Pionierzeit. Saloon, Planwagen und ein Friseurladen erinnern an den Alltag im 19. Jahrhundert. Eine zweistündige Wildwasserfahrt mit dem Floß auf dem Shoshone River durch den Red Rock Canyon krönt den Aufenthalt in Cody und im Shoshone National Forest.

Der Flug nach Casper, die „boom town" im Zeichen des Erdöls, das im Jahre 1890 gefördert wurde, erweist sich als ein ruhiger Kurzflug. Heute ist das mit dem Eisenbahnbau 1888 gegründete Städtchen am Platte River wieder aus dem Dornröschenschlaf erwacht. Dazu hat vor allem die Erhöhung der Erdölpreise durch die OPEC 1973 beigetragen. Ein neues Energiezentrum ist in Denver entstanden. Geologische Untersuchungen haben ergeben, daß reichhaltige Erdöl- und Erdgasvorkommen in Tiefen bis zu 6000 Metern in einer Verwerfungszone liegen, die vom Nordwesten Montanas bis nach Arizona über eine Länge von fast 3600 Metern reicht. Außer diesen Energieträgern werden Kohle und Kupfer im Tagebau gefördert sowie Schieferöl (shale oil) aus ölhaltigem Schiefer gewonnen.

Nach dem Besuch des auf den Resten des alten Forts erbauten Old Fort Caspar Museum mit Gegenständen aus der Pionierzeit befahren wir die Straße 25 in südöstlicher Richtung bis nach Douglas, um dann auf der 94 nach Esterbrook durch den Medecine Bow National Forest zu gelangen. Die Straße folgt einige Meilen dem Platte River, so daß sich der Umweg durch reizvolle landschaftliche Szenen als lohnend herausstellt.

In Fort Laramie stoßen wir auf die Pfade der Sioux,

Cheyennes und Arapahos-Indianer. Das 1834 gegründete Fort ist zum Teil wieder aufgebaut worden. Daneben sind noch elf der alten Gebäude zu besichtigen. In diesem Ort, der an dem Oregon und California trail liegt, machten Goldsucher und Siedler Rast.

Laramie. Ein geschichtsträchtiger Ort, mit angenehmen Erinnerungen für die Weißen, nicht für die Indianer. Im Jahre 1851 trafen sich Crows, Arapahos, Sioux und Cheyennes mit Vertretern der Vereinigten Staaten und schlossen einen Vertrag, der den Weißen den Bau von Straßen und Forts in ihrem Gebiet erlaubte. Von einer Landabtretung war keine Rede. Doch kaum vergingen einige Jahre, und schon waren eine Reihe von Forts errichtet. Den Siedlern folgten Postkutschen, Ponyexpreßreiter und schließlich die Goldgräber, die im Lande blieben und das ökologische Gleichgewicht zerstörten.

Am 19. November 1867 traf man sich in Fort Laramie erneut. Von den Indianern waren nur einige Crow-Häuptlinge anwesend. Dee Brown (S. 147, 179, 188 f.) berichtet darüber: „Die Crows waren freundlich, doch einer von ihnen – Bear Tooth – hielt überraschenderweise eine Rede, in der er den Weißen wegen der rücksichtslosen Vernichtung des Wildes und der Natur heftige Vorwürfe machte: ‚Väter, Väter, Väter, hört mich gut an. Ruft eure jungen Männer von den Bighornbergen zurück. Sie haben die wachsenden Bäume und das grüne Gras zerstört; sie haben unser Land angezündet. Väter, eure jungen Männer haben das Land verwüstet und meine Tiere getötet, den Elch, das Reh, die Antilope, meine Büffel. Sie töten sie nicht, um sie zu essen; sie lassen sie liegen und sie verwesen. Väter, was würdet ihr sagen, wenn ich in euer Land gehen und eure Tiere töten würde?‘

Einige Tage nach dem Treffen der Kommission mit den Crows trafen Boten von Red Cloud ein. Er teilte mit, daß er zu Friedensverhandlungen kommen werde, sobald man die Soldaten aus den Forts an der Powder-River-Straße zurückgezogen habe. Der Krieg, wiederholte er, werde nur aus einem Grund geführt – um das Vordringen der Weißen in das Tal des Powder, den einzigen Jagdgrund, den sein Volk noch besitze, zu verhindern. ‚Der Große Vater hat seine Soldaten hierhergeschickt, damit sie Blut vergießen. Ich habe nicht mit dem Blutvergießen begonnen... Wenn der Große Vater sie von meinem Land fernhält, wird es ewigen Frieden geben... Der Große Geist hat mich in diesem Land erschaffen, und er hat euch in einem anderen Land erschaffen. Es ist mein fester Wille, dieses Land zu behalten.‘

Zum dritten Mal in zwei Jahren war eine Friedenskommission erfolglos geblieben. Bevor sie jedoch nach Washington zurückkehrte, schickte sie Red Cloud eine Wagenladung Tabak und bat ihn nochmals, nach Laramie zu kommen, und zwar im Frühjahr bei der Schneeschmelze. Red Cloud antwortete höflich, er habe den Friedenstabak erhalten und werde ihn rauchen, doch er werde nach Laramie kommen, wenn die Soldaten sein Land verlassen hätten.

Im Frühjahr 1868 kamen Great Warrior Sherman und dieselbe Friedenskommission wieder nach Fort Laramie. Diesmal hatte die Regierung ihnen die strikte Anweisung erteilt, die Forts an der Powder-River-Straße zu räumen und mit Red Cloud einen Friedensvertrag zu schließen. Man schickte Red Cloud einen Agenten des Indian Bureau, der Red Cloud persönlich zu Friedensverhandlungen einlud. Red Cloud sagte dem Agenten, er brauche etwa zehn Tage, um sich mit seinen Verbündeten zu beraten, und werde wahrscheinlich im Mai nach Laramie kommen.

Doch wenige Tage, nachdem der Agent nach Fort Laramie zurückgekehrt war, traf eine Botschaft von Red

Cloud ein: ‚Wir sind auf den Bergen und blicken auf die Soldaten und Forts herab. Wenn wir sehen, daß die Soldaten abziehen und die Forts geräumt sind, werden wir hinunterkommen und verhandeln.‘

Für Great Warrior Sherman und die Kommissare war dies äußerst demütigend. Sie brachten einige kleinere Häuptlinge, die erschienen, um sich Geschenke zu holen, dazu, zu unterschreiben, doch im Lauf der nächsten Tage reisten die enttäuschten Kommissare einer nach dem anderen in den Osten zurück. Als das Frühjahr zu Ende ging, waren nur noch Black Whiskers Sanborn und White Whiskers Harney da, doch Red Cloud und seine Verbündeten blieben den Sommer über am Powder und beobachteten genau die Forts und die Straße nach Montana.

Schließlich erteilte das Kriegsministerium widerstrebend die Anweisung, das Land am Powder River zu räumen. Am 29. Juli 1868 packten die Soldaten in Fort C. F. Smith ihre Ausrüstung und machten sich auf den Marsch nach Süden. Früh am nächsten Morgen zogen Red Cloud und eine Gruppe Krieger zu dem Militärposten und steckten sämtliche Gebäude in Brand. Einen Monat später wurde Fort Phil Kearney geräumt, und die Cheyennes unter Little Wolf erhielten den ehrenvollen Auftrag, es niederzubrennen. Einige Tage danach verließ der letzte Soldat Fort Reno, und die Powder-River-Straße wurde offiziell gesperrt.

Nach zweijährigem Widerstand hatte Red Cloud seinen Krieg gewonnen. Er ließ die Unterhändler noch einige Wochen warten und ritt dann am 6. November 1868, umgeben von einer Schar triumphierender Krieger, in Fort Laramie ein. Nun, als siegreicher Held, war er zur Unterzeichnung des Vertrages bereit: ‚Von diesem Tage an endet jeglicher Krieg zwischen den vertragschließenden Parteien für immer. Die Regierung der

Vereinigten Staaten wünscht den Frieden und verpflichtet sich hiermit bei ihrer Ehre, ihn zu halten. Die Indianer wünschen den Frieden und verpflichten sich bei ihrer Ehre, ihn zu bewahren.‘

Der Inhalt der anderen sechzehn Artikel des Vertrages von 1868 sollte jedoch in den nächsten zwanzig Jahren immer wieder Anlaß zu Streitigkeiten zwischen den Indianern und der Regierung der Vereinigten Staaten geben. Was nach Meinung der Häuptlinge in dem Vertrag stand und was er tatsächlich enthielt, nachdem der Kongreß ihn ratifiziert hatte, wich erheblich voneinander ab.

(Spotted Tail äußerte neun Jahre später: ‚Die Versprechungen sind nicht gehalten worden ... Alle Worte haben sich als falsch erwiesen. General Sherman, General Sanborn und General Harney haben einen Vertrag geschlossen. Damals sagte uns der General, wir würden nach diesem Vertrag zwanzig Jahre lang Renten und Waren erhalten. Er hat dies gesagt, doch er sprach nicht die Wahrheit.‘) ... Red Cloud hatte seinen Krieg gewonnen, die Forts waren geräumt, und nördlich des Platte ließen sich keine Blauröcke sehen. Doch in den Lagern der Sioux und Northern Cheyennes gingen Gerüchte um, daß der Große Vater in Washington sie weit nach Osten an den Missouri River umsiedeln wolle, wo es nur sehr wenig Wild gab. Einige der mit ihnen befreundeten weißen Händler sagten ihnen, im Vertrag von 1868 stehe, daß die Agentur für die Teton-Sioux am Missouri errichtet werden solle. Red Cloud nahm dieses Gerede nicht ernst. Als er nach Laramie ging, um den Vertrag zu unterzeichnen, hatte er den Offizieren, die seine Unterschrift beglaubigten, gesagt, daß er nur Fort Laramie als Agentur für die Teton-Sioux anerkenne, und sie hatten sich damit einverstanden erklärt.

Im Frühjahr 1869 zog Red Cloud mit tausend Oglalas nach Laramie, um Waren einzutauschen und den im

Vertrag zugesicherten Proviant abzuholen. Der Postkommandant sagte ihm, die Handelsagentur für die Sioux befinde sich in Fort Randall am Missouri-River, und sie sollten dorthin gehen. Da Fort Randall jedoch fünfhundert Kilometer weit weg war, lachte Red Cloud und bat um Erlaubnis, in Laramie Waren einzutauschen. Da vor dem Posten tausend bewaffnete Krieger versammelt waren, fügte sich der Kommandant, riet Red Cloud jedoch, vor dem nächsten Tauschtermin mit seinen Leuten in die Nähe von Fort Randall zu ziehen...

Red Cloud gab jedoch nicht nach. Er hatte das Land am Powder River durch einen schweren Krieg erworben. Fort Laramie war der nächste Handelsposten, und er dachte nicht daran, wegen des Proviants an den Missouri zu ziehen.

Im Herbst 1869 hielten die Indianer überall in den Prärien Frieden, und in ihren Lagern gingen Gerüchte über große Veränderungen um. Es hieß, in Washington sei ein neuer Großer Vater, Präsident Grant, gewählt worden. Und dieser neue Große Vater hatte angeblich einen Indianer zum Kleinen Vater (Ely Parker [Donehogawa], Seneca-Häuptling und Kommissar für Indianische Angelegenheiten) der Indianer ernannt. Die Indianer konnten das nicht glauben. Der Kommissar... war immer ein Weißer gewesen, der lesen und schreiben konnte. Hatte der Große Geist endlich einen roten Mann das Lesen und Schreiben gelehrt, damit er Kleiner Vater der Indianer sein konnte?

Im Januar 1870 kam ein böses Gerücht aus dem Land der Blackfeet. Irgendwo am Marias River in Montana hatten Soldaten ein Lager der Piegan Blackfeet umzingelt und fast alle umgebracht. Die Berg-Indianer waren alte Feinde der Prärie-Indianer, doch jetzt war alles im Wandel begriffen, und wenn Soldaten irgendwo Indianer töteten, versetzte das sämtliche Stämme in Unruhe.

Die Armee versuchte, das Massaker geheimzuhalten und gab nur bekannt, daß Major Eugene M. Baker von Fort Ellis, Montana, mit einer Kavallerieeinheit ausgezogen war, um eine Gruppe von Blackfeet, die Pferde gestohlen hatte, zu bestrafen. Die Prärie-Indianer kannten die Wahrheit jedoch lange vor dem Indian Bureau in Washington... Major Baker hatte den Diebstahl einiger Maultiere von einem Transportwagen als Vorwand benutzt, seinen Winterfeldzug zu unternehmen, und das erste Lager, das an seiner Marschroute lag, angegriffen. Das Lager, in dem sich hauptsächlich alte Männer, Frauen und Kinder befanden, von denen einige an Pokken erkrankt waren, war nicht verteidigt worden. Von den 219 Piegans entkamen nur sechsundvierzig; dreiunddreißig Männer, neunzig Frauen und fünfzig Kinder wurden erschossen, als sie aus ihren Wigwams stürzten...

Da Red Cloud entschlossen war, das Land, das man ihm vertraglich zugesprochen hatte, zu behalten, und da er einen Handelsposten in der Nähe dieses Landes verlangte,... ließ Parker Red Cloud durch einen Vermittler wissen, daß Red Cloud im Haus des Großen Vaters in Washington willkommen sei, falls er ihn besuchen wolle. Eine solche Reise reizte Red Cloud... Als Parker erfuhr, daß Red Cloud nach Washington kommen wollte, schickte er Colonel John E. Smith mit dem Auftrag, ihn abzuholen, nach Fort Laramie. Red Cloud wählte fünfzehn Oglalas als Begleiter aus und am 26. Mai bestieg die Gruppe einen Sonderwagen der Union Pacific und trat die Reise in den Osten an. Für die Indianer war es ein großes Erlebnis, auf ihrem alten Feind, dem Eisernen Pferd zu reiten...

Nach einer Besprechung mit Präsident Grant am 9. Juni 1870 erläuterte Minister Cox am nächsten Morgen die Auslegung des Vertrages von 1868. Cox sprach nur kurz. Es tue ihm leid, sagte er, daß Red Cloud und seine Leute ihn mißverstanden hätten. Das Land am Powder River liege zwar außerhalb des Reservats, doch innerhalb des Gebiets, in dem sich die Jagdgründe befanden. Wenn einige Sioux es vorzügen, statt innerhalb des Reservats in ihren Jagdgründen zu leben, so sei dagegen nichts einzuwenden. Auch brauchten sie nicht ins Reservat zu gehen, um Waren zu tauschen und ihren Proviant in Empfang zu nehmen.

So errang Red Cloud zum zweiten Mal in zwei Jahren einen Sieg über die amerikanische Regierung, doch diesmal hatte ihm ein Iroquois (Parker) dabei geholfen. Er bedankte sich dafür, indem er vortrat und dem Kommissar die Hand drückte: ‚Als ich gestern den Vertrag und all die falschen Dinge darin sah‘, sagte er, ‚wurde ich wütend, und du, glaube ich, auch ... Jetzt bin ich zufrieden ...‘ ...

Es war Red Cloud in der Tat nicht ganz gelungen, zu bekommen, was er für recht und billig hielt. Obwohl er mit dem guten Gefühl nach Fort Laramie zurückkehrte, daß er viele Freunde im Osten hatte, erwarteten ihn im Westen viele weiße Feinde. Landsucher, Rancher, Spediteure, Siedler und andere waren gegen eine Sioux-Agentur in der Nähe des reichen Platte-Tals, und sie machten in Washington ihren Einfluß geltend.

Im Sommer und Herbst 1870 bemühten sich Red Cloud und sein Stellvertreter Man-Afraid-of-His-Horses mit aller Kraft um den Frieden. Auf Ersuchen von Kommissar Parker holten sie Dutzende mächtiger Häuptlinge nach Fort Laramie zu einer Konferenz, in der über den Standort der Sioux-Agentur entschieden werden sollte. Sie überredeten Dull Knife und Little Wolf von den Northern Arapahos, Chief Grass von den Blackfoot Sioux und Big Foot von den Minneconjous, die gegenüber den Weißen immer mißtrauisch gewesen waren, sich ihnen anzuschließen. Sitting Bull von den Hunkpapas wollte mit keinerlei Vertrag oder Reservat etwas zu tun haben. ‚Die Weißen haben Red Cloud schlechte Zaubermedizin in die Augen gestreut', sagte er, ‚damit er alles so sieht, wie es ihnen recht ist.'

Sitting Bull unterschätzte Red Clouds Schlauheit und Zähigkeit. Als der Oglalaführer bei der Konferenz erfuhr, daß die Regierungsbeamten die Sioux-Agentur fünfundsechzig Kilometer nördlich des Platte bei Raw Hide Buttes errichten wollten, lehnte er ab. ‚Wenn ihr zum Großen Vater zurückkommt', sagte er den Beamten, ‚dann sagt ihm, daß Red Cloud nicht bereit ist, nach Raw Hide Buttes zu gehen.' Dann ging er im Vertrauen darauf, daß Parker in Washington alles in Ordnung bringen würde, über den Winter ins Land am Powder River.

Kommissar Parkers Macht war jedoch im Schwinden begriffen. Seine weißen Feinde in Washington gewannen die Oberhand.

Red Cloud erreichte zwar mit seiner Hartnäckigkeit, daß fünfzig Kilometer östlich von Fort Laramie am Platte eine provisorische Agentur für die Sioux errichtet wurde, doch man gestattete ihnen nicht einmal zwei Jahre lang, sie zu benutzen."

Es gibt den Westen der Pionierzeit nicht mehr, aber man stößt immer wieder auf Spuren. In Guernsey, das am Eingang zum Platte River Canyon liegt, lassen sich Abdrücke von Wagen auf dem Oregon trail erahnen und eingeritzte Namen von Siedlern an den Felswänden sichten. Die Felswand wird daher auch Register Cliff genannt. Von diesem kleinen Städtchen fahren wir weiter und kommen durch Torrington, eine ehemalige Pony Express Station und zugleich Rastplatz am Texas und Oregon trail.

Cheyenne, die Hauptstadt des Staates Wyoming, mit

seinen 50000 Einwohnern auf einer Höhe von 1856 Metern liegend, wurde 1867 von Squatters gegründet und galt damals als die turbulenteste Stadt im Westen. Diese Western-Atmosphäre erlebt man in der letzten Juli-Woche, wo Cowboys ihre Künste im Rodeo darbieten. Umzüge, Indianertänze, Folklore und pancakes, die zum Frühstück kostenlos verteilt werden, prägen die Festtage. Besuchenswert sind das Historic Governor's Mansion sowie das in der Nähe des Kapitols mit seiner goldenen Kuppel gelegene State Museum and Art Gallery, das einen Einblick in die frontier days gibt. Von den vielen Eindrücken ermüdet, erholen wir uns am Lake Absarracca.

Westlich von Cheyenne liegt die 1868 nach dem Trapper Jacques Laramie benannte Stadt Laramie. Auf 2134 m Höhe gelegen, bietet sie erholsames Klima. Selbst an heißen Sommertagen weht ein frischer Wind von den nahgelegenen Medecine Bow Mountains. Die eigentliche Entstehung der Stadt geht zurück auf den Bau einer Eisenbahnstation. Die Union Pacific hatte sich diesen Ort als Stätte für einen Bahnhof ausgesucht. In Erzählungen und Western spielt Laramie eine Hauptrolle. Und gerade diese Rolle ist es, die die Stadt so unsterblich macht. Daß Big Wyoming „spacious" (Theodor Geus, Büffel schmeckt wie alter Hirsch, Frankfurter Allgemeine Nr. 250 vom 27. 10. 1983) ist, zeigt sich auch in dem Denkmal „Lincoln Head" mit 3,8 m Höhe und einem Gewicht von drei Tonnen. Der zur Erinnerung an Abraham Lincoln geschaffene Bronzekopf ist ein Meisterwerk von Robert Russin, der an der University of Wyoming in Laramie lehrt. Die Statue befindet sich 13 Kilometer vor Laramie.

Zehn Jahre hindurch war es mein Traum gewesen, das Medecine Bow Skigebiet im Sommer kennenzulernen. Die landschaftlich reizvolle Straße 130 führt in den Medicine National Forest hinein. Hinter Centennial beginnt der Aufstieg zum 3292 m hohen Snowy Range Pass. Unterkünfte gibt es genügend an dieser Straße bis Ryan Park. Nach Saratoga mit seinen warmen Quellen, von wo wir wieder nach Jackson fliegen, ist es ebenfalls nicht weit. In einer Jagdhütte, die nur zu Pferd zu erreichen ist, erleben wir unberührte Natur.

Jackson – Moran – Fort Washakie

Über den Berggipfeln wandern tiefhängende, schwarze Wolken, die keinen guten Tag verheißen. Es hat sich abgekühlt, als wir vor dem Frühstück auf der Terrasse stehen. Gewitterwolken auch am Horizont, die das Gebirgsmassiv noch wuchtiger erscheinen lassen. Das Frühstück ist reichhaltig. Pancakes mit Ahornsyrup. Die Hausfrau hat sie mir zuliebe mit Buttermilch zubereitet. Unsere Unterhaltung ist wieder angeregt und lebhaft. Ich werde gefragt, ob ich nicht schon mehrere Male dem Tode entronnen sei. „Bist du dann nicht wie durch ein Wunder dem Zugriff des Todes entronnen, wenn eine Situation gefährlich oder verzweifelt wurde? Ist es nicht so, als ob dich ein Zauber behütete?“ „Wenn die Lage auch noch so unerträglich ist, darf man nie die Hoffnung aufgeben“, sage ich. „Es gibt ein türkisches Sprichwort, das tröstlich klingt: ‚Schließt Allah eine Tür, so öffnet er eine andere.‘“ Dann erzählt uns der Gastgeber von einer Redewendung, die Eltern gerne gebrauchen, wenn ihre Kinder nicht lernlustig sind: „Du wirst nie ein Lee Iacocca.“ Iacocca, „Sanierer von Chrysler“, ist seit Jahren das einzige Idol, das das Land hervorgebracht hat. Wie muß ein Spitzenmanager aussehen, um so bekannt zu werden? Er selbst sieht sich in seiner Autobiographie als einen Mann der Tat mit Sinn für das Machbare, worauf ein scharfer Blick, eine kräftige Nase und ein ausgeprägtes Kinn hinweisen. Als Ingenieur verließ er die Hochschule. Doch an der Ausübung dieses Berufes fand er kein Gefallen. Seine Karriere begann bei Ford, wo er Vertriebsmann wurde. Sein Förderer war der spätere Verteidigungsminister und Weltbankpräsident Robert McNamara, der ihn einmal aus einer Diskussion nach Hause schickte, damit er eine gute Idee, die ihm eben gekommen war, zu Papier brachte. Nur so konnte sie allen verständlich gemacht werden. Diese Weisung nahm Iacocca damals gerne an und verlangte es auch später als Vorgesetzter stets von seinen Mitarbeitern. Im Sommer 1978 geschah etwas Unerwartetes. Henry Ford II kündigte ihm, aus Kurzsicht, Eifersucht und vielleicht aus dynastischen Überlegungen. Zutiefst beleidigt wollte Iacocca nun beweisen, welches Unrecht begangen worden war. Eine Chance, die Demütigung in einen Sieg umzuwandeln, bot sich, als Chrysler einen Mann suchte, der das schwer angeschlagene Schiff seines Unternehmens auf Kurs halten sollte. Es stellte sich bald heraus, daß Iacocca für Chrysler der ideale Steuermann war, die Sanierung für Iacocca die ideale Aufgabe. Außer seinem scharfen Verstand, seinem Talent im Umgang mit Menschen und seinem guten Gespür für Marktentwicklungen kam ihm vor allem seine rhetorische Begabung zugute, die er mit Hilfe von Dale Carnegie im Abendunterricht erschloß. Bekannt wurde er wegen seiner denkwürdigen Auftritte vor dem Kongreß-Ausschuß, der die finanziellen Mittel bereitzustellen hatte. Darüber hinaus gelang es ihm, in den Werbespots mit dem Slogan: „If you know a better car, buy it“ das Image von Chrysler in kurzer Zeit wieder aufzuhellen.

„Werde ein Iacocca“, ruft unser Gastgeber seinen Kindern nach. Eines antwortet: „Ich werde wie Pappa.“ Da müssen wir alle hell auflachen.

Der Abschied fällt uns nicht schwer, da es in Dallas ein Wiedersehen geben wird. Kaum sind wir unterwegs, wird die Sonne endgültig von den Wolken verschluckt. Unaufhörlich zucken Blitze am Horizont und versinken irgendwo hinter den Bergspitzen. Das Donnergrollen ist nicht zu überhören. Kurz vor Moran biegen wir in Richtung Dubois ab. Wir steigen aus, um das Schauspiel des Gewitters intensiv zu erleben. Es ist wie bei einem Musikstück. Man soll es nicht interpretieren. Will man es genießen, muß man es in sich hineinwirken lassen. Es blitzt und donnert von den Tetons hinab. Welch ein Anblick bietet sich in so weiter Ferne! Es ist die Weite, die fasziniert. Der Widerhall des Höllenspektakels, das sich auf der Naturbühne der Tetons darbietet, packt den Reisenden im Innersten. Inzwischen hat sich der Himmel vollständig bezogen. Es regnet. Wir setzen die Fahrt fort. Es gießt in Strömen. Als wir schon die Hoffnung auf einen Durchbruch der Sonne aufgeben und bereits durch den Bridger Teton National Forest den Togwotee Paß (2944 m) erklimmen, hört der Regen plötzlich auf, und ein Regenbogen steht am Himmel, der eindrucksvollste Regenbogen, den ich je gesehen habe, und bald taucht ein zweiter auf. Ein farbenbunter Reifen, den man, so scheint es, greifen kann. Das Ende des einen Bogens hat offensichtlich ein Straßenstück als Fundament. Leider eine Fata Morgana. Denn je mehr wir uns dem Regenbogen nähern wollen, um so schneller gerät er außer Reichweite.

Der Wald ist nach dem Trapper Blanket Jim Bridger benannt, der am Powder River Fallen stellte und eine Arapaho-Indianerin heiratete. Zunächst nahmen die Indianer an, daß er einer ihrer Freunde sei, bis er eines Tages Söldner wurde und mit Connors Kavalleristen ein ganzes Dorf der Arapahos niederbrennen ließ – ihre Wohnhütten, ihre Kleidung und ihre für den Winter gesammelten Vorräte. Ebenso nahmen sie mehr als tausend Ponys, ein Drittel ihrer Herde, mit. General Connors Strategie der verbrannten Erde hatte viele Häuptlinge erzürnt, wie Red Cloud (Oglala-Sioux), Roman Nose (Crooked Lances), Morning Star (Northern Cheyennes) – auch Dull Knife genannt –, Little Raven (Arapaho), Little White Man (William Bent, der eine Cheyenne zur Frau hatte), Sitting Bull (Hunkpapa), Little Crow (Santee-Sioux [Dakotas]) usw. Daher war Jim Bridger nicht mehr bereit, als Unterhändler ins Land am Powder River zu gehen, als man ihn wegen seiner guten Kenntnis der Indianer dazu aufforderte.

Nachdem wir den Paß und zugleich die kontinentale Wasserscheide hinter uns gelassen haben, können wir in tiefe bewaldete Schluchten hinabsehen. Plötzlich ist es windstill. Kein Regen mehr. In den Sonnenstrahlen glitzern die an den Blättern hängenden Wassertropfen. Eine friedliche Ruhe liegt über der Landschaft. Über uns kreist ein Adler, der mit seinem scharfen Auge das rote Felsgestein abtastet. Überall gesunde Bäume, die noch nicht den Schutz des Menschen benötigen. Baum: Symbol des Lebens, des Wachstums, der Kraft und des Ausharrens. Laub- und Nadelbäume. Der Laubbaum Symbol für die Wiedergeburt mit seinen sich jährlich erneuernden Blättern; der Nadelbaum Symbol für die Unsterblichkeit mit seinen immergrünen Nadeln. In den Anfängen der Kultur hat sich der Mensch mit dem Baum identifiziert. Wenn der Baum stirbt, stirbt auch der Mensch. Tief verwurzelt ist dieser Glaube gewesen. Mit fortschreitender Kultur ist diese mythische Vorstellung verschwunden. Der Baum ist nicht mehr das Symbol des Selbst. Aber es gibt Überbleibsel dieser Auffassung. Daß man heute den Baum als Festbaum umtanzt, geht weit in die Antike zurück. So finden wir den Maibaum in der griechisch-römischen Zeit, ebenso bei den Germanen, in

Mexiko, Indien, Afrika und Osteuropa. Doch heute heißt es bei uns, den Baum, ob Symbol oder nicht, zu schützen, sonst stehen wir eines Tages hilflos und schutzlos da.

Zwanzig Meilen vor Dubois überrascht uns nicht weit weg von der Straße ein tipi, ein Wigwam. Dahinter befindet sich die Stewart's Trapline Gallery, die 1977 eröffnet wurde und Ausstellungsstücke von mehr als 21 Indianer-Stämmen zeigt. Der Besitzer dieses Museums ist Mark R. Stewart, dessen Vater noch ein echter Trapper war. Porträts und Gemälde seines Vaters hängen an den Wänden. Seine Sammlung ist sehr beeindruckend: Kleidungsstücke wie Bisonroben, Fellmäntel, Leggings, Mokassins mit Borsten- und Perlstickerei, Hörnerkappe, Schleppe bestehend aus Adlerfedern und Hermelinschwänzen, Schmuckstreifen aus Stachelschweinborsten (porcupine quills), Band aus Grizzlybärenkrallen, Durchziehschurz, Schneeschuhe, Tabaksbeutel mit Perl- und Fransenverzierung; Fellmalereien (Abb. 38); Waffen wie Bogen und Pfeil, Köcher aus weichem Leder mit Fransenbehang, Lanzen, Tomahawk, Kugelkopfkeule, hölzerne Keule, Vorderlader, die berühmte Winchester, Büchsen, Revolver, Messer in verzierten Lederscheiden, Schilder; Hausrat wie Brettwiege, Zeltdecken aus Bisonfellen, eine Vielzahl von Fallen; Zeremonial- und Musikinstrumente; Tabakspfeifen aus rotem Pfeifenstein. Über die Entstehung des roten Steins gibt es viele Sagen. Catlin (Abb. 39) erzählt einige in seinem Werk (S. 352f.): „Zur Zeit der großen Überschwemmung, die vor vielen Jahrhunderten stattfand und alle Völker der Erde vertilgte, versammelten sich alle Stämme der roten Männer auf dem Côteau des Prairies, um sich aus dem Wasser zu retten. Nachdem sie hier von allen Seiten her zusammengekommen waren, stieg das Wasser immer mehr, bis es endlich sie alle bedeckte,

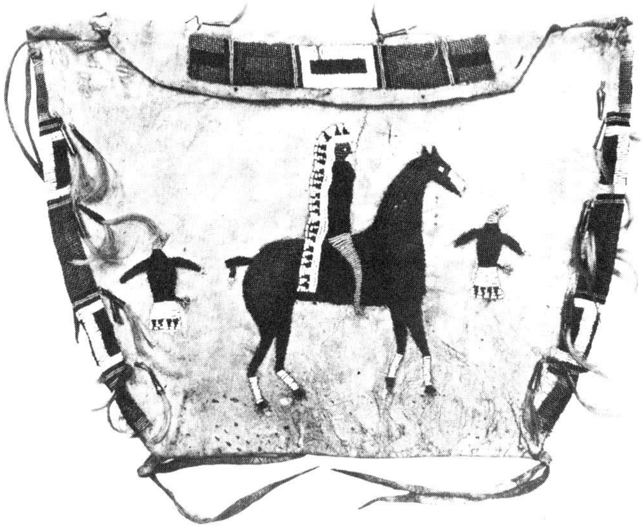

Abb. 38: Perlenbestickter Vorratsbeutel der Arapaho (1890 – Denver Art Museum – Sammlung Charles Wiegel).

worauf ihr Fleisch in den roten Pfeifenton verwandelt wurde. Daher ist jene Gegend stets als neutrales Land betrachtet worden – es gehörte allen Stämmen zugleich, und es war allen erlaubt, dorthin zu gehen und zu rauchen.

Als alle zusammen ertranken, ergriff eine junge Frau Kwaptahw (Jungfrau) den Fuß eines vorüberfliegenden sehr großen Vogels und wurde nicht weit von da auf die Spitze einer hohen Klippe geführt, die sich über dem Wasser befand. Hier gebar sie Zwillinge, deren Vater der Kriegsadler war, und ihre Kinder haben seitdem die Erde bevölkert.

Aus dem Pfeifenstein, welcher das Fleisch ihrer Vorfahren ist, rauchen sie zum Zeichen des Friedens, und die Adlerfedern schmücken das Haupt der Tapferen.“

Abb. 39: Dakota-Indianer Ölgemälde von George Catlin im Museum für Völkerkunde, Abt. Amerik. Naturvölker

Zu Abbildung 39:

„Auf diesem Bild sehen wir den Neecoweege-Häuptling Eeah-sa-pa (The Black Rock), der als außerordentlich tapferer Krieger und als treuer Freund der weißen Pelzhändler galt. Er hält eine Lanze in der Hand, an der ein Medizinbeutel befestigt ist. An seiner Hörnerkappe hängt eine prachtvolle, mit Adlerfedern und Hermelinschwänzen besetzte Schleppe. Die Bisonrobe weist neben dem halb hervortretenden Sonnenmotiv und einem breiten Schmuckstreifen aus Stachelschweinborsten figürliche Zeichnungen auf, welche die Taten ihres Trägers veranschaulichen. Auf der Brust des Häuptlings prangt eine der Medaillen, die amerikanische Regierungsbeamte den Indianern verliehen, die sich durch ihre Tapferkeit und ihren Rang hervortaten, zugleich jedoch den Weißen treu ergeben waren (Inschrift: ‚Happy while united', nach 1783 ‚Peace and friendship'). Catlin hat diese Orden auf seinen Bildern oft dargestellt. Wahrscheinlich ist die auf diesem Bild links stehende Indianerin die Häuptlingstochter, während ... die zweite Frau ein Baby in einer reichverzierten Brettwiege trägt. Sie beschäftigt sich mit einem Knaben, der ihr das Lieblingsspielzeug vieler männlicher Indianerkinder, Bogen und Pfeil, entgegenstreckt" (Horst Hartmann, Catlin und Möllhausen, S. 33; s. a. ders. Verf., Die Plains- und Prärieindianer Nordamerikas).

Die Sioux haben folgende Sage: „Vor der Erschaffung des Menschen pflegte der Große Geist die von ihm getöteten Büffel an dem Rande der roten Felsen oben auf dem Côteau des Prairies (der Steinbruch liegt sechzig Meilen westlich von dem St.-Anthony-Wasserfall, auf dem Rücken der Wasserscheide zwischen dem St.-Peters-Flusse und dem Missouri... Dieser Scheiderücken wird von den Franzosen Côteau des Prairies genannt – S. 355) zu verzehren, und ihr Blut rann auf die Felsen und färbte sie rot. Eines Tages, als eine große Schlange in das Nest des Vogels gekrochen war, um die Eier zu verzehren, kroch das eine Junge mit einem Donnerschlage aus, und der Große Geist, welcher ein Stück des Pfeifentons in der Hand hielt, um es nach der Schlange zu werfen, formte es zu einem Menschen. Die Füße dieses Menschen wuchsen in dem Boden fest, und er stand hier viele Menschenalter gleich einem großen Baum und wurde daher sehr alt; er war älter als heutzutage hundert Menschen zusammengenommen. Endlich wuchs noch eine Schlange, welche beide an den Wurzeln abnagte, worauf sie zusammen weggingen; und von diesen stammen alle Menschen ab, die die Erde bewohnen."

Unter den Indianern ist die Pfeife ein sakraler Gegenstand. „Die Pfeife", so schreibt Ruth Beebe Hill in ihrem Buch Hanta Yo (S. 450 – die faszinierendste, authentische Indianer-Saga, die jemals veröffentlicht wurde), „Sinnbild der Wahrheit. Und so frohlockt, die Pfeife gewahrend, die Erde in ihrer Ganzheit. Alle Dinge kommen in der und durch die Pfeife zusammen.

Die Pfeife, Herz und Pfadweg für das Herz. Die Pfeife, Mitte und Pfadweg zur Mitte. Die Pfeife, Erde und Erde bewahrend, Wahrheit und Wahrheit bewahrend.

Der Mensch raucht sie, und so wird die Pfeife zu einem geweihten Ding. Er spricht Wahrheit in die Pfeife, und so empfängt der Rauch Weihe; das Mundstück trägt Wahrheit und so wird es geweiht.

Doch Kopf und Mundstück sind ohne den Menschen nichts.
Der Mensch, das wahrhaft geweihte Geschöpf.
Die Pfeife, ein Sinnbild des wahrhaft Geweihten.
So haben es die Großväter gesagt."

Mr. Stewart ruft seine Frau. Es öffnet sich die Tür, eine aparte Erscheinung tritt auf uns zu und heißt uns herzlich willkommen. Sie strahlt einen zarten Duft aus, sie erwärmt und ist in ihrer Art anregend. Im Gespräch erzählt sie, daß ihre Schwester Medizin in Heidelberg studiert hat. Sie selbst ziehe die Einsamkeit vor, liebe das Leben auf dem Lande mit ihren kleinen Kindern und ihrem Manne. Sie kenne viele Indianer (Abb. 40, 41, 42), die ihr berichten und von den Wanderungen, Jagden, Kriegszügen, von den Zeremonien, den Geschlechtsriten, den Tänzen, dem Familienleben und der Liebe zweier Menschen zueinander erzählen. Wir hören der Frau gerne zu, die Charakter und Rasse hat, eine Verbindung, die Schönheit hervorbringt. Ihre Augen glühen wie Kohlen, wie die Augen eines Beduinenmädchens; das dichte braune Haar hängt über ihre Schultern und glänzt im Strahl der Lampe.

Die Geschichte eines Häuptlings, die sie schildert, ist eine jener Erzählungen, die eigentlich in der Mitte beginnen und als Unvollendete ausklingen – unvollendet aus Mangel an Zeit. Diese Erzählungen lassen den Indianer in einem ganz anderen Licht erscheinen: voller Würde, voller Empfindsamkeit, voller Zärtlichkeit gepaart mit grausamer Natürlichkeit und kriegerischer List. Ihre Kunst des Erzählens liegt darin, derart mitreißend die Phantasie der Zuhörer zu beflügeln, daß diese noch

Abb. 40: Fischfang

Abb. 42: Bärentanz

lange danach in Träume versinken. Da mir die Begabung und die Geduld eines Thomas Mann oder Hermann Hesse fehlen, um ähnlich mitreißend zu schildern, suche ich meine Zuflucht in „Hanta Yo" von Ruth Beebe Hill (S. 134 und 68 ff.): „‚Tecihila', flüstert er ihr leise zu. Sie möge verstehen, was er so fühle. ‚Tecihila, ich liebe dich. Tecihila' (h mit Punkt wie das ch in Dach, Dakotahsprache – Sioux), wiederholt er noch einmal...

Und so stand eines Tages im Gelbblatt-Mond, bevor die Jahreszeit wechselte... Olepi mit einer Frau an seiner Seite vor seinem Vater, mit einer schlanken und scheuen Sechzehnjährigen, die im Volk wegen ihrer stillen Art und ihrer guten Arbeit mit Ahle, Sehne und Federkiel bekannt war...

Als Olepi sie gebeten hatte, mit ihm in dem Wigwam seines Vaters zu wohnen, hatte sie nicht widersprochen. Und falls ihre Familie betrübt war, als sie hörte, daß ihre Tochter sie verließe und mit ihrem Ehemann zu dessen Volk ginge, so hatte sie es doch für sich behalten. Ehre genug, hatten ihre Gebärden besagt, daß Olepi um seiner Frau willen zu ihrem Wigwam kam. Und Olepi hatte sich wahrlich nicht über weitere Sitten hinweggesetzt. Er war... auf die Jagd gegangen und hatte sein Fleisch ihrer Familie gebracht und ihre Verwandten üppig beschenkt: zwei Pferde für ihren Vater und drei Pferde für den Mann ihrer Schwester... Den Frauen unter ihren Verwandten hatte Olepi Hals- und Ohrschmuck geschenkt, farbig glänzende Steine von einem Überfall auf die Palani. Und er hatte auch ihre Großmutter mit Gaben beschenkt...

Die Frau fühlte Olepis Berührung an ihrem Arm, und aufblickend sah sie ihn lächeln, etwas, das ihrem Herzen Flügel gab. Sofort schwor sie sich, daß sie ihre Arbeit gut machen und sich so betragen werde, daß es ihn ehrte. Und freudig, freudig wird sie in dem Wigwam bleiben und nicht herumrennen wie ein Kind, wenn er sie nur hin und wieder anlächeln wird, wie er jetzt lächelt.

Aus dem Augenwinkel sah Peta seinen Sohn die Vordecke des Wigwams heben und sich bücken, um einzutreten. Die Frau folgte, und die Decke fiel wieder herab.

Der Vater ging, nahm dann zwei Stöcke und legte die Hölzer gekreuzt vor den Wigwam, um Besuchern zu bedeuten, daß sie fernbleiben sollten. Er selbst beabsichtigte auch fortzubleiben, irgendwo anders in den nächsten vier, fünf Nächten zu schlafen. Und so werden diese zwei jüngst Vereinten aneinander gewöhnt werden.

Während er davonging, sagte sich Peta, daß ihm das Äußere der Frau gefiel, ihr sittsames Wesen, ihr kleines Zittern in Ehrfurcht vor den Geheimnissen, die sie vor sich hatte. Soll Olepi sich in diese ... Frau pflanzen; soll er die Kraft spüren, die mit Sicherheit jeden Mann überkommt, der weiß, daß aus seinem Samen ein Kind wächst.

Olepi hatte sich nach hinten gesetzt, und seine junge Frau bewegte sich mit Anmut zur Frauenseite und breitete schüchtern ein Gewand aus, auf das sie sich setzte; aufmerksam schweigend wartete sie ab, was als nächstes geschehen würde.

Hin und wieder blickte sie zu dem Mann, ob er ein Zeichen machte, das seinen Wunsch vielleicht nach der Pfeife oder nach Nahrung verriete. Oder nach dem, was die Großmutter ihr angedeutet hatte ...

Am nächsten Abend hatten sie in der gleichen Weise zusammengestanden; und er hatte sie gefragt, ob sie ihn zum Ehemann nehmen würde.

Schüchtern gelassen hatte sie ihm nach zwei, drei Tagen die Mokassins geschenkt, die ihre Bereitschaft kundtaten, als seine Frau mit ihm zu leben. Und ihr Vater und die Verwandten hatten ihn, indem sie seine Geschenke behielten, ihre Einwilligung wissen lassen.

Dann, bevor diese zwei durch den großen Kreis zu Olepis Unterkunft gingen, hatte ihre Familie ein Pferd mit Gaben für den Mann und ihre Tochter beladen.

Olepi saß weiter da, gleichgültig wie es schien, der Frau an der anderen Seite des Feuerkreises gegenüber. Er hatte einen Ellbogen aufgestützt, den anderen Arm mit locker hängender Hand über das hochgestellte Knie gelegt.

Plötzlich schloß er und öffnete dann kraftvoll die Hand und spreizte die Finger, eine Bewegung, die seinen Gedanken folgte, kein Zeichen zur Frau.

Gegenwärtig lag ihm daran, die Zärtlichkeit der Frau zu genießen; danach, wenn sie auf ihren Gewändern lagen, wünschte er, das Feuer in ihr zu entdecken.

Die Frau hörte die Stimmen des Lagers als ein fernes Summen in der warmen Mittagsluft, aber der Duft dieser Jahreszeit – alles war am Reifen, wuchs der Nutzung entgegen – überkam sie als ein neues Wunder aus ihr selbst.

Sie lag still unter der sanften Berührung des Mannes. Er rieb ihre Wange und tätschelte ihr Gesäß und strich über ihr Bein, ganz wie man ein Kind liebkost.

Aber etwas anderes wird noch geschehen, entsann sie sich jetzt, etwas, das mich dazu bringt, mich festzuhalten an ihm, etwas, das geschieht, wenn eine Frau die Schnur löst, die sie um die Schenkel trägt.

Ihre Großmutter hatte ihr geraten, die Schnur schon bald nach dem Betreten der neuen Unterkunft zu lösen und nicht die zehn Tage abzuwarten, die der Brauch einer scheuen jungen Frau zugesteht. Aber sie hatte den weichen Streifen schon entfernt, als sie den Wigwam ihrer Mutter verließ. Jetzt fragte sie sich, ob sie die Keuschheitsschnur vielleicht schon zu früh gelöst habe; vielleicht wollte der Mann acht, zehn Tage lang nur ihren Rücken reiben und ihre Beine und ihr Gesäß streicheln.

In der Tat wünschte sie, wie die Großmutter es ihr gewünscht hatte, daß der Mann sie in der rechten, zeremoniellen Art zur Frau mache und sie so ehre. Es ist wahr, die gute alte Frau hatte ihr über die Zeremonie selbst nichts erzählt; sie hatte nur auf etwas angespielt, das sehr angenehm war.

Vielleicht begann der Mann jetzt damit, denn plötzlich behandelte er sie anders, und ihr Körper erzitterte unter dem wechselnden Griff. Aber fast ebenso fühlte sie ihn ihren Körper wegstoßen. Er sagte, er hätte vor, nach draußen zu gehen, und sie solle mit ihm gehen...

Doch als sie sah, daß der Mann bereits hinausgegangen war, strich sie ihr Kleid glatt und kam hinter ihm her nach draußen.

Sie nahmen einen Weg nicht durch die Mitte des Lagers, sondern am Rande entlang, und so ängstigte sich die Frau noch mehr als zuvor; vielleicht plante der Mann, sie an ihr Dorf zurückzugeben.

Die Sonne, zur Hälfte am rauchigen Himmel gesunken, war rot verfärbt und hatte an Wärme verloren, als Mann und Frau sich dem Fluß näherten, der dem Volk in diesem Sommer eine Schwimmstelle belassen hatte. Das Wasser trieb eine Schicht von gelben Blättern vor sich hin, und der Mann, als er das sah, blieb stehen und staunte vor dem Wandel der Jahreszeit. Und die Frau, als sie seine Freude wahrnahm, kam nahe zu ihm heran. Bald dann gingen sie und hielten sich in dem Gebüsch, von dem das Wasser umrandet war.

Sie kamen an eine seichte Stelle, der Fluß knietief...

Die Frau sah zu, wie der Mann ein Gewand zwischen Bäumen und Fluß hinhängte und die seichte Stelle abschirmte. Jetzt sah sie, wie er die Hand ausstreckte und sie einlud, sich hinter dem Gewand mit ihm in die Abgeschiedenheit zurückzuziehen.

Sie näherte sich mit ein wenig gebeugtem Kopf. Seine

Hand hob ihr Kinn und seine Augen luden sie auf rätselvolle Weise ein. Und dann sprach er und sagte, sie solle ihr Gewand ablegen und ins Wasser gehen...

Verlegen, weil sie vor ihm das Kleid ausziehen sollte, und doch plötzlich in Angst, ihm das zu verweigern, stand sie furchtsam und zitternd da.

Der Mann wartete, sein Schweigen übte mehr Zwang aus als sein Reden.

Und so von Schamröte überflutet, legte sie ihre Verhüllung ab. Und jetzt, da nichts ihre Nacktheit verdeckte, trat sie schnell in das seichte Wasser. Sie bückte sich, damit das Wasser ihre Schenkel verbarg; ihr langes Haar fiel verhüllend über ihre kleinen Brüste. Sie kreuzte die Arme fest vor sich. Und so stand sie gebückt, vor Kälte schnatternd und ängstlich da.

Der Mann trat neben sie und richtete sie auf, aber das Zittern verging nicht. Und so begann er ein beruhigendes Lied zu singen, eins, das ihren Schrecken verflüchtigen, sie kräftigen sollte.

Während er sang, schob er ihr Haar zurück und hob Wasser an ihr Gesicht. Als nächstes bewegte er sich um sie herum und wusch ihre Schultern und Rücken. Und dann, sie zu sich herumdrehend, wusch er sorgfältig, gründlich den vorderen Teil ihres Körpers.

Zu Beginn des Bades widersetzte sich die Frau der intimen Behandlung ihrer Person. Sie machte abweisende Gesten, brachte kleine, weinende Töne vor und stieß einmal seine beharrlichen Hände fort. Aber die Kraft seines Liedes und die zärtliche Berührung wirkten auf sie so, wie der Mann es gewollt hatte.

Die Frau stand jetzt still da. Sie nahm die Hände hin, die flüchtig an ihren Brüsten verweilten, die Finger, die zart ihre Nippel kniffen und über das Rot drumherum strichen. Aber als seine Hände sich an ihrem Körper hinabbewegten und sich der seltsam schmerzenden Stelle zwischen ihren Beinen näherten, begann das Zittern von neuem.

Und so legte der Mann seine Hand fest auf ihr Kurz-Haar; sie soll erfahren, daß sie hier zu berühren das Natürlichste war, die Wonne für ihn, für sie.

Und als sie wieder zur Ruhe gekommen war, stieß er sie sanft etwas tiefer ins Wasser, und seine Finger spreizten zart die geheimnisvollen, warmen Lippen, die seine Hand berührt hatte; er bat die Kraft, die das Wasser bewegt, die Scheide dieser Frau zu berühren und ihr zu Verwunderung und Staunen zu verhelfen.

Und so badete dieser Mann das Mädchen, das er zu seiner Frau machen wird.

Als sie aus dem Fluß ans Ufer traten, stellte der Mann sich hinter sie, und seine Hände rieben das Wasser von ihrer schimmernden Haut, von Nacken, Schultern und Rücken. Dann drehte er sie mit dem Gesicht zu sich und strich ihre Brüste, Arme und Beine, ihren ganzen Körper bis hinunter zu den Zehen liebevoll trocken. Und als er seine Hände von ihr nahm, sah er, daß sie sich verhielt, wie er es wünschte...

Der Mann aber nahm sein Gewand und hüllte diese Wärme um sie, und dann, da sie dicht beieinander standen, faßte er sie zwischen die Schenkel; auf eine andere Weise noch wird er sie befriedigen, bevor er sie zur Frau macht; ein Mann muß den Geruch und den Geschmack einer Frau, die er begehrt, erfahren, um herauszufinden, ob diese Eigenschaften ihm zusagen, ihn wecken.

Seine Finger drangen in die Scheide der Frau vor und bestanden auf gerade so viel Feuchtigkeit, wie er benötigte.

Und sie ging auf ihn ein und versorgte ihn mit der Süße, nach der er suchte.

Die Zwei kehrten zum Dorf zurück und gingen, Schatten vermeidend, im Mondlicht. Als die Frau den

Wigwam betrat, ging sie zu ihrem Schlafgewand und legte sich, wie es sich gebührte, hin und wartete, daß der Mann zu ihr käme...

Der Mann kam zu ihr... Seine Hand faßte unter ihr Gesäß. ‚Hoch, hoch', sagte er sanft, und als sie hochkam, hob er ihr Kleid. Aber er ließ es sie selbst ablegen.

Und jetzt preßten seine Hände ihre Beine weit auseinander, und sie sah, wie sein Kopf sich zu ihren Schenkeln beugte. Ihre Augen schlossen sich; ihre Hände klammerten sich in das Haar des Büffelfells unter ihr.

Es soll ein Mann, hatten die Zeremonie-Macher gesagt, auf einer Frau, die er zur eigenen begehrt, einen unwiderstehlichen Akt vollziehen; es soll die Zunge in seinem Mund sie genauso kennen, wie die Zunge seiner Lende sie kennen wird. Es soll sein Atem sie fächeln, sein Mund sie berühren und seine Zunge nach ihr reichen. Dann soll er seinen Kopf und seinen Oberkörper heben und in sie eingehen mit dem, was zu diesem Zweck hart wird. Aber er soll zart in sie hineingehen, nicht mit Gewalt, nicht mit Schmerz, an den sie sich erinnern wird.

Die Frau atmete kindlich verwundert und keuchend vor Wehtun. Und der Mann, als er das Wehtun vernahm, hielt inne. Aber seine Hand begab sich mit unablässig liebkosenden Fingern an die Stelle, an die sie gehörte...

Aber sie spürte, wie das Wehtun sich ihr entzog, das Wehtun, nicht aber das Schluchzen. Sie seufzte, ein geheimnisvolles, kleines Seufzen; sie lag still da, sehr still.

Jetzt sprach der Mann: ‚Deine Hand gehört hierher', sagte er zu ihr.

Als sie nicht zu verstehen schien, legte er ihre Finger auf sich. Hier, sagte er, sein Same, und hier, ein Leitweg für diese Samen, für neues Leben, für das Kind, das sie machten.

Unsicher handelte sie an ihm. Und so, indem er ihren Kopf zu sich an die Brust zog, begann er sanft mit ihr zu sprechen...

Als die alten Dakotah-Großväter eine Zeremonie für die Bindung zwischen Mann und Frau einführten, hatten sie, sagte er, auch von dem gesprochen, was der Ehemann in die Frau leitet. Als heilig hatten sie diesen Akt bezeichnet, bei dem der Mann die Samen vergangener Geschlechter zu künftigen Geschlechtern ausstößt. Und so hatten sie geraten, daß die Frau sich davor hüten möge, Leben von sich zu werfen. Statt dessen sollen Frauen etwas in ihren Mund nehmen und wissen, warum sie dies tun; sie soll wissen, warum sie die Tropfen, die Samen schmeckt, die an seiner Spitze hängen; sie soll wissen, daß sie auf diese Weise ihren Wunsch zeigt, Leben zu bewahren, sein Leben und alles Leben.

Die Frau hatte aufmerksam zugehört, als der Mann von diesen Dingen sprach. Und jetzt hörte er sie das Wort sprechen, die Wendung, die den Mann aufnahm, den zu halten, den über jede andere Person hinaus zu ehren sie sich entschieden hatte; als den Mann, dem sie gehorchen, dem sie in allen Dingen zu gehorchen gewillt sein wird.

Mihigna, mihigna. Mein Ehemann, mein Ehemann. Sie hauchte den Sinn an seinen Schenkel, und er hörte darin ihre Freude...

Und nun zog der Ehemann sie hoch und nahm sie liebevoll an sich; in der Gegenwart von Wakantanka – von allem, was sie Mysterium heißen – wird diese Frau ‚seine-Frau', seine ‚wahre-Frau'...

Er bedeckte, den Duft einatmend, sein Gesicht mit ihrem langen schwarz schimmernden Haar, und er preßte, den Geruch ihrer Haut genießend, seinen Mund an ihre Arme und er bewegte seine Hände liebkosend über ihren ganzen Körper und entzückte sich in ihrem Fühlen.

Aber er liebkoste nicht ihre Brüste, das Sinnbild der Frau als Mutter, etwas, das auf das Kind bezogen ist, nicht auf den Ehemann.

Nach einer Weile verriet ihm das Atmen der Frau, daß sie schlief... Er wandte sich der leise schlafenden Frau zu und legte seine Hand auf das, was ihm so viel Wonne gebracht hatte.

Sogleich fühlte er ihre Finger nach ihm tasten. ‚Mihigna', raunte sie und schlief dann wieder. Aber sie hatte ihn nicht losgelassen."

Ich weiß nicht mehr, wieso wir auf die Ureinwohner Amerikas zu sprechen kommen. Vielleicht sind es die Ausstellungsstücke der unterschiedlichsten Indianerstämme gewesen, die plötzlich die Frage aufkommen lassen, wie Amerika besiedelt worden ist. Wer diesen Kontinent bereist hat, wird die Mannigfaltigkeit der Bewohner, ihre Verhaltensweisen, ihre Sprachen, ihre Baukunst und ihre Zeremonien entdeckt haben. Vielleicht waren es zunächst Abenteurer, die aus ihrer Heimat aufbrachen, um neue Jagdgründe aufzufinden. Die Menschen verstanden stets, sich den Umweltgegebenheiten anzupassen. Doch diese Menschengruppe wäre zu klein gewesen, um einen solchen Kontinent zu besiedeln. Es müssen größere Wanderungen stattgefunden haben. Vielleicht war es der Exodus asiatischer Völker über die Land- (Beringstraße) und die Eisbrücke (Eurasien). Prähistorische Funde wie Speer- und Pfeilspitzen in Körpern längst ausgestorbener Tiere deuten auf eine frühe Besiedlung hin. Doch wann die Besiedlung durch Jäger erfolgt ist, läßt sich noch nicht genau datieren. Es ist jedoch anhand der Funde sehr wahrscheinlich, daß Menschen bereits vor rund 30 000 Jahren in Nordamerika anzutreffen waren.

Wo Spuren versunkener Kulturen auftauchen, lassen sie sich wegen unseres geringen Wissens nur schwer erklären. Ist die Pyramidenkultur Mittelamerikas aus eigenem Antrieb entstanden oder ist sie von außen beeinflußt worden? Wie konnten die Steine so fein behauen werden? Die Technik der damaligen Bildhauerkunst ist uns noch unbekannt. Woher kamen die Inkakönige? Wie konnten sie sich als Söhne des Sonnengottes ausgeben? Woher hatten sie das Organisations- und Verwaltungstalent? Wie kam es zur Terrassenbepflanzung? Liegt nicht der Ursprung des Ackerbaus (Mais) in Ekuador statt in Zentralasien? Was ist an Kultur selbst in Amerika gewachsen? Da es keine schriftlichen Überlieferungen gibt, muß unser Bild von der Geschichte Amerikas aus archäologischen Funden mosaikweise zusammengefügt werden.

Wer hat Amerika in der Neuzeit wiederentdeckt? Gab es nicht vor den Wikingern irische Mönche, die den Kontinent über Island, Grönland und Neufundland betreten haben? Erst im Zeitalter der Hochrenaissance formte sich das Selbstbewußtsein der Menschen und ihr Geschichtsbewußtsein. Spanien und Portugal wurden zu den führenden Entdecker-Nationen. Nach Kolumbus (1492) folgten Nerváez (1527–1528), Cabeza de Vaca (1528–1536), De Soto (1539–1542), Moscoso (1542–1543), Coronado (1540–1542), La Salle (1682) und schließlich Alexander Mackenzie (1789–1793), der als einer der größten Entdecker Nordamerikas gilt.

Zum Abendessen in das Restaurant „Grub'n tub" in Dubois, ein Ort von weniger als tausend Seelen. Immer noch liegt der Hauch einer Pioniersiedlung über dem Tal. Ein Mann im Trapperhut entpuppt sich als Wirt. Salat von einer fahrenden Salatbar, über den Tellerrand hängende, saftige Steaks und dazu ein bekömmliches Bier runden unseren Hauptgang ab. Im weiteren Verlauf des Abends lernen wir vier Cowboys kennen, die den ganzen Tag Rinder getrieben haben. Ihr Gang und ihre Gesichter verraten harte Arbeit. Zu ihrer Ausrüstung gehören Lasso am Sattelknauf und ein Sprechfunkgerät. Nach einem doppelten Whiskey werden die Gespräche lebhafter. Wir begreifen, daß wir harte Wirklichkeit um uns haben und uns nicht in einem Theater befinden.

Am anderen Morgen brechen wir unsere Zelte ab und fahren weiter durch das Tal des Wind River. Kurz nach Dubois beginnt das Wind-River-Reservat der Shoshonen. Es ist ein eigenartig drückender Tag, als wir Fort Washakie erreichen. Im Trading Post sehen wir uns um: reichliche Fülle an Handarbeiten wie Mokassins in allen Ausführungen, Bekleidungsstücke aus Hirsch- und Antilopenleder, Lederartikel, Kultgegenstände, Gemälde. Bildhauerarbeiten, Holzschnitzereien und Töpferwaren. Während wir die einzelnen Skulpturen betrachten, begegnen wir überraschend dem Häuptling der Shoshonen, einer Frau, Mrs. Ethel Tillman, die uns mit Rat und Tat zur Seite steht. Sie berichtet, daß man von Folklore und Wildwest nicht leben könne. Der Stamm sei darauf angewiesen, Bodenschätze zu heben. Jedoch dürfe die Natur nicht unter der Exploitation leiden.

Die Shoshonen haben im Gegensatz zu den anderen Stämmen, die die Weißen erbittert bekämpften oder sich ihnen widerwillig unterwarfen, eine Friedenspolitik betrieben. Die Freundschaft der Shoshonen, die damals Teile von South Dakota, Wyoming, Montana, Utah, Idaho und Nevada bewohnten und als tapferes Volk zu Pferde galten, weil sie ihr Land gegen Ansprüche der Sioux, Crows, Blackfeet, Cheyennes und Arapahos erfolgreich verteidigten, mit den Weißen begann zufällig, als die Forschungsreisenden Lewis und Clark den Dolmetscher Charbonneau verpflichteten. Ich habe schon erzählt, wie der Dolmetscher seine 16jährige Frau Sacajawea, eine Shoshonin, sowie ihren Säugling, einen Buben, den sie mehr als vier Monate in einer Trage mit sich führte, auf der Reise mitnahm. Am 17. August 1805 stieß die Forschungsgruppe auf Shoshonen. Sacajawea war als Dolmetscherin behilflich, wobei sie im Zelt des Häuptlings Cameahwait diesen als ihren Bruder erkannte. Dieses freudige Wiedersehen löste die Spannung unter den Versammelten. Gastgeschenke wurden gegenseitig ausgetauscht. Von diesem so einmaligen Ereignis zogen alle später ankommenden Weißen Nutzen.

Auf dem Weg zu ihrem Grab hören wir, daß der Junge, den Sacajawea auf der Expedition in einer Wiegetrage mitführte, von einem deutschen Herzog adoptiert wurde. Es war Paul Wilhelm, Herzog von Württemberg (1797–1860), der selbst schreibt (Reise nach dem nördlichen Amerika in den Jahren 1822 bis 1824, S. 411): „Am 9. 10. 1823 erreichte das Boot den Kansas, wo ich mich mehrere Stunden aufhielt und den Sohn von Toussaint Charbonneau aufnahm, der mich nach Europa begleiten sollte."

In der Einführung heißt es (S. 6): „Anfang Oktober 1822 segelte der Herzog mit einem Dreimaster von Hamburg nach New Orleans, wo er am 20. Dezember an Land ging. Er unternahm die Reise inkognito und gab sich als Baron von Hohenberg aus. Nach einem Besuch Kubas fuhr er den Mississippi und den Missouri aufwärts bis ins Gebiet der Teton- und Yankton-Sioux. Von Captain William Clark, dem Verantwortlichen für indianische Angelegenheiten im Missouri-Gebiet, hatte er die Erlaubnis erhalten, den oberen Missouri und die Rocky Mountains zu bereisen...

Der Sohn der berühmten Sacajawea... hieß Baptiste Charbonneau, erhielt aber den Kosenamen ‚Pomp' und wurde durch das Reisetagebuch von Lewis und Clark in den ganzen Vereinigten Staaten berühmt; ebenso wie seine Mutter, der man sogar ein Denkmal errichtete. Diesen ‚Pomp', der mittlerweile 18 Jahre alt geworden war, adoptierte der Herzog kurzerhand und nahm ihn mit nach Europa. Im Dezember 1823 schifften sie sich in New Orleans auf dem Zweimaster ‚Smyrna' ein. Die

Tatsache, daß ein württembergischer Herzog und Thronanwärter einen ‚Wilden' adoptiert hatte, war natürlich die Sensation bei Hof. Über den Aufenthalt Baptistes in Herzog Pauls Schloß in Mergentheim ist wenig bekannt. Jedenfalls genoß Baptiste eine gründliche Schulbildung. Als sein Adoptivvater 1829 zum zweiten Male nach Amerika fuhr, brachte er ihn wieder in seine Heimat zurück, wo er ein bekannter und geachteter Pelzjäger wurde."

Maximilian Prinz zu Wied (1782–1867) als pensionierter Offizier der preußischen Armee, Naturwissenschaftler und Ethnologe, unternahm 1832 bis 1834 mit dem Schweizer Maler Carl Bodmer, dem er – gerade dreiundzwanzig Jahre alt – den Auftrag erteilte, mit Zeichenstift und Wasserfarben seine Eindrücke festzuhalten, eine Forschungsreise nach Nordamerika bis zum oberen Missouri, wobei der Hauptzweck seiner Reise ein Aufenthalt in den Rocky Mountains sein sollte, der jedoch widriger Umstände wegen nicht durchgeführt werden konnte. Sie kamen lediglich bis zum Fort McKenzie im heutigen Bundesstaat Montana. Ein strenger Winter, des Prinzen angegriffene Gesundheit sowie Stammesfehden veranlaßten sie zur Rückkehr. Im April 1834 traten sie den Rückweg an und erreichten vier Monate später Deutschland mit vier Bären und Hunderten von Aquarellen und Skizzen im Gepäck.

Carl Bodmers Aquarellkunst wird heute ebenso bewundert wie Genauigkeit der Details, Lebendigkeit der Farben und vor allem dokumentarische Weitsicht. Seine Amerikabilder archivieren eine schon damals vom Untergang bedrohte Kulturvielfalt. Die Eindrücke der Wirklichkeit werden so vielfältig dokumentiert, daß sie Begeisterung hervorrufen und zu Respekt auffordern, gleichgültig ob Bodmer Häuptlinge, Medizinmänner oder Krieger in ihrer Kleidung oder Bemalung, Tänze, Zeremonien oder Rituale, originäre Natur oder Landschaften mit Siedlerdasein darstellt.

Unter schwierigen Bedingungen entstanden seine Skizzen und Aquarelle. Er malte oft in so klirrender Kälte, daß er seine Farben erwärmen mußte. Er ertrug Überfälle, gewöhnte sich an die unzureichende Verpflegung und war ständig irgendwelchen Krankheiten ausgesetzt. In all seinen Bildern sind diese Erschwernisse nirgendwo zutage getreten.

Am 19. Juni 1833 legte das Schiff „Assiniboin", den Missouri aufwärts fahrend, am hohen, „sanft abgeböschten Ufer des Forts Clarke an, wo mehr als 600 Indianer unserer harrten ... Die Häuptlinge waren sämtlich in ihre schönsten Anzüge gekleidet, um uns Ehre zu erzeigen. Sobald das Schiff befestigt war, traten sie an Bord und nahmen in der hinteren Kajüte Platz, nachdem sie uns sämtlich die Hand gedrückt hatten. Die Pfeife zirkulierte, und die Unterhaltung begann; mit den Mandans durch Hilfe des Herrn Kipp, Kommis der American Fur Company und Direktor des Handelspostens in Fort Clarke, mit den Mönnitarris mit Hilfe des alten Dolmetschers Charbonneau, der schon seit 37 Jahren in den Dörfern des letzteren Volkes hier in der Nähe lebt (S. 232 Bd. 1: Reise in das innere Nordamerika)." Obwohl Prinz zu Wied des öfteren mit Charbonneau zusammentraf, ist in seinem Buch keine Rede von Baptiste Charbonneau, der einmal in Württemberg lebte.

Wir fahren wieder zurück. Eine stille Ebene. Nirgends ein Strom, nirgends eine Eisenbahn. Weite Flächen, Offenbarung einer erhabenen Schöpfung. Wir nähern uns wieder Fort Washakie. Wir fahren durch ein Dorf, das zeitlos wirkt, als hätte nicht die Historie die Gegend zum Schauplatz von Metzeleien und schließlich des Friedens gemacht. Die Erde ist farblos und wirkt dadurch geradezu unheimlich. Trotzdem ist sie fruchtbar, sonst wäre nicht irgend jemand zu irgendeiner Zeit hier seßhaft geworden.

Weiter... Auf der linken Seite wieder der Trading Post, rechts eine Steinmauer, die einen Friedhof verbirgt. Es begegnet uns ein alter Indianer, sein Gesicht von tiefen Kerben gezeichnet. Ein kurzer Gruß. Seine Haut von Winden und Blitzen vernarbt. Sein Blick wandert hinauf zu den Höhen des Himmels, zur Heimat der Ahnen, des Adlers, der Sturmwolke. Riesige, schwarze Gewitterwolken verdecken einen Teil des Himmels. Die Sonne erhellt gerade noch den Friedhof. Ein glitzerndes Gold leuchtet von den Grabsteinen, als wollten sie uns locken, den Friedhof aufzusuchen. Mineralien in den Grabsteinen spiegeln das gleißende Licht wider. Es wird auf uns geworfen und dringt tief in unsere Augen, bis in die Zellen unseres Gehirns. Ich beginne innerlich zu jubeln: Das ist ein Phänomen! Laserstrahlen aus dem All! Das ist die reine Natur, eine Natur, die sich gegen ihre eigenen Geschöpfe wendet. Ebenso die Erde: sie gebärt und verschlingt. An dieser Stätte weilen die Gedanken bei dem Geist des Universums.

Am Grab des weisen Shoshone-Häuptlings Washakie

Blumen schmücken das einfache Grab (Abb. 43). Hatte der alte Indianer diese Grabstätte ausgesucht? Am 20. Februar 1900 rief Washakie seine Familie zu sich und flüsterte ihnen zu: „Behaltet dies, wofür wir gekämpft haben. Haltet es in Ehren und Frieden. Legt Euch schlafen. Ich werde nicht mehr zu Euch sprechen.“ Zwei Tage später begleitete ihn ein mehr als zwei Kilometer langer Trauerzug zur letzten Ruhestätte. Die 1. US Kavallerie verabschiedete den großen Häuptling, der bis zuletzt als Späher der Armee diente, mit drei Salutschüssen. Ein leise vernehmbares Echo kam von dem Wind River-

Abb. 43: Das Grab des weisen Shoshone-Häuptlings Washakie

Gebirgszug als Abschiedsgruß, Gruß des Landes, das er liebte. Seine letzten Jahre verbrachte er damit, es durch Bewässerungsanlagen fruchtbarer zu machen. Von einem Agrarökonomen ließ er sich und seine Leute in der Bewirtschaftung unterweisen. Es war sein Land, gelegen zwischen den Tetons, dem Yellowstone Nationalpark im Nordwesten, dem Wind River Range im Westen, dem South Paß im Süden, wo die Siedler auf ihrem Wege nach dem Westen die Rocky Mountains überquert hatten, und den Prärien im Osten.

Seine Jugend verbrachte Washakie bei dem Stamm seines Vaters, den Flathead. Nach dem frühen Tod seines Vaters kehrte die Mutter mit ihm zu ihrem Stamme zurück. Mit zwanzig lebte er unter den Bannocks im heutigen Idaho. Wenige Jahre später wechselte er endgültig zu den Shoshonen über.

Mut und Tapferkeit sollten Washakie bald abverlangt werden. Als sich eines Tages Blackfeet in das Gebiet der Shoshonen wagten, stießen sie auf eine große Herde von Pferden, von denen sie mehrere mitnahmen. Washakie verfolgte sie fast tausend Kilometer bis nach Montana, tötete und skalpierte die meisten und konnte nahezu alle Pferde wieder nach Hause bringen. Bei einem weiteren Kampf mit ihnen wurde er von einem Pfeil unter dem linken Auge verletzt. Eine tiefe Narbe zeichnete sein Gesicht. Doch Verwegenheit und Mannesmut verließen ihn nicht.

In der Zeit seit der Lewis und Clark-Expedition kamen immer mehr Weiße als Fallensteller in das Jagdgebiet der Shoshonen. Washakie benutzte die Gelegenheit, um die Kunst des Fallenstellens zu erlernen und mit den Trappern Freundschaft zu schließen. Als 1825 der Handel mit Fellen zwischen St. Louis und den Trappern zum Erblühen kam, und man zu diesem Zwecke ein Sommertreffen veranstaltete, wo Pelze gegen Waffen, Munition, Lebensmittel und Whiskey getauscht wurden, entdeckte Washakie, daß der Fellverkauf einen einträglichen Gewinn abwarf. Er empfahl den Shoshonen, sich an diesem Tauschhandel zu beteiligen, wobei sie den Vorteil hatten, daß sie sowohl den Trappern als auch den Händlern ein Gut anbieten konnten, das beide nicht besaßen, nämlich junge Frauen. Washakie selbst zählte unter den Trappern Kit Carson und Jim Bridger zu seinen Freunden. Als der Wildbestand immer mehr schrumpfte und sich auch in der Mode ein Wechsel von den Biberfellhüten zum seidenbespannten Zylinder vollzog, fand 1840 das letzte große Treffen statt. 1842 starb der Häuptling der Shoshonen und Washakie erhielt die Häuptlingswürde.

Seine Wahl zum Häuptling fiel zugleich mit einem geschichtlichen Ereignis zusammen. Im Jahre 1843 zogen die ersten tausend Siedler mit mehr als hundert Planwagen zur Westküste. Mehr als dreitausend Kilometer mußten sie zurücklegen. Ein Jahr später waren es schon viertausend Siedler. Bis in die sechziger Jahre des 19. Jahrhunderts gab es die Binnenwanderung von Ost nach West.

Während sich die Indianerstämme wie Sioux, Arapahos, Crows und Cheyennes feindlich verhielten, indem sie einzelne Planwagen oder Einzelreiter überfielen, selten einen ganzen Treck angriffen, ließ Washakie die Siedler ungeschoren durch sein Gebiet ziehen, gewährte ihnen sogar Schutz, wenn sie von Nachbarstämmen überrascht wurden, und zeigte ihnen auch die besten Stellen, wo sie den Fluß durchqueren konnten. Er befahl seinen jungen Kriegern, nie einen Weißen zu bestehlen, da das die Verbannung zur Folge haben könnte. Washakie war zu weise, um die Zeichen der Zeit nicht zu verstehen. Die Weißen waren stärker als die Indianer. Daher war es stets sein Bestreben, die Weißen zu Verbündeten zu machen.

Im Jahre 1843 zogen die Siedler nicht mehr über den South Paß (2301 m), sondern folgten dem nach Frederick Lander benannten Lander trail, der 30 Kilometer nördlicher vom South Paß durch das Tal des Green River verlief, um dann dem Snake River zu folgen. Dieser Weg kürzte den Oregon trail um gute 550 Kilometer. Dieses Wegerecht der Weißen wurde auf Ersuchen Landers beim Leiter des Bureau of Indian Affairs mit regelmäßigen Lieferungen von Lebensmitteln, Werkzeugen, Kleidung und Waffen erkauft.

Seit 1858 versuchte Washakie den Regierungsbeamten beizubringen, daß die Zeit für die Shoshonen als Nomadenstamm zu Ende ginge und es deshalb an der Zeit sei, seinem Stamm ein Reservat zuzubilligen. Dafür eigne sich das Wind-River-Tal, das er gerne für Ackerbau und Viehzucht nutzen wolle. Bis seine Leute dies gelernt hätten, gäbe es noch für Jahre Bisons in diesem Jagdgebiet. Seinen Wunsch mußte er fast zehn Jahre lang immer wieder vortragen, bis am 4. Juli 1868 der Vertrag unterschrieben wurde, der auch einen Passus enthielt, wonach eine Schule, ein Landwirtschaftslehrer, Saatgut, eine Mühle, ein Krankenhaus, landwirtschaftliche Geräte und eine Kirche zu liefern wären.

Washakie hatte recht, als er dem Stammesrat erklärte, daß der eigentliche Feind der Shoshonen die Sioux wären, die auf ihrem Weg zum Westen alle dort lebenden Indianer vertrieben hätten. Da sie nun Nachbarn seien, sei es unbedingt ratsam, daß sich die Shoshonen auf diesen Kampf vorbereiteten. Diese Worte wurden um so gewichtiger, als von 45 Kriegern aus einem Kampf gegen die Sioux, die in der Übermacht waren, lediglich drei zurückkehrten. Alle seine Erfahrungen, die Washakie gesammelt hatte, nutzte er, um seine Krieger in der Taktik und im Manöver zu unterweisen.

Im Frühjahr 1876 befahl General Sheridan den Generalen „Three Stars“ Crook und Terry, militärische Operationen im Quellgebiet des Powder, Tongue, Rosebud und Bighorn durchzuführen. General Crook bat Washakie um Unterstützung, die dieser ihm auch sofort zusagte. Seine Krieger warteten schon lange auf ein solches Ereignis, da Washakie wußte, daß er gegen die Sioux nur erfolgreich sein könnte, wenn ihm die Armee zur Seite stehen würde. Am 14. Juni 1876 trafen sich Washakie mit 86 hervorragend ausgebildeten Kriegern, die Crow-Häuptlinge Medicine Crow, Old Crow und Good Heart mit 176 Kriegern sowie General Crook mit 1300 Soldaten im Hauptlager am Goose-Creek, einem Nebenfluß des Tongue River in der Nähe der Montana-Wyoming-Grenze. Die Schlacht von Rosebud fand am 17. Juni statt. Dee Brown schreibt hierüber (Seite 283 f.): „An diesem Tag versetzte sich Crazy Horse in die wahre Welt... Um in die wahre Welt zu kommen, mußte er träumen, und wenn er in der wahren Welt war, schien alles zu schweben oder zu tanzen. In dieser wahren Welt tanzte sein Pferd, als sei es wild oder verrückt, und deshalb nannte er sich Crazy Horse. ...und er brachte den Sioux viele Dinge bei, die sie noch nie getan hatten, wenn sie gegen die weißen Soldaten kämpften. Als Crook seine Kavalleristen angreifen ließ, stürmten die Sioux nicht in das Feuer ihrer Karabiner vor, sondern wichen zu ihren Flanken aus und schlugen an schwachen Stellen ihrer Linien zu. Crazy Horse befahl seinen Kriegern, auf ihren Pferden zu bleiben und ständig den Platz zu wechseln. Als die Sonne hoch am Himmel stand, hatte er die Soldaten in drei verschiedene Gefechte verwickelt. Die Blauröcke waren es gewohnt, feste Gefechtsformationen zu bilden, und als Crazy Horse ihnen dies unmöglich machte, gerieten sie in Verwirrung. Indem die Sioux auf ihren schnellen Ponys zahlreiche rasche Angriffe unternahmen, verhinderten sie, daß die Soldaten sich vereinigten, und sorgten dafür, daß sie ständig in der Defensive blieben. Wurde das Feuer der Blauröcke so stark, so zogen sich die Sioux zurück, reizten einige Soldaten dazu, sie zu verfolgen, und stürzten sich dann wieder auf sie.

Auch die Cheyennes, Verbündete der Sioux, zeichneten sich an diesem Tage aus, vor allem bei den gefährlichen Angriffen. Der tapferste von allen war Chief-Comes-in-Sight, doch als er sein Pferd nach einem Angriff gegen die Flanke der Soldaten herumriß, wurde das Tier von einer Infanterielinie der Blauröcke niedergeschossen. Plötzlich galoppierte ein anderer Reiter aus der Stellung der Cheyennes herbei und schirmte mit seinem Pferd Chief-Comes-in-Sight vor dem Feuer der Soldaten ab. Er sprang, so schnell er konnte, hinter den Reiter auf das Pferd. Der Retter stellte sich als seine Schwester Buffalo-Calf-Road-Woman heraus, die mitgekommen war, um bei der Versorgung der Pferde zu helfen. Die Cheyennes nannten das Gefecht deshalb ‚Die Schlacht, in der das Mädchen seinen Bruder rettete'. Die Weißen gaben ihr den Namen ‚Schlacht am Rosebud'.

Als die Sonne unterging, endete die Schlacht. Die Indianer wußten, daß sie Three Stars einen guten Kampf geliefert hatten, doch sie erfuhren erst am nächsten Morgen, daß sie die Soldaten besiegt hatten... Sie sahen die weit im Süden sich zurückziehenden Soldaten. General Crook kehrte zu seinem Stützpunkt am Goose Creek zurück." Eine totale Niederlage wäre nicht ausgeblieben, hätten die Crows und die Shoshonen nicht mit ihrem Geschick und Können die Sioux und Cheyennes trotz ihrer Übermacht zeitweise aufhalten können. Zum Dank für seinen unermüdlichen Einsatz erhielt Washakie von Präsident Ulysses S. Grant aus Washington einen mit feiner Silberarbeit verzierten Sattel, der ihm in Camp Brown, das 1878 ihm zu Ehren in Fort Washakie umbenannt wurde, anläßlich einer Feier von James Irwin, dem Chef des Indian Bureau, überreicht wurde. In seiner Rede bedankte sich Irwin im Namen des Präsidenten für seine Hilfe, die er der Regierung und ihren Soldaten zukommen ließ. Seine letzten Worte mündeten in den Satz: „Präsident Grant ist einer Ihrer Bewunderer." Daraufhin hatte Washakie das Wort. Doch er schwieg. Als er von Irwin aufgefordert wurde, doch auf seine Rede etwas zu erwidern, da er dem Präsidenten etwas von ihm mitteilen wolle, schwieg Washakie erneut. Er rührte sich nicht, bis er schließlich doch das Wort ergriff und sagte: „Wenn einem Weißen Ehre zuteil wird, fühlt er es in seinem Kopf und redet. Wenn einem Indianer Ehre zuteil wird, fühlt er es in seinem Herzen. Da das Herz keine Zunge hat, schweigt er."

Lander – South Paß – Rock Springs – Vernal – Duchesne – Heber City – Wildwood – Paßstraße Nr. 192 – Lehi – Salt Lake City

Nach dem Städtchen Lander, das nach dem Ingenieur F. Lander benannt ist, fahren wir durch die baumlose Hügellandschaft. Auf einem Hügel entdecken wir Pferde. Unter ihnen einige Falben. Sie bleiben wie angewurzelt stehen und schauen zu uns herüber. In der Stille können wir ihr Schnauben hören. Sie sind unruhig. Sie scheinen Ausschau zu halten. Es sind wilde, freischweifende Pferde, die es nur noch in wenigen Staaten gibt. Wyoming, Montana, Colorado, Utah, Arizona, Nevada, Washington, Oregon, Idaho und Neu Mexiko. Plötzlich wenden sie sich ab, fliegen pfeilartig den Hügel hinunter und ziehen eine Staubfahne hinter sich her. Mustangs, die letzten wenigen Zeugen aus der Pionierzeit. Es gibt kaum etwas Bewegteres als diese Tiere in der Wildnis. Meine Herkunft vom Lande wird mir bei ihrem Anblick wieder bewußt. Jahrelang hat man die Pferde eingefangen, um aus ihnen Hunde-, Katzen- und Hühnerfutter herzustellen. In dem Film „Misfits", der 1961 gedreht wurde, protestiert Marilyn Monroe gegen die motorisierten Pferdefänger, die horse wranglers. Clark Gable spielte die Rolle des Cowboys, der den Pferden von einer Ladefläche aus das Lasso um den Hals warf, das am Ende an einem LKW-Reifen befestigt war. Das Gewicht des Reifens zog den Pferden die Kehle zu und hinderte sie an der Flucht. Es war der letzte Film mit MM und Clark Gable. Er setzte ein Zeichen, die Natur zu respektieren. Die Natur als das Schönste zu bewahren, so wie die Indianer es verstanden. Der Kongreß hat erst 1971 die Idee aufgegriffen, die etwa 70000 wild free-roaming horses vor ihrer Ausrottung zu retten. Der Mustang wurde zum Sinnbild des Westens, für seine Weite, seine Wildnis und seine Freiheit. Erklärt sich nicht aus diesem Mythos die Jeans-Welle in den 70er Jahren in aller Welt?

Die Pferdefalle, in die die Mustangs schließlich getrieben wurden, wurde aus zusammensetzbaren Zäunen trichterförmig aufgebaut, die sich schlauchförmig verengten und am Ende in einen Corral, ein rundes Gatter, übergingen. An einer Stelle ließ es sich öffnen und gab den Weg frei in das Verlies eines Pferdetransporters. Aufgetrieben wurden die Mustangs durch einen Hubschrauber, der sie aber nicht scheuchen durfte. Denn wenn die Pferde überanstrengt wurden, blieben sie einfach stehen und ließen sich auch nicht von dem Helikopter ablenken. Der Pilot mußte mit viel Fingerspitzengefühl seine Sache meistern. Vor dem Corral wurden sie von einigen Cowboys in Empfang genommen und mit viel Geschrei in die Falle hineingetrieben. Sobald die Mustangs ihre Gefangenschaft erkannten, bäumten sie sich auf und schlugen mit ihren Hufen gegen die eisernen Stangenrohre. Nach einer Zeit gaben sie auf und senkten ihre Köpfe. Sie wieherten nicht mehr. Die Verladearbeit war für die horse wranglers die aufregendste Tätigkeit. Es dauerte oft lange, bis der erste Mustang die Laderampe hinaufkletterte. Sieht man im Film die wilden und gezähmten Pferde beieinander, so begreift man, daß das Tier gleichermaßen zur Freiheit und zur Knechtschaft fähig ist. Wie ist es um den Menschen bestellt?

Der Wagen erreicht den Scheitelpunkt des Passes und hält am Straßenrand. „Das ist der South Pass", erkläre ich. Das Wort wiegt schwer. Es erinnert an die vielen Siedler, die sich eine neue Zukunft im Westen erhofften. Ich bin mir, wie so häufig in meinem Dasein, voll bewußt, an einem großen historischen Ort zu stehen. Nicht nur aber bin ich mir dessen bewußt, sondern auch dankbar dafür, es erleben zu dürfen. Der Paß liegt eigentlich auf einer Hochebene und wirkt kaum als Teil der Rocky Mountains. Die kontinentale Wasserscheide verläuft über den Paß, was an der Fließrichtung der Flüsse deutlich wird. L. Schlissel schreibt darüber (S. 30 f.): „Der zweite Hauptabschnitt der Reise, weitere 850 Kilometer, führte vom South Pass nach Fort Bridger und weiter nach Fort Hall. Insgesamt hatten die Reisenden dann von Independence, Missouri, aus schon 1900 Kilometer zurückgelegt – und doch erst die Hälfte des Weges.

Zum Tagwerk der Männer gehörte das Lenken des Wagens und das Führen der Tiere durch unzählige Flüsse. Immer wieder mußten Reifen ausgewechselt, Räder abgenommen und über Nacht gewässert werden, andere mußten geschmiert werden, gebrochene Deichseln forderten Reparaturen und Peitschen mußten gesplissen und zurechtgeschnitten werden ...

Zur Arbeit der Frauen gehörte es, bei Wind und Wetter zu kochen. Dabei wurden zum Feuermachen Unkraut oder ‚Bison-Scheiben' verwendet. War ein Fluß zu tief zum einfachen Hindurchfahren, so mußten unter Umständen alle 2000 Pfund Vorräte vom Wagen gehoben, auf Flöße verstaut und am anderen Ufer wieder aufgeladen werden. Die Frauen waren mit all ihrem Einfallsreichtum und Durchhaltevermögen gefordert.

Nach Fort Hall trennten sich die Wege. Diejenigen, die ins Territorium Oregon wollten, folgten dem Snake River in nördlicher Richtung bis Fort Boise im Territorium Idaho und hielten sich dann nach Westen zum Columbia und zum Willamette Valley. Diejenigen aber, die Sutters Fort und das Sacramento Valley in Kalifornien zum Ziel hatten, richteten sich nach Süden, bis sie im nordöstlichen Nevada auf den Humboldt River stießen. Der Weg führte dann ungefähr 300 Kilometer weit durch eine Landschaft, die geprägt war von Felsen von faszinierender Schönheit sowie wüstengleichen Landstrichen mit stellenweise trockenem Gras, Beifuß und Feigenkaktus. Die einzigen hier lebenden Tiere waren Zwergkaninchen, Kojoten und Klapperschlangen.

Für beide Reisegruppen war dieser Abschnitt der härteste. An diesem Punkt wurde die Versuchung, eine neue ‚Abkürzung' auszuprobieren, um die beschwerliche Fahrt abzukürzen, geradezu überwältigend. Das Stichwort eines neuen Weges, ein oft genug nur an einen Baum geheftetes Stückchen Papier, reichte aus, um ganze Gruppen, die 1500 Kilometer in aller Freundschaft gemeinsam zurückgelegt hatten, auseinanderzutreiben. Manche Routen stellten sich als katastrophal heraus. Einige der Führer enthielten falsche Wegangaben. Ein Gerücht, eine simple Information aus zweiter Hand, daß ein bestimmter Weg die anstrengende Strecke um lächerliche zehn oder zwanzig Kilometer verkürzen würde, war Ursache dafür, daß ein paar Wagen in die eine Richtung, ein paar andere in die andere Richtung aufbrachen.

Unter den Männern brachen Streitigkeiten aus. Spannungen und Unruhe führten zu Übellaunigkeit, was die Frauen ängstlich beobachteten. Früher oder später brach schlechtes Wetter und irgendein Unglück über jede Truppe herein. Die Sommertage hielten bis in den August und September an. Ein falscher Weg, eine gebrochene Achse, ein behindertes Zugtier, ein verlorenes Kind, etwas Zeitverlust zum Erholen von einer Krankheit, ein ernstlicher Unfall, ein Scharmützel mit Indianern, ein Sturmregen – all das konnte jederzeit auf offener Straße passieren. Die Lebensmittelvorräte wurden sorgfältig verteilt; und die Emigranten waren ständig besorgt wegen der Weide- und Wasserplätze für ihre Ochsen. Waren die Bergpässe erst einmal wegen Schnee geschlossen, die Lebensmittelvorräte aufgebraucht, die Tiere erschöpft, so konnte eine Reisegruppe nur noch Hab und Gut auf Maulesel verladen und einen verzweifelten Versuch wagen, das Reiseziel doch noch zu erreichen."

Ein einfaches Restaurant nimmt uns in Rock Springs, an der Straße 80 gelegen, auf. In einem solchen Restaurant ist man auf Tuchfühlung mit den Menschen und Landschaften. Es heißt richtig: „in touch with America". An der Theke verläßt gerade ein Ehepaar seine Plätze. Wir haben nun genügend Platz. Sie kamen von Thermopolis, das am östlichen Rand des Wind River-Reservats liegt, und verbrachten einige Tage in den Thermalbädern. Im Hot Springs State Park gibt es eine der ergiebigsten Thermalquellen von einem Durchmesser von fast 11 Metern. Täglich sprudeln aus der Quelle mehr als 60 Mio Liter mit einer Temperatur von 57 °C. Später setzt sich ein grauhaariger Mann Mitte Fünfzig zu uns. Er hat vor kurzem noch als Gabelstaplerfahrer in Detroit gearbeitet, jetzt ist er auf der Jobsuche an der so verheißungsvollen Westküste. Unterwegs seit Tagen. Unterwegs in der Hoffnung, sein Leben zu meistern. Er ist gesprächig, erzählt sein Leben. Berichtet von seiner ersten Frau, die ihm davonlief, als der Vietnamkrieg kein Ende nehmen wollte, ist stolz auf seine beiden Kinder und zeigt sich zufrieden über seinen ersten Job in der Automobilbranche nach Rückkehr aus Fernost, beschreibt sein Pech mit seiner zweiten Frau und berichtet von dem Unfall, der ihn fast bettelarm gemacht hätte, wenn er nicht so ein rühriger und harter guy wäre.

Am Abend sind wir in Green River, einer Stadt von 12000 Einwohnern. „Kommen Sie", sagt der Wirt zu mir. Er nimmt mich an der Hand und führt mich um das Haus zu dessen Rückseite. Er tut es, um mir das schönste Essen anzubieten: „Sind das nicht prächtige Truthähne?" Ich betrachte sie und erwidere: „Unglaublich hier!" „Wir haben welche geschlachtet. Wollen Sie Truthahn mit Cranberry Sauce?" Ich sage nur: „Warum nicht. Bitte, verraten Sie es nicht. Wir wollen alle anderen überraschen." Ob die cranberries, die mit dem Truthahn verzehrt werden, von der Pazifikküste (Oregon, Washington) oder der Ostküste (Massachusetts, Wisconsin) sind, läßt sich nicht feststellen. Die cranberries gehören zum Truthahn. Sie sind ebenso wichtig wie die Beilagen. Für die Indianer sind die Moosbeeren ebenfalls wichtigster Bestandteil ihrer Nahrung. Diese Beerenart ist eine Verwandte unserer Preisel- und Heidelbeere. Ihre Entdeckung geht auf Henry Hall im Jahre 1816 zurück, der überdies auf Cap Cod an der Atlantikküste, nicht weit weg von Boston, beobachtete, daß die Sträucher die größten Beeren trugen, die der Wind mit feinem Pudersand bestäubt hatte. Daraufhin legte man Anpflanzungen größeren Stils auf Flachmooren an, wobei die Sträucher in der Zeit von Mitte Dezember bis April unter

Wasser stehen, damit der Frost ihnen keinen Schaden zufügen kann. Sobald eine Eisdecke die Beerenplantagen überdeckt, wird feiner Sand auf dem Eis verteilt. Dieses Fruchtbarkeitsritual erfolgt im Abstand von zwei bis drei Jahren. Bei der Naßernte läßt man die Plantage überfluten. Maschinen wirbeln das Wasser auf, so daß dadurch entstehende Turbulenzen die Beeren von den Sträuchern losreißen, die dann aufgrund ihres spezifischen Gewichts an die Oberfläche hochsteigen. In einer Art schwimmendem corral werden sie zusammengerecht, abgesaugt und verladen. Die Ausbeute erreicht bei der Naßernte 98 %, bei der Trockenernte 85 %. „Es war ein Abend für den Gaumen“, sage ich. „Der Truthahn hervorragend, ebenso die Beilagen und die cranberries, und der Weißwein auch ...“

Es ist Morgen. Wir besuchen das Flaming Gorge Reservoir, das aus einer Aufstauung des Green River entstanden ist. Die Ufer spiegeln sich im stahlblauen Wasser. Dort, wo die Sonne die Ufer erreicht, entdecken wir im Gegenlicht nie gesehene Farben. Wir sehen auch geborstene Stämme, bemooste Strünke, von einem Windbruch gefällte Bäume und aufgerissene Borke. Stille. Ich bin wiederum berauscht von der Landschaft. Bilder ziehen an mir vorbei. Ich komme mir vor wie ein Sammler, der sein Leben lang Gemälde gesammelt hat und jetzt von einer Galerie voller Bilder umgeben ist. Ich empfinde nicht mehr das Bedürfnis nach Reichtum, ich habe den Höhepunkt erreicht, ich bin von der Natur überreich beschenkt.

Am Fuß einer Eiche entdecken wir eine Ameisenkolonie. Die Ameisen gehören zu den sozialen Insekten, die sich straff organisieren und in der Regel altruistisch verhalten. Doch Eigennutz ist auch in einem solchen Staat nicht unbekannt. Vor allem trifft man ihn bei der amerikanischen Sklavenhalter-Ameise an. Der Staat besteht neben einer Königin aus nicht mehr als zwölf Arbeiterinnen, denen bis zu 200 Sklavenameisen untergeordnet sind. Als eine der wichtigsten Arbeiten obliegt den Sklaven die Nahrungsbeschaffung. So wie sich die Königin lediglich von den Arbeiterinnen mit flüssiger Nahrung füttern läßt, so versorgen die Sklaven ihre Arbeiterinnen. Aus der Nähe eine Ameisenkolonie mit einem Fernglas zu beobachten, erweckt den Eindruck, als ob man sich mitten unter ihnen befände. Wie viele Rätsel gibt die Erde auf! Gibt es unter den Sklavenameisen eine „Hackordnung", wonach dominante Ameisen die Nahrungsversorgung unter sich nach ihren Regeln bestimmen? Kann das Trommeln ihrer Fühler auf andere Artgenossen oder das Klettern auf deren Rücken so gedeutet werden? Gewiß dürfte sein, daß es unter den Sklaven eine Rangordnung gibt. Denn Sklaven unter sich zeigen kein gleiches Verhaltensmuster. Selbst im Verhältnis der Arbeiterinnen zur Königin dürfte Rivalität herrschen. So kann die Königin durchaus von einer dominanten Arbeiterin mehr Futter verlangen, so daß sie diese schwächt, aber zugleich das Eierlegen steigert. Für den Betrachter herrscht Wirrwarr. Doch der Ameisenstaat wird offensichtlich von einem Sozialverhalten beherrscht, das die Ordnung garantiert. Daß Eigennutz dabei ist, bedeutet nicht, daß die Ameisenkolonie ihre eigene Existenz gefährden würde.

Am nächsten Morgen fahren wir aus der Stadt Green River hinaus, uns langsam auf die Höhe windend; summend gleitet der Wagen sanft über die kurvenreiche Straße. Gerade in dem Augenblick, da wir über die einzigartige Gastfreundschaft des Wirtes reden, erfasse ich aus einem Winkel des Auges die ganze überwältigende Schönheit des tiefen Canyons. Wie ein biblisches Land. Eine in Sonnenlicht getauchte Landschaft. Unfähig, mich in meiner Begeisterung zu beherrschen, stehen mir Tränen in den Augen. Darauf sind wir nicht vorbereitet. Wir halten an, damit wir das ganze Bild mit einem allumfassenden Blick in uns aufnehmen können. Eine lichtdurchflutete Landschaft, die doch durch viele Streifen von Farbe durchzogen ist. Es ist wie ein Überfall des Lichtes und der leuchtendsten Farben. Eine kubistische Landschaft. Gemälde von Braque und Picasso. Wir sind noch nicht auf dem höchsten Punkt der Straße angelangt, aber schon auf einer Anhöhe, die genügend Blick in die tiefe Ebene gewährt. Auf diesem Bergrücken, im Mittelpunkt einer Stille, sind wir überwältigt vom Licht- und Schattenspiel. Das Licht ist wie eine Sprengpatrone, die Farben in den unterschiedlichsten Schattierungen abfeuert, Farben, die dennoch aufeinander abgestimmt sind, gelbe, grüne, rote und blaue Farben. Der Mensch steht sprachlos vor diesem Wunder, das sich je nach Lichteinfall in neue Wunder verwandelt. Wir fahren noch höher und haben erst oben auf der Höhe den weitesten Blick in den Canyon, auf den Stausee. Eine Lichtoase, überwältigend. Wie soll ich beschreiben, wodurch sie sich von anderen unterscheidet? Ist sie schatten-, farbenreicher, intensiver leuchtend?

Am Flaming Gorge Reservoir entlang geht es weiter über die Straße 530 (mit gerader Ziffer – Ost-West-Straßen) bis nach Manila, dann über die Straße 44, bis wir auf die Nr. 191 (Nord-Süd-Straße, da ungerade Ziffer) stoßen und in Richtung Vernal weiterfahren. Würde man der Straße 40 nach Jensen folgen, läge das Dinosaurier-Museum in unmittelbarer Nähe. Wir bleiben auf der Straße 191 bzw. 40 und überschreiten bei Fort Duchesne die Grenze zum Uintah- und Ouray-Reservat.

Wir kehren ein und laben uns an einem Banana-Split. Da fällt mir plötzlich mein alter Freund Lloyd, Rechtsanwalt in Sacramento, ein, den ich in Kürze aufzusuchen habe. Gewissermaßen ist mein Freund Lloyd dafür verantwortlich, daß ich jetzt hier bin, überlege ich, denn die gemeinsame Kontrolle von Investitionen hat uns vor Jahren zusammengeführt. Wenn ich ihn nicht kennengelernt hätte, wären wir jetzt nicht im Nordwesten der Vereinigten Staaten und hätten nie den Zauber dieser Landschaft erfahren. Es wären auch nie diese Zeilen über eine „Reise in Schönheit" geschrieben worden, „hozoji nashad".

Als wir Duchesne, das inmitten des Reservats liegt, durchquert haben, kommen wir durch ein Waldstück. Von der Straße aus können wir in einer Lichtung Bienenhäuser entdecken. Bienen – wie die Ameisen hochinteressant, immer noch rätselhafte Tiere! Was besagt z.B. der Bienentanz? Hat eine Biene einen günstigen Nektarplatz gefunden, teilt sie dies in Form von Tanzfiguren mit, aus denen man die Richtung und Entfernung ableiten kann. Neuere Forschungsergebnisse von Karl von Frisch, der 1973 einen Nobelpreis für die Entschlüsselung der Bienensprache erhielt, und seinen Schülern weisen dem Winkel zwischen Futterplatz und jeweiligem Sonnenstand eine bedeutende Rolle zu, wobei dieser auf das Erdmagnetfeld projiziert wird. Verläuft z.B. der Schwänzeltanz senkrecht nach oben, liegt der Futterplatz in Richtung Sonne, die immer der Bezugspunkt im Orientierungssystem der Bienen ist.

Daß auch Mißweisungen vorkommen, ist auf den Einfluß des Magnetfeldes der Erde zurückzuführen. Je schwächer das Erdmagnetfeld ist, um so geringer wird der Fehler der Richtungsangabe. Wie aber die Feldlinien wahrgenommen werden, ist nur im Ansatz bekannt, da man bei Untersuchungen des Borstenfeldes der Bienen am Nacken gefüllte Kapillaren entdeckt hat, die die Rolle eines paramagnetischen Einkristalles spielen. Weiterhin dürfte die unterschiedliche Stärke des Erdmagnetfeldes im Laufe des Tages von den Bienen als Uhr benutzt werden. Danach können sie den Rhythmus ihrer Nahrungssuche einstellen, wobei diese Fähigkeit auch vererbt wird.

Der Entfernungsmessung dient der Energieverbrauch. Dabei signalisiert der Honigmagen der Biene den Grad der Fülle an das Gehirn. Je weiter der Flug, um so leerer der Magen und desto langsamer der Schwänzeltanz. Die Flugleistung wiederum begrenzt die Lebensdauer. Man hat festgestellt, daß sie bei einfacher Wegstrecke um 850 Kilometer liegt. Diese Summe kann je nach Jahreszeit und Entfernung der Futterplätze in zehn bis dreißig Tagen erreicht sein.

Der Strawberry-Stausee kündet zugleich das Ende des Reservats an. Keine Wolken. Das Blau des Himmels liegt wie ein breit ausgefahrener Fächer über uns. Die Sonne hängt über dem Land in einem grellen Glanz. Wir rollen auf den Daniel's Paß (2435 m) zu, um kurz vor Heber City nach Wildwood abzubiegen. Die Paßstraße 192 verlangt den Nerven einiges ab. Keine Leitplanke. Dafür ein dichter Birkenwald auf beiden Seiten, der nach einer Weile unterhalb in einen Nadelwald übergeht. Kurvenreich und schmal ist diese Straße. Vorsichtiges Fahren ist geboten, da es keine Ausweichmöglichkeiten gibt. Atemberaubend und zugleich zauberhaft ist der Blick nach unten. Der Berg Timpanagos hat eine Höhe von 3579 Metern. Das Timpanagos Cave National Monument zeigt ein Höhlensystem, das in seiner Formgestaltung einzigartig ist. Einer der Räume hat die Form eines Herzens. Es geht die Sage, daß hier das Herz eines Indianermädchens ruht, das auf seinen Freund wartet.

Weiter... Die Abfahrt von der Höhe der Wasatch Bergkette durch eines der Täler ist ein alpines Erlebnis. Auf dem Wege in das Salzseetal, das 1280 Meter hoch liegt, steigt das Thermometer rasch an. Die Kühle verliert sich und die Wärme hat uns wieder. Bis nach Salt Lake City (Abb. 44) begleiten uns Drachenflieger. Sechs Täler, die durch Gletscher geformt wurden, schneiden sich in den Wasatch-Gebirgszug ein. Herrliche Skiausflüge nach Alta, Snowbird, Brighton, Solitude, Park West, Park City und Deer Valley bieten sich im Winter an.

Salt Lake City

In dem wunderbaren „Hotel Utah", dem mondänen Veteran mit der distinguierten Halle, wo wir im Badezimmer Seife aus La Toja und in den Vitrinen feines kobaltblaues Porzellan mit Goldätzkante von der Firma Heinrich-Porzellan, Selb, vorfinden, essen wir im Restaurant „The Roof" zu Abend. Ein geschichtliches Panorama bietet sich dar: in greifbarer Nähe der Tempelplatz als Mittelpunkt der von Joseph Smith Jr. gegründeten „Kirche Jesu Christi der Heiligen der Letzten Tage" (Mormonen), die sich unter der Führung von Brigham Young (1801–1877) am 24. Juli 1847 an dieser Stelle – This is the place – im Salzseetal niederließ, mit einem aus Granit gebauten Tempel (Abb. 45), der von sechs imposanten Türmen überragt wird, jedoch für Nicht-Mormonen verschlossen bleibt, der 1867 erbaute Tabernakel, Ort großer Orgelkonzerte und Stätte des Tabernakel-Chors, die Assembly Hall als Kirche und davor das Seagull-Denkmal, das aus Dankbarkeit 1913 errichtet wurde, da Seemöwen 1848 die Stadt vor einer Heuschreckenplage bewahrten und dadurch die erste Ernte retteten.

Man sieht das 28stöckige Verwaltungsgebäude LDS der Mormonen, in welchem die größte genealogische

Abb. 44: Salt Lake City um 1870

Bibliothek untergebracht ist, das Hauptverwaltungsgebäude seitlich des Hotels, das die Büros der Kirchenleitung beherbergt, sowie in einer Entfernung von 700 Metern das im korinthischen Stil aus Marmor und Granit 1916 errichtete Staatskapitol mit einer mit Kupfer verkleideten Kuppel und einer Rotunde mit zahlreichen Gemälden aus der Frühgeschichte des Staates. Ursprünglich war das Gebiet von den Uten, Paiuten und Shoshonen bewohnt, bis am Anfang des 19. Jahrhunderts Trapper die Region durchquerten. In den 40er Jahren begann die Besiedlung des Westens. Salt Lake City lag am California trail. Die Besiedlung dieser Gegend wurde aber erst durch die Mormonen aufgenommen, die Bewässerungssysteme anlegten und sich dem Ackerbau widmeten. Später wurden in den Minen um Salt Lake City Silber, Gold, Blei, Zink, Kohle und Kupfer gewonnen. Bis zur Erfindung der Telegraphie diente der Überlandverkehr zur Übermittlung von Nachrichten. Der Pony-Express wurde bereits nach 19 Monaten wieder aufgelöst. Eine Gedenktafel befindet sich in Reichweite des Hotels: Am 10. Mai 1869 vereinten sich die beiden Eisenbahnlinien der „Union Pacific“ mit der „Central Pacific“ in Promontory Point nördlich vom Salzsee.

Auf derselben Seite, auf der das Hotel Utah steht, gibt es noch weitere historische Gebäude wie das Löwenhaus (Lion House). Dieses Haus, das seinen Namen von dem liegenden Löwen hat, der, aus Stein gemeißelt, als Wächter dienen soll, wurde als zusätzliche Wohnung für die vielen Frauen und Kinder Brigham Youngs erbaut. Für das Publikum ist der Zutritt nicht gestattet. Das sich anschließende Bienenkorbhaus (Beehive House) wurde 1853 bis 1854 als offizielle Gouverneurs-Residenz für Young erbaut. Hier empfing Young Kirchenführer, Regierungsbeamte und Persönlichkeiten wie Ralph Emerson und Mark Twain (1861). Das mormonische Wappen

Abb. 45: Der Tempel Aufnahme: Willi Schmitt

ist ein „Goldener Bienenkorb“ mit lauter emsigen Bienen. Das Adlertor (Eagle Gate) aus dem Jahre 1859 überspannt die State Street. Früher bildete es die Eingangspforte zur ehemaligen Youngs Farm. Schräg gegenüber steht das berühmte Hansen Planetarium, das wegen seiner Veröffentlichungen über die Sternenwelt über die Vereinigten Staaten hinaus bekannt ist. Es wird die Möglichkeit geboten, an einer simulierten Weltraumfahrt teilzunehmen. Als Einkaufszentrum mit gepflegten Restaurants ist der Trolley Square zu empfehlen.

Mark Twain beschreibt die Begegnung mit Young in seinem Werk „Durch Dick und Dünn“ (S. 91): „Wir zogen weiße Hemden an und gingen hin und statteten dem König einen Staatsbesuch ab. Dieser machte den Eindruck eines ruhigen, gütigen, gewandten, würdigen, selbstbeherrschten alten Gentleman um die Fünfundfünfzig oder Sechzig und hatte in den Augen eine leichte Geriebenheit, die dort wahrscheinlich hingehörte. Er war sehr einfach gekleidet und nahm, als wir eintraten, gerade einen Strohhut ab. Er sprach mit unserem Sekretär und gewissen Regierungsbeamten, die mit uns gekommen waren, über Utah (Bundesstaat 1896) und die Indianer und Nevada (Bundesstaat 1864) und allgemeine amerikanische Angelegenheiten und Fragen. Mich jedoch beachtete er überhaupt nicht, obgleich ich mehrere Versuche unternahm, ihn über die Bundespolitik und seine anmaßende Haltung gegenüber dem Kongreß auszuholen. Einiges von dem, was ich sagte, hielt ich für recht gut. Er aber guckte sich in sehr langen Zwischenräumen bloß nach mir um, ungefähr so, wie ich einmal eine gutmütige alte Katze sich umdrehen sah, um festzustellen, welches ihrer Jungen ihren Schwanz beim Wickel habe. Ich versank bald in indigniertes Schweigen und saß so bis zum Schluß da, hitzig und geladen und ihn innerlich als unwissenden Barbaren verfluchend. Seine Unterhaltung mit jenen Herren plätscherte so lieblich und friedvoll und wohltönend dahin wie ein Bach im Sommer. Als der Empfang beendet war und wir uns aus dem Audienzgemach zurückzogen, legte er mir die Hand auf den Kopf, lächelte bewundernd zu mir hinunter und sagte zu meinem Bruder: ‚Ach – wohl Ihr Kleines? Junge oder Mädchen?' ". Mark Twain hielt sich nur zwei Tage in Salt Lake City auf, so daß seine Reisebeschreibung entsprechend kurz ausfiel.

Alexander Freiherr von Hübner besuchte Salt Lake City in der Zeit vom 4. bis zum 7. Juni 1871. Er beschreibt seinen Aufenthalt „Ein Spaziergang um die Welt" (S. 120 ff.) in folgender, lebendiger Weise: „Eine sonderbare Stadt! Die Häuser verstecken sich hinter Obstgärten. Überdies bilden Akazien und Baumwollbäume längs den breiten, unabsehbaren Straßen einen dichten Vorhang. Wie in allen amerikanischen Städten laufen die Gassen von Nord nach Süd, von Ost nach West und durchkreuzen sich im rechten Winkel. In den Gossen fließt Gebirgswasser, der große Schatz, die belebende Kraft des Landes. Die wenigen Abenteurer, welche diese Terra incognita besuchten, als sie noch zu Mexiko gehörte, hatten erzählt, trinkbares Wasser fehle gänzlich. Aber Brigham Young hat das geändert. Der Auserwählte Gottes, der Moses der Mormonen, schlug Wasser aus dem Felsen.

Ich ergehe mich allein in den stillen Baumgängen. Neben mir rauschen die Bäche. Die Akazien werfen ihre Schatten über den Wegfahrer, die Baumwollbäume, von der Morgenluft leicht bewegt, beschneien ihn mit ihren weißen Flocken. Hie und da dringt der Blick durch das Laub zu den Zwillingsbrüdern empor. Es sind die beiden höchsten Gipfel der Wahsatch-Mountains: zwei Diamanten, funkelnd im Sonnenschein, und fünfzehntausend Fuß über dem Meere am blauen Himmel aufgehangen.

Auf diesem Hochplateau folgen sich die Jahreszeiten mit der Regelmäßigkeit eines Uhrwerkes. Nach den Herbsttagen die Stürme und Schneegestöber des Winters; dann nach einer kurzen Epoche von Wind und Regen, die Frühling heißt, durch sechs Monate Sommer, das ist Sonne, Hitze, Dürre. Mangel an Regen, Staub und, im Spätsommer, Fliegen, bilden die großen Landplagen in dem Tale der Heiligen. Aber jetzt verschenkt die Natur mit vollen Händen die Schätze ihrer jugendlichen, berauschenden Schönheit. Mit Wollust atme ich die elastische Gebirgsluft ein, mit Entzücken labe ich mich an den Wohlgerüchen der Wiesen. Ja, der Wiesen, denn ohne es zu bemerken bin ich am Rande der Stadt angelangt. Längst schon ließ ich die letzten Häuser hinter mir. Die Alleen führen noch immer weiter, aber sie verhüllen keine Gebäude mehr. Die Bauplätze sind ausgesteckt, aber sie harren noch der Mormonen, welche einst dort hausen sollen. Die Stadt ist allmählich in Feldern und Ackergründen aufgegangen. Ein paar Schritte und ich stehe am Ufer des Jordan. Zwischen Erdspalten rieselt er dahin. Unwillkürlich gedenkt man des biblischen Flusses.

Auf der ganzen Wanderung begegnete ich nur einigen Frauen und einem kleinen Trupp Kinder, die, das Ränzchen am Rücken, zur Schule gingen. Auf ihren Gesichtern liest man bereits die Sorgen des reifen Mannes. Der Anblick eines Fremden reizt ihre Neugierde. Mit forschenden Blicken betrachten sie mich. Aber keines grüßt, keines lächelt. Schweigend gehen sie ihres Weges. Überall Einsamkeit und lautlose Stille. Ein Krieger aus dem Stamme der Utah sprengt an mir vorüber. Wie stolz er herabblickt von seiner magern Mähre! Über dem langen, straffen, rabenschwarzen Haare trägt er einen Federschmuck. Sein Gesicht ist gelb und rot lackiert; die Züge wild, dazu ist er bis an die Zähne bewaffnet. Ein schauerlicher Anblick! Hinter ihm laufen zu Fuß seine beiden Squaws, der Inbegriff des Elends, des Schmutzes und der weiblichen Verkommenheit.

Main-Street gleicht den Hauptstraßen jeder andern Stadt im fernen Westen. Nur die vielen Weiber und Kinder und die Utah erinnern an das Mormonentum. Main-Street hat wenige Bäume und daher sichtbare Häuser. Die meisten sind mit Adobes, d.i. mit an der Sonne getrockneten Ziegeln, gebaut. Andere sind Bretter- oder Balkenhütten und stammen noch aus den ersten Tagen der Ansiedelung. Einige wenige Gebäude der neuesten Zeit machen Anspruch auf architektonische Verzierung. Die Erdgeschosse sind sämtlich Kaufläden, und gegen die Straße in ihrer ganzen Breite offen. Ankündigungen bedecken die Mauern bis unter das Dach. Längs den Häusern laufen hohe, holperige Brettergehwege hin. In der Gasse ein Gedränge von Wagen, Ochsenkarren, Fuhrwerken aller Art. Eine mit zehn Pferden bespannte Diligence von der in den Pazifikstaaten wohlbekannten Firma Wells, Fargo und Co. erregt die Aufmerksamkeit und vermehrt die Unordnung. Ehemals war der Reisende, welcher Eile hatte, auf diese Wagen angewiesen. Seit der Eröffnung der Eisenbahn sieht man sie nur mehr selten. Welch bunter Knäuel von Menschen: Krämer und Goldgräber, Roßknechte und Ochsentreiber. Alles Leute mit schlauen, verwegenen Augen, sonnengebräunten Gesichtern und kräftigen Armen. Man sieht es ihnen an, ihr Leben ist ein ununterbrochener Kampf. Dies sind die sogenannten Pioniere der Zivilisation. Auch die Indianer, die ehemaligen Grundherren vom Stamme der Utah, sind heute durch mehrere Krieger vertreten. Sie haben vor einigen Tagen ihr Lager in der Umgegend aufgeschlagen und kommen in kleinen Gruppen zur Stadt. Hinter einem jeden schreiten seine Ehehälften einher. Die Nase hoch tragend, und ohne die geringste Neugierde zu verraten, betrachten sie schweigend die Wunder der Zivilisation. Ich begegnete deren mehrere in den elegantesten Kaufläden. Sie besahen sich die Waren aufmerksam, aber mit erkünstelter Gleichgültigkeit. Nur die Spiegel brachten sie außer Fassung. Welche Überraschung! Dann folgte ein wieherndes Gelächter! Die häßlichen Burschen konnten sich nicht losreißen von der Bewunderung des eigenen Ich.

Unter einem Zelt sitzt eine Gruppe weißer Männer. Ich geselle mich zu ihnen, und sie erzählen mir ihre Erlebnisse. Es sind Leute, die zwischen hier und Montana reisen. Neben ihnen rasten ihre Pferde; sie sind an eiserne Ringe gebunden, fressen und recken die müden Glieder. Diese Reiter kommen von Virginia-City (Idaho). Sie haben Tausende von Meilen zurückgelegt, die Quellen des Missouri gesehen, mehr als einmal die Bitteren Berge überschritten; sie haben die Indianer vermieden, wo sie konnten, mit ihnen gekämpft, wenn sie mußten, und den Diligencen in gefährlichen Gegenden das Schutzgeleite gegeben. Diese Wagen verlassen Corinna immer mit einer vollen Ladung von Reisenden, Männern, Weibern, Kindern, aber nicht immer erreichen alle ihre Bestimmung. Kälte, Hitze, Entbehrungen, zuweilen Angriffe von Wilden lichten die Reihen der Passagiere. Man begräbt die Toten am Saume der Straße und fährt weiter.

Verschiedenartig ist der Beruf meiner neuen Freunde. Ihr Leben ist ein Heldengedicht; jede Stunde hat ihre Gefahr; Gewalttaten werden zur Pflicht, Abenteuer ein alltägliches und unentbehrliches Element ihres Wanderlebens. Man setze sich an die Stelle dieser neuen Kreuzfahrer; man vergleiche ihren Geschmack, ihre Sitten, ihre Begriffe mit den unsrigen, und man wird den Abgrund gewahren, der uns von ihnen trennt. Daher die Schwierigkeit, sie zu verstehen und billig zu beurteilen.

Einige dieser Leute sind Trapper, andere Pferdehändler oder Moustanger. Ihre kleinen indischen Pferde, Moustang, sind nach mexikanischer Art, eigentlich in andalusischem, noch eigentlicher in arabischem Stil gezäumt und gesattelt. Dieselben Steigbügel in Pantoffelform, welche den Fuß gegen Regen und Sonne schützen; dieselben hohen Sättel fand ich in Marokko und bei einigen arabischen Stämmen in der syrischen Wüste. Bis auf den heutigen Tag haben sie sich in den Provinzen Spaniens erhalten, welche die maurische Herrschaft am spätesten abschüttelten. Die Reiter tragen den Sombrero und, über einer in New-York oder San-Francisco verfertigten Jakke, die spanische Cinta. Aber das Blut, welches in ihren Adern fließt, ist anglosächsisch oder keltisch. Indianerinnen sind oder werden die Mütter ihrer Kinder sein. Es war eine schöne Gruppe, wie sie nur die Meister des siebzehnten Jahrhunderts zu malen verstanden. Nicht ein nichtssagendes oder alltägliches Gesicht! Auf einigen sah ich die Spuren der Leidenschaft, vielleicht des Lasters, auf allen den Ausdruck der Tollkühnheit. Der eine verbirgt seine angeborene Gutmütigkeit hinter einem zynischen Lächeln; jener verrät Entschlossenheit, Tatkraft, Grausamkeit unter dem Anstrich unstörbarer Seelenruhe.

Der Elder Townsend geleitet mich zum Tabernakel: ein niederer, nackter, aller religiösen Embleme lediger Saal. Auf einer Estrade stehen der Lehnstuhl des Propheten und die Sessel der Bischöfe. Das Dach ist eine kürbisartige schwerfällige Kuppel. Engländer haben sie treffend mit ihren Speiseglocken verglichen. Nebenan hat man den großartigen Neubau im romanischen Stil begonnen, ist aber bisher nicht über die Grundfesten hinausgekommen. Niemand hofft, und niemand verlangt den neuen Tabernakel vollendet zu sehen. Gearbeitet wird beinahe gar nicht, denn es fehlt an Geld und am Eifer der Gläubigen.

Populärer ist das Theater, eine der zahlreichen Unternehmungen Youngs und der einzige Belustigungsort in Salt-Lake-City. Fast jeden Abend wird gespielt. Der Saal ist einfach ausgeschmückt und notdürftig beleuchtet. Im Parterre sah ich viele Kinder, die, wie mir schien, ohne Begleitung gekommen waren. Auf den übrigen Bänken und in den Galerien saßen Männer in der Bluse oder Arbeiterjacke, neben einem jeden die Gemahlinnen in gewählterer Toilette. Die Hofloge des Präsidenten befindet sich neben der Bühne. Gegen seine Gewohnheit ist er jedoch heute Abend nicht gekommen; aber zwischen den Vorhängen sehe ich seine letzt angetraute Gemahlin, jung, hübsch, fast kokett und nicht ohne Anspruch auf Eleganz. Eine der Töchter Brighams, Mrs. Alice Clawson, eine ganz tüchtige Schauspielerin, trat in der Hauptrolle auf. Ihr Mann besitzt einiges Vermögen. Demungeachtet spielt sie für Geld. Das Stück, ein seinerzeit in England beliebtes Melodram, paßte wenig für die Zuhörerschaft in Neu-Jerusalem. Das Zeitalter Shakespeares steht uns näher, als das englische Highlife unserer Tage den sozialen Zuständen der Mormonen. Dennoch folgte man der Aufführung mit gespannter Aufmerksamkeit, aber ohne zu lachen und ohne Beifallsbezeigung. Ein langweiliges, trockenes trübseliges Publikum. Brigham beschäftigt sich viel mit dem Theater, muntert zum Besuche auf, übt selbst die Zensur und sorgt für Wahrung des Anstandes. Unter seiner Leitung ist es gewissermaßen eine literarische Bildungsanstalt geworden, ein Werkzeug, mit welchem er den Geschmack zu läutern und die Sitten zu verfeinern sucht. Ein löbliches Bestreben im Schoße einer durch die Umstände zu lebenslänglicher Zwangsarbeit verurteilten Gesellschaft.

Es ist zwei Uhr; die Hitze unerträglich; die Sonne wie weißglühendes Metall. Dies ist die Stunde des Hauptmahles, und die Gäste des hochwürdigen Townsend harren ihrer in Ungeduld. Eine zahlreiche Gesellschaft hat sich auf der Veranda versammelt. Die Damen, darunter mehrere in gesuchter Toilette, bilden Gruppen für sich. Es sind meist die Gattinnen von Gold- und Silbergräbern. Ihr sorgfältiger Anzug und die Mühe, welche sie sich offenbar geben, ladylike zu scheinen, passen wenig zu der Kleidung ihrer Männer, die, geraden Weges aus dem Placer kommend, sich staub-, tot- und schweißbedeckt zu Tische setzen. In den eine lange Reihe bildenden Lehnstühlen liegen die Herren in unbeschreiblichen Stellungen. Man muß sie gesehen haben, und man sieht sie nur im far-West. Einige Gentlemen lauern in der Nähe der noch verschlossenen Türe, die nach dem Speisesaale führt, um beim ersten Glockenschall hineinzustürzen. Man raucht und man kaut, aber man spricht nicht. Nur die Frauen lispeln untereinander; aber auch ihnen wird dies offenbar schwer.

Diese Gesellschaft besteht aus Heiden: Goldgräbern mit ihren Familien, Handlungsreisenden, einigen Schreibern und höheren Beamten der Zentralregierung. Das erklärt die unfreundliche Haltung des Wirtes, des Gentleman at the Office und der Aufwärter. Der Dienst entspricht dieser Stimmung. Das Zuströmen der Ungläubigen verdrießt und ängstigt. In der Tat scheinen die schönen Tage des Mormonentums zu Ende zu gehen.[1]) Die große Masse der Heiligen ahnt dies noch nicht, aber bei den Führern scheint mir Selbsttäuschung bereits unmöglich. Wie dem auch sei, H. Townsend, obgleich ein hoher Würdenträger im Tabernakel, läßt als Wirt zu wünschen übrig; er beschäftigt sich wenig mit dem Haushalt und gar nicht mit den Gästen; diese Pflicht überläßt er seinen beiden Ehehälften und letztere, obgleich so ungefällig als möglich, tun ihre Schuldigkeit und tragen allein die Last des Tages. Außer ihnen arbeitet nur der Gentleman at the Office, der nicht durch Artigkeit glänzt und, wenn man nach dem Zimmerschlüssel fragt, antwortet: Sucht ihn Euch! Der Herr des Hauses führt ein beschauliches Leben. Sein Schaukelstuhl steht am Ende der Veranda. Elder Townsend sitzt auf dem Rücken, mit zurückgeworfenem Kopfe und wie versunken in die Betrachtung seiner Füße, welche er, gerade über seinem Antlitz, gegen den Ast einer schönen Akazie stemmt. Die Stellung ist nicht schön, aber wahrscheinlich bequem, da er sie stundenlang einnimmt. Endlich erschallt die Speiseglocke. Die Damen ziehen mit einer gewissen Feierlichkeit ein. Hinter ihnen läuft, stößt, drängt und tritt man sich auf die Zehen. Doktor C. hat mich glücklicherweise unter seine Obhut genommen. Er ist Stammgast und Notabel, und verschafft mir als solcher einen Platz an seiner Seite. Diese Mahlzeiten haben nur das Verdienst, nicht über zehn Minuten zu währen; sie bestehen in einem Braten und zwei Sorten von Kuchen. Zum Dessert köstliche Walderdbeeren; als Getränk Wasser. Wein und Alkohol sind offiziell verpönt, der Bar-Room desgleichen; aber zu Hause, intra muros, sagt man, wissen sich die Mormonen zu entschädigen. Der schönste Augenblick des Dinners ist der, wo man die Tafel verläßt mit dem erhebenden Gefühl, eine peinliche Pflicht gewissenhaft erfüllt zu haben.

Während meiner drei Tage in Salt-Lake-City schenkt mir Doktor C. seine müßigen Stunden. Er hat durch mehrere Jahre am Lake-Superior und am obern Mississippi bei den Indianern seine Kunst geübt, und seine lebendigen Schilderungen bestätigen, was ich bereits in New York und Washington über dies traurige Kapitel, the indian question, gehört habe.

‚Ich erlaube mir kein Urteil', sagte er, ‚über das gegenwärtig obwaltende, vom Kongreß gebilligte System. Ich nehme es als eine Tatsache an und glaube gerne, daß der Präsident, der big-father dieser unglücklichen Menschenrasse, den Willen hat, die mit den einzelnen Stämmen eingegangenen Verpflichtungen zu halten. Aber unter seinen Organen, den Indian Agents, gibt es traurige Subjekte. Sie unterschlagen oder vertauschen mit schlechterer Ware die Geschenke an Tuch und Lebensmitteln, welche die Zentralregierung ihnen zur Verteilung an die Indianer zuschickt. Dies erklärt die rasche Bereicherung der ersteren und die Unzufriedenheit, die periodischen Schilderhebungen der Rothäute sowie die ebenfalls periodische Niedermetzelung der weißen Ansiedler. Es ist immer dieselbe Geschichte: die Indianer führen in Washington Klage gegen die Agenten; die Regierung ernennt eine Untersuchungs-Kommission; die Kommissäre begeben sich an Ort und Stelle; die Agenten suchen sie zu bestechen, und nehmen, wenn dies nicht gelingt, zu einem äußersten Auskunftsmittel Zuflucht. Sie verbreiten unter den Indianern den Glauben, die Kommissäre seien in feindseliger Absicht gekommen. Erstere treten nun zu einem Pow-Wow zusammen und beraten die Kriegsfrage. Da ereignet sich, daß die Alten, deren einige Washington besucht und von der Macht des großen Vaters eine hohe Meinung nach Hause gebracht, fast immer zum Frieden raten, aber von den jüngern Hitzköpfen, welche ihre Wälder nie verließen, überstimmt werden. Sofort wird der Kriegspfad betreten. Sendboten gehen und kommen, Pow-Wows werden gehalten; Besprechungen der Kommissäre mit den Häuptlingen sind natürlich unmöglich geworden. So verfließen einige Wochen mit Vorbereitungen. Den Ansiedlern bleibt nur die Wahl zwischen Flucht, wenn sie noch möglich ist, oder einem martervollen Tod. Sie flehen um Militärschutz, aber die Truppen befinden sich in den Forts, deren nächstes vielleicht hundert, zwei-, dreihundert Meilen entfernt ist. Dazu tritt noch die Frage, ob die Mannschaft stark genug sei, um sich in Feindseligkeiten einzulassen. In den meisten Fällen kennen die Befehlshaber die Anzahl und die Bewegungen der Indianer wenig oder gar nicht. So bricht denn der Krieg aus, allerdings ein kleiner Krieg, von dem man so wenig als möglich spricht. Das Ergebnis sind mehr oder weniger skalpierte Weiße und niedergebrannte Ansiedlungen, auf der andern Seite die teilweise oder gänzliche Vertilgung dieses oder jenes Stammes. Dies ereignet sich gegenwärtig in Arizona, wo weißes Blut in Strömen fließt. Aber die Zeitungen hüten sich, davon zu sprechen. Traurig, besonders für die Skalpierten, für ihre in die Gefangenschaft geschleppten Weiber und Töchter, für die Eigentümer der zerstörten Meierhöfe und der weggetriebenen Herden. Aber die Agenten gewinnen dabei: die Untersuchung hat nicht stattgefunden.‘

Hierzulande ist die Indianerfrage fortwährender Gegenstand der Besprechung. Auch in Washington drängt sie sich den leitenden Staatsmännern immer wieder auf. Sie suchen die Lösung, aber sie finden sie nicht. Leider ist sie durch die Umstände gegeben. Die Berührung mit europäischer Gesittung, die Kreuzung mit weißem Blute und die Einführung des Genusses geistiger Getränke haben in die rote Bevölkerung den Keim der Zerstörung gelegt. In vielen Stämmen des Nord-Westens, nämlich in den von den Voyageurs und Trappern besuchten Gegenden, findet man kaum eine Familie von rein indianischem Blute. Die erste Generation, welche aus den Verbindungen zwischen französischen und englischen Abenteurern mit Indianerinnen hervorgegangen war, machte sich bemerkbar durch eine glückliche Vereinigung der guten Eigenschaften beider Rassen. Aber schon die folgende war minder kräftig und wenig fruchtbar. Heutzutage sind die Mestizen Schwächlinge und moralisch verkommene Leute. Es wurde beobachtet, daß die Entartung im geraden Verhältnis steht mit der Zunahme des weißen

Elementes. Die Kreuzung mit dem Europäer ist ein langsam, der Branntwein ein rasch wirkendes Gift. So geschieht es, daß die Indianer verschwinden, langsam, allmählich, aber wie es scheint, unwiederbringlich.

Gleich am ersten Tage hatte ich das Vergnügen, mit dem Befehlshaber von Camp Douglas, General Morrow, Bekanntschaft zu machen. Dies Lager krönt einen Höhenpunkt im Osten der Stadt, auf drei Meilen Entfernung, am westlichen Abhange des Wahsatch-Gebirges. Der Punkt ist gut gewählt, denn wer ihn einnimmt, beherrscht die Stadt. Das Lager wurde vor neun Jahren errichtet. Damals war die Aufgabe des Kommandanten keine leichte. Mit seiner kleinen Mannschaft mußte er die Miliz des Propheten und die Indianer überwachen und im Zaume halten. Wie verloren in diesen unermeßlichen Räumen, ohne gesicherte Verbindung mit seiner Operationsbasis, ohne rechtzeitige Unterstützung erwarten zu können, war er auf seine eigenen, offenbar unzureichenden, Mittel angewiesen. Das alles ist nun anders geworden. Die Pazifikbahn setzt ihn in raschen Verkehr mit den längs dem Schienenwege befindlichen Forts und mit Chicago, dem Sitz des Oberbefehlshabers der Militärdivision. Daher weit mehr als vordem die Möglichkeit, einer dringenden Gefahr die Stirne zu bieten.

Ich fahre nach Camp Douglas in einem von zwei muntern Pferden gezogenen Wägelchen. Der Kutscher, ein junger Mormone aus Manchester, seines Standes ein Mechaniker, hatte bei einem Eisenbahnunfall einen Arm verloren, war in das tiefste Elend geraten und sodann von Missionaren der Sekte zur Auswanderung nach dem Tale der Heiligen beredet worden. Unerachtet seiner Verstümmelung wurde er Kutscher und gewinnt, als solcher, notdürftig sein Brot. Wagen und Pferde sind sein Eigentum. Freilich hat er sie noch nicht bezahlt: Der

Präsident streckte das Geld vor. Auch drückt ihn seine Schuld; aber ist in Salt-Lake-City nicht beinahe jedermann in ähnlicher Lage? Seine beiden Weiber sorgen für sich selbst. Da die Mietpreise hoch stehen, hat er sie in entlegenen Gassen untergebracht, die eine im östlichen, die andere im westlichen Teile der Stadt. ‚Eine Ersparnis', sagte er mir, ‚und auch gut gegen Eifersucht.' Dieser kluge und umsichtige Ehegatte diente mir während meines Aufenthaltes als Kutscher, und seine Gespräche waren nicht ohne Interesse. Er sah sanft, ergeben und etwas melancholisch aus. In religiösen Fragen schien er mir äußerst unwissend. Offenbar hatte er in der Kindheit nie den geringsten Religionsunterricht genossen. Jetzt ist er gläubig. Er glaubt an Brigham Young. In seinem Kopfe begegnen sich der nüchternste Realismus und eine entschiedene Vorliebe für das Wunderbare.

Die Straße steigt allmählich zum Lager hin an. Vor uns in einiger Entfernung fuhr ein gut bespannter Phaeton. ‚Es ist der General', sagte mein Mormone. ‚Suchen wir ihn einzuholen.' Fast gleichzeitig mit dem Wagen des Kommandanten hielten unsere Pferde vor seiner Wohnung. Der General ist eine sympathische Erscheinung: hohe Gestalt, militärische Haltung, ein offenes Gesicht, Züge, in denen sich Sanftmut mit Tatkraft paart; dazu das Benehmen des vollendeten Gentleman und die offenbare Gewohnheit des Befehles. Er war mit Spielzeug beladen, als er aus dem Wagen sprang und mich freundlich begrüßte. ‚Sie wurden uns angekündigt', sagte er, ‚also willkommen in den Bergen! Verzeihen Sie, daß ich Ihnen nicht die Hand reiche; Sie sehen warum. Ich habe ein krankes Kind; auch Mrs. Morrow ist unwohl.' Darauf führte er mich in einen kleinen einfach eingerichteten Salon und eilte zu seinen Patienten. Wenige Minuten später kam er zurück. Der Ausdruck von Besorgnis war von seiner Miene verschwunden. ‚Der Kleine', rief er fröhlich, ‚ist ganz munter, und die Spielsachen haben gewirkt. Nun gehören Sie mir!‘ Er zeigte mir seine Behausung, ein niedriges Cottage, um welches eine Veranda läuft; seine kleinen Schätze, die er im Laufe vieler Dienstjahre gesammelt hatte: prachtvolle Bärenfelle mit seltsamen Verbrämungen, indianische Kleidungsstücke, Federmützen, Bogen, Pfeile und andere Waffen. Einige dieser Seltsamkeiten sind wahre Kriegstrophäen, erbeutet von dem jetzigen Eigentümer auf kleinen und namenlosen, aber blutigen Schlachtfeldern, andere wurden ihm als Andenken von Häuptlingen verehrt, welche ihn, unerachtet seiner weißen Haut, mit Leidwesen scheiden sahen. Den großen Losreißungskrieg abgerechnet, hat General Morrow fast seine ganze Dienstzeit unter den Indianern zugebracht. Er erzählte mir, einfach und bescheiden – mutige Männer sind immer bescheiden – einige Episoden aus seinem Leben. Es klang wie ein Cooperscher Roman, oder wie das Bruchstück einer Epopöe. Während er sprach, gleichsam als Illustration, nahm er einen der Mäntel um, setzte eine Federkrone auf, warf sich in die Stellung der kämpfenden Wilden und stieß den Kriegsruf aus. ‚Dies Geschrei‘, sagte er mir, ‚ist von großer Wirkung. Es spornt die Rothäute an und verwirrt die Weißen. Aber nichts entmutigt unsere Soldaten mehr als der gellende Ton der Pfeife, welche jeder Krieger am Gürtel trägt und die er während des Kampfes ohne Unterlaß bläst. Kein Revolver kann die Schnelligkeit erreichen, mit welcher sie ihre Pfeile abschießen.‘ Es versteht sich, daß ich einige schöne Andenken aus dem Hause des liebenswürdigen Generals mit mir fortnahm.

Wir besteigen zusammen meinen Wagen, und Daniel, der, obgleich Mormone, mit dem Befehlshaber des Lagers auf freundlichem Fuße zu leben scheint, erhält die Weisung, nach dem Cañon der Auswanderung zu fahren. Es ist dies der letzte Engpaß der Wahsatchberge, durch welchen die Mormonen kamen, als sie zuerst das gelobte Land erblickten. Kein Glied der Sekte betritt diese heilige Stätte, ohne eine gewisse Hymne zu singen. ‚Bei diesem Felsblock', sagte mein Gefährte, ‚wird Daniel den Gesang anheben. Bei jenem anderen wird er ihn abbrechen.' Und so geschah es auch. Bekanntlich nennen die Mexikaner Cañons die engen und tiefen Felsspalten, welche in den Cordilleras so häufig vorkommen. Dieser Name hat die spanische Herrschaft überlebt. Dem Auge erscheint ein solcher Cañon wie ein Chaos von fast senkrechten Abgründen, von Felsgeröll und geborstenem Gestein, von ragenden Firnen und Kuppen. Hie und da ein grüner Fleck! Wer, mit kräftigen Nerven ausgerüstet, auf dem schmalen Wege zwischen der Felswand und dem Abgrund wandelnd sich über den Rand beugt, so weit die Schwergesetze dies gestatten, der gewahrt in der Tiefe auf schwarzem Grunde einen weißen Faden, der bald die Bläue des Himmels spiegelt, bald das blendende Sonnenlicht zurückwirft. Weiterhin umhüllt ihn durchsichtiges Dunkel oder er verschwindet in unterirdischen Grotten, dröhnend wie der Bahnzug, der durch einen Tunnel rauscht. Es sind die schäumenden Wasser eines Gießbaches. Von Sturz zu Sturz, von Schlucht zu Schlucht, durch geheime Engpässe brausend, die, wohlbekannt den Rothäuten, von keinem Weißen je betreten wurden, ergießen sie sich in die großen Stromadern des amerikanischen Kontinents oder finden in den Salzlachen der großen Wüsten ein unrühmliches Ende.[2]) Wir sind am Eingange einer dieser Schluchten, im Cañon der Auswanderer, angelangt. Mutig treibt Daniel seine Pferde vorwärts. Zwar ist dies die mindest gefährliche Strekke; aber doch haarsträubend eng, steil, felsig und überreich an Krümmungen. Indes, der General beruhigt mich. ‚Obgleich dieser Engländer', sagt er, ‚nur einen Arm besitzt, so ist er doch ein guter Kutscher und Herr seiner Pferde. Überdies ist dieser Teil des Cañon eine Kunststraße im Vergleiche mit den höheren Strecken und anderen Cañons, welche die Mormonen durchschreiten mußten. Viele Wagen und Tiere rollten in den Abgrund.'

Am Rückwege kehren wir bei einem bayerischen Bierbrauer ein. Ein Heide, der über die Mormonen lacht. Seine Schenke zeigt die Lokalfarbe einer kleinen Münchner Brauerei und ist das gewöhnliche Stelldichein der Offiziere und Soldaten des Lagers.

Wir sind nach Douglas zurückgekehrt und sitzen auf der Veranda des Generals. Die Sonne steht tief. Kein Hauch bewegt die Luft. Über Land und Wasser herrscht feierliche Stille.

Zu unsern Füßen liegt die Stadt wie ein großer von Alleen durchschnittener Park. Die weißen Punkte zwischen den graugrünen Baumwipfeln sind Dächer. Die Häuser selbst bleiben unsichtbar. Der einzige hervorragende Gegenstand ist die schwerfällige Kuppel des Tabernakels.

Zu unserer Linken, im Osten der Stadt, erhebt sich, von Nord nach Süd laufend, die gigantische Kette der Wahsatch, der westliche Unterbau der amerikanischen Hochterrasse, wie eine gezinnte, hie und da von Felsgipfeln übertürmte Festungsmauer. Die Strebepfeiler, Theaterkulissen ähnlich, springen in das Tal vor. In der Luftlinie kann die Entfernung des höchsten Kammes kaum fünf Meilen betragen. Daher zeigen sich uns alle diese Felsen in verkürzter Form: ein Chaos von senkrechten Wänden, dunkelnden Abgründen, weithin gestreckten Kuppen. Am Fuße das lichte Grün der Gebüsche, dann nacktes Gestein. An den scharfen Kanten sanfte Lichter wie Kerzenschein auf florentiner Bronze. Höher hinauf beginnen weiße Flecken, bis endlich das Auge die äußersten Gipfel erreicht hat, die in rosigen Tinten gebadete Doppelspitze der Zwillingsbrüder.

Im Süden jenseits der Stadt erhebt sich das Tal stufenweise. Der Jordan zeigt und verbirgt seinen Silberfaden zwischen Wiesengründen und niederen Felsterrassen, langsam und melancholisch dem See nahend, wo er alsbald seinen kurzen Lauf beschließen soll. In der Umgebung der Stadt gewahrt man viele Meierhöfe, kleine Baumgruppen, Äcker und Weidegrund. Weiterhin tritt die noch ungezähmte Natur in ihre Rechte. Ein Amphitheater von niederen Felsen schließt in dieser Richtung den Horizont ab. Jenseits liegt der dem Auge unzugängliche See von Utah.

Gegen Westen streift der Blick über ein Wirrsal von sanften Hügeln und niederem Gerölle nach den zackigen Bergriesen der Oquerrah. Azurblaue und perlgraue Töne übergießen ihre Abhänge. Durchsichtige Schatten umhüllen sie. Nur die beschneiten Scheitel glänzen noch in der eben hinter der Bergkette verschwindenden Sonne. Von Salt-Lake-City nach den Oquerrah rechnet man in gerader Linie vierzig Meilen.

Im Norden, zu unserer Rechten, rollt sich der See auf, der große Salzsee mit seinen metallischen Wassern und dem unheimlichen Widerschein. Kein Dorf, kein Haus, keine Spur menschlicher Tätigkeit belebt seinen weißen Sandgürtel. Der Himmel aber gleicht jetzt einem Flammenmeer; elektrische Lichter kreuzen sich, Luft und Erde haben ihr Feierkleid angelegt, nur der See nimmt keinen Anteil an dem Festabend der Natur. Allmählich fallen Bergschatten über die weite Wasserfläche; die Dämmerung bricht herein und verlöscht die letzten Schimmer des Tages über den phantastischen Eilanden und auf dem Pick des Zeichens, dem heiligen Berg der Mormonen.

Man hat häufig das Tal der Heiligen mit Palästina verglichen. Der Salzsee ist das tote Meer; Lake Utah der See Tiberias; der falsche Jordan schlängelt sich wie der biblische durch sein Tor; nur die gezackten Oquerrah haben entschieden keine Ähnlichkeit mit den viel näheren und wellenförmigen Bergen von Moab. Dennoch kann eine gewisse Analogie nicht geleugnet werden.

Seit der Eröffnung der Pazifikbahn sind die Reisenden häufiger und Brigham Young unzugänglicher geworden als vordem. Es behagt ihm nicht, sich wie eine Merkwürdigkeit betrachten und ausfragen zu lassen. Um ihn zu sehen, bedarf es eines Empfehlungsschreibens. Mein Wirt, der hochwürdige Townsend, erbot sich, das Schreiben, welches ich von New-York mitbrachte, dem Präsidenten zu übergeben und eine Zusammenkunft zu verabreden. Eines Morgens begaben wir uns beide nach der Wohnung Youngs. Einige Bischöfe und Elders, welchen wir unterwegs begegneten, schlossen sich uns an. Ich hatte das landesübliche Verhör zu bestehen, stellte auch meinerseits Fragen und erhielt auf alle bereitwillige Antwort. Wie in der Regel alle kirchlichen Würdenträger sind diese Herren Amerikaner. Sie besitzen offenbar mehr Bildung und bessere Erziehung als die Masse der Mormonen, deren drei Vierteile Europäer sind. Meine neuen Bekannten waren einfach und anständig gekleidet und trugen keine Abzeichen ihrer hierarchischen Stellung. Die Gesichter entschieden nichtssagend. Keine Spur weder von Fanatismus noch von Heuchelei. Nicht der geringste geistliche Anstrich. Nichts, was die Gewohnheit der Betrachtungen oder des Gebetes verriete, aber auch ebensowenig das Bestreben, sich hiervon den Anschein zu geben. Sie scheinen, was sie sind: Spekulanten, Pächter, Handelsleute. Nur einer machte eine Ausnahme, der Bischof R. Sein Anzug war vernachlässigt, seine Wäsche nichts weniger als frisch, und sein schwarzer Frack hatte offenbar das äußerste geleistet. Aber er war der einzige in der Gesellschaft, der mir in die Augen sah; dann gefiel mir auch sein gutmütiges Lachen und sein treuherziges Wesen. ‚Ich habe drei Frauen', sagte er, ‚und befinde mich wohl dabei.' – ‚Und Ihre Frauen?' – (Laut lachend) ‚Ei, das ist ihre Sache.' – ‚Finden Sie nicht, daß die Vielweiberei die Frau herabwürdigt?' – ‚Nicht im geringsten.' – ‚Fühlen Sie mit Ihren drei Gattinnen niemals Gewissensbisse?' – ‚Ich würde deren empfinden, wenn ich nicht polygam wäre. Ich erfülle ein ausdrückliches Gebot Gottes. Ich nähre meine Kinder und schicke sie in die Schule. Punktum, satis. Sie können das nicht verstehen, denn Sie sind kein Auserwählter. Wir andern sind nicht nur Auserwählte, sondern sogar Privilegierte. Gott gewährt uns, als solche, die Offenbarung, die Inspiration. Was wir also tun, ist wohlgetan. Man hat die Inspiration oder man hat sie nicht. Gott gewährt oder verweigert sie nach seinem Belieben.' Hierauf ging er in weitere Erörterungen ein, welche mir, aufrichtig gesagt, barer Unsinn schienen. Dabei sprach der Mann mit der Geläufigkeit eines Schulknaben, der seine Lektion mechanisch hersagt und dabei an andere Dinge denkt.

Der Bedeutendste schien mir H. George Smith, genannt der Historiker; nicht zu verwechseln mit Joë Smith, dem Stifter der Sekte, der ermordet wurde. George besitzt die meiste Bildung und nimmt nach dem Präsidenten Young den ersten Platz ein. Er war einer der Führer während des großen Exodus und nahm einen wesentlichen Anteil an den Mühen und Sorgen der ersten Ansiedelung am Salzsee. Er gab mir interessante Aufschlüsse und einen jüngst von ihm geschriebenen Traktat.[3])

Den Schatten der Akazien und Cotton-Trees suchend, denn die Hitze ist unerträglich, erreichen wir endlich den Sitz des Präsidenten: eine Gruppe von Häusern, welche seine Ehegattinnen mit ihren Kindern, voneinander abgesondert, bewohnen. Das große Eckgebäude ist die ausschließlich für seine Sprößlinge bestimmte Schule.

Eine hohe Mauer umschließt das Ganze. Wir überschreiten die Schwelle und treten in ein kleines Sprechzimmer. Die Einrichtung ist höchst einfach. An den Wänden hängen zwölf Ölbilder, die Apostel darstellend. Den ersten Platz unter ihnen nimmt natürlich das Portrait Joë Smith's ein. Der Sekretär und Schwiegersohn des Präsidenten, ein kleiner junger Mann mit einem Höcker, bietet uns Stühle an und beginnt sodann mit lauter Stimme das gewöhnliche Verhör. Während ich seine Fragen beantworte, glaube ich hinter einer halb geöffneten Türe einen Schatten zu gewahren. An zwanzig Minuten verstreichen in dieser Weise. Die Unterhaltung, an der alle Anwesenden teilnehmen, gerät einen Augenblick ins Stocken, aber der Präsident zeigt sich noch immer nicht. ‚H. Young', sage ich endlich, ‚hat seine Geschäfte, ich die meinen. Ich habe ihm nichts zu sagen und wünsche nicht mehr, ihn zu sehen. Ich werde übrigens in Camp Douglas erwartet.' Da öffnete sich plötzlich die Türe, welche meine Aufmerksamkeit erregt hatte, und Brigham Young erschien auf der Schwelle. Er war mit Sorgfalt gekleidet. Einige Augenblicke betrachtete er mich schweigend, dann, die Seinigen mit einer leichten Handbewegung grüßend, näherte er sich langsam und gravitätisch. Er trug den Hut am Kopfe, nahm ihn aber eilends ab, als er sah, daß ich mich bedeckte, und bot mir einen Lehnstuhl neben dem seinigen. Die Bischöfe und Elders nahmen in ehrerbietiger Entfernung Platz. Auf ein dem Sekretär gegebenes Zeichen verlas dieser, neben seinem Gebieter stehend, mein Empfehlungsschreiben mit lauter Stimme.

Hierauf begann ein Gespräch, welches fast eine Stunde währte.[4]) Folgendes ist der wesentliche Inhalt. Ich muß übrigens gestehen, daß ich mich umsonst bemühte, auch nur einen klaren Gedanken in dem dunkeln, phrasenreichen Wortschwall zu finden.

‚Die Welt', sagte er, ‚ist mit zahllosen Vorurteilen behaftet. Nur der Privilegierte erhebt sich über dieselben. Gott gewährt das Privileg einigen Auserwählten. Was sie lehren, ist Wahrheit, denn sie sprechen und handeln infolge höherer Eingebung. Glaube und Arbeit sind Zweck unseres Daseins. Die Religion hat zur Aufgabe, die Bösen gut zu machen, und die Guten besser. Lesen Sie das Buch der Mormonen. In Main-Street können Sie es kaufen. Es enthält unsere Geschichte. Die ersten Mormonen sind zur Zeit Salomons eingewandert. (!) Die letzte Einwanderung ereignete sich sechshundert Jahre vor Christi Geburt. (!) Heute strömen die Mormonen von allen Seiten herbei. Eines Tage werden sie sich ausdehnen über das Erdrund.'

Als ich bemerkte, er scheine, in Utah, die geistliche mit der weltlichen Macht zu vereinen, schrie er laut auf: ‚Sie irren, der Mormone ist frei. Jeder Streitfall wird gütlich geschlichtet durch freiwilligen Vergleich oder schiedsrichterlichen Ausspruch. ... Ich fürchte die Eisenbahnen nicht, wie man fälschlich behauptet. Wir haben Nauvoo nicht verlassen, um die Heiden zu meiden, sondern gezwungen, und weil man uns verjagte.'

Ich kam auf das Kapitel der Vielweiberei. ‚In Europa, begann ich, ist Ihr Name wohlbekannt. Man schätzt in Ihnen den Mann der Tatkraft, der seine Jünger zu beherrschen weiß, der die Wüste in einen Garten verwandelt hat. Aber die Einführung der Vielweiberei wird allgemein verdammt. Man betrachtet sie als eine Entwürdigung der Frau, als eine Schmach unseres Jahrhunderts (a shame and a disgrace).' – Hier brach die Versammlung in dumpfes Murren aus. Der Präsident fuhr auf, aber bemeisterte sich sogleich, schwieg einige Augenblicke und hub sodann an mit sehr leiser Stimme und nicht ohne ein verächtliches Lächeln: ‚Vorurteil, Vorurteil, Vorurteil! Haben wir nicht das große, das sehr große Beispiel der Patriarchen? Kann Gott heute mißfällig sein, was er damals billigte?' Hierauf entwickelte er eine mir neue Theorie: der Mensch solle in geschlechtlichen Beziehungen dem Beispiel der Tiere folgen. Es war eine lange Auseinandersetzung, die ich nicht immer zu fassen imstande war. Als praktische Folgerung stellte er die Behauptung auf: die Polygamie sei das einzige wirksame Heilmittel gegen die Prostitution. Als ich mich, mehr gelangweilt als erbaut, von meinem Sitze erhob, ergriff er meine Hände, zog mich an sich und murmelte mit geschlossenen Augen: Benediction, benediction, benediction! luck, luck, luck! (Segen und Glück).

Brigham Young ist aus dem Staate Vermont gebürtig und hat soeben sein siebzigstes Jahr zurückgelegt, sieht aber bedeutend jünger aus. Er ist über mittlere Größe, hält sich sehr gerade und scheint eine treffliche Gesundheit zu besitzen. Sein Haar ist blond mit einem kastanienbraunen Schimmer, sein sorgfältig gekräuselter Bart, ein collier gree, vollkommen weiß. Der große Kopf sitzt ziemlich tief zwischen den breiten Schultern. Die Augen, welche den Blick anderer nicht ertragen, verraten mehr Schlauheit als Geist; der Mund grobe Sinnlichkeit; das übergroße eckige Kinn Tatkraft, wenn nicht Grausamkeit. Alles in allem eine auffallende Erscheinung. Zugleich anziehend und abstoßend. Man begreift, daß der Mann seine Opfer fasziniert wie die Schlange; daß, hat er sie einmal in seiner Gewalt, er sie beugt unter das Joch seiner Schreckensherrschaft; daß er sie ohne Zögern und ohne Barmherzigkeit zermalmt, wenn sie Miene machen, sich seiner Umarmung zu entreißen. Ich sage nicht, daß Brigham so sei. Ich sage nur, daß er diesen Eindruck auf mich machte, so wie auf die meisten meiner Besucher. Gewiß, es wäre Vermessenheit, einen Menschen nach seinem Äußern und infolge einer flüchtigen Bekanntschaft zu beurteilen. Was ich hier sagen will, ist nur, daß mir Brigham Young im höchsten Grade mißfiel. Auch sein geziertes Wesen hat nichts Gewinnendes. Abwechselnd pomphaft und zutunlich, salbungsvoll und schäkernd, strenge und süßlich, vergißt Young keinen Augenblick die Rolle des Propheten. Ehe er einen orakelhaften Ausspruch tut, neigt er das Haupt, legt sein Gesicht in majestätische Falten und heftet den stieren Blick auf den Boden. Wenn er spricht, so geschieht dies mit gebieterischem Tone und lauter Stimme. Zwischen jedem Worte wird innegehalten. Dann richtet er sich plötzlich auf, wirft den Kopf zurück, zeigt seine großen, weißen, spitzen Zähne und verzieht die wulstigen Lippen zu einem unheimlichen Lächeln. Zugleich schließt er die Augen und flüstert. Dies ist der Augenblick, wo er scherzt. Aber nichts stimmt weniger zur Heiterkeit. Mir machten diese theatralischen Übergänge vom Erhabenen zum Niedrigen einen widerwärtigen Eindruck. Aber man begreift die Wirkung solcher Kunstgriffe auf ein unwissendes Publikum. Auch die Bischöfe und Elders waren oder schienen in diesen Augenblicken wie verzückt.

Nach seinem Äußern, nach seinem Benehmen, nach dem Unsinn beurteilt, welchen er die Stirne hat vorzubringen, ist Brigham Young ein frecher Betrüger. Aber werft den Blick um Euch! Laßt Euch – nicht von seinen Akolythen, welche in ihm eine Gottheit verehren, sondern von unparteiischen Zeugen oder vielmehr von Männern, die ihn nicht lieben, aber kennen, ihn und seine Werke – laßt Euch von ihnen die Hindernisse nennen, die er besiegt, die Gefahren, die er bestanden, die wundervollen Werke, die er geschaffen hat – und das größte aller dieser Wunder ist, daß er den Willen von zweimalhunderttausend menschlichen Wesen dem seinigen unterwarf – laßt Euch alles dies an Ort und Stelle erzählen von unbefangenen Männern, wie der Kommandant von

Camp Douglas, der Oberrichter, der Attorney-General, die Ärzte, welche hier seit Jahren leben, von den Minenarbeitern, die kommen und gehen, und Eure Abneigung wird dem Erstaunen weichen, und Euer Erstaunen der Bewunderung. Bewundern werdet Ihr, nicht Brigham Youngs Glaubenslehren und sein Sittengesetz, nicht einmal seine Schöpfungen als Kolonisator, denn andere haben anderwärts ebensoviel geleistet, noch die Beweggründe, die ihn leiten und welche wir nicht zu beurteilen vermögen, weil wir sie nicht kennen; sondern die verschwenderischen Gaben, mit welchen die Vorsehung diesen merkwürdigen Mann überschüttete, seine Menschenkenntnis, seinen hellen, obgleich ungebildeten Verstand, seine Ausdauer, seine unbezähmbare Tatkraft, und, als Wirkung und endlichen Erfolg, die unumschränkte, geheimnisvolle Herrschaft über seine Anhänger.

Mehrere Bücher, viele Broschüren und zahllose Zeitungsartikel wurden geschrieben über Brigham Young, über Deseret, über die Mormonen, ihre Glaubenslehren und ihre Sitten. Einige dieser Druckschriften geben eine wahrheitsgetreue Darstellung der Örtlichkeiten und einzelner Verhältnisse. Aber keine von ihnen hat Licht verbreitet über den Ursprung und das Wesen der dunklen, der furchtbaren Macht, mit deren Hilfe jener Mensch Zustände schuf, welche, in politischer, religiöser und sozialer Hinsicht, im entschiedenen Widerspruch stehen mit den Überzeugungen, den Ideen und den Sitten unserer Zeit.

Joë Smith ist der Stifter oder Erneuerer des Mormonentums. Er stand unter dem Einfluß der unmittelbaren göttlichen Eingebung, und war zugleich ein liederliches Subjekt. Er lehrte nicht die Vielweiberei, aber er übte sie, nur ohne Trauung. Als, lange nach seinem Tode, Brigham Young bei Einführung der Polygamie sich auf den

Stifter der Sekte berief und zu diesem Ende eine, wie behauptet wird, unechte Schrift Joës vorwies, beteuerten und beschworen die Witwe, Söhne und Anhänger des letzteren, daß er nie der Vielweiberei das Wort geredet habe. Die Folge war ein noch heute bestehendes Schisma.

Die Vertreibung der Mormonen aus ihren Ansiedlungen am Mississippi (Illinois) bildet eine nach vielen Seiten hin interessante und lehrreiche Episode der amerikanischen Zeitgeschichte. Der arme Joë, der vom Propheten nichts hatte als die Inspiration, wurde mehr als fünfzigmal vor Gericht gezogen, kam aber immer mit mehr oder minder heiler Haut davon, bis ihn eines Tages der Tod des Märtyrers ereilte. Er saß in Carthago (Grafschaft Hancock, Illinois) im Gefängnis, als eine Rotte Bewaffneter mit geschwärzten Gesichtern eindrang und ihn und seinen Bruder Hyram niederschossen.[5]) Die Mörder wurden gegen Bürgschaft auf freien Fuß gesetzt und, nach kurzem Prozeß, wie natürlich, freigesprochen. Zur Zeit der Mordtat war Brigham Young, seines Zeichens Zimmermann, Präsident der zwölf Apostel. Sofort trat er an die Spitze des Gemeinwesens. Die Zeiten waren schlimm. Demungeachtet gelang es ihm, die Dissidenten zu versöhnen, alle Gläubigen in derselben Schafhürde – der seinigen – zu vereinigen, kurz, der so grausam verfolgten und der Auflösung nahen Sekte neues Leben einzuhauchen. Mittlerweile dauerten die Gewalttaten fort. Häuser wurden niedergebrannt, das Vieh fortgetrieben, die Ernten vernichtet. Die Behörden schritten zum Schutze ein, aber nur schüchtern, vielleicht nicht einmal aufrichtig. Ein öffentlicher Aufruf des Sheriffs von Hancock entwirft ein düsteres Bild der Lage. ‚Während ich schreibe', sagt er, ‚steigt der Rauch gegen Himmel. Witwen und Waisen werden nicht verschont.' Der Gouverneur von Illinois schickte Milizen, aber ihr Anführer erklärte den Mormonen, er vermöge sie nicht zu schützen; die öffentliche Meinung sei ihnen abhold, der Pöbel entschlossen, sie zu verjagen; nichts bleibe ihnen übrig als fortzuziehen. Unter diesen Umständen beschlossen die Elders die Auswanderung nach dem Salzsee. Brigham Young unternahm es, mit einigen Pionieren die Gegend zu erforschen. In den ersten Tagen des Jahres 1846 brachen sie auf. Im Februar folgten tausend Familien. Dies war der Beginn des großen Exodus. Während der Präsident mit seinen fünfhundert Gefährten unter großen Schwierigkeiten langsam vordrang, hatte das in aller Eile befestigte Nauvoo, der Hauptplatz der Sekte in Illinois, eine regelmäßige Belagerung auszuhalten. Die Gegner der Mormonen waren militärisch organisiert, besaßen schweres Geschütz und lieferten häufige Gefechte. Endlich, am 17. September, nach einem mehrtägigen Bombardement, räumten die Belagerten die Stadt und flohen nach dem rechten Mississippiufer. Die Sieger drangen in die verlassene Stadt, plünderten nach Herzenslust und äscherten viele Gebäude ein, darunter auch den Tabernakel, dessen Bau eine halbe Million Dollars gekostet hatte. Dies alles geschah, sozusagen, unter den Augen des Gouverneurs und des Befehlshabers der Milizen von Illinois. Mittlerweile hatte Brigham Young seine besten Leute an die Vereinsarmee abtreten müssen – es war zur Zeit des mexikanischen Krieges – und kehrte, nachdem er die tausend Familien, die ihm gefolgt waren, vorläufig in Florenz (Nebraska) untergebracht, nach den Ufern des Mississippi zurück. Der fernste Punkt, den er erreicht hatte, war Council-Bluffs am Missouri. Nun hieß es, die Abreise der Hauptmasse vorbereiten. Seine himmlische Vision kam ihm hierbei zustatten. Im Traume hatte er einen kegelförmigen Fels gesehen, hart am Rande eines großen Sees. Er nannte ihn Ensign-Peak. Noch einmal machte er sich auf den Weg, diesmal nur mit einem Gefolge von vierzig Männern. Im Frühling

1847 reiste er ab, im Juli kam er am Salzsee an. Dort steckte er den Platz für Neu-Jerusalem aus. Im Dezember kehrte er zurück. Auf dieser zweiten Reise hatten Indianer vom Stamme der Sioux ihm und seinen Gefährten die Pferde abgenommen. Man reiste also zu Fuß. Endlich schlug 1848 für das Mormonenvolk die Stunde des Abzuges. Der Weg führte über die Prärien von Nebraska, durch die Engpässe der Rocky-Mountains, durch die große Wüste, das heißt das öde Hochplateau zwischen diesem Gebirge und der Wahsatchkette, endlich hinab nach dem Becken des Salzsees, welches vor Brighams Erforschungsreise, außer einigen Voyageurs und Trappern, kein Weißer betreten hatte. Nach der Aussage dieser Abenteurer war es eine Wüste, welche ein totes Meer umfängt und selbst nach allen Seiten von nackten, steilen, hohen Felsgebirgen eingeschlossen ist. Das Wasser, sagten sie, sei bitter; Vegetation fehle gänzlich, ausgenommen einige elende Büsche, sage-brush, und im Frühling einige wilde Blumen, die alsbald verzehrt werden von den gierigen Lokusten – neben den Bären der Berge, den Schlangen der Prärien, den grausamen Wilden aus dem kriegerischen Stamme der Utah – den einzigen Bewohnern dieser unwirtlichen Einöde. Da man dennoch die Übersiedelung dahin beschloß, so waren wohl die von Brigham Young an Ort und Stelle gemachten Wahrnehmungen minder entmutigend als die Erzählungen der Trapper. Mitten im Winter ward aufgebrochen. In mehrere Karawanen geteilt, Männer, Weiber, Kinder, in Waggons, zu Eseln, in Schubkarren, zu Fuße, zog man nach den Ufern des Missouri, und von dort in gerader Linie nach den Rocky-Mountains. Die Entfernung betrug fünfzehnhundert Meilen, und der Weg führte fortwährend durch ein von allen Hilfsmitteln entblößtes Land. Elend, Entbehrungen, eine furchtbare Sterblichkeit erprobten, aber lähmten nicht den Mut, die

Ausdauer, den erfinderischen Geist des Propheten noch die Ergebung, die Geduld, das blinde Vertrauen der Gläubigen. Seit dem Auszuge der Israeliten hat die Geschichte kein ähnliches Unternehmen in ihre Blätter verzeichnet. Eines Abends endlich erblicken jene, deren Gebeine nicht am Wege bleichten, als sie aus einem Engpasse traten, der den Namen Emigration-Cañon bewahrt hat, zu ihren Füßen einen See, ein Tal, einen Fluß, den sie Jordan nannten. Es war das Land der Verheißung, erkenntlich an dem konischen Vorgebirge, welches Gott seinem Auserwählten im Traume gezeigt hatte, und das deshalb Ensign-Peak heißt.[6])

Den Entschluß gefaßt, ihn ausgeführt zu haben, mit ungeheurem Verlust an Menschen, aber ohne das Vertrauen eines einzigen der Überlebenden zu verlieren, diese Tatsache gehört der Geschichte an; sie genügte, um den Namen eines Monarchen, eines Feldherrn, eines Propheten zu verewigen. Brigham Young vereinigt in sich diese drei Eigenschaften. Als Prophet, der sich übrigens hütet zu prophezeien, beherrscht er die Gewissen; als Monarch übt er die unbeschränkte Gewalt; als Feldherr verfügt er über eine von ihm geschaffene kriegstüchtige Miliz. Der Bestand der letzten erklärt, neben anderen Rücksichten, warum man in Washington noch immer zögert, diesen Potentaten mit Waffengewalt zur Achtung der Gesetze zu verhalten.

Die ersten drei Jahre waren eine Zeit der äußersten Entbehrung. Georges Smith, der Historiker, erzählte mir, daß er und seine Frau, wie übrigens jedermann, sich zuweilen mit dem dritten Teile der Nahrung begnügen mußten, welche zur Fristung des Lebens für unentbehrlich betrachtet wird. Oft nährten sie sich, wochenlang, mit Wurzeln.

Die ersten Mormonenmissionen reichen in das Jahr 1837 zurück. Jetzt wurden sie mit frischem Eifer aufgenommen. Die meisten Proselyten machte man in England, besonders in Wales, im skandinavischen Norden und in Australien. Deutschland, die Schweiz und andere von den Missionaren Youngs besuchte Länder lieferten sehr wenige; China und Ostindien gar keinen Bekehrten. Brigham wählt seine Sendboten mittels Inspiration. Er wandelt in den Gassen, begegnet einem Menschen, den er nie gesehen. Da erfolgt plötzlich die göttliche Eingebung. Er spricht ihn an, befiehlt ihm, als Missionar nach Europa zu gehen, nach Australien, nach den Inseln der Südsee. Der Mann verläßt seine Frau, seine Kinder, seinen Kaufladen oder Meierhof und ergreift den Wanderstab. Diese Emissäre wenden sich ausschließlich an den ärmsten und unwissendsten Teil der Bevölkerung, sei es in den großen Städten Englands, Herden von Laster und Elend, wie allenthalben, wo viele Menschen beisammen wohnen, sei es am Lande, namentlich in Wales, dessen Söhne, wie ihre keltischen Brüder, die Irländer, sich leicht vom Wandertrieb bestimmen lassen. Nach dem einstimmigen Zeugnis derer, welche mir hier in Salt-Lake-City über diese Verhältnisse Aufschlüsse gaben, stehen die europäischen Mormonen in jeder Beziehung tief unter ihren amerikanischen Glaubensbrüdern.

Die Missionare bewirken also die meisten Bekehrungen unter Menschen, welche im Elende geboren sind oder in Elend gerieten durch eigene Schuld oder durch die Schuld der Umstände; die nichts zu verlieren haben, die nur gewinnen können, indem sie sich der moralisch und physisch verpesteten Luft entziehen, die sie atmen. Die Tatsache ist wichtig, denn sie gibt, mit anderen, den Schlüssel zu der raschen und großen Verbreitung der Sekte.

Diesen Leuten predigen sie, und zwar folgendes: Gott ist ein Wesen von Fleisch und Blut wie der Mensch. Er hat die Leidenschaften des Menschen, aber in allem ist er vollkommen. Jesus Christus hat er auf natürlichem Wege gezeugt. Vater und Sohn gleichen sich; nur ist der Vater älter. Der Mensch ist nicht von Gott geschaffen; denn er besteht von allem Anfange. Er ist nicht in Sünde geboren und nur verantwortlich für seine eigenen Handlungen. Er heiligt sich durch die Ehe. Es gibt Götter, Engel, Menschen und Geister. Es gibt eine Auferstehung in der andern Welt. Diese ist aber nur die Fortsetzung der gegenwärtigen. Gott steht mit dem Propheten in unmittelbarem Verkehr. Worte und Handlungen des Propheten sind Werk der göttlichen Eingebung. Die Bischöfe besitzen gleichfalls, jedoch in geringerem Maße, das Privilegium der Eingebung. Von allen Religionen ist die der Mormonen die vollendetste, aber Heiden (Andersgläubige) werden nicht notwendig verdammt.

Ich frage, können solche Lehren die Geister erregen, die Herzen rühren und entzünden, mit andern Worten aus den verrufensten Stadtvierteln Londons, aus den Werkstätten Liverpools, von den welschen Weidegründen drei- bis viertausend Menschen jährlich nach dem Salzsee locken? Wer wollte dies im Ernste behaupten? Erstlich ist es unwahr, wie von einigen Schriftstellern aufgestellt wurde, daß die Neuheit dieser Satzungen lebhaft auf die Einbildungskraft wirke. Dies könnte vielleicht zugegeben werden, wenn die Proselyten Schwärmer wären. Aber Theologie ist ihre geringste Sorge. Es sind Leute, die im Elend schmachten und sich aus ihrer elenden Lage befreien wollen. Hätten Youngs Missionare ihnen nichts anderes anzubieten als die Fortdauer ihres Daseins, möglicherweise ihres gegenwärtigen Elends in einer andern Welt, so würden sie wohl schwerlich viele Bekehrungen machen.

Aber sie haben ihnen noch anderes zu sagen. Nachdem sie ihnen die Glückseligkeit in einem künftigen Leben als möglich versprochen, wie dies alle Religionen tun, eröffnen sie ihnen, was keine andere tut, schon in dieser Welt die glänzendsten Aussichten. Unter der einzigen Bedingung der Arbeit, und zwar einer sehr mäßigen Arbeit, verbürgen sie ihnen, für die nächste Zukunft, alle Genüsse, welche des Menschen Herz verlangt, welche der Zufall nur seinen Günstlingen gewährt, welche er ihnen bisher so unerbittlich verweigert hat.

Seht jenen Fremdling! Er dringt in eine dürftige Wohnung. Gesegnet sei der Tag, an dem er diese Schwelle überschritt! Hört ihn! Zuerst, aber sehr kurz, sehr bündig, legt er die Glaubenssätze dar. Dann geht er über zu einer langen Erörterung der materiellen Zustände im Reiche der Mormonen. Er spricht von Industrie und insbesondere von Ackerbau, von den Vorzügen des Klimas und des Bodens, von dem raschen und wundervollen Erträgnis der Arbeit. Er lüftet die dunklen Schleier, welche bisher das Dasein seiner unglücklichen Zuhörer verdunkelten, erfreut sie mit ungeahnten Bildern der Zukunft, erweckt alle Begierden, verspricht, sie alle zu befriedigen, zeigt ihnen in der Ferne, jenseits des Meeres, jenseits unermeßlicher Ebenen und schrecklicher Felswände, das Tor des neuen Jordan, die beiden silbernen Seen der Bibel, die Berge von Neu-Judäa, das gelobte Land! Dort harrt ihrer endlich, was sie bisher so unerbittlich floh – das Glück. Hier, sagt er ihnen, seid Ihr Sklaven, Sklaven des Elends oder Eures Brotherrn. Im Tale der Heiligen findet Ihr die Unabhängigkeit, und mit der Unabhängigkeit den Wohlstand gewiß, vielleicht den Reichtum. Keine Unterwürfigkeit mehr, keine Entbehrung; keine Sorgen! In dieser Welt, wie in der anderen, seid Ihr versorgte Leute. Dann wendet er sich an die Jugend mit dem unheimlichen Lächeln des Propheten und spricht ihnen von den berauschenden Freuden des Harems, von der Schönheit der Töchter von Deseret, verheißt ihnen Frauen nach Herzenslust, entwickelt die Lehre von der Pluralität. Vergleicht, so schließt er, was Ihr seid, mit dem, was Ihr sein werdet, und wählt!

Wie sollten diese armen Menschen, die durch keine christlichen Überzeugungen, die ihnen ja eben fehlen, zurückgehalten werden, wie sollten sie der glänzenden Versuchung widerstehen? Hierzu kommt, daß, sobald sie ihren Beitritt erklärt, die Geschäftsfreunde Youngs sie mit dem nötigen Reisegeld versehen. In New-York, auf der ganzen Reise, finden sie Unterstützung und Vorschub.

Halten wir uns die wichtige Tatsache vor Augen, welche soeben, wie ich hoffe, nachgewiesen wurde, und alle unparteiischen Zeugen bestätigen: daß nämlich, äußerst seltene Ausnahmen abgerechnet, die Proselyten keine Schwärmer sind; daß nicht der Durst nach Wahrheit, keiner jener Anfälle von religiöser Überspannung oder von Skrupeln, welche sich zuweilen der Gemüter bemächtigen, sie nach dem Salzsee führt, sondern einzig und allein der Wunsch, ihre Lage zu verbessern. Rein weltliche Triebfedern wirken auf sie. In dieser Beziehung unterscheiden sie sich nicht von den andern Auswanderern. Ihrer Bekehrung fehlt das religiöse Element.

Geleiten wir die Neophyten nach ihrem neuen Vaterland. Die Bischöfe und Elders verschaffen den Gesunden Arbeit, den Kranken Arznei, allen Lebensmittel; sorgen für ihre ersten Bedürfnisse, bis es möglich ist, ihnen den Boden anzuweisen, den sie urbar machen sollen. Young streckt das Baumaterial vor, Adoben, Bretter, Gerätschaft und Werkzeug. Der Wert des ihnen abgetretenen Grundes und aller gelieferten Gegenstände wird, in Dollars berechnet, im Schuldbuch eingeschrieben. Die Abzahlung geschieht in gewissen Terminen. Der Zehent für die Kirche wird im vorhinein erhoben. Er beträgt den zehnten Teil des Bruttoerträgnisses der Wirtschaft.

Ich übergehe die Einzelheiten der finanziellen Beziehungen zwischen dem Gläubiger, nämlich Young, und dem Schuldner, nämlich jedermann. Bemerkenswert ist nur, daß die große Mehrzahl der Mormonen ihre Schulden nie getilgt hat, und nie tilgen wird. Durch Arbeit gewinnen sie ihr Leben. Sie können auch, doch sind die Beispiele schon selten, es zu einem gewissen Wohlstande bringen; aber Ersparnisse zu machen ist äußerst schwierig. Reiche Leute gibt es sehr wenige. Die Seltenheit des baren Geldes und die Schwierigkeit, sich Silbermünze der Vereinsstaaten zu verschaffen, sind ein anderer Übelstand und vermehren die Verlegenheit. Noch vor zwei Jahren, bis zur Eröffnung der Pazifikbahn, war Utah ein Gefängnis, weil es für den einzelnen keine Mittel gab, sich zu entfernen; in geringerem Maße könnte man dasselbe noch heute sagen. Um Utah zu verlassen, müssen die Heiligen ihre Schulden zahlen; um sie zu bezahlen, ihre Gründe verkaufen. Aber wo Käufer finden, welche bares Geld und zwar Vereinsgeld besitzen? Ein einziger Mann wäre in dieser Lage, Brigham Young; aber Brigham Young hat das größte Interesse, solche Verkäufe nicht zu begünstigen. Das Geheimnis seiner kirchlichen und staatlichen Macht beruht größtenteils, nicht ausschließlich, wie sogleich gezeigt werden soll, auf seinem finanziellen Verhältnis zu der Mehrheit der Mormonen, die, in verschiedenem Maße, seine Schuldner sind. Wenn also die Missionare Unabhängigkeit versprechen, so lügen sie. Die Mormonen sind nicht nur von Young abhängig, sie sind tatsächlich seine Gefangenen.

Aber, merkwürdig genug, der Einwanderer fand hier, statt der gehofften Unabhängigkeit, was ihm in Europa, im Augenblicke, als er zu den Mormonen ging, fehlte – den Glauben. Ja, der Ungläubige von gestern, ungläubig wenigstens mit Bezug auf seine neue Religion, ist aufrichtig bekehrt; er glaubt fest und blindlings, er glaubt an den Propheten, an Brigham Young. Die Tatsache, so unwahrscheinlich sie klingt, ist unbestreitbar und unbestritten, aber bisher unerklärt. Gelingt es, über diese dunkle Seite Licht zu verbreiten, so ist das Rätsel des Mormonismus gelöst. Wagen wir den Versuch!

Der vor zwei Jahren vollendete Schienenweg und die ganz neuerliche Entdeckung von Silberminen im Wahsatchgebirge sowie das große Zuströmen von Metallgräbern und Wäschern, sämtlich Heiden, müssen natürlich eine bedeutende Wirkung auf die hiesigen Zustände ausüben. Ich lasse aber diese wesentlichen Elemente absichtlich vorerst unberücksichtigt, um sie später zu erörtern. Betrachten wir die Gesellschaft der Mormonen, wie sie sich im Jahre 1869 zeigte.

Damals stand Brigham Young auf dem Höhenpunkte seiner Macht. Ohne Übertreibung kann man behaupten, der Prophet, so lange er Young ist, verfügt als unbeschränkter Gebieter über die Seelen und Leiber der Gläubigen. Diese Gesellschaft kennt nur Gläubige. Wer abfällt, wird rechtlos. Seine Güter werden eingezogen, er selbst ist zur Flucht, und da die Flucht unmöglich ist, zur Unterwerfung gezwungen. Er erweckt also Reue und Leid, macht Buße, und beginnt ein neues Leben; nur beginnt er es ohne sein Ackerland, sein Haus, sein Gerät und sein Vieh, die konfisziert bleiben. Gefährliche Ketzer verschwinden. Zuweilen fand man ihre Leichen im Walde. Die wenigen hier ansässigen Heiden sind kaum geduldet und führen kein beneidenswertes Leben. Wehe dem, der um ein Mormonenmädchen zu freien wagte. Er wäre den äußersten Mißhandlungen ausgesetzt. Beispiele fehlen nicht. Hierzu die Schwierigkeit, zu kommen, die Unmöglichkeit, zu gehen ohne die Erlaubnis des Propheten. Es gibt keine größere Abgeschlossenheit.

Ich habe gesagt, Brigham sei Herr der Seelen und der Körper. Dies ist buchstäblich zu nehmen. Hinsichtlich der Seelen verfügt er über den Willen und über das Gewissen der Mormonen, ja sogar über ihre Gedanken, denn er gab letzteren eine gewisse Richtung und erhält sie in derselben. Übrigens, wer denkt in Utah? Man arbeitet, man glaubt, man genießt, aber man denkt nicht. Sonntags der Tabernakel, die Woche über der Meierhof oder der Kaufladen; das Theater und der Harem jeden Abend. Wo bliebe da zum Denken Zeit? Alles geschieht unter göttlicher Eingebung. Gott inspiriert und der Inspirierte ist Brigham Young. In allen Verlegenheiten, Zweifeln oder Schwierigkeiten des Lebens, bei allen Unternehmungen und Geschäften wird Brigham um Rat gefragt. Wenn er schweigt, so beweist dies, daß ihm die Eingebung fehlt; wenn er aber spricht, so glaubt jeder das Wort Gottes vernommen zu haben. Brigham gilt nicht für den eingebornen Gott; aber es läuft auf dasselbe hinaus. Darum sagte ich, er verfügt über die Seelen.

Und wie steht er mit den Leibern? Die Fäden aller Geschäfte laufen durch seine Finger. In seiner Hand hält er die Gesamtheit der materiellen Interessen. Er beutet den Boden aus, und sein Boden ist das Gebiet von Utah, so groß, glaube ich, wie halb Frankreich. Er beutet aus die physischen Kräfte und die geistigen Fähigkeiten von zweimal hunderttausend Menschen. Ein Monopol, wie es nicht wieder vorkam seit den Tagen der Pharaonen! Er gilt aber auch für einen der reichsten Bürger der Vereinigten Staaten. Man schätzt ihn auf zwölf Millionen Dollars. Er beherrscht den Markt, er regelt die Preise. Er baut Straßen und erhebt ungeheure Zölle.[7]) Jede Tätigkeit des Lebens geht von ihm aus; in allem hat er die Hand, aus allem zieht er Gewinn. Mit Hilfe seiner trefflich gerüsteten und wohlgeübten Miliz, mit Hilfe des Telegraphen, der sein Netz über Utah ausspannt, verschafft er sich, Corinna ausgenommen, allenthalben Gehorsam, hält die noch schwache Opposition im Zaum, imponiert sogar der Zentralregierung in Washington. Hierzu tritt (hierzu trat noch vor zwei Jahren) der unberechenbare Vorteil der geographischen Unzugänglichkeit. Eine summarische, teils geheime, durch einen religiösen Anstrich verklärte Gerechtigkeitspflege vervollständigte, bis zur Zeit der Einsetzung ordentlicher Gerichtshöfe, die unerhörte Machtfülle des Mannes. Sage ich zuviel, wenn ich behaupe, daß er über die Leiber verfügt? Aber noch in anderer Beziehung läßt sich dies sagen.

Brigham Young galt, im üblichen Sinne des Wortes, nie für einen Heiligen; dennoch hatte keiner seiner Anhänger vermutet, daß er es wagen würde, die Vielweiberei einzuführen. Eine Nacht (1852) wurde er mit einem Gesichte begnadigt. Gott hatte ihm die Rückkehr zu den Übungen der Patriarchen, zur Pluralität der Frauen eingegeben. Die Überraschung war groß und allgemein. Die Gewissen schienen beunruhigt, der Köhlerglaube der Getreuen erschüttert. Um die Opposition zu brechen, versammelte Young Abgeordnete, ungefähr zweitausend Elders, aus allen Ansiedlungen Utahs und legte ihnen eine Schrift vor, die Darstellung einer angeblichen Offenbarung, welche Joë Smith ein Jahr vor seinem Tode gehabt hätte. George Smith gibt dies seltsame Aktenstück in seinen obenerwähnten *Antworten auf Fragen* unter dem Titel: *Offenbarung über himmlische Ehen.* Man hat gesehen, daß die Witwe und die Söhne Joës das Schriftstück für geschmiedet erklären. Verfaßt ist es im Stil des alten Testamentes. Jehova scheint nicht mit der Zeit fortgeschritten zu sein. Seine Sprache ist dieselbe geblieben, in welcher er zu Abraham redete, aber was er sagt, ist neu. Hier folgt ein Auszug: Wenn ein Mann eine Frau ehelicht ohne Mitwirkung des Gesalbten des Herrn, so werden Mann und Frau Engel sein im Paradiese, aber Knechte der Seligen, und in ehelosem Stande verbleiben in Ewigkeit. Diejenigen, welche den Ehebund schließen im Einklang mit dem Gesetze, werden unter die Götter versetzt! Joë Smith stammt von Abraham. Gott erteilte seine Befehle an Abraham, und Sarah gab ihm die Hagar. Warum? Weil das Gesetz es so wollte. Aus Hagar ging eine zahlreiche Nachkommenschaft hervor. Hat Abraham gesündigt? Keineswegs. Er hatte Konkubinen und von ihnen viele Kinder. David desgleichen, und er hat wohl daran getan, weil Nathan und andere Propheten ihm die Weiber gaben, und die Propheten besitzen den Schlüssel, sie haben die Gewalt, Frauen zu verleihen. David hat nur gesündigt, indem er die Gattin Uriahs zum Weibe nahm. Auch Salomon und Moses hatten mehrere Frauen. Eine Frau, deren Gemahl Ehebruch trieb, kann, wenn sie selbst tugendhaft ist, einen andern Mann ehelichen. Über diesen Punkt behält sich Gott vor, in jedem einzigen Falle Joë zu erleuchten, damit er die Ehe bewillige und segne oder untersage. Bleibt Joë treu dem Gesetz, so wird Gott ihm, in dieser Welt, Häuser und Felder, Frauen und Kinder schenken und, am Ende seiner Tage, die Kronen der Ewigkeit. Der Priester, welcher eine Jungfrau geheiratet hat, kann, mit ihrer Bewilligung, eine zweite zur Frau nehmen. In Gemäßheit dieses Gesetzes kann er zehn ehelichen, ohne in Ehebruch zu verfallen. Wenn eine dieser Frauen sich einem andern Manne ergibt, so begeht sie Ehebruch und muß vertilgt werden, denn sie und ihre Gefährtin wurden dem Priester gegeben zur Fortpflanzung des Menschengeschlechtes.

Mit Hilfe dieses Dokumentes erlangte Brigham Young die Zustimmung der Versammlung. Sie nahm die Vielweiberei grundsätzlich an. Diese wurde für eine Pflicht und ein Vorrecht erklärt; doch konnte das Vorrecht nur erworben werden auf ausdrücklichen Befehl Gottes. Aus der Offenbarung Smiths erhellt, daß Gott das Privileg gibt oder verweigert durch Vermittlung seines Propheten, heute Brigham Youngs, der, bevor er seinen Ausspruch tut, den Fall selbst prüft oder durch die Bischöfe prüfen läßt. Über die Aufführung der Braut und des Bräutigams vor der Ehe, über den Lebenswandel der Ehegatten, über alle diese zarten Fragen entscheidet Brigham Young, im besonderen Auftrage und unter unmittelbarer Eingebung Gottes. Kurz, neben dem Monopol, welches der Prophet ausübt über Lebensmittel, Waren, Erzeugnisse des Bodens, über die Arme und den Schweiß der Männer, verfügt er auch über die Ehre der Frauen, mischt er sich in die innigsten Angelegenheiten des Familienlebens. Der materielle Wohlstand, der Hausfriede, der Ruf eines jeden einzelnen hängen von dem Willen des Propheten ab. Weit von mir die Absicht, Young des Mißbrauches der Macht zu beschuldigen, welche ihm das Gesetz einräumt, das Gesetz, welches er selbst gegeben hat. Ich spreche nicht von den Personen. Ich spreche von dem System, und dies System ist scheußlich, fratzenhaft und ohne Beispiel in der Geschichte der Menschheit.

Je höher man in der Hierarchie gestiegen ist, je mehr ist man verpflichtet, von dem Privileg der Vielweiberei Gebrauch zu machen. Brigham Young besitzt zur Zeit sechzehn angetraute und sechzehn angesiegelte (sealed) Frauen. Einige der letzteren leben mit ihm; andere, bejahrte Witwen und ältere Jungfrauen, hoffen durch das Mittel der Ansiegelung im Jenseits zu erreichen, was ihnen diese Welt versagt hat, das Glück, zu dem Range wirklicher Gattinnen des Propheten vorzurücken. Georg Smith besitzt fünf Weiber, die anderen Apostel begnügen sich mit vieren, weniger als drei zu haben ist Sünde.

Es wird vorausgesetzt, daß niemand mehr Frauen nimmt, als er ernähren kann. Aber in Wirklichkeit kommt es häufig vor, daß die Weiber ihren Gatten durch ihrer Hände Arbeit erhalten. In der ärmeren Klasse ist dies sogar die Regel. Hat ein Mann zwei Frauen, so wohnt eine jede für sich in einem Zimmer, selten im selben Hause. Deshalb sieht man am Lande, in den Meierhöfen gewöhnlich zwei Hütten. Die Frauen treiben irgendein Handwerk, erhalten sich selbst, und ziehen den Gatten an sich, indem sie ihm von Zeit zu Zeit einen Imbiß bereiten, meist um den Preis ihrer mühselig zurückgelegten Ersparnisse. Die wirklichen, nicht die angesiegelten Frauen des Propheten wohnen im Bienenkorb, so heißt die Residenz, jedoch in abgesonderten Gemächern. Sie alle haben angeblich durch Arbeit für ihren eigenen Unterhalt zu sorgen; sie speisen an einem gemeinschaftlichen Tisch und stehen in jeder Beziehung unter einem strengen, bürokratisch geregelten Regiment. Einer der Schwiegersöhne Youngs, der kleine Bukkelige, der mich im Bienenkorb empfing, ist diesem Dikasterium vorgesetzt und übt sein heikles Amt mit Ordnung und Unparteilichkeit, die nicht seltenen Fälle abgerechnet, wo die wechselnde Laune des Gebieters ihm Ausnahmen von der Regel auferlegt.

Was ist nun der Sinn von sealing, was eine angesiegelte Frau? Ich habe weder Zeit noch Lust, mich in Studien der mormonischen Theologie zu vertiefen und die verschiedenen, wohl sehr übertriebenen und entstellten Angaben, die man in Reisebeschreibungen liest, zu prüfen. Eine Frau, so scheint es, wird an ihren Mann gesiegelt für dieses und für das künftige Leben. Eine Frau kann auch mit einem Verstorbenen eine Ehe eingehen; man versichert mir, daß eine Frau auch an zwei Lebende gesiegelt werden kann, an den einen für diese Welt, an den andern für das Jenseits: versteht sich immer nur mit Genehmigung des Propheten oder der Bischöfe. Was für Zustände! Die Unwissenheit und Leichtgläubigkeit, ausgebeutet unter Anrufung Gottes, zum Vorteile der Üppigkeit!

An Kindern besitzt Salt-Lake-City Überfluß. Überall

begegnet man ihnen. Es ist dies eine der auffallenden Eigentümlichkeiten dieser wie aller anderen Mormonenstädte. Die Kleinen sind gut gehalten, anständig gekleidet und besuchen fleißig die Schule; aber die meisten derer, welche ich sah, schienen mir zart, wenn nicht schwächlich. Die väterliche Gewalt geht auf in der Gewalt des Propheten. Kaum daß die Väter die Anzahl und die Namen ihrer Kinder wissen. Ohne die verstorbenen zu zählen, besitzt der Präsident deren achtundvierzig. Sein jüngstes Baby ist fünf Monate alt! Eines Tages, auf einem Spaziergange, kam er zu einem Raufhandel zwischen Knaben. Er trat zwischen die kleinen Störenfriede und verabreichte mit seinem Rohre dem Ungestümsten unter ihnen eine ausgiebige Züchtigung. Nach vollzogener Strafe frug er: wessen Sohn bist du? Der Knabe antwortete: I am president Youngs boy. Und in der Tat, es war einer der achtundvierzig.

Von welcher Seite man, hier an Ort und Stelle, die Polygamie betrachte, man gewahrt allenthalben die Keime der Zerstörung: Zerstörung der Familie, Zerstörung der Gesellschaft. Doch die ersten Opfer sind die Frauen. Die ich zu Gesichte bekam, sahen traurig und eingeschüchtert aus. An ihrem Herde nehmen sie nicht den Platz ein, welcher der Hausfrau gebührt. Die Männer vermeiden, von ihnen zu sprechen und sie dem Fremden zu zeigen; als ob sie sich ihrer Gefährtinnen schämten; oder vielmehr, sie schämen sich vor sich selbst. Die Weiber des Beduinen oder des Türken kannten nie den hohen Rang, welchen das Christentum für die Frau erobert hat; aber die armen Mormoninnen stiegen herab von dem Platze, den sie einst einnahmen: sie fühlen sich entwürdigt, und die Entwürdigung spricht aus ihren blassen abgehärmten Zügen.

Brigham, die halbe Gottheit, genießt mehr als königliche Ehren. Kurze Zeit vor meiner Ankunft hatte er sein siebzigstes Jahr vollendet. Bei diesem Anlasse brachten ihm die Apostel, Bischöfe und Älteren ihre Huldigung dar. Einer von ihnen nannte ihn Souverain. ‚Sie werden', fügte er hinzu, ‚den Tag erleben, an welchem sämtliche Könige der Erde vor Ihnen erscheinen und um Ihren Rat bitten werden.' Das Hofjournal gab natürlich die Ansprache.

An Sonntagen predigt Brigham Young zuweilen im Tabernakel. Nach allgemeinem Ausspruche der Heiden, welche ich befrug, sind diese Vorträge eine Anhäufung unzusammenhängender Bibelstellen, persönlicher Anspielungen und Schimpfworte, die mit salbungsvollen, hohlen Phrasen abwechseln. Die Sprache ist unedel, und der Redner verrät häufig seine haarsträubende Unwissenheit. Von Beredsamkeit keine Spur. In den letzten Jahren predigte er fast immer über Polygamie. Es ist dies seine Art, auf die Angriffe der amerikanischen Zeitungen zu antworten. Letztere sind ihm entschieden abhold und darin der getreue Ausdruck der öffentlichen Meinung in den Vereins-Staaten.

Unlängst, um seine Duldsamkeit zu bekunden, hat er Geistlichen anderer Bekenntnisse gestattet, im Tabernakel zu predigen. Ein durchreisender anglikanischer Minister machte von der Erlaubnis Gebrauch, und zwar in seinem geistlichen Gewande. Kaum hatte er die Kanzel verlassen, als sie Brigham bestieg. Er war in ein Bett-Tuch gehüllt, und hielt unter dem schallenden Gelächter der Heiligen einen spaßhaften Vortrag, in welchem er den englischen Prediger auf das gröblichste verhöhnte.

Fassen wir das Gesagte zusammen! Der Absolutismus, getrieben zu seinen äußersten Grenzen und personifiziert im Haupte der Kirche. Von Seite der Sektierer unbedingter Glaube an die Person des Propheten. Kein Gottesdienst, denn die kurzen Sonntagspredigten und Gesänge im Tabernakel verdienen diesen Namen nicht.

Im allgemeinen, soweit es sich um die Massen handelt, kein religiöses Gefühl, oder vielmehr alle religiösen Gefühle vereinigt und verbraucht in der fanatischen Verehrung Brigham Youngs. Arbeit und Glaube, als oberster Grundsatz aufgestellt. Die Arbeit, notwendigerweise Händearbeit, und zwar bis an die Grenzen des Möglichen ausgedehnt, weil man nicht nur das tägliche Brot erwerben muß, sondern auch die Schulden an den Präsidenten abzuzahlen hat. (Diese übertriebene Arbeit erklärt die raschen und großen Erfolge auf dem Gebiete der Kolonisation.) Ein vom Propheten ausgebeutetes Monopol, welches sich auf alles und alle erstreckt. Einmischung Youngs in die Familienverhältnisse und Angelegenheiten aller Art. In allen schwierigen Augenblicken Zuflucht zum Propheten und blinde Unterwerfung unter seine Aussprüche. Endlich die Vielweiberei als Pflicht und Vorrecht, ausgeübt seit zwanzig Jahren.

Dies ist die Wesenheit des Mormonismus.

Aber wie entstand der Glaube im Herzen derer, die ihn nicht besaßen, als sie die neue Lehre annahmen? Wie ist diese Umwandlung in ihnen vor sich gegangen? Welche geheimen Triebfedern haben da gewirkt? Wie kommt es, daß Leute, welche bei ihrer Abreise aus der Heimat nichts glaubten, kaum angelangt im Tale der Heiligen alles glauben, alles, was Young beliebt sie glauben zu machen? Die Erklärung der Mormonen: das sei eben Eingebung, kann man natürlich nicht zulassen. Aber auch die mir von den Heiden gegebene Auslegung schien mir unzureichend. Näher befragt, gaben letztere das selbst zu. Hier liegt, wie bereits gesagt, der Schlüssel zum Verständnis des Mormonismus. Ich widmete daher diesem Punkte meine ganze Aufmerksamkeit und gelangte mit Hilfe der eingezogenen Erkundigungen und eigener Beobachtung zu nachstehenden Schlüssen.

Die Anfänge der Sekte gleichen denen aller anderen.

Bei einer gewissen Anzahl von Menschen erwachen plötzlich und unvorhergesehen das Bedürfnis nach geistigem Trost, der Durst nach übernatürlicher Hilfe, das brennende Verlangen, Gott zu nahen! Es sind dies Instinkte, welche, mehr oder minder, in allen Herzen schlummern. Je seltener dies Erwachen eintritt, je heftiger ist es, nicht unähnlich einer lange verschlossenen und plötzlich geöffneten Schleuse. Die aufgestauten Wasser stürzen hervor, rasen mit Ungestüm dahin; verlaufen sich allmählich, bis das Gleichgewicht hergestellt ist, und, mit dem Gleichgewicht, die Ruhe. Dies ist die Geschichte der berühmten revivals. Es ist auch die Geschichte der Entstehung der Sekten, besonders in Amerika, in dieser vom materiellen Treiben so sehr in Anspruch genommenen Gesellschaft, welcher so wenig Zeit übrig bleibt für das innere Leben. Die lange vernachlässigten moralischen Bedürfnisse, die lange nicht vernommene Stimme des Gewissens treten mit einem Male in ihre Rechte. Reue und Verzweiflung bemächtigen sich der Gemüter. Man lechzt nach Trost, und man empfängt ihn aus den Händen des ersten Besten. In diesen Augenblikken fehlt es nie an Menschen, welche bereit sind, sich an die Spitze der Bewegung zu stellen, sie zu leiten, zu beherrschen, womöglich auszubeuten. Wahrscheinlich sind es Sykophanten, möglicherweise Schwärmer, vielleicht beides. Aber dem Heuchler gebricht die Leuchte des Glaubens, dem Fanatiker das Licht der Vernunft. Da finden die üblen Leidenschaften, die Geldgier, die Sinnlichkeit ihre Rechnung. Was Wunder, daß man in kürzester Zeit beim Unsinn und der Verruchtheit angelangt ist. Unter ähnlichen Verhältnissen entstand der Mormonismus. Die ersten Adepten Joë Smiths, des Schurken, wie die einen sagen, des Heiligen, wie ihn andere nennen, waren ganz gewiß aufrichtige Schwärmer. Sie waren überdies Amerikaner. Sie bildeten die moralische Atmosphäre, welche die Ankömmlinge aus Europa fortan einatmeten.

In der Geschichte der Sekte machte die große Wanderung nach dem Salzsee Epoche. Sie befestigte das Ansehen des neuen Moses. Unüberwindlich scheinende Hindernisse hat man unter seiner Leitung besiegt, das Ziel der Reise gefunden, wie Gott es seinem Auserwählten geoffenbart hatte. Kein Zweifel, daß Brigham ein übernatürliches Wesen ist. Wenn er nicht selbst Gott ist, so steht er der Gottheit nahe. Und überdies, was ist Gott? Die Mormonen kümmert das nur wenig, um so weniger, als Brigham lehrt, der Mensch sei Gott gleich. Gewiß, niemand ist es mehr als er. Das ist augenfällig, sonnenklar! Jedermann denkt es, jedermann sagt es, jedermann glaubt es. Wehe dem, der zu zweifeln wagte!

Das ist die moralische Luft, die sich im Tale der Heiligen gebildet hat, die jedermann einatmet, die sofort auf den Neuangekommenen ihren Einfluß ausübt. Er bringt aus der Heimat nichts mit, was ihm helfen könnte, sich dieser Einwirkung zu entziehen. Er ist unwissend, arm, und indem er unter die Mormonen ging, hat er die Religion verleugnet, in der er geboren ward. Nicht in den Sätzen des Glaubens, von dem er abfiel, wird er Waffen suchen gegen die Irrtümer der Sekte, welcher er sich eben anschloß. Überdies hat er seine Schiffe verbrannt. Mit Leib und Seele gehört er dem Präsidenten. Er tut wie jedermann, er schließt die Augen und glaubt, glaubt an Brigham Young. Die Weiber aus Wales, unter den Mormonen die Mehrzahl ihres Geschlechtes, und wie man mir sagt, mehr als alle anderen abergläubisch und unwissend, nehmen einen tätigen und wirksamen Anteil an der Bekehrung der Männer. Übrigens, wer einmal diese Pfade betreten hat, wird sie nicht wieder verlassen. Die Schwierigkeit der Umkehr, man könnte sagen die Unmöglichkeit, ist bereits erörtert worden. Das Auge des

Propheten wacht über der Herde, die Racheengel, die Daniten erwürgen die räudigen Schafe.

Die Wichtigkeit des Einflusses der Sphäre, in der man lebt, ist unberechenbar: sie wächst im Maße der Abgeschlossenheit. Irrenärzte versicherten mir, sie würden selbst den Verstand verlieren, wenn sie durch längere Zeit verhindert wären, ihre Anstalt zu verlassen. Das Duell, als Gottesgericht oder Krieg zwischen einzelnen vollkommen erklärlich, ist in seiner gegenwärtigen Übung barer Unsinn. Der Beleidigte ist entehrt; hat er aber überdies von dem Beleidiger einen Säbelhieb oder eine Kugel in den Leib bekommen, so ist seine gekränkte Ehre gerettet. In England hat die jüngste Generation dies Vorurteil abgeschüttelt; aber am Kontinent besteht es noch als Glaubensartikel, allerdings in verschiedenem Grade, je nach der Verschiedenheit der Lebenskreise. In Deutschland, zum Beispiel, ist es im Volke unbekannt; der Bürger hält wenig darauf; aber im Adel, in der Armee und auf den Universitäten, also in den noch oder einst privilegierten Ständen, finden wir es tief eingewurzelt. Nun sind aber die privilegierten Klassen, innerhalb der Grenzen und Kraft des Privilegs, von den übrigen Staatsbürgern abgeschlossen. Betrachten wir einen jener vielen, kleineren Kreise, wo Kunst und Literatur getrieben werden. Nehmen wir an, es herrsche dort der Kultus der Zukunftsmusik. Wer sich da den geringsten Zweifel erlaubte an der Unfehlbarkeit des verehrten Meisters, würde sogleich vor die Feme gezogen, verurteilt und hingerichtet, das heißt ausgeschlossen. Legst du Wert darauf, im Heiligtume zu verweilen, so lasse dich bekehren, verneige dich vor der Gottheit, die hier herrscht, und bekämpfe die Stimme deines Gewissens, welche dich der Heuchelei beschuldigt. Verharre in dem neuen Götzendienst und die Gnade des Glaubens wird sich allmählich rühren; du wirst glauben an Wagner, und bist du von

Natur der Begeisterung zugänglich, so wirst du mit der Zeit bereit sein, für die Zukunftsmusik dein Blut zu vergießen. Die große Mehrzahl der Menschen unterliegt ähnlichen Einflüssen. Feste Grundsätze, ein richtiges Urteil und Charakterstärke vermögen allein der Atmosphäre zu widerstehen, die in abgeschlossenen Kreisen herrscht. Diese Bedingungen finden sich selten vereinigt. Sie fehlen natürlich den armen Katechumenen, welche alljährlich von den Emissären des Propheten zusammengerafft und nach den bis vor kurzem unzugänglichen und hermetisch geschlossenen Gegenden von Neu-Jerusalem gesandt werden.

So erkläre ich mir die plötzliche Umwandlung von Leuten, die zu Hause an nichts glaubten, in Gläubige, in Leute, welche zwar nicht mit Inbrunst, aber mit naivem und aufrichtigem Köhlerglauben sich der Person und den Lehren Brigham Youngs blindlings unterwerfen.

Noch vor zwei Jahren waren Abtrünnige sehr selten. Es war oben die Rede von den Mitteln, mit welchen man sie in den Schoß der Kirche zurückführte. Seit Eröffnung der Eisenbahn konnten einige protestantische Missionare, Geistliche der Episkopalkirche und Presbyterianer, ohne besondere Gefahr zu laufen, hier ihrem apostolischen Berufe nachgehen. Es war aber verlorene Mühe. Die wenigen Mormonen, welche sich zum Austritt aus der Sekte bereit erklärten, erwiesen sich als Menschen ohne alles sittliche und religiöse Gefühl. Solange sie unter der eisernen Zuchtrute Youngs lebten, waren sie arbeitsam und gläubig, gläubig im Sinne der Mormonen. Aber indem sie den Zauberkreis verließen, verwandelten sie sich in Freigeister und unverbesserliche Taugenichtse. Diese vielseitig bestätigte Tatsache scheint mir höchst bedeutungsvoll. Sie liefert den praktischen Beweis der inneren Hohlheit des Mormonismus. Dieser Gesellschaft fehlen alle sittlichen Elemente. Ihr Wesen ist die rohe

Gewalt. Entfesselt diese Menschen und sie werden zu Ungetümen.

Die Pazifikbahn und, infolge der vor zwei Monaten entdeckten Silberlager, das massenhafte Zuströmen der Bergleute, üben bereits ihre Wirkung. Zunächst hat das Schreckensregiment aufgehört, unter welchem die hier lebenden Heiden, d. h. Christen schmachteten. Bisher waren sie Heloten; jetzt fühlen sie sich, rühmen ihre Bedeutung und tragen den Kopf hoch. Bald werden sie eine wirkliche Macht sein. Die kleine Stadt Corinna, welche einige Heiden vor wenigen Jahren gegründet haben, ist der Sitz der Opposition geworden. Dort hausen die Söhne Joë Smiths, die Dissidenten und persönlichen Feinde Brigham Youngs. Es ist die Zufluchtsstätte aller jener, welche das Joch des Präsidenten abschütteln oder sich ihren pekuniären Verpflichtungen gegen ihn entziehen wollen.

Aber auch im Mittelpunkte des Gemeinwesens, in Salt-Lake-City, hat sich die Lage geändert. Einwanderer, die keine Mormonen sind, bringen Kapitalkräfte mit sich, eröffnen Kaufläden, nehmen einen wachsenden Anteil an dem Handelsverkehr. In der Tat, alles ist anders geworden. Man hört nicht mehr von geheimen Verurteilungen und Hinrichtungen. Keine Leichen abtrünniger Mormonen, keine Würgengel mehr! Selbst die jungen Mädchen hat der Geist der Widerhaarigkeit erfaßt. Sie wollen von Polygamie nichts wissen, und geloben sich untereinander, Freier, welche bereits eine Ehehälfte besäßen, mit Körben zu beteilen. Das Bedenklichste ist, daß die neue Strömung sogar in den Bienenkorb drang. Der älteste Sohn Youngs hat erklärt, daß er seine in späteren Ehen erzeugten Geschwister für unehelich halte. Alles weist auf eine bevorstehende Krisis hin.[8]) Brigham scheint es zu ahnen, und unerachtet seiner vorgerückten Jahre einen zweiten Exodus nach Arizona oder den Südseeinseln zu beabsichtigen.

In Washington zögert man noch. Die öffentliche Meinung in den Staaten verlangt immer lauter ein energisches Einschreiten der Zentralregierung. Die bisherigen materiellen Hindernisse sind verschwunden. Warum entsendet Präsident Grant nicht, auf der Eisenbahn, eine hinreichende Truppenmacht, um Zuständen ein Ende zu machen, welche unvereinbar sind mit den bestehenden Gesetzen, mit den Sitten und dem Geiste des Jahrhunderts? Hierauf erwidert man im Weißen Hause, daß der Mormonismus keine Lebensfähigkeit besitze und ehestens von selbst zerfallen werde. Mit Brigham Young, der ein Greis, werde er verschwinden. Es wäre ein politischer Fehler, die Auflösung der Sekte zu beschleunigen. Besser sei, sie eines natürlichen Todes sterben zu lassen. Dies ist gegenwärtig die Ansicht der Regierung, aber nicht des Publikums, und alles deutet darauf hin, daß General Grant Young in Anklagestand versetzen und, im unwahrscheinlichen Falle eines Widerstandes, mit Waffengewalt einschreiten werde.

Besitzt dies große Gemeinwesen eine Zukunft? Wird es mit seinem Häuptling verschwinden? Um mich her höre ich die letztere Frage mit Bestimmtheit bejahen. Und in der Tat könnte hierüber kein Zweifel obwalten, wenn die Ereignisse immer den Gesetzen der Logik folgten. Angenommen, die Auflösung habe stattgefunden! Was würde die sittliche und soziale Lage der Bruchstücke des großen Körpers, der getrennten Gliedmaßen des Leichnams sein? Wir würden eine Gesellschaft, wenn diese Benennung passend ist, von Menschen sehen, ohne Glauben und ohne Gesetz. Ohne Glauben, denn sie besaßen nur den Glauben in die Person Brigham Youngs, und Brigham Young ist, in unserer Voraussetzung, verschwunden. Ohne Gesetz, denn dies Gesetz hatte Er ja gegeben und Er allein hatte vermocht, ihm Achtung zu verschaffen, und dieser Wundertäter ist verschwunden.

Was kann aus dieser Gesellschaft werden, deren einzige Grundlage das moralische Ansehen, die materielle, unbegrenzte, unerbittliche Macht eines Mannes war, nachdem dieser Mann aus dem Leben geschieden ist? Niemand wird ihn ersetzen. Mit ihm stirbt der Mormonismus. Auch ist keine Auferstehung, wenigstens nicht zur selben Lebensform denkbar. Die Macht der Dinge, ein eigentümliches Zusammentreffen von Umständen: der Bau der Eisenbahn, die Entdeckung der Silberminen, das Zuströmen amerikanischer Staatsbürger, die früher oder später unvermeidliche Dazwischenkunft der Zentralregierung, die Entrüstung der öffentlichen Meinung bilden unübersteigliche Hindernisse. Dann könnte das jetzt friedliche Tal der Heiligen der Schauplatz werden eines scheußlichen Kampfes aller mit allen, der Söhne der ersten Frau mit denen der zweiten und dritten. Die Familienbande, gelockert und entheiligt durch die Übung der Polygamie, werden zerreißen; das Eigentum eines jeden wird die Beute des Stärkeren werden. Ein grauenhaftes Bild von Bruderkrieg, Faustrecht, Gesetzlosigkeit, chaotischer Verwirrung.

Hoffen wir für die Armen ein milderes Geschick. Aber eine Betrachtung drängt sich hier auf und zu meiner Verwunderung hörte ich sie, auf dieser Wanderung durch Amerika, schon mehrmals aussprechen. Der Mormonismus mit seinen glänzenden Früchten und scheußlichen Auswüchsen und der noch scheußlicheren Katastrophe, die seiner zu harren scheint, ist entstanden und aufgewachsen unter dem Schirme des obersten Prinzips der amerikanischen Gesellschaft: unbeschränkte Freiheit für alle. Hat in diesem Falle die Anwendung dieses Grundsatzes zur Freiheit geführt? Das Merkwürdige ist nicht die Frage, sondern daß man sie sich stellt."

[1]) Die spätern bekannten Ereignisse rechtfertigten seither diese Ansicht des Verfassers.

[2]) Die Amerikaner nennen dies sink, Versenkung.

[3]) The rise, progress and travels of the Church of Jesus-Christ of Latter-Day-Saints, being a series of answers to questions including the revelation on celestial marriage etc. by President George A. Smith, Church Historian etc. Printed at the Deseret News Office. Salt-Lake-City 1869.

[4]) H. Young sagte mir nichts, was er nicht gegen jedermann, besonders in seinen sehr kurzen Predigten, zu äußern pflegt. Ich halte mich daher für berechtigt, die wesentlichen Stellen dieser Unterredung hier wiederzugeben.

[5]) Juni 1844.

[6]) Utah gehörte damals zu Mexiko. Später an die Vereinigten Staaten abgetreten, bildet es laut Kongreßakte von 1850 ein Territorium. Brigham Young wurde zum Gouverneur ernannt und übte dies Amt bis 1857 aus.

[7]) Ich sah einen Waldweg, der nach einem Cañon führt. Die Bewohner von Salt-Lake-City versehen sich dort mit Brennholz. Die Ladung jeder fünften Fuhre gehört dem Propheten.

[8]) Sie ist seither eingetreten. In Washington betrachtet man den Mormonismus in Auflösung begriffen.

Skiing in den Rocky Mountains

Hätte ich nicht vor Jahren als Student Priscilla, eine junge Studentin, die im College mir gegenüber wohnte, kennengelernt, wäre ich nicht zum Skilaufen in die Rokky Mountains gefahren. Eines Abends erzählte sie mir bei einer Pizza von ihrem Ski-Vagabundieren in den Rockies. Ich hörte ihr wie stets mit Spannung zu, da ihre Naturbeschreibungen lebhaft und zugleich farbenvoll waren und sie ihre Aufenthalte in den Bergen bildhaft zu beschreiben wußte – damals war das Skilaufen noch nicht so verbreitet wie heute – alles, was sie schilderte, erregte Sehnsucht nach den Pisten der Superlative. Skilaufen. Kein Après-Ski wie in Zermatt, Zürs oder St. Moritz – alles, was sie erzählte, blieb in mir haften wie Wintergemälde. An diesem Abend begann die Unterhaltung ganz eigenartig: wir sprachen über unsere Ferienjobs, sie als Sozialhelferin in den Bergen, ich als Vertriebsvolontär. Und dann erzählte sie von Reservaten, die sie früher aufgesucht hatte. Sie beschrieb sich allein in der Landschaft: Sie wanderte auf einem Gebirgskamm entlang, hatte die Berggipfel rund um sich, der Himmel war wolkenlos; ich folgte ihr in Gedanken, so gut ich konnte. Priscilla war eine aufregende Erzählerin; noch nie hatte mir jemand die Rocky Mountains so deutlich vermittelt wie sie. Auch in späteren Jahren hat sie mir bei gemeinsamen Ausflügen die Atmosphäre der Wintersportgebiete nahegebracht, wie ich es kaum zu erträumen und zu erleben gehofft hatte.

Im Umkreis von weniger als 50 Kilometer vom Stadtzentrum Salt Lake City befinden sich bekannte Skiorte, die von November bis Mai ideale Wintersportverhältnisse bieten. Snowbird, das vor 12 Jahren als Pulverschneezentrum eröffnete, heißt besonders die „powder hounds", die Tiefschneefahrer, willkommen. Berühmte Filmszenen mit aufstiebenden Schneewolken und mit Skiakrobaten, die schwerelos die Hänge hinuntergleiten, wurden alle in Snowbird gedreht. Der trockne Pulverschnee ist das Resultat von Höhenlage, der äußerst geringen Luftfeuchtigkeit wegen der Wüstennähe und den Temperaturen von minus 5° bis minus 10° Celsius. Die Schneefälle erreichen im Skigebiet um Alta, Brigthon und Park City eine Höhe von jährlich bis zu 12 Metern. Im Gegensatz zu den bekannten Skiorten Aspen, Beaver Creek und Vail in Colorado, wo die topografische Lage keine Schneelawinen auslöst, sind hier die Sicherheitsvorkehrungen für den Skifahrer aus Texas, New York oder anderen Gebieten, die die Lawinengefahr überhaupt nicht kennen, extrem streng. Eine Ski-Patrol informiert sich ständig über die Wetterlage und gibt die Daten weiter an einen Computer, der eine Prognose über Lawinenabgänge errechnet. Weiterhin ist sie zuständig für Pistenkontrolle und Einsatz für Lawinensprengungen. Sprengkapseln mit je einem Kilo TNT lösen nach 10 Sekunden gewaltige Detonationen aus. Ein Blitz im Schnee, Schneefontänen schießen in die Höhe, der Hang gerät plötzlich in Bewegung und eine Schneestaubwolke rollt mit großem Getöse talwärts. Eine Gefahr ist gebannt.

Heli-Skiing ist seit 1965 ein besonderes Skivergnügen, riskant und wegen der Lärmentwicklung in den Alpen sehr umstritten. Es hat sich zuallererst in Kanada entwikkelt. Ein Hubschrauber bringt meistens bis zu zwölf Skifahrer und einen Führer auf irgendeine Höhe, von wo sie dann abfahren. Täglich werden bis zu zwölf Abfahrten unternommen. Dabei spielt die Anzahl der Abfahrten keine Rolle. Vielmehr werden die gefahrenen Höhenmeter (vertical feet) gemessen; die Summe kann in einer Skiwoche bis zu siebzigtausend Höhenmeter betragen.

Das setzt natürlich Kondition voraus. Das ständige Tiefschneefahren zehrt an der Substanz. Daher machen Amerikaner zuvor Fitneßwochen in Snowbird oder Alta, um die Strapazen besser durchstehen zu können. Der Skiführer verlangt Disziplin. Gletscherspalten oder Lawinengefahr erfordern geordnete Fahrweise. Außerdem erhält jeder Skifahrer einen kleinen Sender mit eingebautem Empfänger. Man will auf jeden Fall Unfälle oder irgendwelche Schadenersatzansprüche möglichst vermeiden. Es ist ein tolles Skivergnügen, in unberührter Schneelandschaft die Hänge mit einem glitzernden Schweif aus Schnee hinabzugleiten. Meilenweite Hänge. Jungfräulicher Pulverschnee. Heli-Skiing:

Utah Powder Guides, Box 1760, Park City, Utah 84060

Colorado Ski Guides, Box 10025, Aspen, Colorado 81611

High Mountains Helicopter Skiing, Box 2217, Jackson, Wyoming 83001

Sierra Guide Services, Box 697, Bridgeport, California 93517

Mit einem Snowmobil durch die Winterlandschaft zu rattern, ist ein weiteres Vergnügen. Die Motorkraft eines 30 PS starken Ski-doo wird per Daumendruck auf eine eigens für Schnee angefertigte Gummimatte übertragen, die wie eine Raupenkette funktioniert. Scheibenbremsen bringen das Snowmobil zum Stehen. Über einen Baumstamm zu gleiten, ist keine Sache für einen Anfänger. Auch muß für entsprechende Kleidung gesorgt werden: wattierter Anzug, Leder-Boots, Handschuhe bis zum

Ellbogen, Sturzhelm und für alle Fälle eine Gesichtsmaske, wenn das Thermometer unter minus 20 °C klettern sollte. Der Anfänger findet sich am ehesten auf gespurten trails zurecht. Denn ständiges Lenken zerrt und reißt in den Armen. Fortgeschrittenere haben ein Knie auf der Bank und den anderen Fuß auf dem Trittbrett. Sehr wellige Pisten werden von ihnen stehend genommen. Für Anfänger heißt es: „Gas weg!"

In den Winterorten denkt man schon nach, wie man die Skisaison verlängern kann. Wenn Schneemaschinen gewöhnlicher Art versagen, verwendet man Snomax, ein Produkt des Herstellers Advanced Genetic Sciences aus Berkeley, Kalifornien, das Bakterien – Pseudomonas syringae – enthält, die vor ihrem Einsatz getötet werden. Dann spritzt man sie in unterirdische Wasserleitungen ein, so daß jeder an die Luft tretende Wassertropfen mit einem Kristallisationskern, einem Eiskristall versehen ist, um den sich Schnee bildet. Die Experimente sind bisher vielversprechend. Doch viel Wind darf nicht sein, damit die Bakterien nicht in landwirtschaftlich genutzte Gebiete getragen werden. Erfahrungen liegen nicht vor, ob es dann zu Pflanzenschäden und Ernteausfällen kommt.

Daß moderne Techniken und Computer Einzug halten, ist selbstverständlich. Anzeigetafeln, verteilt über das Skigebiet, zeigen Wartezeiten an den Liften an. Andere Computer werden für die Trassierung von Pisten eingesetzt. Ebenso gibt es computergesteuerte Liftticketreservierungen. In Vail liegt die Zentrale für die Ski-Patrol auf 3370 Meter Höhe, von wo aus sie das ganze Gebiet überschauen können. Not-Telefone stehen in Abständen an den Abfahrten. Wegen der verschärften Haftungsbestimmungen mußten die Ski-Organisatoren eine Berufs-Skiwacht einrichten.

Einige bekannte Skiorte von Süd nach Nord:

Neu Mexiko:

Sierra Blanca, zwischen El Paso und Albuquerque, ein Skigebiet in Händen der Mescalero Apachen, ursprünglich von Herrn Anderson, Chairman von Atlantic Richfield eingerichtet; Ausgangspunkt ist Ruidoso oder Alto, wobei die Lifts erst auf 3000 Meter Höhe starten. Der Gipfel des Sierra Blanca ist 3656 Meter hoch. Drei bis vier Meter Schnee im Jahr, griffig und trocken, von den Apachen „Popcorn“ getauft.

Taos, ein Kunstzentrum mit den Indianerdörfern Taos Pueblo und Ranchos de Taos. Im Winter ist Taos ein gemütliches Dorf ohne Après-Ski-Rummel. Skifahren an den steilen Hängen des Kachina Peak. Er ist der höchste von Liften erschlossene Skiberg. Durchschnittsfahrer und Könner werden gefordert. Bekannt ist die senkrecht entlang der Lifttrasse verlaufende Piste mit einem Neigungswinkel von etwa 45°. Hauptattraktion im Winter und zugleich Teststrecke.

Colorado:

Aspen, das 1879 gegründete Silberbergbaustädtchen, das 1893 wieder verfiel, wurde 1937 zu einem Skiort ausgebaut. Auf vier Hängen wie Buttermilk, Aspen Mountain und Highlands sowie Snowmass werden 450 Kilometer präparierte Abfahrten (St. Moritz 380, Lech-Zürs 200) geboten. Zu den Ereignissen gehören im Januar der Winterskol Carnival und im Hochsommer das Aspen Music Festival. Après-Ski an Little Nell's Bar und später nach dem Essen bei heißer Disko.

Vail, das erst vor 20 Jahren für den Wintersport erschlossen wurde, wirkt wie ein bayerisches Dörfchen.

Fast 20 Prozent der 4000 Einwohner stammen aus Bayern, Österreich und der Schweiz. Die bekannten Skihänge sind Lionshead, Eagle's Nest und Golden Peak. Tiefschnee bietet die Südseite in den Back Bowls.

Beaver Creek, das nicht weit von Vail gelegen ist, ist ein Refugium für eine geschlossene Gesellschaft. Man will nicht den Touristen allgemein. Daher bleibt die Zufahrtsstraße für bloße Neugierige gesperrt. Nur wer eine Reservierung nachweisen kann, hat Zutritt. Ist die Kapazität der Skilifte erschöpft, werden keine Tickets mehr verkauft.

Breckenridge, benannt nach einem Vizepräsidenten der Vereinigten Staaten, nahm seinen Anfang 1859, als Ron McLean Goldstaub in der Sonne reflektieren sah. Ron steckte einen claim ab, und die Ausbeute der ersten Pfanne belief sich auf 13 cents. Monate später waren mehr als zweitausend Goldsucher auf dem Gelände. Ein Jahr später lebten in diesem Ort mehr als siebentausend Einwohner, die sich in Saloons, Tanzhäusern und Bordellen vergnügten. Drei Banken, zwei Kirchen, ein Opernhaus und mehrere Geschäfte, die sogar Bekleidung vornehmlich aus Frankreich besorgten, zählte schließlich die Goldstadt. Heute ist Breckenridge eine Skitown mit einem Skigelände amerikanischer Dimension. Der Ort selbst liegt auf 2900 Meter, während die Skilifte bis auf 3700 Meter reichen. Die Wartezeiten liegen unter sechs Minuten. Wenige Hotels gibt es in diesem Ort, dafür eine Auswahl von Apartmentanlagen. Wie überall erstklassige Organisation, die die amerikanischen Skiorte von den europäischen abhebt. Die zweiundneunzig Pisten werden von einem Stab von 740 Mitarbeitern betreut. In der Ortsmitte wurden die Häuser mit hölzernen Fassaden, teilweise im viktorianischen Stil, sehr sorgfältig restauriert. Skilaufen ohne Warten heißt die Devise in den amerikanischen Wintersportgebieten.

Beliebte Skiorte sind auch Keystone, Copper Mountain, Loveland Basin und Valley, Arapahoe Basin und Steamboat Springs, das an der Str. 40 nordwestlich von Denver am Yampa-Fluß gelegen ist. Es bietet Country und Western Look. Vier großartige Bergrücken sind die Skihänge mit den unterschiedlichsten Schwierigkeitsgraden. Auch Buckelhänge sind anzutreffen, wo der Skifahrer wie ein Tischtennisball hin und her federt. Hinzu kommt noch eine Steilheit, die Skifliegen ratsam erscheinen läßt. Die höchste Kuppe ist 3150 Meter. Colorado, das darf man nicht vergessen, zählt mehr als 1100 Berge, die 3000 Meter übersteigen.

Utah:

Alta, Snowbird, Brighton, Solitude, Park City, Park West, Deer Valley und Parley's Summit, alle östlich von Salt Lake City in den Wahsatch-Bergen gelegen, die bis zu einer Höhe von 3350 Metern reichen.

Wyoming:

Teton Village bei Jackson, Antelope Butte bei Sheridan, Medicine Bow bei Laramie und Hogadom Basin bei Casper.

Idaho:

Sun Valley, das etwa 120 Kilometer nördlich von Twin Falls und auf einer Höhe von 1749 Metern liegt, wurde 1936 als erste Skistation in den USA gebaut. Der Sessellift brachte die Skifahrer auf den 2000 Meter hohen Dollar Mountain. Glenn Miller komponierte zu diesem Ereignis die „Sun-Valley-Serenade". Bleibt einmal der Schnee aus, sorgen Pipelines und Schneemaschinen für künstlichen Schnee. Mit 60 Hektar ist das eine der größten Kunstschneeflächen der Welt. Fünf Pisten können versorgt werden, darunter eine sechs Kilometer lange Abfahrt mit fast 900 Meter Höhenunterschied. Eigentlicher Skitreff ist der Sun-Valley-Hausberg „Baldy" – Bald Mountain mit seinen 2800 Metern –, der 65 Abfahrten anbietet. Wer sich die Piste „Limelight" zutraut, gehört zu den Akrobaten. Sie ist ähnlich dem „Al's Run" in Taos oder dem „Spiral Plunge" in Telluride (zwischen Montrose und Durango in Colorado).

Oregon:

Mt. Hood östlich von Portland, Mt. Ashland im Süden und westlich von Bend das Mt. Bachelor-Skigebiet am Ostrand des Kaskaden-Gebirges, das den Staat in Nord-Süd-Richtung durchquert. Das trockene, kalte Klima sorgt für meterhohen Pulverschnee. Als geologische Region interessant, da sich die Skihänge auf einem erloschenen Vulkan verteilen. Im schütteren Wald wird aus dem Tiefschneefahren ein Tree-Skiing, das schnelles Reaktionsvermögen abverlangt. Mt. Bachelor war nicht nur das Trainingslager für die amerikanische Ski-Equipe, sondern ist Austragungsort für die wie in den anderen Skiorten wöchentlich mehrfach stattfindenden „Nastars" (National Standard Races). Hotels und weitere Unterkünfte gibt es nur in dem 35 Kilometer entfernten Städtchen Bend.

Montana:

Bridger Bowl bei Bozeman und Red Lodge bei Billings.

Washington:

Mt. Baker im Norden, Skigebiete am Snoqualmie Paß östlich von Seattle, Crystal Skigebiet östlich von Tacoma am Rande des Mt. Rainier Nationalparks sowie auf der Olympischen Halbinsel das Hurricane Ridge Skigebiet südlich von Port Angeles.

Es war lange Jahre mein Traum gewesen, die Skiparadiese in den Rockies aufzusuchen. Ich hatte nie gedacht, daß es so einfach sein würde, dorthin zu kommen. Dank Priscilla! Wie oft waren wir in Aspen! Sobald dort die Lifte ihren Betrieb einstellen, trifft man sich an der Talstation des Little Nell's Lifts. Niemand will aufhören. Emsiges Treiben. Unersättlicher Skiingrausch. Ein wahrer Hunger nach grenzenlosem Skiing auf den sanft gewellten Übungsfeldern, den langgezogenen Gleitpisten und den Buckelhängen von unvorstellbarer Steilheit. Später ein Treffen an der Bar im Hotel Jerome, wo sich viel Prominenz aus Hollywood einstellt. Auch aus Washington. Letzthin diskutierten wir an der Bar die großartige Rede Ronald Reagans zum Beginn seiner zweiten Amtszeit, die amerikanisches Sendungsbewußtsein demonstrierte. Sein Aufruf zur „zweiten Revolution" beweist doch, daß der Geist der Verfassung zwei Jahrhunderte nach der Amerikanischen Revolution immer noch lebendig ist. Als Europäer ist man geradezu verblüfft, wie stark der unbändige Optimismus ist, der nicht alle, aber viele Schichten erfaßt hat. Bessere Zukunft ist nur möglich, so Ronald Reagan, mit Glaube, Wille und Herz. Müssen wir Europäer da nicht etwas kleinlaut werden? Der Geist von Williamsburg weht immer noch nach. Es war der Mai 1607, als am Ufer des Chesapeake Bay drei britische Schiffe, die „Discovery", die „Susan Constant" und die „Godspeed" anlegten. Die Männer bauten ein

Fort und machten Jahre später Williamsburg zum geistigen, politischen und wirtschaftlichen Zentrum. Es sollte aber noch lange dauern, bis es zur „Deklaration der Rechte“ am 12. Juni 1776 in Williamsburg kam, die die Grundlage für die Unabhängigkeitserklärung der Vereinigten Staaten bildete. Abends italienische Küche im Abetone in der Main Street. Treffpunkt für Beautiful People. Oder etwas romantischer im Parlour Car, in einem alten Eisenbahnwagen, dessen einzelne Abteile besonders dekorativ gestaltet sind.

Miss Beautiful! Priscilla war heute abend (schon 20 Jahre ist es her!) in ein seidiges durchsichtiges Oberteil gehüllt, das ihre vollen, wohlgeformten Brüste durchschimmern ließ. Priscilla, eine Tochter der Aphrodite, der griechischen Göttin der Schönheit, der römischen Venus? Das Geheimnisvolle, das Rätselhafte, das sie ausströmte, lag in ihrem Lächeln, das gleiche Lächeln, das Leonardo da Vinci so berühmt und unsterblich gemacht hat. Im Restaurant Charlemagne, das für seine Fischgerichte bekannt ist, bestellten wir Lachs und einen trockenen Wein aus dem Napa Valley. Während wir auf das Essen warteten, schauten wir uns gegenseitig in die Augen. Priscilla wurde von hereinkommenden Gästen begrüßt, die sich auch nach dem Wohlergehen ihrer Eltern erkundigten. Man traf sich hier. Die wohlhabende Schickeria. Eine Freundin von Priscilla mit Mann kamen für einen Augenblick an unseren Tisch, priesen brav den köstlich aussehenden Fisch und verschwanden mit einem kurzen Gruß „Bis bald in der Disko“. Ich bekam ein dankbares Gefühl, von Schönheit umgeben zu sein und in Priscillas Augen schauen zu dürfen.

Nach dem Abendessen machten wir noch einen Spaziergang durch die Mainstreet. Es war wie eine Wanderung durch den Ur-Garten. Weit hinten sahen wir schon Little-Nell’s Disko. Heiße Diskomusik schallte uns entgegen. Priscilla war nicht verlegen, als ich sie bat, etwas von Elvis Presley zu singen. Sie ergriff das Mikrofon und sang ihm zu Ehren: „Love me tender“ ...

Love me tender, love me sweet.
Never let me go.
You have made my life complete.
And I love you so.

Love me tender, love me true.
All my dreams fulfill.
For my darling I love you.
And I always will. And I always will.

Love me tender, love me long.
Take me to your heart.
For it’s there that I belong,
and we will never part.

Love me tender, love me dear.
Tell me you are mine.
I will be yours through all the years
till the end of time.

When at last my dreams come true,
darling this I know.
Happiness will follow you
everywhere you go.

(Elvis Presley, 1956)

Der Applaus war überschäumend. „Und jetzt für Dich, Ric“, flüsterte sie ins Mikrofon: „... I love you ...“. Zum Schluß sang sie noch ein Lied von Harry Belafonte „Delia“. Salsa-Klänge! Ein Folklore-Gemisch aus afrikanischen und spanischen Musikelementen. Den Kompositionen entspringt viel Fröhliches, das körperlich vermittelt werden will. Das macht die lateinamerikanischen Rhythmen so populär. Auch unter den Après-Ski-Fans.

Unter den heutigen Salsa-Liedermachern ist Rubén Blades aus Panama einer der größten Stars. Eines seiner bekannten Lieder ist „Estoy buscando a Amérika ... (Ich suche nach Amerika)“. Sein gesellschaftskritisches Werk beschäftigt sich mit Themen wie Rassendiskriminierung, Ghettoenge, Rechte der Latinos und ihr Heimweh nach Ländern, wo Bürger verschwinden und nie wieder zurückkehren und Priester selbst in der Kirche keine Zuflucht finden und dort ermordet werden, Alltagsängste, Alkohol, Drogen und das Problem allzu früh schwangerer Teenager. Eines seiner Vorbilder ist der wegen seiner scharfen Kritik an den gesellschaftlichen Zuständen berühmt gewordene Schriftsteller und Nobelpreisträger Gabriel García Márquez aus Kolumbien.

Salt Lake City – Wendover – Ely – Austin

In dem Land um Salt Lake City, dem Zion der Mormonen, einem unfruchtbaren Land, wo früher, bevor sich die Anhänger der „Kirche Jesu Christi der Heiligen der Letzten Tage“ niederließen, nur vereinzelte Zedern wuchsen, stehen heute Wolkenkratzer, und aus den armen Siedlern, die dem Seher, Offenbarer und Propheten Brigham Young folgten, ist eine reiche Kirchengemeinde geworden, die ihre Einnahmen aus dem „Zehnten“ vom Nettoeinkommen und den gut geführten Wirtschaftsunternehmen bezieht. Aus der Wüste, wo sich Abenteurer verirrten, ist dank ihrer Tatkraft und ihres Wirkens eine menschliche Heimat entstanden. Nicht umsonst verkündet der Chor: „All is well! All is well!"

Utah. Es gibt Gegenden, wo die Fassungskraft der Seele nicht ausreicht, die Naturwunder in sich aufzunehmen.

Bryce Canyon, zum Beispiel, unvergeßliche Erosionsgebilde, ein Stück Naturtheater, das kein Gegenstück auf der Erde hat. Oder

Canyonlands mit den Green, Cataract und dem anschließenden Glen Canyon, naturbehauene Skulpturen, surrealistische Gemälde mit einem märchenhaften blauen Himmel als Horizont. Oder

Rainbow Bridge mit dem Berg Navajo (3166 m) im Hintergrund, ein Gesteinsbogen mit einer Spannweite von 84 Metern und einer Höhe von 88 Metern. Oder

Zion National Park, tief beeindruckende, gewaltige Canyons, als hätte ein Gigant Furchen durch die Erde gezogen, und buntfarbene Steinriesen, deren Gesteinsschichten braun, ocker, rot und an manchen Stellen sogar weiß sind. Oder

Cedar Breaks National Monument, eine riesige Öffnung in der Erde, einem Amphitheater gleich, umgeben von einer Voralpenlandschaft mit uralten Kiefern. Oder

Snowbird, wie schon erwähnt, ein herrliches Ski-Paradies mit Pulverschnee. Oder

Armes Ranchland südlich von Zion mit wenigen Niederschlägen, wo die Ländereien groß sein müssen, um die Rinder zu ernähren. Aufgegebene Häuser, ja sogar Siedlungen, als Zeichen abweisender, abschreckender Natur, die sich nicht bändigen ließ. Oder

Große Salzsee-Wüste, wasserlose Wüste, die grünt und voller Farben ist, sobald ein wenig Regen fällt. Oder

Great Salt Lake, Rest einer verlorenen Seenplatte, der an das Tote Meer erinnert, im Durchschnitt nicht mehr als vier Meter tief. Je nach Wasserstand gibt es bis zu zwölf Inseln.

Utah, ein Land der Wunder. „Nichts in diesem Land ist so", schreibt Theodor Geus (Reiseblatt der FAZ Nr. 130 v. 7. 6. 1984: Dic Stille ist so groß, daß sie Angst macht), „daß die Phantasie ausreicht, es sich vorzustellen ... Begriffe, die uns leer und bedeutungslos geworden sind, erhalten hier einen neuen Sinn, zum Beispiel Hitze, Einsamkeit, Weite, Wasser und Himmelszelt."

Utah, ein Land der Gegensätze. Es gibt keine Bar. Die Mormonen trinken nicht. Zu den Speisen wird vielfach Milch serviert. Und trotzdem ist das Land eine Reise wert. Den Naturschönheiten verfällt man ohne Widerstand. Auch dem indianischen Taco, einer scharfen Füllung aus Tomaten, Bohnen und Pfefferschoten.

Das Große Becken ist keine einheitliche Mulde. Vielmehr besteht es aus horstartigen Bergketten, die von Nord nach Süd verlaufen und basin ranges genannt werden. Da es an Wasser und Vegetation mangelt, kommt es zu keiner Humusbildung. Sonne und Frost lassen das Gestein bersten, Gesteinstrümmer bleiben liegen, während der Wind das feine Material wegträgt. Die geringe Feuchtigkeit, manchmal ist es lediglich Tau, verdunstet, und die gelösten Substanzen gelangen als Kristalle an die Oberfläche. Dieser Vorgang führt zum Beispiel zur Salzbildung. Die in der Einsenkung liegenden Seen sind „meist abflußlos (s. Harms, Handbuch der Geographie, S. 150 und 157) und daher salzlos... Der Große Salzsee..., 1282 m hoch gelegen, ist sehr flach und bildet eine fast gesättigte Salzlösung wie das Tote Meer und hat, wie dieses, keine Fische. Es werden ihm jährlich 40 Mio kg Salz entnommen. Zwei starke Heilquellen sind seinen Ufern benachbart. Der Große Salzsee ist, wie die übrigen Seen, ein Restsee. Während des Pleistozäns war sein Umfang viel größer als heute, wie alte Uferterrassen bezeugen, die bis zu 300 m höher liegen als das heutige Ufer. Damals hatte der See Abfluß zum Schlangenfluß. Seitdem trocknet er dauernd weiter aus. Sein Spiegel ist seit 1846 um 4 m gesunken.

Das Hochland (Sierra Nevada und Kaskadengebirge im Westen, Felsengebirge im Osten) bildet im ganzen ein ödes Steppen- und Wüstenland, fast ohne Pflanzenwuchs. Der Boden der abflußlosen Gebiete ist weithin mit einer weißglitzernden Salzkruste überzogen ... Dabei ist der Boden an sich fruchtbar; er liefert bei künstlicher Bewässerung reiche Ernten an Baumwolle, Weizen und Obst, so bei Salt Lake City ... Von Natur aus anbaufähig sind nur schmale Streifen des Landes an den Ufern der wenigen Flüsse ... Weidewirtschaft ist in begrenztem Maße möglich. Es gibt Saisonwanderungen zwischen den Niederungen und dem Hochland mit seinen nationalen Forsten. Die Entfernungen zwischen den Viehwasserplätzen sind groß, Buschwerk hat auf Kosten des Grases viele Gegenden überwuchert. Das ist das Ergebnis zu starker oder zeitlich falscher Beweidung ... Als Beispiel einer komplexen Transhumance mit mehr als zwei jahreszeitlichen Weiden kann die weitere Umgebung von Salt Lake City gelten. Siedlungen und landwirtschaftliche Nutzflächen ziehen sich in der Fußhügelzone zwischen Wahsatch-Gebirge im Osten und den Wüsten im Westen mehrere hundert Kilometer dahin (rund 2,5 % der Gesamtfläche von Utah). Das Wüstenhochland empfängt größtenteils 375 mm Niederschlag mit einer Mitteltemperatur von 10 °C in Idaho gegen die kanadische Grenze und 22 °C in Arizona gegen die mexikanische Grenze. Die Böden sind salzhaltig. Zur klimatischen Aridität kommt also noch physiologische Trockenheit. Hinzu tritt die relativ kurze Dauer der Schneedecke, andererseits gibt es Schneetreiben und Schneeverwehungen. Das Klima ist ausgesprochen rauh. Deshalb ist die Winterweide in der intermontanen Region der USA immer kritisch. Sie reicht vom 1. November bis 30. April, es muß Beifutter gestellt werden, und Übergangsweiden müssen zwischen die Sommer- und Winterweide gelegt werden. Die Heimgüter liegen in der Fußhügelzone, durch welche die gegenwärtig stark genutzten Viehstraßen führen."

Frühstück im Hotel, das für uns einige Tage Herberge war. Die Fahrt führt uns am Flughafen vorbei zum Großen Salzsee. Wie am Toten Meer kosten wir das salzige Naß. Ein frischer Apfelsinensaft löscht den Durst und spült die letzten Salzreste aus den Mundwinkeln. Eine schier unerträgliche Glut überfällt uns, als wir den Wagen öffnen. Hitze wird plötzlich zu einem Naturelement. Auch die Augen leiden in dieser Gegend. Das glitzernde Weiß des Salzes blendet und beschränkt zugleich die Wahrnehmung der Umwelt. An manchen Stellen, wo Salz gewonnen wird, sind kleine corrals angelegt. Die starke Sonneneinstrahlung läßt das Wasser verdunsten und zurück bleibt das Salz. Zu Haufen zusammengerecht, erinnert es an Mehlhaufen beim Backen. Sonne, Sonne und noch einmal Sonne. Auch Fata Morganas. Wer ihnen folgt, verliert sich in der Einsamkeit, aus der es kein Entrinnen mehr gibt. Man hört nur noch seine eigenen Laute. Tritt der Fuß auf einen dürren Ast, hallt der knackende Ton in der nahezu absoluten Stille nach. Man lauscht, um Lebendiges aufzuspüren, das Trost spenden könnte als Beweis, daß ein Überleben möglich ist. Aber kein Tier hält sich in der Wüste auf. Selbst Bäume fehlen. Eine einzige Palme wäre ein Fanal. Sie würde Hoffnung geben, da sie verkündet, daß ihre Wurzeln Wasser gefunden haben. Sie würde ein Bild des Strahles sein, der aus dem Erdreich empordrängt bis in die Ästelungen des Stammes und schließlich in die Blätter, um dann wieder zu verdunsten. Wo es Palmen in der Wüste gibt, kann der Mensch leben. Doch die Salzwüste ist wasserlos. Kein Fanal der Hoffnung weit und breit.

Verirren sich Tiere irgendwo in der Wüste und verenden sie in der prallen Mittagsglut, dann stürzen Geier vom Himmel, die zuvor, schwere schwarze Vögel, vom heißen Wüstenwind getragen, über dem Opfer gekreist waren. Es ist eine weiße Wüste, in die Wind, Hitze und Kälte hineinatmen und wo sie ihre Spuren im Gestein hinterlassen. Vieles ist schon zu Schutt zermahlen.

Im Laufe des Nachmittags preschen wir über den glatten Salzsee, vom Geschwindigkeitsrausch übermannt, lassen das Militärgebiet hinter uns und biegen bei Wendover in Richtung Süden nach Ely, wo wir kurz vor der Kreuzung der beiden Straßen 93 Alt, auf der wir uns befinden, und 93 eine einfache Raststätte aufsuchen. Eine Tankstelle und eine Wellblechhütte, ein Laden, der die verstreuten Farmen und die Wanderer der Landstraße versorgt. Der Wirt ist sehr wortkarg und nicht gerade gastfreundlich, so daß nahezu Selbstbedienung erforderlich ist. Lieber lauscht er den Tönen seines Radios, als menschliche Stimmen in sich aufzunehmen. Wir warten lange, bis sich doch ein kurzer Wortwechsel entwickelt. Wenige Touristen kämen hier vorbei. Viele nähmen die südliche Route Nr. 50. Er sähe fast keinen Menschen tagsüber. Erst abends kämen sie von den Farmen, um ihre trockene Kehle anzufeuchten. Eine atemlose, beängstigende Stille ruht auf diesem Land. Und doch gibt es Menschen, die Ländereien bewirtschaften.

In dieser Region, der südlichsten Grenze des Nordwestens der Vereinigten Staaten, fehlen Mythen und Sagen. Sie ist niemals ein Land der Indianer gewesen, wo ihr Kriegsgeschrei hätte widerhallen können oder Cowboys ihre Herden rasten ließen. Es ist eine Einöde, die stets Opfer forderte. Auch die Siedler auf ihrem Wege nach Kalifornien mußten Höllenqualen aushalten. Es ist eine feindselige Wüste, wo die Sonne mit unnachgiebiger Kraft brennt. Der Schweiß bricht aus allen Poren, doch die Haut bleibt trocken, da jede Feuchtigkeit sofort aufgesaugt wird. Keine Luftbewegung. Keine Wolkenfetzen. Kein Lebewesen, wohin wir auch schauen. Kein Laut, kein Summen, kein Gezwitscher. Dafür verstreute Salbeibüsche. Kein Baum. Kein Schattenspender. Keine Oase.

Weite. Und abermals Weite. Im Hintergrund stehen Bergrücken, über denen die Sonne morgens hervorspringt. Kosmische Exerzitien könnte man hier üben. Eine Hütte in dieser totalen Einsamkeit und ein Messingstab in einiger Entfernung wären vonnöten. So könnte man den Umlauf des Lichtes verfolgen. Frühmorgens, sobald die Sonne sich ankündigt, würde der Stab plötzlich aufwachen und wie ein Leuchtstab glänzen. Es ist ein unglaublicher Augenblick, wenn das Licht hinter den Bergen erwacht. Alles wird plastisch. Der Hintergrund ist wie eine Leinwand, vor der die Gegenstände scharf konturiert erscheinen. Das Licht erschafft sie gleichsam. Alles erscheint schwerelos. Man glaubt kosmische Musik zu vernehmen wie die von Jean Guillou.

Im Laufe des Tages und je nach Sonnenstand würde der Stab unterschiedliche Schatten werfen, linienförmig, punktförmig. Man würde sich bei der Betrachtung an das Menhirfeld in Carnac oder andere Kultstätten ähnlicher Art erinnern, die Uhr und Kalendarium darstellen sollen! Die Betrachtung überspringt Zeit und Raum. Meditieren. Neue Erfahrungen über sich und die Umwelt sammeln.

Bei Sonnenuntergang wird der Schattenwurf immer größer, bis schließlich die Spitze des Messingstabes wie der Sonnenball selbst glüht und wie gebündelte Energie mit enormer Intensität Lichtpfeile verschießt. Verschwindet die Sonne am Horizont, verblaßt der Pfahl und steht da wie ein Grabstein im Dunkel. Silbrig erglänzt der Stab wieder beim Schein des Mondes. Lautlos wird alles. Die Natur kehrt in sich zurück. Sie sammelt Kräfte für den neuen Morgen. Eine beängstigende Stille umgibt einen, zugleich aber eine regenerative.

Die Sonne steht schon tief, schafft, als wir Ely erreichen, über dem Städtchen am Ostrand von Nevada ein paillettierendes Geflimmer und zeigt die Fassaden der Häuser nun als leicht umrandete Schatten. Ein Motel ist rasch gefunden. Reklameschilder weisen den Weg.

Wir studieren am nächsten Morgen über dem Frühstück die Karte. Bis Austin ist es nicht mehr so weit. Wir werden bis zu diesem Ort an vielen Bergbaustätten vorbeikommen. Eureka am Fuße der Diamond Mountains ist ein gutes Beispiel. Bekannt wegen seiner Silber- und Bleiminen zählte der Ort im Jahre 1880 über 10000 Einwohner, 10 Schmelzöfen und 100 Saloons, heute wohnen gerade noch einige hundert Menschen hier. Reste der Tätigkeiten der Bergleute im Tale und am Berge lassen sich mühelos aufzeigen.

Die Straße Nr. 50 verläuft zwischen goldgelben Hügeln. Da und dort gibt es verlassene Häuser, die andeuten, daß auch dort das Minengeschäft nicht mehr ergiebig genug ist. Geisterdörfer, die versinken, weil man an anderer Stelle mehr Geld verdienen kann. Austin, 1862 wegen der Silberminen gegründet, hatte 1864 bereits mehr als 7000 Einwohner. In jenem Jahr erhielt es auch Stadtrechte. Der erste Eindruck heute ist, daß Austin (Abb. 46) ein Ort der Vergangenheit ist. Die Silbergräber sind abgezogen. Die verbliebenen Bewohner, die nicht mehr als 350 zählen, verteilen sich diesseits und jenseits der Straße. Ihre Häuser stehen verstreut an den Hängen. Von der Hauptstraße her erblicken wir drei Kirchen: eine katholische, methodistische und episkopale. Ein Unbehagen beschleicht uns, als wir uns ein wenig in der Stadt umschauen. Der Ort ist keine romantisch verblichene Ghost Town aus der Silberrauschzeit, wo man sich

Abb. 46: Austin um 1895

auf eine von der Zeit angenagte Treppe niederlassen und sich ihre Geschichte vom Auf- und Niedergang erzählen lassen könnte. Zu vieles ist Gegenwart, zu wenig Vergangenheit. Das Opernhaus, das früher mit der Sängerin Emma Nevada aufwartete, steht verödet, Zeichen wirtschaftlichen Verfalls. Man sieht viele Saloons, die heute leerstehen, ein düsterer Anblick. Damals wollten die Bewohner verkaufen, aber es gab niemanden, der sich einkaufen wollte. So zogen viele weg, sechstausend Einwohner und mehr. Zurück blieben nur einige, die weiterhin auf Silbergewinnung setzten. Glücksspieler? Die Erschöpfung der Minen war das Aus für eine blühende Ortschaft, deren Existenz von der Ergiebigkeit der Minen abhing. Silberboom, dann Exodus, aber später in der Mitte des 20. Jahrhunderts der Tourismusboom auf der Nostalgiewelle. Trotzdem kein Schrottplatz, kein Autofriedhof, kein Rost und kein Gras aus den Ritzen eines Quaderbaus. Die Anstriche blättern nicht ab. Die Ortschaft lebt noch, ist aber keine blühende Kreisstadt. Immerhin ein Ort, dessen Lebensnerv unbeschädigt ist.

An der Hauptstraße, ein Stück weg von der Tankstelle, sehen wir einen älteren Mann, der an der Eingangstür zu einem Kolonialwarenladen steht. Zugleich lesen wir nebenan ein Schild „Restaurant", auf das wir eigentlich zusteuern wollten. Er begrüßt uns freundlich und will offenbar mit uns reden, ist aber für Augenblicke verschwunden. Wir sehen uns um und fühlen uns versetzt in die Jahre vor dem Krieg. Der Laden scheint einige Jahrzehnte alt zu sein. Vom Besitzer, der nun freudestrahlend aus der Küche auf uns zukommt, erfahren wir, daß sein Vater den Laden, so wie er sich darbietet, 1920 übernommen habe. Es war der zweitgrößte Laden in Nevada, was die ausgedehnten Räumlichkeiten noch verraten. Sein Vater war zuvor Postkutschenfahrer, der einmal überfallen worden sei. Der Überfall geschah in einem kleinen Canyon, der sich gut dafür eignete, eine Postkutsche aufzuhalten. An einem Mittag, als er sich schon fast am Ziel fühlte, weil die Entfernung nach Carson City nur noch wenige Kilometer betrug, hielten ihn fünf bewaffnete Männer auf. Zunächst wurde der Geldsack weggenommen, dann die Pferde abgespannt und fortgejagt. Kein Schuß fiel. Bis sein Vater mit den Fahrgästen die Pferde wieder eingefangen hatte, vergingen Stunden. In der Zwischenzeit hatten die Räuber einen derartigen Vorsprung, daß das Nachsetzen, das man von Carson City aus einleitete, erfolglos blieb. Die Räuber wurden trotz genauer Beschreibungen nie gefaßt.

Seine drei Boys, Mexikaner, verrichten Küchenarbeit. Er will Steaks servieren, so wie er sie gerne ißt. Natürlich ein wenig mexikanisch zubereitet. Er erzählt uns, daß er lange Jahre herumgewandert sei, durch die Vereinigten Staaten und Mexikc. Als blinder Passagier auf und unter

Güterwagen. Im panhandle des Staates Texas habe er Vieh zusammengetrieben, in Kalifornien Obst und Wein angebaut, in Santa Fee in einem Laden gearbeitet, bis er 1945 zu seinem Vater zurückkehrte. Kurz vor seinem Tod heiratete er, doch seine Frau ertrug die Stille in Austin nie so richtig. 1982 kehrte sie ihm den Rücken. Seit dieser Zeit lebt er allein mit seinen Mexikanern. Das Geld reicht ihm. Niemand tanzt ihm auf dem Kopf herum. Er ist sein eigener Herr. Doch fühle er sich allein. Tränen stehen ihm in den Augen. Er bittet uns, seine Gäste zu sein. Wir bleiben und entdecken viele Dinge aus dem Silberminenzeit-Ambiente. Eine Handschelle nehmen wir am nächsten Tag mit. Als wir Abschied nehmen, verrät sein Händedruck, daß er tiefes Verlangen nach Menschen hat. Da er uns als Familie erlebt, wird ihm um so stärker der Schmerz bewußt, allein in dem von seinem Vater ererbten Laden zu sein. Als er sich schließlich von unserer Tochter Ricarda verabschiedet und sie umarmt, kullern Tränen aus seinen lebhaften Augen. Gott hat ihm die Freude eigener Kinder nicht geschenkt. Und trotzdem hadert er nicht mit Ihm. Er nimmt sein Schicksal an. Um so dankbarer sind wir, daß Er unserem Alltag einen höheren Sinn gegeben hat. Die Erinnerungen an den alten Mann werden noch lange Zeit in uns nachwirken. Der alte Mann in Austin! Der alte Mann, der uns viel gegeben hat, indem er die Geister der Vergangenheit beschwor.

Wieder im Auto. Der alte Mann kommt mir nicht aus dem Sinn. Ich denke an Gestalten aus dem Alten Testament. An Abraham, der mit etwa hundert Jahren nach dem Tode Saras zum zweiten Male geheiratet hat und noch einige Kinder zeugte. Man möchte es bezweifeln. Aber man bezweifelt oft gedankenlos etwas, nur weil man selbst nicht mehr dazu in der Lage ist. Daß der alte Mann aus Austin nicht mehr heiratet, liegt nur daran, daß er sich von seiner geliebten Frau nicht trennen kann. Eine Ehescheidung käme für ihn nie in Betracht. Für ihn wäre es das Ende eines arbeitsreichen Lebens. Daß er noch bei so guter Gesundheit ist, verdankt er letztlich der guten Wüstenluft. Seit seinem Aufenthalt in Austin hat seine Lunge nie Giftstoffe aufgenommen. Die Wüste hat seinen Organismus abgehärtet. Seine tägliche Mahlzeit ist eher frugal als opulent. Fleisch ist zwar nicht selten, doch mehr ißt er Gemüse, Zwiebel und Knoblauch. Sein Selbstvertrauen hat ihn bisher getragen. Sein Schlaf war fest, bis es zu diesem Schicksalsschlag kam. Seine Umarmungen beim Abschied von uns waren ergreifend und bezeugten seine innere Unruhe. Die Tränen waren Ausfluß der heimlichen Wunden in seiner Seele.

Virginia City

Ich sitze wieder im Auto, hänge meinen Gedanken nach und fahre entlang den Silber- und Goldminen: Orte wie Silver Springs, Silver City, Gold Hills und schließlich Virginia City. Reklameschilder am Rand der Straße in Großformat weisen auf das nahe Sommer- und Winterrefugium Reno am Fuß der Sierra Nevada hin, zugleich ein Zentrum für Glücksspiele und Scheidungsparadies. Kurz vor Virginia City, das noch einige Reminiszensen aus der Pionierzeit aufweisen kann, bemerken wir nicht weit vom Straßenrand einen Mann, der Steine abschlägt. Wir steigen aus und gehen auf ihn zu. Er begrüßt uns. Mark heißt er und sammelt gerade Proben aus dem Gestein. Er will uns noch mehr zeigen und zertrümmert weiteres Gestein. So nebenbei erzählt er, wie man einen Claim „salzte“ und dann verkaufte, bevor der Schwindel aufgedeckt war. Man suchte sich einen wertlosen Gang, trieb einen Schacht hinein, kaufte eine Wagenladung reichhaltiges Silbererz, kippte einen Teil ab, häufte den Schutt des Schachtvortriebes darauf und zum Schluß die Restladung des Silbererzes. Dann zeigte man den Besitz einem Neuankömmling und verkaufte ihm die gesalzene Silbermine zu einem überhöhten Preis. Mehr als die Wagenladung an Silbererzen konnte der Käufer leider nicht finden. Es gab gesalzene Minen, die so raffiniert mit Silber- oder Golderzen ausgelegt waren, daß sogar bekannte Geologen darüber stolperten. Die Nachrichten von den ergiebigen Funden breiteten sich in Amerika, Europa und in Südafrika aus. Wellen von Spekulationen rissen die Investoren mit.

Die Behausung von Mark liegt etwas hügelig aufwärts. Verrostete Maschinenteile, Gestänge, Müll und ein Haufen von Gesteinsbrocken umgeben seine aus Balken und Eisenbahnschienen gezimmerte Hütte. Während der Woche lebt er aus dem Bestand an Büchsen, den er sich regelmäßig in Virginia City auffüllt. Bis der Winter hereinbricht, geht er seiner Arbeit nach. Sein Äußeres ist nicht gerade anziehend. Frei zu sein, von der Außenwelt nicht gegängelt zu werden, ist das höchste Gut dieser Leute. Ihr Lebenselixier. Niemand darf ihren Besitz betreten. Wer ihn antastet, dem passiert etwas. Rauhe Sitten. Verständlich bei den vielen Touristen, die tagtäglich vorbeiziehen. Man will nicht auf dem Präsentierteller zur Schau gestellt werden. Man will nicht, daß man ständig fotografiert wird. Man ist keine Ware, die auf dem Regal eines Supermarktes feilgeboten wird. Man liebt den freien Raum um sich.

In einem Holzkasten zeigt Mark die Wunderwelt der Mineralien. Er kann die vielen schillernden Äderchen im Gestein bezeichnen und beschreiben. Es fallen Namen der Mineralien, die ich vor langer Zeit einmal gehört habe. Eine Lupe läßt den Gehalt des Gesteins noch besser erkennen. Mark, gerade fünfundfünfzig geworden, kennt sein Gestein in allen Einzelheiten. Auch die Rocky Mountains, die er seit fünfunddreißig Jahren durchstreift, um Erzlager aufzudecken. Er hat viele gefunden, auch claims abgesteckt, die er aber verkaufen mußte, weil ihm selbst das Kapital fehlte, um sie auszubeuten. So hat ihm sein Leben nicht viel Geld eingebracht. Oder die Großen machten ihm einen claim streitig. Vor Gericht konnte er nicht ziehen, weil er keinen Anwalt anheuern konnte. Auch der Bürokratie, mit der man sich bei Beanspruchung eines claims auseinandersetzen muß, wurde er rasch überdrüssig. So wurde er nie Millionär. Dennoch reichten ihm die Funde aus, um ein karges Leben in Freiheit zu führen. Später will er sich irgendwo an der Küste des Pazifiks südlich von Monterey niederlassen. Vielleicht in der Gegend von Big Sur.

Das Silberfieber brach in Nevada (Abb. 47) bei Virginia City im Jahre 1856 aus. Die berühmteste Entdeckung war die Comstock Lode, benannt nach dem Entdecker Comstock. Der Höhepunkt der Silberfunde war 1863, als der amerikanische Bürgerkrieg tobte. In dieser Zeit hielt sich Mark Twain in Virginia City auf und arbeitete als Berichterstatter für die Zeitung „The Territorial Enterprise“. Seine Erlebnisse aus den Jahren 1861–1867 faßte er in einem Reisebericht „Durch Dick und Dünn (Roughing It)“ zusammen, der 1872 veröffentlicht wurde. Über Virginia City schreibt er (S. 256 f.): Diese Stadt „wurde, für ihr Alter und ihre Einwohnerzahl, zur lebhaftesten Stadt, die Amerika je hervorgebracht hatte. Die Bürgersteige wimmelten derart von Leuten, daß es gar nicht so einfach war, gegen den Menschenstrom zu schwimmen. Und auf den Straßen drängten sich im selben Maße Quarzwagen, Rollfuhrwerke und andere Fahrzeuge. Die Prozession riß nicht ab. Der Verkehr war so dicht, daß Buggys oft eine halbe Stunde auf eine

Abb. 47: Das Staatssiegel von Nevada

Gelegenheit zum Überqueren der Hauptstraße warten mußten. Auf jedem Gesicht lag Freude, und aus jedem Auge strahlte eine frohe, fast feurige Energie, welche von den geldscheffelnden Plänen erzählte, die in jedem Gehirn brodelten, und von der hohen Erwartung, die jedes Herz erfüllte. Geld gab es wie Sand am Meer; alle fühlten sich reich, und nirgendwo waren traurige Mienen zu sehen. Wir hatten Milizkompanien, Spritzenmannschaften, Blaskapellen, Banken, Hotels, Theater, Orchestrion-Etablissements, Spielpaläste mit unbeschränkten Einsätzen, politische Versammlungen, Stadtumzüge, Straßenschlägereien, Morde, Leichenschauen, Unruhen, Destillen alle fünfzehn Schritt, einen Magistrat, einen Bürgermeister, einen Vermessungsdirektor, einen Baurat, einen Feuerwehrhauptmann mit Erstem, Zweitem und Drittem Adjutanten, einen Polizeichef, einen Stadtrichter und eine große Polizeitruppe, zwei Minenmaklerbörsen, ein Dutzend Brauereien und ein halbes Dutzend Gefängnisse und Wachen im Hochbetrieb sowie einiges Gerede vom Bau einer Kirche. Die Konjunktur stand in herrlichster Blüte! In den Hauptstraßen schossen große feuerfeste Backsteingebäude hoch, und nach allen Richtungen hin breiteten sich Brettervorstädte aus. Die Grundstückspreise in der Innenstadt kletterten auf schwindelerregende Höhe.

Der große Comstock-Gang erstreckte sich in seiner opulenten Länge von Norden nach Süden mitten durch den Ort, und jede Mine darauf wurde fleißig erschlossen. Eine dieser Gruben beschäftigte allein sechshundertfünfundsiebzig Leute, und in puncto Wahlen galt das Sprichwort: ‚Wie die Gould & Curry, so die ganze Stadt.' Bergleute verdienten vier bis sechs Dollar den Tag; sie arbeiteten in drei Schichten oder Kolonnen, und das Sprengen und Hauen und Schaufeln hielt unaufhörlich an, Tag und Nacht.

Die ‚City' des Ortes thronte auf halber Höhe der steilen Lehne des Mount Davidson, zweitausendzweihundert Meter über dem Meeresspiegel, und war in der klaren Luft Nevadas aus einer Entfernung von fünfzig Meilen zu sehen! Sie behauptete, eine Bevölkerung von fünfzehn- bis achtzehntausend Seelen zu haben, und den ganzen Tag lang schwärmte die eine Hälfte dieser kleinen Armee wie Bienen durch die Straßen, und die andere schwärmte Hunderte Fuß tief unten in der Erde und direkt unter denselben Straßen durch die Stollen und Querschläge des Comstock-Ganges. Oft fühlten wir unsere Stühle rucken und hörten das schwache Dröhnen einer Sprengung im Erdinnern unter der Redaktion.

Die Berglehne war so steil, daß die ganze Stadt eine Schräge hatte wie ein Dach. Jede Straße war eine Terrasse, und von ihr bis zur nächsten tieferliegenden Straße machte der Höhenunterschied zwölf, fünfzehn Meter aus. Die Vorderseiten der Häuser befanden sich mit der

Straße, auf die sie hinausgingen, auf gleicher Ebene, nach hinten zu aber waren ihre Erdgeschosse auf hohe Stelzen gesetzt; stand man an einem Hinterfenster im Parterre eines Hauses in der C-Straße, konnte man der Häuserreihe unter sich, die auf die D-Straße hinausging, in die Schornsteine gucken. Von der D- zur A-Straße hinaufzusteigen, war in jener dünnen Luft eine anstrengende Kletterpartie, und wenn man oben anlangte, hatte man keine Puste mehr, doch dafür konnte man dann kehrtmachen und sozusagen wie ein Lauffeuer wieder hinuntersausen. Infolge der großen Höhe war die Luft so dünn, daß einem das Blut immer gleich unter der Haut lag und ein Stecknadelkratzer ein Unglück darstellte, um das es lohnte, sich Sorgen zu machen, denn man hatte immer Aussicht, daß er sich zu einer ansteigenden Wundrose entwickelte. Als Ausgleich aber schien die Luft dem Heilprozeß von Schußwunden förderlich zu sein, weshalb es dir keine bleibende Genugtuung versprach, deinen Gegner bloß durch beide Lungen zu schießen, denn mit ziemlicher Sicherheit kreuzte er noch im selben Monat auf und suchte dich, und bestimmt nicht mit einem Opernglas."

Ein wahrer Touristenstrom schiebt sich durch die Hauptstraße von Virginia City. Fast Kneipe an Kneipe. Der Trubel drängt uns, nach Carson City aufzubrechen, der Hauptstadt von Nevada.

Mono Lake

Morgens in aller Frühe. In Richtung Süden auf der Straße Nr. 395 über den Devils Gate Paß (2292 m) biegen wir kurz hinter Bridgeport mit einem prächtigen, ganz in Weiß gehaltenen Gebäude aus Holz im Renaissancestil, Sitz des Bezirksgerichtes, nach Bodie ab, einer verfallenen Bergarbeiterstadt aus den Jahren 1875 bis 1881. Schon hat die Wüste der Landschaft ihren Stempel aufgeprägt. Der See liegt auf einer Höhe von 2400 Metern, umgeben von dem Bergkranz, der Sierra, der gute fünfhundert Meter darüber aufragt. Stille herrscht, als wir uns dem Ufer nähern, in der Mitte liegen zwei Inseln, eine kleine und eine große mit Namen Paoha, Lavaerhebungen inmitten eines blauen Sees. Das Ufer wird hin und wieder von Natur-Kunstwerken aus Tuff unterbrochen, die bizarr, rudimentär und archaisch wirken: Korallenartige Gebilde, die zu vielfachen Deutungen Anlaß geben. Im Dunst scheinen sie aus der Entfernung die Silhouette vom downtown amerikanischer Großstädte wiederzugeben. Aus der Nähe wiederum sind es Säulen, Türme, Pilze und sogar Fabelwesen. Wie gotische Baukunst, feingliedrig und ziseliert. Der Ort ist menschenleer, man fühlt sich wie Mark Twain (S. 224 f.) es 1863 beschreibt: als „einsamer Pächter des einsamsten Flekkens auf Erden". Geht man am Ufer entlang, vertreibt man zunächst scharenweise die vielen Möwen, die auffliegen und sich dort wieder niederlassen, wo man sie aufgestöbert hat. Dieses Aufflattern der Vögel bewegt sich wie eine vorwärts rollende Welle. Überdies gibt es unzählige Salzfliegen, die am Uferrand sitzen und über die angeschwemmten Krebse herfallen. „Wenn man einen Stein zwischen sie wirft, schwärmen sie in ganzen Wolken auf. Man kann sie so lange unter Wasser halten, wie man will – das macht ihnen gar nichts – sie sind bloß noch stolz darauf. Läßt man sie dann los, schießen sie trocken wie ein Patentamtsblatt an die Oberfläche und surren so gleichgültig ab, als wären sie eigens darauf trainiert, die Menschen auf diese Weise belehrend zu unterhalten." Die Fliegen wie die winzigen Krebse ernähren sich von den Algen, die das Wasser im Winter grün färben. Somit ist der See mit seinem Nahrungsangebot eine ideale Raststätte für Zugvögel wie Strandläufer und Enten und Brutplatz für Möven und Regenpfeifer. Solange das ökologische Gleichgewicht des abflußlosen Sees, dessen Wasserstand durch Verdunstung und Versorgung der Stadt Los Angeles stark beeinflußt wird, erhalten bleibt, wird dieser einsame Flecken, diese außergewöhnliche Naturschönheit das Antlitz der Erde, zur Freude des Menschen, zieren.

Im Mono Lake baden, heißt, ohne Schwimmbewegung sich treiben lassen. Das salzige Wasser treibt nämlich den Körper wie einen Spielball auf der Oberfläche umher. Es ist nicht ratsam, sich gegenseitig mit Wasser zu bespritzen. Ein Tropfen in das Auge genügt, um Höllenpein zu erzeugen.

Der See weckt Gedanken an die Ewigkeit. Alles ist das Werk der Natur, sie zeichnet, meißelt, graviert ein, überall schafft sie Einmaliges. Hier schwimmen wir im Mono Lake, Mutter und Tochter bestaunen die zauberhaften, malerischen Tuffgebilde; dort sitzt ein Mann in einem Kanu, ein Mädchen surft entlang des cave rock von Lake Tahoe, ein Skilehrer unterrichtet in Squaw Valley. Und so weiter. Was man sieht, sieht man immer zum erstenmal, denn beim nächstenmal ist es schon wieder anders. Nichts läuft davon, alles tritt zur rechten Zeit auf. Alles um uns, ob von Gott oder von dem Menschen geschaffen, hat ein Sein in der Zeit-, Raum- und Licht-Dimension. Nichts wird über seine natürliche Zeit hinaus verlängert. Organismen gebären, bevor sie sterben. Das Leben ist in seinem Ursprung einfach, es behauptet sich.

Als wir aufbrechen, streicht ein leichter Wind über den See. Wind und Steine flüstern ein Lied, das wir Menschen nicht verstehen. Das ist lebendige Einöde, ursprüngliche Wüste, wie jene, aus der die großen und tiefen Bilder und Visionen des Testaments und des Korans entsprungen sind.

Lake Tahoe – Lake Donner

Auf der Rückfahrt folgen wir bei Topaz der Straße Nr. 89, überqueren den Monitor Paß (2534 m), dann nehmen wir die Straße Nr. 88 wieder in Richtung Carson City. Hinter Fredericksburg befahren wir die Nr. 206 und nach ungefähr zehn Kilometern die Nr. 207. Plötzlich halten wir den Atem an. Im Wald, bestehend aus Kiefern, Fichten und Tannen, öffnet sich gegen Westen die Tür ins Paradies: Lake Tahoe, ein Bergsee auf 2000 Meter Höhe, in voller Farbe, saphirblau, kobaltblau und gegen die Sonne hin glitzernd. Dieser wunderschöne, inmitten der Sierra Nevada gelegene, erstmals im Jahre 1844 von einer Expedition unter der Leitung von John C. Frémont entdeckte, auf Vorschlag des Topographen Charles Preuss hin Bonpland (nach dem Reiseleiter Alexander von Humboldts) benannte, 1862 nach den hier lebenden Tahoe-Indianern umbenannte Bergsee (Abb. 48) liegt in einer Bergwelt eingebettet, deren Gipfel die Dreitausend-Meter-Grenze überragen. Bäume wachsen üppig am Rand des Sees. Altersschwere Felsbrocken, einsam und abgetrennt, lagern ringsum. Symbole der Dauerhaftigkeit.

Der Blick hinab auf den See dringt ins Innere der Natur, öffnet die Tür ins Allerheiligste. Ein Ort der Stille, um Weisheit entgegennehmen zu können. Ein Ort für Botschaften, wie sie R. B. Hill (S. 664 ff) wiedergibt: „Bei der zweiten Pfeife sagte der alte Mann zu Ahbleza, dem Häuptling, daß er eine Botschaft für ihn hätte, eine weise Botschaft, die ihm von den Altvorderen überlassen worden sei... Sie nennen dich Ahbleza, Gewahrer; so gewahre auch, gewahre alles und suche alles zu erkennen.

Rufe-nach-einer-Vision, sagen sie einem Jugendli-

Abb. 48: Lake Tahoe

chen, doch wer auszieht und ruft, gewinnt Wohlwollen, nicht aber eine Vision. Er erlebt vielleicht einen besänftigenden Traum, aber nichts, das ihn begeistert. Gewiß, ein Hilferuf bringt Hilfe; gewöhnlich erscheint dann ein vierbeiniger Schatten mit einer Lakotah-Stimme. Und danach beansprucht der Träumer Geist-Macht und trägt einen Knochen bei sich oder mancher auch eine Klaue oder einen Schwanz, an denen sich die unsichtbare Hilfe kundtut. So viel zum Traum. Jetzt aber der Groß-Traum, die Vision.

Der Mensch verfügt über eine Vision. Usi maya ye; schicke sie mir, sagt er. Der Mensch verfügt über eine Vision, und das Bild kommt. Er sieht alles, weiß alles. Aber nur einen flüchtigen Augenblick. Überraschung und Betroffenheit nehmen ihm die Sicht. Dennoch bleibt ihm eine Erinnerung an dieses Bild, diese Botschaft; er bewahrt während all seiner Jahreszeiten ein Hinweisen. Die einzige Gefahr: seine Vision kundtun. Wenn er von ihr erzählt, wird er die Botschaft schönfärben und ausschmücken. Und so geht er das Risiko ein, daß ihm Leute folgen, Personen, die seine Botschaft zu Sinnbildern machen.

Und wie ist es mit diesen Sinnbildern? Vertreten Sinnbilder – jede Art von Sinnbild – jemals die Wahrheit? Sie sind nichts als Hüllen. Das Sinnbild ist etwas, das die Wirklichkeit verbirgt, ein Schemen, die Leute zu verwirren. Warte ab, was am Sonnenpfahl geschieht, und du wirst verstehen, was ich meine.

Tue alle Sinnbilder ab. Um weise zu werden.

Aber vergegenwärtige dir auch, daß die Weisen nicht mit dem Weisewerden innehalten. Der Weise bewegt sich auf dieser Erde und lauscht auf sein Geist-Ich, auf die ihm innewohnende Stimme. Auch wird er nie gegen seine wahre Stimme, gegen diese ihm innewohnende Stimme handeln, die befiehlt, aber niemals verbietet.

Im Geist sollst du leben, sagen die Großväter; der Geist wird niemals eine Unterwerfung deiner Vernunft fordern oder dir etwas, dessen du bedarfst, verweigern. Wer immer sagt, daß der Mensch seine Vernunft beiseite lassen soll, bringt den Geist zur Erstarrung, und wer immer sagt, daß der Mensch sein natürliches Begehren unterdrücken soll, sucht nach Möglichkeiten, die Freude zu töten.

Wisse dich selbst zu würdigen, sagen die Großväter; werde dir bewußt, daß deine Ohren den Bäumen und dem Fluß Lieder gewähren. Erhebe dich auf den Schwingen dieser Lieder; sie sind dein eigen. Nutze deinen Körper, dem Geist, deinem Geist Wachstum zu ermöglichen. Du, der du der große Geist werden wirst.

Und so wird dein Geist an dem Tag, an dem du dich entschließt, deine Hülse abzuwerfen, neues Licht ergreifen. Dein Geist, der den Wandel kaum bemerkt, wird weiter schöpferisch, weiter der Freude fähig sein. Denn der Geist, der sich weder eines Anfangs noch eines Endes inne ist, kennt nur jene Beschränkungen, die ihm dein Körper auferlegt.

Erkenne śkan als die Lebenskraft, als die erhebende Macht, die Berge aufwölbt, so wie sie dein Herz erhebt; śkan, die Macht, die diese Erde am Leben hält.

Gewahre alles, was lebt – Gras und alles, was sich auf Gras bewegt –, aber wisse um dich selbst als um die einzige Erd-Gestalt mit der Macht, Macht zu gewahren. Erkenne diese Macht als Geist-Macht. Begreife diese Geist-Macht als die schöpferische Kraft. Wisse dich selbst als einen, der mit dieser schöpferischen Kraft begabt ist, und du wirst wissen, daß dir die Erde eigen ist. So haben es mir die Großväter gesagt."

Es ist leicht, an diesem Ort in sich zu versinken. Die Natur erfaßt einen. Das Spielen der gestreiften Eichhörnchen berührt mich: „Gewahre alles, was lebt." Zwischen Felsgestein unter den riesigen Kiefern freuen sich die putzigen Tierchen ihres Lebens. Mit der Zeit werden sie zutraulicher. Doch in respektvoller Entfernung beobachten sie den Fremden. Ist es nicht ein erhabenes Gefühl, inmitten dieser Naturschönheit sein zu können? Inmitten eines Dreiklangs? Natur – Leben – Geist.

In South Lake Tahoe, südöstlich des Sees am Fuße des Skiparadieses „Heavenly Valley" gelegen, verbringen wir einige Tage Urlaub bei Verwandten. In diesem Ort befindet sich das bekannte Kasino „Harrah's Tahoe", in welchem Frank Sinatra und andere Künstler aus dem Show-business auftreten. Badestrände und ein Yachthafen gehören zu den wichtigen Vorzügen des Urlaubsortes. Mit einer Yacht und einem Party-Boot (Abb. 49) erleben wir die herrlichen Buchten des saphirblauen Bergsees. Wegen der malerischen Schönheit ist die Emerald Bay bekannt. Am Nordrand des Sees liegt Incline Village mit Häusern im Tiroler Stil. Im Sommer werden die Ponderosa-Ranch, im Winter die Skihänge des Mt. Rose mit seinem Gipfel von 3285 Metern aufgesucht.

Abends kosten wir verschiedene Fische aus dem See, wie die wohlschmeckenden Makinaws, dann die Saiblinge, „German browns" genannt, weil sie aus deutschen Fischkulturen stammen, und die leckeren Regenbogenforellen. Das weitläufige Gebiet um Lake Tahoe und der See selbst ist ein Dorado für Angler. Mein Vetter ist ein eifriger Sammler von Geräten zum Fliegenfischen. Eine Vielzahl von Zeug gehört dazu, wie Haken, Netze, Leinen, Vorfach, Scheren, Messer, Werkzeuge zum Binden der Fliegen, Bücher über Fliegenfischen, Gemälde und schließlich die Rollen und Ruten. Vorfach ist, so wird uns erklärt, der vordere Teil der Angelschnur, der besonders dünn und kaum belastbar ist. Daher kann der Fischer den geköderten Fisch nur an der Leine ermatten lassen, bevor er ihn hereinholt. Darin liegt für ihn der

Abb. 49: Van (de) San(d)ts auf dem Party-Boot

besondere Reiz. Das Standardwerk ist „Erlebtes Fliegenfischen“ von Charles Ritz, dem einzigen Sohn des Hotelbesitzers César Ritz, ein Buch, zu dem Ernest Hemingway ein Geleitwort geschrieben hat.

Am Lake Tahoe hielt sich Mark Twain für einige Tage auf. Er berichtet über seine Eindrücke (S. 141 f.): „Eine stattliche blaue Wasserfläche, neunzehnhundert Meter über dem Wasserspiegel und eingefaßt von einer Mauer schneebedeckter Berggipfel, die noch ganze neunhundert Meter höher aufragten! Er war ein riesiges Oval, und man würde ganz gut achtzig bis hundert Meilen zurücklegen müssen, um herzumzulaufen. Wie der See dort lag, mit den brillanten Photos der Bergschatten auf seiner stillen Oberfläche, meinte ich, das müßte bestimmt das schönste Bild sein, das die ganze Erde bieten kann...

Nachts ist es an diesem Seeufer immer sehr kalt, doch wir hatten reichlich Schlafdecken mit und steckten warm genug. Wir bewegten die ganze Nacht über keinen einzigen Muskel, sondern erwachten im frühen Morgengrauen in der ursprünglichen Lage und standen sofort auf, gründlich erfrischt, frei von mieser Laune und übersprudelnd von Munterkeit. In einem solchen Erlebnis liegt unendlich viel heilsame Medizin. An jenem Morgen hätten wir zehn solcher Männer, wie wir am Tage zuvor gewesen waren, verprügeln können, gebrechliche auf jeden Fall. Doch die Welt ist schwer von Begriff, und Leute begeben sich um ihrer Gesundheit willen zu ‚Badekuren' und ‚Bewegungskuren' und ins Ausland. Drei Monate Lagerleben am Lake Tahoe würden einer ägyptischen Mumie ihre alte Kraft zurückgeben und ihr den Appetit eines Alligators verleihen. Ich meine natürlich nicht die ältesten und vertrocknetsten Mumien, sondern die frischeren. Die Luft dort oben in den Wolken ist sehr rein und gut, stärkend und köstlich. Und warum auch nicht? Es ist doch dieselbe Luft, welche die Engel atmen. Es dürfte wohl kaum soviel Erschöpfung zusammenzukriegen sein, als daß sie sich nicht in einer einzigen Nacht auf dem Sand am Ufer dieses Sees wegschlafen ließe. Nicht unter einem Dach, sondern unter freiem Himmel; im Sommer regnet es in diesem Landstrich so gut wie nie."

Mit dem Auto befahren wir die kurvenreiche Uferstraße vorbei an Emerald Bay, den vielen Cabins, Motels und den zahlreichen zauberhaften Aussichten auf den See und die Bergwelt über Tahoe City am Westufer, Squaw Valley, wo 1960 die Olympischen Winterspiele stattfanden, nach Donner Lake, um dort ein paar Tage zu verweilen. Der See, abseits vom Touristenstrom, liegt unterhalb des berüchtigten Donnerpasses, der den Siedlern auf ihrem Weg nach Kalifornien hart zu schaffen machte. Ein Denkmal an der Straße erinnert an die grausamen Ereignisse zur Jahreswende 1846/1847. Damals führte Captain Donner eine Gruppe von 81 Siedlern, von denen knapp die Hälfte überlebte. In den Oktobertagen setzte plötzlich ein derartiger Schneesturm ein, daß an ein Fortkommen nicht zu denken war. Die Schneehöhe wuchs bis zu fünf Metern an. Man versuchte immer wieder, sich durch die hohen Schneemassen durchzukämpfen. Doch alle Versuche scheiterten. Dann kam der Dezember mit seinen noch fürchterlicheren Schneestürmen, und die Lage der Siedler, deren Zahl sich durch Hunger und Krankheit von Tag zu Tag verringerte, verschlechterte sich. Man aß alles, was irgendwie eßbar war. Nach den Rindern die Ochsen. Dann das Leder, bis man schließlich die Verhungerten und Erfrorenen verspeiste. Verzweifelte Szenen spielten sich ab, die sich kaum beschreiben lassen. An einem regnerischen Tag, als die Schneedecke einbrach, wurde ein erneuter Versuch gestartet. Die Männer, die es noch einmal wagten, mobilisierten die letzten Kräfte. Es gelang ihnen, Hilfe aus Fort Sutter's Fort zu holen. Die Hälfte der Gruppe wurde vor dem grausamen Hungertod gerettet.

Der Aufenthalt am Donner Lake (Abb. 50) hat einen besonderen Reiz. Es sind die meisterhaft konstruierten Eisenbahnbrücken aus Holz. Immer wieder fasziniert uns der Anblick der langen Güterzüge, die oft von zwei schweren Dieselloks gezogen bzw. geschoben werden. Das Rattern über die kühnen Holzbrücken (Abb. 51) begeistert den Betrachter. Besteigt man das Bahngleis am Donner Lake und läuft ein Stück darauf, so erfährt man nicht nur die beträchtliche Steigung, sondern beklemmende Schwindelgefühle erfassen einen, wenn man auf den Holzbrücken steht. Oft überspannen sie tiefe Schluchten. Wir bestaunen diese technischen Wunder vom Ufer des Donner Lake aus, in dem sich die Berge und bewaldeten Hänge widerspiegeln. Der 1866 begonnene Bau der Central Pacific, an dem zeitweise zehntau-

Abb. 50: Donner Lake

send und mehr chinesische Arbeiter beschäftigt waren, überwindet zwischen Truckee, einem Ort östlich von Donner Lake auf 1940 Meter Höhc, und dem Summit Paß (2412 m) einen Höhenunterschied von 472 Metern auf einer Strecke von 13,5 Kilometern. In knapp drei Jahren war die Sierra Nevada von einem Schienenstrang überquert.

Das Rattern der Züge läutet den frühen Morgen ein. Es ist wie ein fernes Geläut, das die Nerven nicht strapaziert, eher ein überwältigendes Gefühl auslöst und tiefe Bewunderung vor den menschlichen Pionierleistungen des vergangenen Jahrhunderts. Es läßt den Tag mit Munterkeit beginnen. Tretbootfahren und Segeln mit unserer Tochter Ricarda, Wasserski und Water-Mobil sind weitere Aktivitäten unseres Urlaubsalltags.

Abb. 51: Eisenbahnbrücke aus Holz

Sacramento

Es war das Jahr 1839, als der Schweizer Johann August Sutter ein Segelschiff in San Francisco bestieg, den Fluß Sacramento mit drei Booten aufwärts fuhr und an der Mündung des American Flusses in den Sacramento an Land ging. Das Fort, das er 1844 errichtete, ist heute zu besichtigen – Küferei, Wagnerei, Schnapsbrennerei, Schuhmacherwerkstatt, Tuchladen, seine Gemächer, Schlafräume seiner Truppe. Ende 1848 gründete sein Sohn John A. Sutter die eigentliche Stadt, „Old Sacramento" genannt, die seit 1965 wieder restauriert wird. 1850 zählte Sacramento (Abb. 52) ungefähr zweitausend Einwohner. 1854 wurde es Hauptstadt von Kalifornien. Das Capitol im griechisch-römischen Stil mit einer vergoldeten Kuppel wurde in den Jahren 1860 bis 1874 gebaut. Die Rotunde enthält Bilder aus der Geschichte des Staates sowie der Bauzeit der transkontinentalen Eisenbahn mit der großartigen Szene, als sich am 10. Mai 1869 in Promontory Point die beiden Eisenbahnlinien vereinten. Auf dem Bild fehlen auch nicht die vier Eisenbahnkönige aus Sacramento: Leland Stanford, Gründer der Stanford-Universität; Collis P. Huntington, der den Grundstein für die weltberühmte Huntington-Bibliothek in San Marino bei Los Angeles legte; Mark Hopkins, der wegen seiner Bescheidenheit lediglich in seinem Haus auf dem Nob Hill residierte, das heute die Kunstakademie von San Francisco beherbergt, und schließlich als vierter Charles Crocker, der wegen seiner Geschäftigkeit berühmt war, das Del-Monte-Hotel baute, zur Crocker Art Gallery beitrug (die der Münchener Kunsthistoriker Alfred Neumeyer katalogisierte und zu einer der schönsten Sammlungen machte) und schließlich die Crocker-Banken gründete.

Abb. 52: Sacramento um 1850

Zurück zur Lebensgeschichte Johann August Sutters, der am 18. Februar 1803 in Kandern, Baden, geboren wurde und am 18. Juni 1880 in Washington D.C. starb. Stefan Zweig hat seine Legende in dem Artikel „Die Entdeckung Eldorados" beschrieben. M. Rehs und H.-J. Haager (S. 118) beschreiben die Lebensgeschichte Sutters, dessen „Leistung und Schicksal fast symbolisch für die ungeheure Spannweite dessen ist, was dem Einwanderer in das Land der unbegrenzten Möglichkeiten im Guten wie im Schlechten widerfahren konnte". Kurz seine Biographie: Als Kaufmann und Inhaber eines Textilgeschäftes machte Sutter bereits nach wenigen Jahren Konkurs. Er war zu diesem Zeitpunkt 31 Jahre alt. Bei dem Konkursverfahren deckte man Unregelmäßigkeiten und Betrügereien auf, so daß die schweizerische Polizei einen Haftbefehl durchführen mußte. Noch rechtzeitig konnte er dem Zugriff der Polizei entweichen. In Burgdorf in der Schweiz ließ er seine Frau mit vier Kindern zurück. Sutters Weg führte über Le Havre nach New York, wo er die Absicht hatte, Farmer zu werden. Kaum in New York gelandet, reiste er nach St. Louis weiter, wo er sich den Leuten als Hauptmann der Schweizergarde vorstellte. Die innere Unruhe ließ ihn in dieser Stadt nicht allzu lange weilen. Er schloß sich Händlern an, die nach Santa Fé im damals unbekannten mexikanischen Westen und späteren Staat Neu-Mexiko aufbrachen. Von dort setzte er seine Reise nach Vancouver fort und begab sich dann nach Hawaii. Der dortige König fand Gefallen an dem Weitgereisten und stattete ihn mit einem Empfehlungsschreiben aus, das Sutter in Fort Archangelsk in Alaska und kurz darauf in Monterey im Jahr 1839 vorlegte. Mit diesem Schreiben gewann er das Vertrauen des mexikanischen Gouverneurs Juan Bautista Alvarado, der seit langem Männer suchte, die das Hinterland kolonisierten. Mit drei Schiffen drang Sutter bis an die Stelle am 12. August 1839 vor, wo der American River in den Sacramento einmündet. Es wurde der Wald gerodet, Farmland gewonnen und Viehzucht betrieben. Man überwinterte in Adobe-Gebäuden, bevor Sutter das Fort bezog, von dem aus Kalifornien erobert und besiedelt werden sollte. In 1841 erhielt er die mexikanische Staatsbürgerschaft und dazu eine Besitzurkunde über 200 km^2 Land. Daraufhin gründete er die Kolonie „Neu-Helvetien“. Um 1843 soll sein Viehbestand bereits 20000 Rinder betragen haben; riesige Weizenfelder, Klein-Gewerbebetriebe, Mühlen und sogar Weinanbau gehörten ihm. Die Ländereien vergrößerte Sutter ständig, so daß ihm schließlich 600 km^2 übereignet waren. Im Jahr 1845 erreichte der erste Treck mit 31 Siedlern unter der Führung von John Bidwell Fort Sutter. Der Treck benötigte acht Monate für die Strecke von St. Louis bis nach Neu-Helvetien. Von diesem Tage an folgte ein Treck dem anderen.

Als 1846 das Gebiet Neu-Helvetien an die Vereinigten Staaten fiel, wurde Sutter in die kriegerischen Wirren hineingezogen. Siegreich in manchen Auseinandersetzungen mit Mexiko und von der Regierung in Washington mit hohen Ämtern belohnt – dies alles machte Sutter über Grenzen hinweg berühmt. Inzwischen war seine Familie nachgekommen. Sein Haus wurde zum gesellschaftlichen Mittelpunkt. Es wurde von Politikern, Kaufleuten, Wissenschaftlern und Künstlern aufgesucht. Prinz Wilhelm von Württemberg hielt sich selbst dort für eine Woche auf.

Die Wende kam mit dem 24. Januar 1848, als ein Arbeiter, der Zimmermann Marshall, am Wasserlauf der Mühle einen Goldklumpen fand. Der Fund ließ sich trotz aller Maßnahmen nicht verheimlichen. Die Kunde von den Goldfunden verbreitete sich wie ein Lauffeuer. Fast über Nacht brach das „Goldfieber“ aus. Sutter, von seinen Arbeitern im Stich gelassen, ahnte, welch ein Fluch sich über sein Land niederließ. Von überall her strömten die Goldsucher auf sein Land und verwüsteten es. Der Goldrausch lockte im Jahre 1849 – die forty niner (s. Lied ‚Clementine') – Tausende von Abenteurern aus dem Osten und von Übersee nach Kalifornien.

Clementine

In a cavern by a canyon
excavating for a mine,
dwelt a miner, forty niner,
and his daughter Clementine.

Oh, my darling, oh, my darling,
oh, my darling Clementine,
though are lost and gone forever,
dreadful sorry Clementine.

Light she was, and like a fairy,
and her shoes were number nine,
herring boxes without topses,
sandals were for Clementine.

Drove she ducklings to the water
every morning just at nine,
struck her foot against a splinter,
fell into the foaming brine.

Rosy lips above the water,
blowing bubbles mighty fine,
but alas I was no swimmer,
so I lost my Clementine.

How I missed her. How I missed her.
How I missed my Clementine.
But I kissed her little sister
and forgot my Clementine.

(Dieses beliebte Lied ist in der Zeit nach 1849 entstanden.)

Die Goldschürfer ließen sich auf Sutters Land nieder und machten aus dem Fort einen Saloon. Sutter jr. hat es später veräußert und ist einige Meilen weitergezogen, um die Stadt Sacramento zu gründen. Niemand konnte die Eindringenden vertreiben, so daß seine Kolonie allmählich verfiel. Sutter geriet zunehmend in Not und mußte weitere Teile seines Besitzes verkaufen oder abgeben. Zu allem Unglück erließ der Kongreß ein Gesetz über den Nachweis der Rechte an privatem Landbesitz. Dieses Gesetz zwang Sutter zu jahrelangen, kostspieligen Prozessen, die ihm alle nichts einbrachten. Selbst das Bundesgericht entschied zu seinen Ungunsten.

Bis in das Jahr 1880 kämpfte er um seine Rechte. Mit seiner Frau siedelte er nach Washington über und sprach jeden Tag bei den Abgeordneten vor. Doch keiner wollte ihm recht helfen, bis eines Tages eine Kommission zusammentrat, die seinen Schaden auf eine Mio. Dollar errechnete und dem Kongreß dringend empfahl, Sutter sofort einen Betrag von 50000 Dollar auszuzahlen. Doch der Kongreß vertagte die Rechtssache. Zu bitter für Sutter, der kurz darauf am 18. Juni 1880 an Herzversagen, verarmt, in einem Hotelzimmer in Washington verstarb.

„Der Fluch des Goldes", so heißt es weiter bei M. Rehs und H.-J. Haager, „hatte diesen tatkräftigen Pionier zugrunde gerichtet, ihn von märchenhaftem Reichtum wieder zum armen Mann gemacht, denn in seinen beiden letzten Lebensjahren hatte ihm der Staat Kalifornien auch noch die Pension gestrichen, so daß er auf die Unterstützung seines letzten ihm noch verbliebenen Sohnes angewiesen war.

John August Sutter hatte, wie sein badischer Landsmann Johann Jakob Astor, die erfolgreiche politische und wirtschaftliche Entwicklung der USA am Pazifik maßgeblich beeinflußt."

Arbeitstage in Sacramento. Ich sitze mit Geschäftsfreunden zusammen. Unsere Thematik ist vielseitig: Unternehmen, Handelsketten, Immobilien, Verkauf an Europäer und Japaner, an Pensionskassen und Beteiligungsgesellschaften, Entwicklung des Dollars und Finanz-Supermarkt im Warenhaus und beim Essen über Anfänge eines Warenwirtschaftssystems in Mesopotamien sechstausend Jahre vor unserer Zeitrechnung. Die Sumerer errichteten dreitausend Jahre später die ersten Stadtstaaten. Das Bild der Städte war geprägt von monumentalen Stufentempeln, die religiöse und wirtschaftliche Zentren waren. Zugleich auch Verwaltungssitze, von wo aus man die Bewässerungen der Felder steuerte und die Verteilung der Früchte vornahm. Ein wichtiges Organisationsmittel, das die Sumerer bereits aus anderen Kulturen vorfanden, waren kleine Tongebilde, sogenannte Rechensteine, die durch ihre verschiedenen Formen einzelne Wirtschaftszweige charakterisierten. Es gab Steine für Gerste, für Rinder, andere für Schafe. Veränderungen im Bestand wurden mit Hilfe der Rechensteine festgehalten, so daß man stets Aussagen über Zugänge, Abgänge und Bestände machen konnte. Um eine solche Lagerverwaltung durchzuführen, brauchte man die Mathematik nicht zu Hilfe zu nehmen. Mit Beginn des 4. Jahrtausends drückte man dann die Rechensteine zunächst auf Tontafeln ein und später zeichnete man mit Griffeln die Daten auf den Tontafeln nach. Solche Tafeln fand man in Uruk und im iranischen Elam. Diese Zeichen sind aber mit unseren Zahlen nicht gleichzusetzen. Entsprechend der Verwendung von Rechensteinen gab es verschiedene Zahlzeichensysteme, deren Zusammensetzung sich wiederum durch Maßeinheiten der aufzunehmenden Gegenstände ergab. Die Aufzeichnungen der Zahlzeichen waren daher von einer komplizierten Struktur. So gab es z. B. Flächen- und Zählzahlen neben Getreidezahlen. Noch ist vieles aus dieser Zeitperiode und davor nicht analysiert. Der Ursprung des Sexagesimalsystems ist in Ur, einem sumerischen Stadtstaat, zu suchen, doch eine genaue Zeitangabe läßt sich anhand der ausgegrabenen Tontafeln – Mitte des dritten bis zweiten Jahrtausends v. Chr. – noch nicht machen. In diesem Zeitraum sind die Wurzeln der Mathematik zu suchen, wenn auch alles anhand von konkreten Vorgängen dargestellt wurde. Erst mit den Griechen begann die Formulierung von Regeln und die Niederschrift von Methoden.

Dollar, quo vadis? Die Aufwärtsbewegung des Dollars zeichnete sich bereits im Oktober 1979 ab, als die amerikanische Notenbank besondere geldpolitische Maßnahmen ergriff. Waren es zunächst die im Vergleich zu anderen Währungen hohen Zinssätze, die den Dollarkurs stützten, so waren es 1979 die verstärkte Inflationsbekämpfung und vor allem die wirtschaftliche Dynamik, die den Dollar an Attraktivität gewinnen ließen. Hinzu kamen weitere Faktoren: politische Stabilität, erstarktes Selbstvertrauen und Wiedergewinnung der Führungsrolle in der westlichen Welt. Nicht zu vergessen ist die eingetretene globale informatorische Vernetzung, die nicht nur international tätige Banken entstehen ließ, sondern es auch erlaubt, Geld und Kapital mit nahezu Lichtgeschwindigkeit zu bewegen.

Im Gegensatz zu den 50er und 60er Jahren wird der Dollar heutzutage nicht gehortet, sondern für Waren ausgegeben. Der Kreditstrom wird von einem Warenstrom begleitet, da sich Amerika der ausländischen Produktivkräfte bedient und gegenwärtig ein hohes Leistungsdefizit hinnimmt. Eine Prognose, wie sich der Dollar weiter entwickelt, läßt sich nicht erstellen. Im Augenblick scheint sich die Schere zur Goldmark-Relation der Kaiserzeit von 4.20 (26.2.1985 Brief DM 3.4730; am

6.12. DM 2.5280) zugunsten des Dollars zu schließen. Wie wird der Dollarkurs einmal aussehen, wenn die Zinsen in Amerika gesunken und die Defizite kleiner geworden sind? Wie stark wird der Druck auf den Dollar zunehmen, wenn sich die Konjunktur abschwächen sollte? Vieles wird auch von den Interventionen der Zentralbanken und letztlich von den Maßnahmen der amerikanischen und anderer Regierungen (22.9.1985) abhängen.

Währungsgeschichte kann so spannend sein wie eine Reisebeschreibung: Am 20. Juni 1948 wurde der DM-Kurs mit DM 3.33 festgelegt. Man ging davon aus, daß die Bundesrepublik mit diesem Wechselkurs gut bedient sei, da er hinreichend den Export fördere, um erforderliche Importe zu bezahlen. Kaum war dieser Kurs festgelegt, wertete England das Pfund um 30,5 Prozent ab. Andere Länder folgten mit Abwertung ihrer Währungen, die Bundesrepublik aber mit nur 20,6 Prozent, so daß die neue DM-Relation auf 4.20 lautete. Eine Parität, die es schon mehrmals gab: Die Mark von 1871 und in den Folgejahren sowie die Reichsmark von 1924 bis 1934. Diese Abwertung trug dazu bei, daß der Wiederaufbau rascher vonstatten ging und die DM eines Tages konvertibel und zu den stärksten Währungen gezählt wurde. Als weiteres Plus erwies sich, daß die damalige Bank Deutscher Länder von Anfang an die Inflation bekämpfte. Sobald die DM erstarkte, trat der Dollar interessanterweise eine Talfahrt an. Der Niedergang des Dollars setzte in den 60er und besonders dramatisch in den 70er Jahren ein. In der ersten Phase war hauptsächlich die schwache reale Wachstumsrate Amerikas dafür verantwortlich, die zwischen 1950 und 1970 im Durchschnitt 3,5 Prozent betrug, während sie in den übrigen westlichen Industrieländern über 5 Prozent lag. In Amerika kam es daher und in Verbindung mit einem im Vergleich niedrigen Zinsniveau zu Kapitalabflüssen zu den wirtschaftlichen Kraftfeldern wie Westeuropa – Bildung der Europäischen Gemeinschaft und Entstehung des Euro-Marktes –, Asien und anderen Gebieten mit rasantem Wirtschaftsaufschwung. Da dem Kapitalabfluß kein Warenstrom folgte, wurde der Dollar überall gehortet. Dies konnte nur deshalb geschehen, weil viele Länder ihre Produktivkräfte aus eigener Kraft entwikkeln konnten. In diesem Zeitraum wertete sogar die Bundesrepublik aufgrund ihrer wieder erstarkten Wirtschaft ihre Währung zweimal auf – 1961 DM 4.– je Dollar, 1969 DM 3.66. Die zweite Phase wurde mit der Aufhebung der Goldeinlösungspflicht im August durch Amerika eingeläutet. Im Dezember desselben Jahres folgte eine Abwertung des Dollars. Der Dollar kostete plötzlich nur noch DM 3.225. Ein neuer Währungseinschnitt erfolgte im März 1973, als die festen Wechselkurse zum Dollar aufgehoben wurden und der Dollar allmählich einen Tiefpunkt von DM 1.71 erreichte. Es zeigt sich immer wieder in der Währungsgeschichte, daß das Kapital ein „scheues Wesen" ist. Oder in der Formulierung von Walter B. Wriston, dem ehemaligen Chairman der Citibank/Citicorp: „Es geht zwar dorthin, wo es benötigt wird, aber es bleibt nur, wenn es gut behandelt wird." Mit diesen Worten wird zugleich auf die Problematik der Krisenbewältigung an der internationalen Schuldenfront hingewiesen, die der Investor nicht außer acht lassen darf. Ein sparsamer Hausvater zu sein, ist schon immer eine goldene Regel gewesen. Oder wie Benjamin Franklin sagt: „Wenn es dir gelingt, weniger auszugeben als dir zufließt, besitzt du den Stein der Weisen."

Strukturwandlungen sind im finanziellen Dienstleistungsbereich erfolgt. Amerikas Banken stehen in einem „Drei-Fronten-Krieg". Erstens der Wettbewerb untereinander um die Einlagen der Privatkundschaft, zweitens die Bemühungen, den Kongreß zur Zulassung nationaler Filialnetze (Universalbanken) zu bewegen, und drittens das Vordringen anderer Institute in das Bankgeschäft. Zu nennen wäre hier vor allem Sears, Roebuck & Co., die größte Einzelhandelsgruppe mit einem Umsatz von fast 40 Mrd. Dollar. Kurz die Entwicklung dieses Hauses: Seit 1911 gewährt sie Ratenzahlungskredite, seit 1930 bietet sie Versicherungen durch die Allstate Insurance und seit 1950 Kundenkonto und Kreditkarte an. Im Jahre 1982 wurden der viertgrößte Broker, Dean Witter Reynolds, und der größte Immobilienmakler, Coldwell Banker, übernommen. Unter dem Motto „Alles unter einem Dach" kann die private Kundschaft finanzielle Dienstleistungen im Rahmen des „Sears Financial Network" in Anspruch nehmen, das über ein modernes Kommunikations- und in Kürze unter der Regie von IBM und CBS ein Videotextsystem verfügt. Darüber hinaus hat Sears in Delaware eine Konsumentenbank und in Kalifornien eine Sparkasse mit 100 Filialen. Im Jahre 1985 hat Sears eine neue Kreditkarte „Discover" eingeführt. Die Marketing-Experten von Sears rechnen, daß bis Ende 1986 etwa 20 Mio. Karten in Umlauf seien. Sears selbst gilt wegen seiner privaten Kundschaft als Nicht-Bank und unterliegt daher auch nicht den staatlichen Beschränkungen. Das bedeutet, daß dieser Dienstleistungssektor in naher Zukunft in Händen von Großbanken und Einzelhandelsgruppen, die mehr als eine „Einwarenpolitik" betreiben, liegen dürfte.

Die Stunden in der Anwaltskanzlei in Sacramento gehen dahin. Fragen an Fragen gilt es zu beantworten. Besitz im Ausland (s. d. Verf.: Investieren in USA) bedarf detaillierter Verträge, frühzeitigen Informationsaustausches mit den Investoren und exzellenter Verwaltungen, die Investitionen rentabel gestalten: mehr Besitz bedeutet mehr Kapitaleinsatz, mehr Schulden, mehr steuerliche und gesellschaftsrechtliche Fragen – und unter Umständen mehr Kopfschmerzen. Ich kann zu meinem Glück sagen, daß wir über gute Anwälte verfügen. Nach einer Cocktailparty nehmen wir Abschied. Meine Freunde reisen über Japan nach China – ein neues Geschäftsfeld –, wir dagegen suchen das Napa Valley auf.

Napa Valley

Die wahre Pracht des „Weintales" erfassen wir zwischen Calistoga und Napa. Die Straße Nr. 29 führt mitten durch die berühmte Weinlandschaft des Napa Valley mit seinen neunundfünfzig Weingütern. Weingut an Weingut. Das Rebland ist mit Berieselungsanlagen und hin und wieder Räucheröfen ausgestattet. Auf den Weingütern zeigen sich Herrschaftshäuser unterschiedlichen Baustils: Französisches Landschloß, victorianisches Palais, Weingut am Rhein, im amerikanischen Missionsstil, Burgen mit weißen Zinnen und gotische Hallen. Die Reben selbst wachsen der vielen Sonne wegen buschig. Neuerdings sorgt man für größere Abstände (Abb. 53) der Rebenreihen, damit hochbeinige Erntemaschinen in der Ebene einsetzbar sind, die bis zu sieben Tonnen Trauben in einer Stunde lesen und sechs Pflücker ersetzen (als Pflücker verdingen sich mexikanische Saisonarbeiter). Der Preis eines solchen Ungetüms beläuft sich auf 80 000 bis 100 000 Dollar, der Lesekopf als Ersatzteil allein auf 20 000 Dollar. Im Napa Valley wird aber trotz der Automatisierung auch noch mit der Hand gelesen. Ob die manuelle Leseart der maschinellen überlegen ist, darüber führen Weinkenner nutzlose Streitgespräche. Die Berieselungsanlagen werden bei Temperaturen unter minus 2 °C eingeschaltet, damit sich um die Traube

Abb. 53: Buschige Rebstöcke im Napa Valley

eine feine Eisschicht legt, die den Frost abwehren soll. Diese Methode ist viel wirksamer und umweltfreundlicher als die bisher verwendeten Räucheröfen, deren Einsatz inzwischen verboten worden ist. Von der Berieselung wird auch in einer Hitzeperiode Gebrauch gemacht, um für die nötige Feuchtigkeit und Bildung von Säure zu sorgen.

In diesem Tal des Weines wird auch Champagner (Sparkling Wine) hergestellt. Obwohl das Warenzeichen „Champagner" in Amerika nicht geschützt ist, werden die Produkte trotzdem nicht Champagner genannt. An der alten, ehrwürdigen Tradition will man nicht rütteln. In Europa werden altbewährte Rezepte nicht immer respektiert. So gilt es als besonders chic, den ‚Kir' – eigentlich ein Gemisch aus schwarzem Johannisbeerlikör und Champagner – mit einem ‚Crémant d'Alsace' aufzufüllen, in Amerika hingegen mit einem ‚Schramsberg'. Dieser amerikanische Champagner kommt von einem

Weingut aus Larkmead, das Jacob Schramm aus Rüdesheim 1862 gründete, das aber Anfang des 20. Jahrhunderts verfiel, bis es 1966 von Jack Davies, einem ehemaligen Industriemanager, übernommen wurde, der sich dann auf die feine Kunst der Champagner-Herstellung besann und nun einen hervorragenden sparkling wine anbietet, den sogar das Weiße Haus kredenzt.

Obwohl sich Winzer im Napa-Tal bereits in der Mitte des vergangenen Jahrhunderts ansiedelten, hat der Weinbau eigentlich erst vor rund fünfundzwanzig Jahren seinen Aufschwung genommen. Trotzdem ist es mehr als verwunderlich, daß dieses Weintal so legendäre Spitzengewächse hervorgebracht hat. Weltbekannt wurde das Ergebnis einer Weinprobe, die ein englischer Weinhändler in Paris zur 200-Jahr-Feier seiner Firma veranstaltete. Dazu hatte er neun berühmte Weinkenner zu sich gebeten, um französische und kalifornische Rot- und Weißweine der Jahrgänge 1969 bis 1973 zu kosten. Das Resultat war für die Alte Welt erschütternd. Es kam zu einem nicht überhörbaren Knall in der bisher sehr geordneten Weinwelt, und von der französischen Überheblichkeit blieben nur Trümmer zurück. Zum besten Rotwein wurde ein „Cabernet Sauvignon" aus der Kellerei: Stag's Leap Wine Cellars (5766 Silverado Trail, Napa) gekrönt, der einen Château Mouton-Rothschild 1970 weitweg deklassierte. Unter den Weißweinen war es ein „Pinot Chardonnay" aus der Kellerei: Chateau Montelena (1429 Tubbs Lane, Calistoga). Mit diesem Ergebnis waren die französischen Weine entthront. Doch was heißt eigentlich schon „die besten Weine" (The Best of the Vintage)? Gewissermaßen gibt es sie gar nicht. Denn Weine lassen sich nach meinen Erfahrungen nur bis zu einem gewissen Grad vergleichen. Weine sind und bleiben immer wieder individuelle Kreationen. Was jedoch festgehalten werden muß, ist, daß immer mehr kalifornische Weine angeboten werden, die mit europäischen Spitzengewächsen auf einer Stufe stehen. Und dies bei einer so jungen Weinkultur!

In Kalifornien gibt es viele bekannte Weingebiete. Außer Napa Valley wären aufzuführen: Modesto, San Joaquim Valley, Lake County, Sonoma, Mendocino, Lodi, Santa Clara, Monterey, San Luis Obispo, Santa Ynez, Cucamonga, Temecula und Exondido. Die Anzahl der kalifornischen Weingüter hat sich in den letzten Jahren von etwa 240 auf 400 erhöht, die Rebflächen sogar mehr als verdoppelt. Die größte Kellerei der Welt ist in Modesto im San Joaquim Valley zu Hause und gehört den Brüdern Ernest und Julio Gallo. In ihren Stahltanks lagern mehr als 600 Mio Liter Wein, die ausreichen, den amerikanischen Bedarf zu mehr als fünfzig Prozent abzudecken. Ihr „Brandzeichen“ sind die Ballonflaschen, auf die ihre Weine gezogen sind.

Der kalifornische Wein ist von Natur aus süß. Als Problem stellt sich für den Winzer der geringe Säuregehalt. Daher ist es den Winzern erlaubt, nachträglich Säure zuzusetzen. Eine Nachzuckerung hingegen ist untersagt. Um den Säuregehalt auf natürliche Weise zu verbessern, greift man gerne auf ein altes Rezept zurück, nämlich den Wein in Eichenfässern amerikanischer und europäischer Provenienz reifen zu lassen. Die Fässer dürfen nicht allzu groß sein, damit der Wein die Möglichkeit erhält, sich mit Gerbsäure und Aromastoffen anzureichern. Eine weitere Alternative sehen die Winzer darin, Rebsorten je nach Bodenart und Klima anzupflanzen, die den höchsten Säuregehalt bringen und zugleich die bodentypischen Aromastoffe aufnehmen. Von Bedeutung waren daher die Untersuchungen der Weinbauhochschule Davis, die die kalifornische Weinregion in fünf Klimazonen aufteilte. Darüber hinaus hat man auf Wunsch für jedes Weingut eine eigene Klima- und Bodenkarte angefertigt. Bekannt wurde die Weinbauhochschule der University of California durch die Weißwein-Rebe „Emerald Riesling".

Weingüter: Das „Rhine House" der Beringer Vineyards (2000 Main Street, St. Helena) ist die getreue Nachahmung des früheren Familienbesitzes in Mainz. Die Brüder Friedrich und Jakob bauten das Weinhaus 1876 auf. Das Gut umfaßt achthundert Hektar Land. Ein Tunnelsystem, das von chinesischen Arbeitern in den Felsen getrieben wurde, dient der Lagerung. In diesen Naturgewölben reiht sich Eichenfaß an Eichenfaß. Hier kann der Wein unter idealen Bedingungen reifen. Redwood-Fässer, die die teure Eiche ersetzen sollen, sind nur in geringer Anzahl vorhanden. Wir lassen uns durch die Kellerei führen. Der Führung folgt ein Film über die Weinentstehung und anschließend eine Probe köstlicher Tropfen. Wenn Weine dieses Gutes auch hierzulande bekanntgemacht werden, kann man sich darauf verlassen, daß es sich um Spitzengewächse handelt. Eine Anzeige der Fritz Lang AG in der Neue Zürcher Zeitung Nr. 59 vom 12. März 1985 bestätigt dies: „Wein-Trouvaillen aus Kalifornien" als Überschrift. Weiterhin heißt es im Text: „Kalifornien, Symbol für unbeschränkte Möglichkeiten, wird immer mehr zu einem Garanten für auserlesene Weinsorten. Mit seinem milden und sonnigen Klima besitzt dieser Landstrich die idealen Voraussetzungen für einen erfolgreichen Weinanbau. Trotzdem dauerte es bis nach dem Zweiten Weltkrieg, ehe sich kalifornische Weine überregionale Bedeutung zumessen konnten. Heute schneiden sie bei Blindtests zur Überraschung europäischer Weinkenner hervorragend ab... Das Weinhaus ‚Beringer' kann auf ein Jahrhundert Erfahrung und Tradition zurückgreifen... Stetes Streben nach Perfektion ist einer der Gründe für anerkannte Spitzenqualität der Weine des Hauses ‚Beringer'.

Nachfolgend möchten wir Ihnen drei spezielle Rotweinsorten vorstellen:

Beringer California ‚Pinot Noir'

Diese Edeltraubensorte gibt einen außergewöhnlichen Wein mit sehr typischem Charakter. Während zwölf Monaten wird der Pinot Noir in Eichenfässern gelagert und erreicht dadurch seine Finesse und Reife, ohne seine Fruchtigkeit zu verlieren.

Beringer California ‚Zinfandel'

Die ‚Zinfandel' ist eine typisch kalifornische Rebe. Der aus ihr hergestellte Rotwein ist herrlich, voller Geschmack. Der leichte Brombeernachhall bringt seine Würze zur Geltung.

Beringer California ‚Cabernet Sauvignon'

Die Trauben, die diesen außergewöhnlichen Rotwein ergeben, wachsen auf einem auserwählten Weinberg südlich von St. Helena, im Herzen des Napa Valley. Der sehr aromatische Wein ist für diese Rebe typisch. Bevor er auf dem ‚Beringer-Gut' abgefüllt wird, altert er während 10 bis 18 Monaten in eichenen Fässern gemäß den traditionellen europäischen Verfahren. Wegen seiner einwandfreien Qualität und seiner Feinheit wurde er für die Empfänge im Weißen Haus erwählt."

Die Rotweingewinnung erfolgt nach zwei Verfahren.

Erstens: Die Rotweinmaische wird in Drucktanks weitgehend vergoren. Der sich bildende Alkohol löst aus den Traubenhüllen den roten Farbstoff heraus. Der fast vergorene Rotwein wird abgepumpt. Die verbleibende Maische wird gepreßt, der so gewonnene Most durch Absitzenlassen geklärt und in ein Gärgebinde gepumpt. Bei dem zweiten Verfahren wird die Maische kurz erhitzt. Dadurch löst sich der Farbstoff. Die Maische wird dann sofort herabgekühlt und anschließend süß abgepreßt. Der Most durchläuft einen Separator und fließt in ein Gärgebinde.

Die „Sutter Home Winery“ (277 St. Helena Hwy. S., St. Helena) ist in einem Blockhaus untergebracht, das eher den Eindruck eines Farmhauses macht. Es gibt keinerlei Führung. Doch für ein Verzehrsgeld bieten die freundlichen Besitzer ein paar gute Tropfen in ihrer Probierstube an, die allein schon sehenswert ist. Während der Probe von rotem und weißem Zinfandel und Muscat Amabile hat der Besucher genügend Muße, sich mit den alten Gerätschaften des Weinbaus vertraut zu machen und außerdem noch historische Aufzeichnungen durchzublättern und in sich aufzunehmen. Ein beachtliches Weinmuseum. Dieses Weingut gehört zu den ältesten im Napa-Tal, das 1874 von John und Albert Sutter am Ostrand des Tales gegründet, 1906 von dem Schwiegersohn Stück für Stück abgebaut und an der heutigen Stelle wieder errichtet wurde. Allein der Ausstattung wegen empfiehlt sich ein Besuch dieser historischen Weinstätte.

Viel rühriger und werbewirksamer geht es in der „Robert Mondavi Winery“ (7801 St. Helena Hwy. 29, Oakville) zu. Das Weingut, erst 1966 erbaut, zeigt sich im frühen kalifornischen Missionsstil mit Bögen und Arkadengängen zu Ehren der Franziskanermönche, die den kalifornischen Weinbau durch Pflanzung eines Weinstocks in San Diego im Jahre 1770 begründeten. Durch den großen Eingangsbogen, der die beiden Gebäudetrakte – Verwaltung und Kellerei – miteinander verbindet, hat man einen wunderbaren Blick auf Reben und

Berge im Hintergrund. Robert Mondavi hat es von vornherein verstanden, Wein und Kunst in Einklang zu bringen. Maler und Bildhauer stellen in Zeitabständen ihre Werke in den hellen Räumen aus. Für diese Idee bedanken sich die Besucher in Scharen. Im Winter gastieren Kammerorchester, im Sommer werden Jazz-Festivals gegeben. So lockt Robert Mondavi ein dankbares Publikum zu sich. Zugleich potentielle Kunden, denn beim Jazz tummelt sich die Jugend im halboffenen Innenhof.

Bei der Führung gesteht uns Robert Mondavi: „Es geht nichts über die Eichenholzfässer, die dem Wein seinen Charakter geben. Daher lassen wir den Wein in diesen Fässern reifen (Our wines are aged in selected oak barrels)." Anschließend werden wir zu einem Testtrunk eingeladen: Weißweine wie Fumé Blanc, Chardonnay, Johannisberg Riesling und Chenin Blanc; Rosé wie Gamay Rosé und Rotweine wie Napa Gamay, Pinot Noir, Cabernet Sauvignon, Zinfandel und Muscat d'Oro.

„‚Savoir boire' gehört zur feinen Art der Lebenskunst", meint Robert Mondavi. Ein guter Tropfen befreit den Menschen von Verkrampfungen, macht ihn beschwingter, lebensbejahender und sogar entscheidungsfreudiger. „Den Wein genießen, zur richtigen Zeit schlotzen", fügen wir hinzu. Oder mit den Worten des persischen Naturwissenschaftlers und Philosophen Omar Chajjam: „Ein Zecher, der am Wein sich labt im Morgenlicht, der braucht Moscheen und Tempel nicht auf dieser Welt." Beim Wein kommt es eigentlich auf zwanglose Trinkfreude an. Jedenfalls müssen es Weine sein, die aufgrund ihrer hohen Süßreserve am nächsten Morgen keinen schweren Kopf hinterlassen. Der schottische Schriftsteller Robert Louis Stevenson („Die Schatzinsel") hat in den 80er Jahren des vergangenen Jahrhunderts das Napa-Tal aufgesucht. Als ihm Jacob Schram einen Wein kredenzte, rief er voller lauter Bewunderung aus: „...the wine is bottled poetry..." (... Wein ist auf Flaschen gezogene Poesie...).

Eine anspruchsvolle Vinothek sollte mehr als nur gute Weiß- und Rotweine aus der Erzdomäne Frankreich besitzen. Weine aus dem Badener Land, dem Elsaß mit seiner „Flûte d'Alsace", einer überschlanken 0.72-Liter Flasche, und aus Kalifornien könnten den Weinkeller anreichern. Gewiß, ein frischer, durchgegorener will frisch getrunken sein. Es gibt aber auch „Flûte", die dreißig Jahre und älter sind. Muß man Weine für spätere Generationen aufheben? Eine Lagerung über einige Jahrzehnte hinaus – von wenigen Ausnahmen abgesehen – verbessert ohnehin nicht die Qualität des Weins. Daß kalifornische Weine Spitzenqualitäten aufweisen, dürfte dem Vinologen nicht unbekannt sein. Doch noch zögert er, sie in seinen feinen Weinbestand aufzunehmen.

Im Restaurant „Le Chardonnay" in Yountville bekommen wir als Gäste ein köstliches Menu gereicht, von einer Art, die man in Frankreich schätzt. Der Inhaber, Philippe Quali aus Paris, hat seine Kochkünste in Frankreich und zuallerletzt in den berühmten Restaurants „Chez Michelle" in San Francisco und auf Hawaii erworben. Diese französische Küche inmitten des Napa Valley hat, das muß ich erfreulicherweise hinzufügen, nichts von ihrem Charme verloren. Französische Kellner runden das Bild noch ab.

Unsere Unterhaltung über die Nouvelle Cuisine ist lebhaft. Diese Küche hat sich mittlerweile überholt. Vieles entsprach alter Küchentradition, vieles war übertrieben. Doch hat sie die französische Küche erneuert. Mehr und mehr entwickelte sich die Küche zu einer „individuellen Küche", zu einer „Cuisine individuelle". Eine wohlgefälligere Küchenphilosophie, die Geist und Sinne fordert.

Kein Land außer Frankreich besitzt so viele Restaurants, die mit drei Sternen des Michelin oder mit zwanzig Punkten des Gault-Millau ausgezeichnet sind. Les grands chefs müssen die hohe Auszeichnung Tag für Tag erneut verdienen. Sie verstehen das Essen als ein Kunstwerk, wobei das Ambiente, das Geschirr und der Service mit dem kulinarisch Dargebotenen eine Harmonie zu bilden haben. Der französische Staat versucht, dieses Gesamtkunstwerk wie eine Botschaft weltweit zu verkünden. Französische Meisterköche geben Gastspiele in vielen Teilen der Erde: Gérard Vié vom „Trois Marches" (Versailles) in Boston, Jacques Maximin vom „Chantecler" (Nizza) in Los Angeles, Alain Chapel aus Mionnay in San Francisco (Eröffnung des Restaurants „Chez Pierre" im Hotel Meridien), Marc Haeberlin vom „Auberge de l'Ill (Illhaeusern) in New Orleans und Alain Senderens vom „Lucas Carton" (Paris) in New York und Athen.

Doch auch ein bescheidenes Mahl schafft nicht zuletzt mit Hilfe eines mundenden Weines aus den kalifornischen Weinanbaugebieten jene Behaglichkeit, die einen mit der Welt ganz eins werden läßt. War es nicht so mit den Menschen in mythischen Zeiten? Nichts einfacher als in Kalifornien.

Auf dem Weg zum Pazifik

„Go West, Young Man!“ Dieser Ausruf stammt von Horace Greely, der ein einflußreicher Journalist war und 1841 die Zeitung „New-York Tribune“ gründete. „Go West!“ war der amerikanische Traum über mehr als hundertfünfzig Jahre hin. Es zogen die Mountain Men, die Abenteurer, die Glückssucher, die Goldgräber, die Siedler (Abb. 54), die Eisenbahnarbeiter, die Minenarbeiter, die Ingenieure, die Kaufleute und schließlich sogar Firmen zum Westen.

Der Verkehr auf der Nr. 80 nimmt ständig zu. Die Gegenden, die wir bis jetzt kennengelernt haben, waren im Vergleich zu diesem Gebiet fast menschenleer. Farm-, Weideland, Wald- und Seengebiete, Wüste – riesige Flächen, die zwischen den beiden Gebirgszügen, den Rocky Mountains und der Sierra Nevada, liegen, bis man schließlich den schmalen, grünen Küstenstreifen erreicht. Zunächst ist es das Zentraltal, das John Muir 1869 als „einen einzigen fruchtbaren Garten in Gelb“ beschrieb, mit den beiden Flüssen Sacramento und San Joaquin, die sich in der Bucht von San Francisco verlieren. Nach diesen Flüssen bezeichnet man Teile des Tales als Sacramento Valley und San Joaquin Valley. Das Zentraltal gilt als die Agrarkammer aller US-Staaten, und zwar dank eines Bewässerungssystems mit Staudämmen und Kanälen. Dieses System bildet die Grundlage für die Pflanzen-Wunder der Natur, wie einst die kunstvoll angelegten Bewässerungssysteme in Mesopotamien. Beide Regionen ein Garten Eden!

Das Pendant zum Zentraltal ist die Bucht mit fast drei Millionen Einwohnern – San Pablo Bay und die sich südlich anschließende San Francisco Bay mit den Städten Berkeley, wo die University of California (UC) beheima-

Abb. 54: Siedlerdasein im Westen

tet ist, deren Gründungsdatum der 23. März 1868 ist, und Oakland am Ostrand, wo sich die Hauptverwaltung des Kaiser-Konzerns befindet, und der Jack London Square mit seinen guten Restaurants an den Schriftsteller Jack London erinnert, der in dieser Stadt in ärmlichen Verhältnissen aufwuchs und in seinen späteren Jugendjahren des öfteren im First and Last Chance Saloon zu sehen war, der heute noch manches Andenken von ihm aufbewahrt.

Die San Pablo Bay ist ziemlich tief, die San Francisco Bay mit Ausnahme der Golden-Gate-Öffnung und einer Fahrrinne gen Süden ist dagegen viel seichter. Vermischen sich in der ersten Bay das Salzwasser des Pazifik mit dem Süßwasser der Flüsse Sacramento und San Joaquin, so gleicht die letztere Bucht einer Lagune, die vielen Vogelarten Brut- und Lebensstätte ist. Für die Zugvögel ist sie eine Zwischenstation. Daher wurden Teile der Bucht 1870 zum Vogelschutzgebiet erklärt.

Für die Bucht sind die sich vor Golden Gate bildenden, oftmals unberechenbaren Nebelbänke charakteristisch, die der Wind landeinwärts treibt, die die Stadt verdunkeln und den Verkehr behindern. Doch dieses Naturschauspiel ist ein Spuk, der nie länger als eine Stunde andauert. Denn dann bricht die Sonne das Dunkel wieder auf. Daher kennt San Francisco keinen Smogalarm. Die Ostseite der Bucht hingegen hängt oft voll von verschmutzten Wolken. Im Sommer wird die Brise von den Einwohnern begrüßt, da sie dort die Hitzewellen, die Sacramento und Los Angeles heimsuchen, auf eine angenehme Temperatur von fünfundzwanzig Grad herunterkühlt. Abends ist es sehr frisch, so daß die Damen zum feierlichen Dinner, zum Theater oder zur Oper einen flaumleichten Pelz tragen.

Auf stark befahrenen Straßen wird der Autofahrer von riesigen Werbetafeln unterhalten. Bei dem Tempolimit speichern die Gedächtniszellen ohne Mühe die Verheißungen der billboards. Stehende Bilder eines TV-Werbespots. Eine solche Werbung am Straßenrand setzt eine total mobile Gesellschaft voraus, zugleich aber auch eine Industriegesellschaft in ihrer Reifephase. Das vielfältige Warenangebot muß an den Kunden herangebracht werden. Hard selling – allen alles verkaufen. Ohne Werbung würde sich der Konsument im Dschungel des Angebots verirren. Daher gibt es als Werbemedien die textarmen Werbetafeln. Nicht selten in Form überlebensgroßer Figuren.

Werbung ist heute ein weltweites Phänomen, Werbemittel sind geheime Verführer, die unterschwellig Kaufanreize auslösen sollen. Hinzu kommt noch die Verpakkung als motivationale Verkaufshilfe. Hier ist der Verpackungskünstler gefragt, der latent „Erotisches" zu kreieren hat. Verpackung als eine Art Kunstübung. Hat dies nicht Christo überdimensional vorgeführt? Verschafft das Auspacken der Ware aus der Umhüllung nicht Lustgefühle? Werbereize ohne ein Aha-Erlebnis verpuffen. Am point of sale wird lediglich noch die Kaufentscheidung des Konsumenten registriert. Das Aha-Erlebnis muß daher schon vorher erfolgt sein.

Werbung wird weiterhin Bestandteil unserer Wirtschaftsform sein. Werbung prägt unseren way of life. Werbung zielt auf das Signifikat, den Inhalt. Ihre gigantischen Formen sind für Amerika bezeichnend. Es ist auch ein Land mit anderen Dimensionen. Man kann diese Praxis nicht europäisch-arrogant als Kitsch abtun. Denn Kitsch ergibt sich erst, wenn Stilmittel aus einem Zusammenhang herausgerissen und anderswo integriert werden, wo der originäre Kontext nicht mehr gegeben ist.

Es bleiben uns nur noch ein paar Tage. Wir wohnen bei Verwandten oben auf dem Hügel in Sausalito. Der Ort an der Bucht mit seinem Yachthafen und seiner Uferpromenade erinnert uns an die englische Südküste oder die französische Riviera. Ein ganz besonders originelles Treiben herrscht in der Hausbootkolonie. Ich bin schon mehrere Male in diesem Ort gewesen, nicht immer zur gleichen Zeit, und jedesmal war ich von neuem begeistert. Von der Terrasse des Hauses bietet sich ein unvergeßlicher Blick auf die Skyline von San Francisco (Abb. 55) mit der bekannten Transamerica Pyramide von 260 Meter Höhe. Eine Skyline, deren Konturen an diesem Abend scherenschnittscharf zu sehen sind und deren Flächen in einem hellen Weiß erscheinen. Wolkenkratzer, die Ruhm, Erfolg und Dauerhaftigkeit sichtbar werden lassen. Die Skyline imponiert durch ihre Vielfalt. Amerikanische Architekten können sich unbeengt durch zu wenig Platz austoben und durch eine geometrische Eleganz brillieren, die häufig asymmetrische Knalleffekte einschließt. Großzügiger Umgang mit Materialien, insbesondere mit dem Glasbaustein, und reizvolle Fassadenkunst zeichnen sie weiterhin aus.

Jenseits der Bucht also die Skyline, rechts davon die Golden-Gate-Brücke mit einer Gesamtlänge von 2800 Metern. Golden Gate, die Krönung eines langen Trecks, heute Wahrzeichen. Eine Brücke in rot-oranger Farbe mit zwei 227 Meter hohen Pfeilern, die auf jeder Seite ein einen Meter dickes und zweieinhalb Kilometer langes Hauptkabel tragen, von dem wiederum Stahlseile herabhängen, die eine sechsspurige Fahrbahn auf einer Länge von 1400 Metern freischwebend zwischen den Pfeilern tragen. Ein technisches Wunderwerk, entworfen von einem Schweizer Brückenbauer, Joseph B. Strauß, der es in den Jahren 1933 bis 1937 errichtet hat. Eine faszinierende Konstruktion von schöpferischer und prägnanter Einfachheit.

Wie anders hat Adelbert von Chamisso (1781–1838)

Abb. 55: Skyline von San Francisco Aufnahme: Karl Mühleisen

die Einfahrt zur Bucht San Franciscos am 2. Oktober 1816 auf der Brigg „Rjurik“ unter der Leitung des Kapitäns Otto v. Kotzebue gesehen. Ursprünglich wollte von Chamisso Prinz Max von Wied-Neuwied (1782–1867) nach Brasilien begleiten. Doch seine Reise war schon im einzelnen vorbereitet, „und ich ohne Mittel, die Fahrt selbst bestreiten zu können. Am 2. Oktober segeln wir in die Bucht hinein (S. 111, 275 f.). Große Bewegung zeigt sich auf dem Fort Ross am südlichen Eingange des Kanals; sie ziehen ihre Flagge auf, wir zeigen die unsere, die hier nicht bekannt zu sein scheint, und salutieren die spanische mit sieben Schüssen, welche, nach dem spanischen Reglement, mit zwei weniger erwidert werden. Wir lassen die Anker vor dem Presidio (Verwaltungs- und Garnisonssitz) fallen, und kein Boot stößt vom Ufer ab, um zu uns zu kommen, weil Spanien auf diesem herrlichen Wasserbecken kein einziges Boot besitzt...

Die Gebietsansprüche Spaniens auf dieser Küste wurden von den Amerikanern und Engländern nicht höher geachtet, als von den Russen. Den Ausfluß der Colombia rechnete Spanien auch zu seinem Gebiete. Die Geschichte der dortigen Ansiedlung haben uns die Spanier und Herr Elliot ziemlich gleichlautend erzählt. Die Amerikaner hätten sich aus New York teils zu Lande und teils zur See dahin begeben und dort eine Niederlassung begründet. Während des Kriegs zwischen England und Amerika ward die Fregatte ‚Racoon', Kapitän Black, ausgesandt, Besitz von diesem Posten zu nehmen. Die englischen Kaufleute aus Kanada begaben sich zu Lande dahin, und wie das Kriegsschiff, das die Kolonie bedrohte, im Angesicht des Hafens war, setzten sie sich um Geldes Preis, um 50 000 Pfund Sterling, in Besitz derselben und zogen die englische Flagge auf...

Am 1. November 1816, am Allerheiligenfest, morgens um 9 Uhr lichteten wir die Anker, während unsere Freunde in der (Missions-)Kirche waren. Wir sahen sie auf dem Fort ankommen, als wir eben vorbeisegelten...

Das Wasser des Hafens von San Francisco war in hohem Maße von sehr feinen Lichtpunkten phosphoreszierend, und merklich schimmernd entrollte sich auch die brandende Welle auf dem Strande der Küste außerhalb der Bucht...

Wir schauten hier täglich dem Spiel der Nebel zu, die vom waltenden Seewind ostwärts über das sonnenerhellte Land gewehet, zerflossen und sich auflösten. Besonders schön war das Schauspiel, welches sie uns bei der Abfahrt bereiteten, indem sie verschiedene Gipfel und Gegenden der Küste bald verhüllten und bald entschleierten. Die Nebel lösen sich im Sommer über einer erhitzten und durstenden Erde wieder auf, und das Land zeigt im Spätjahr nur kahle braungebrannte Räume, die mit kümmerlich dem Boden angedrückten Gebüschen... abwechseln...

Ein Wort zum Presidio und zur Mission, wobei letztere von zwei Franziskaner-Mönchen geleitet wird. Mehrere Missionen stehen unter einem Presidio. Der Commandant eines Presidio, Capitän der Compagnie, hat unter sich einen Artillerie-Offizier, einen Commissair (Officier Payeur), einen Lieutnant, einen Alferez (Fähnrich) und achtzig Mann. Der Spanier ist immer zu Pferd. Pferde und Rinder werden hier herdenweise gehalten, und sind fast verwildert; man fängt sie mit dem Lasso (Wurfschlinge), die Waffen sind Lanze, Schild und Muskete. Die Presidios haben keinen Ackerbau, kaum legen die Offiziere Gärten an, sie betrachten sich wie Verbannte, die ihrer baldigen Zurückberufung harren. Die Pueblos, deren es wenige gibt, sind Dörfer der Spanier. Einige anfangs ausgeschickte Kolonisten und ausgediente Soldaten machen die Bevölkerung aus. Ihre Weiber sind meistens Indianerinnen. Der Gouverneur von Neu-Kalifornien in Monterey steht, wie der von Alt-Kalifornien in Loretto, unter dem Vicekönig von Mexico. Zu St. Francisco war zur Zeit der Lieutenant, nach dem Tode des Capitains, Commandant ad interim, der Alferez abwesend...

Die frommen Franziskaner, welche die Missionen in Neu-Kalifornien halten, sind in keiner der Künste und Handwerke unterrichtet, die sie hier ausüben, lehren sollen; in keiner der Sprachen, welche die Völker sprechen, an die sie gesandt sind. Es sind Mönche, wie eben in den Klöstern Europas. Sie stehen je zwei in jeder Mission einer beträchtlichen Landwirtschaft vor, halten den Gottesdienst, und unterhalten sich durch Dolmetscher, die selbst Indianer sind, mit ihren Pflichtbefohlenen. Alles Eigentum gehört der Gemeinde der Mission an, und wird von den Vätern verwaltet. Der Indianer selbst bezieht unmittelbar keine Frucht von seiner Arbeit; keinen Lohn, wenn er etwa auf dem Presidio als Tagelöhner vermietet wird. Die Mission, dieses Vernunftwesen, bezieht den Pfennig, den er verdient. Er lernt das Eigentum nicht kennen und wird durch dasselbe nicht gebunden ... Der Indianer kommt unbedachtsam in die Mission, empfängt da gern gereichte Nahrung, hört der Lehre zu; noch ist er frei; hat er aber erst die Taufe empfangen, gehört er der Kirche an, so schaut er mit vergeblicher Sehnsucht hinfort nach seinen heimatlichen Bergen zurück. Die Kirche hat ein unveräußerliches Recht auf ihre Kinder und vindiziert hier das Recht mit Gewalt. Kann dies befremden, wo das Mutterland noch die Inquisition hegt? Der Indianer ist unbedachtsam, er ist unbeständig wie das Kind. Ungewohnte Arbeit wird ihm zu schwer; er bereut den Schritt, der ihn bindet; er begehrt nach seiner angeborenen Freiheit. Mächtig ist in ihm die Liebe zur Heimat. Die Väter gewähren ihren Pflegebefohlenen meist zweimal im Jahr einige Wochen Urlaub, ihre Angehörigen und den Ort ihrer Geburt zu besuchen."

Sausalito war bis 1937 Endstation der Northwestern Pacific. Der Bahnhof befand sich auf dem heutigen Parkplatz vor dem Yachthafen. Fährboote übernahmen dann die Passagiere. In der Uferstraße reihen sich Geschäfte an Geschäfte, Boutiquen an Boutiquen. Restaurants sind auch vertreten. Zu nennen wäre das historische Restaurant Valhalla im Besitz von Sally Stanford, in dem schon Jack London des öfteren verweilte.

Frühmorgens brechen wir zum Muir Woods National Monument mit seinen zweitausend Jahre alten Sequoia sempervirens auf, die unter dem Namen Redwood bekannter sind. Der Park liegt am Fuße des 868 Meter hohen Mount Tamalpais, von dem man einen herrlichen Blick auf die Bucht hat. Der Redwood, sonst nirgendwo in der Welt wachsend, gedeiht an der Pazifikküste nur in einem Streifen von sechshundert Kilometer Länge und bis zu dreißig Kilometern Breite – von Monterey bis nach Oregon hinein. Als Bauholz ist der Redwood sehr begehrt, weil er durch seine Abwehrstoffe gegen Insekten- und Pilzbefall resistent ist. Daher verrottet er nicht, auch wenn er einmal zu Fall kam. Im Muir Park erreicht der Baum eine Höhe von siebzig Metern und mehr, im Humboldt County sogar mehr als hundert Meter. Eine asbestähnliche Borke schützt ihn gegen Feuer. Ein hoher Feuchtigkeitsgehalt hilft dabei. Gerade die Feuchtigkeit ist es, die das Lebenselixier für diese Baumgiganten darstellt. Der Nebel begünstigt das Wachstum dieser Bäume, wobei die sehr weitverzweigten Wurzeln, die nicht tiefer als zwei Meter in das Erdreich eindringen, die Feuchtigkeit aufsaugen.

In der Frühe herrscht noch Stille, so daß unsere Wanderung einer Wanderung in der Urzeit gleicht. Die Wipfel rauschen in schwindelerregender Höhe. Wir stehen wie unter einem gotischen Gewölbe. Vogelgezwitscher und das Plätschern des Redwood Creek unterbrechen die Stille. Wo das Licht auf den Boden fällt, wächst sehr viel Grün. Zahlreiche Farnarten gedeihen im Unterholz. Manchmal umranken sie einen Uralten.

Wir fahren das Tal hinunter. Die Höhen sind mit Wiesen und Ginster bedeckt. Hier und dort Felder, die auf ein landwirtschaftliches Anwesen schließen lassen. Muir Beach liegt nur wenige Minuten vom Park entfernt. Wir wünschen uns an die Küste Kaliforniens. Unser Wunsch erfüllt sich. Der Pazifik breitet sich vor uns aus. Kein wie Champagner schäumendes Meer. Seine Brandung schlägt kaum spürbar gegen den Sandstrand. Wir holen tief Luft, pazifische Meeresluft. Wir sind in ein bedeutendes geo-politisches und wirtschaftliches Kraftfeld der Zukunft, des 21. Jahrhunderts, gelangt. Verständlich, daß sich die Bewohner dieses Küstenstreifens den Blick gen Westen nicht versperren lassen. Westwärts heißt für unsere Anschauung fernostwärts – hier weht der neue Geist Kaliforniens!

Ein Bad im Ozean. Das Wasser ist bis einige Meter ins Meer hinein flach. Natürlich nicht so weit hinaus wie an den Stränden von Santa Barbara, wo die vorgelagerten Inseln für ideale Badestrände mit feinem, weißen Sand sorgen. Ideale Strände für Kinder. Der Strand ist hier nur spärlich bevölkert. Wir kommen mit Badenden ins Gespräch. Aus einem Jeep steigen lachend drei Mädchen. Kalifornische Mädchen, wie es sich später herausstellt, die das Ebenmaß und die Anmut von Figuren auf einem griechischen Fries haben. Wir schauen den fröhlichen jungen Leuten zu, wie sie sich beschwingt ins Wasser stürzen. Ein Mann neben mir, der noch den Türgriff in der Hand hält, steht wie angewurzelt da, wie hypnotisiert. Später, als wir in einem im englischen Stil des 17. Jahrhunderts errichteten Pub, das an der Straße zum Muir Beach liegt, einige Drinks zu uns nehmen, treffen wir zu unserer größten Überraschung die drei Strandmädchen wieder. Lose Überhänge über ihren Shorts betonen ihre schlanke Gestalt, ihre vollen Brüste und ihre durchtrainierten Körper. Ein jeder ist entzückt von ihren langen Haaren, den feingezeichneten Lippen, dem feurigen Glanz der Augen. Auffallende Schönheiten, Studentinnen der UC. Wir sitzen da und sprechen von San Francisco, Heidelberg und dem Schafhirten, der mit seiner Herde den Hügel herabwanderte, als wir badeten. Die untergehende Sonne ließ ihn größer erscheinen, als er war. Das Fell seiner Schafe glänzte rotgolden in der Sonne. Der Hirt blieb stehen, um mit seinen Schafen zu sprechen, um eines zu streicheln. Er wanderte mit Muße, seinem Abend entgegen. Auch wir haben einen heiteren Abend. Die Gespräche kreisen um John F. Kennedy, dessen Ermordung einer politischen Katastrophe glich, weil er sich als der erste moderne, auf Teamarbeit sich stützende Präsident einer Weltmacht darstellte, der nicht einen charismatischen Führer verkörperte, aber dafür das öffentliche Bewußtsein veränderte, einen neuen Idealtypus zu akzeptieren; um Hesse, Baudelaire, Joyce, Rilke, Heller mit seinen Romanen „Some thing happened“ und „God Knows“, um Sam Shepard, dessen Stükke im Magic Theatre in San Francisco (Stücke wie „True West“ in Düsseldorf 1982, „Fool for Love“ in Stuttgart 1986) uraufgeführt werden, der meistgespielte Dramatiker nach Tennessee Williams, um die Musik von Bach und Händel und um Unterschiede zwischen den Europäern und den Amerikanern. Liegt nicht ein wesentlicher Unterschied in der Rangordnung der Sinne? Ich gebe im Gespräch eine Beobachtung von Rosenstock-Huessy wieder, der sagt: „In Europa schmeckt, riecht, hört und tastet sich der Mensch zurecht, und im klaren Augenblick erleuchtet sich dann die Fülle seiner Sinneseindrükke. In den Prärien und Wäldern hingegen, wo mit ungesichertem Revolver der Pionier sich vorwagt, geht alles zuerst durchs Auge. Der Amerikaner traut keinem Sinne so wie dem Blick. Das Brot muß weiß aussehen, so der Zucker und der Reis, ja sogar der Schweizer Käse, auch wenn die Qualität darunter leidet.“ Eine weitere Eigenart, so zähle ich auf, dürfte sein, daß der Amerikaner die Kraft hat „to cut his losses“, von einer verlorenen Schlacht ohne viel Grübeln zur nächsten zu marschieren. Während des guten Abendessens mit Bieren aus der Alten Welt berichten unsere Gesprächspartner von ihren Erlebnissen auf dem Pacific Chrest National Scenic Trail. Von Mt. Ashland an der Staatsgrenze von Oregon und Kalifornien aus sind sie bis zum saphirblauen, kristallklaren Crater Lake gereist, der mit 589 Meter Tiefe im vulkanreichen Gebiet des Kaskadengebirges liegt. Ein kreisrunder Kratersee, der sich im Laufe eines Jahrtausends mit Wasser füllte. Eine 51 Kilometer lange Straße führt rund um den See, die immer wieder herrliche Blicke gewährt. Nahezu heroische Landschaftsbilder, die sich in keinem anderen Lande so großartig darbieten wie im Westen der Vereinigten Staaten. Faszinierend ist der Aschenkegel auf dem Wizard Island, der wohl zu den schönsten auf der Erde gezählt werden darf. Ein einziges Boot ist zugelassen, das Besucher zur Insel bringt oder ihnen eine Rundfahrt inmitten eines farbenprächtigen Naturtheaters aus Tuff und Lava anbietet. Der Crater Lake in mehr als zweitausend Meter Höhe ist geologisch gesehen ein Calderasee. Der ursprüngliche Vulkankegel ruhte auf einer Magmakammer, die sich aber entleerte und somit den Kegel zum Einsturz brachte. Dies geschah vor etwa 7000 Jahren.

Unser Gespräch kreist um das Thema Golfspielen. Golfen als ein Vehikel zum Karrieresprung, Gegenstand in der modernen Literatur. Drei bildhübsche Studentinnen um uns... Mehr als Knalleffekte der Natur... Feminin, voller Intelligenz, pragmatisch und aktiv. „Doers".

Ein lebhafter, heiterer Abend. Wann dürfen wir euch in Heidelberg und zu einer Wanderung begrüßen? Mit Begeisterung nehmen sie die Einladung an. Zum Abschied pflücke ich für jeden eine Blume. Es ist ein inniger Abschied. Wir sind reichlich beschenkt. Die Umarmungen wollen nicht enden. Gibt es Schöneres auf Reisen als solche Begegnungen?

San Francisco

Mit Städten geht es mir wie mit Menschen. Meist mag ich sie sofort oder nie. Das mag emotional sein, aber es gibt kaum eine logische Begründung für die Liebe zu einer Stadt. Wer fragt denn danach, wenn einer Begegnung ein schicksalhafter Hauch zukommt. Bei allen Begegnungen, sei es zwischen Menschen, sei es zwischen Mensch und Objekt, wirkt immer irgendwo im Hintergrund das Gefühl und bestimmt die subjektive Wertschätzung des Gegenübers.

Meine heimliche Sehnsucht nach San Francisco hat schon vor gut sechzehn Jahren begonnen, als es Mode wurde, die Stätte aufzusuchen, weil das Dasein wegen der Rhythmen in der Stadt sich beschwingter gestaltet.

Anfangs wurde ich besonders von Chinatown, dem Leben in den hügeligen Straßenzügen, den orientalischen Gerüchen oder den Lichtreflexen des Himmels, tagsüber blau, abends rotgelb, angezogen. Die Lichter der Autos und der Ampeln führten ein erregendes künstliches Lichtspiel auf.

Eine Stadt erscheint einem immer anders, je nachdem, wo man lebt. Es kommt sehr darauf an, ob man inmitten eines Büroviertels mit Spiegelglasfassaden wohnt, wo sich abends das Lichtspiel des Himmels und der Stadt reflektiert, oder in einem atmosphärischen Milieu, wo die Straßen auch noch abends voller Leben und Treiben sind. Keine Wolkenkratzer stören hier das Bild. Vielmehr reihen sich Geschäfte an Geschäfte, Restaurants an Cafés. Der Friscoer sucht das Restaurant nach seiner Herkunft aus. Denn er bleibt Chinese, Italiener, Mexikaner, Ire oder Deutscher.

Freiheit ist in San Francisco fast grenzenlos. Nirgendwo kann man so leben wie in dieser Stadt. Ganz gleich, ob der Friscoer die Rolle eines Aussteigers, eines Bohemien, eines Avantgardisten oder eines Biedermannes spielt oder einer Bilderbuchkarriere nachjagt, ob er der straff organisierten, politisch sehr aktiven Welt der Gays angehört, ethische Restaurants bestimmter Provenienzen aufsucht, sich Seelentherapie verschreiben läßt, religiösem Nebel verfällt – jedes Ego findet sein Echo in seiner Gruppe, ein Echo in seinen „roots“. Der Wunsch, anders zu sein als andere, gibt der Stadt das Gepräge.

An den Wochenenden sind die Parks und die Strände überfüllt. Beach boys, beach girls. Die schönen Wellenreiterinnen. Surfen ist „in“. Es wird gesportelt. Jogging, Radeln, Übungen in den Fitneß-Centren, Squash und Tennis werden so ernst betrieben, als stünde die nächste Olympiade vor der Tür. Fitneß stärkt das Ego, zugleich auch das Ansehen. Vielleicht bringt es sogar ein bißchen mehr Geld.

Daß in den Städten alles vorhanden ist, was man sich wünscht, daß es nichts gibt, was es nicht gibt – das ist in Amerika schon immer so gewesen. Nur muß man wissen, wo der Geldbeutel nicht überstrapaziert wird. Das Leben ist in den Städten teuer, von der Wohnung bis zum Essen und Vergnügen. Je höher die Mietpreise, um so mehr flüchtet man sich in Wohngemeinschaften. Wer sein Frühstück im Drugstore oder Coffeeshop einnimmt, umgeht das teure Hotelfrühstück. Wer die Nobel-Restaurants nicht betritt und statt dessen zu den Freßgassen fährt, erhält trotz allem ein annehmbares Essen.

San Francisco ist nicht Rom, Paris, London, Wien oder Berlin. Revolutionen sind in San Francisco nicht ausgebrochen und konnten sich deshalb auch nicht von hier über die Welt ausbreiten. Auch keine neuen Gesellschaftsordnungen haben sich hier gebildet. Lediglich die Hippie-Bewegung ging von hier aus. Sie bestimmte die Folgezeit: Blumen-Kinder, Protest-Bewegung, Gewalt-Bewegung, Meditation bis hin zur Umwelt-Bewegung; sie hat Furore gemacht und die Verkrustungen weltweit aufgebrochen. Selbst östliche Länder blieben davon nicht verschont.

San Francisco mag Kreuzungspunkt des Weltgeschehens, Drehscheibe im 21. Jahrhundert werden. Gewiß ist, daß die Stadt noch nicht so viele Impulse geben konnte, wie sie von den Hauptstädten der Alten Welt ausgingen. Doch die Stadt ist bereits eine Brutstätte technischer

Neuerungen. Ihre geistige Intensität entspringt der Freiheit. Das ist das Wundervolle an dieser Stadt und zugleich dieser Region. Dabei muß man bedenken, daß sich die Stadt (Abb. 56) erst vor wenigen Jahrzehnten in riesigem Entwicklungstempo ausdehnte. Ihren Ursprung hat sie in der Gründung der Mission San Francisco de Asis am 29. Juni 1776.

San Francisco – eine exzentrische, beschwingte Stadt, die den Menschen achtet. Der Mensch hat Vorrang, sei es im Straßenverkehr, sei es auf den Bürgersteigen. Bei der geringsten Behinderung entschuldigt man sich. Und mit einem höflichen Lächeln nimmt man die Entschuldigung entgegen. Zeigt dies nicht die leise Einwirkung des Geschehens auf der Westseite des Pazifiks? Das bedeutet aber nicht, daß der Alltag an Härte verloren hätte. Vielmehr ist das System, in welchem man lebt und mit dem man sich identifiziert hat, hart und zugleich unbeschränkt liberal. Eine Bühne für die Yuppies, die young urban professionals. Hier kann der Tüchtige Karriere machen. Hier ist jeder seines Glückes Schmied!

Die Stadt am Goldenen Tor ist wie ein Traum. Ich könnte sie aus meinem Leben nicht verdrängen, nicht wegdenken. Mit William Saroyan und den Bewohnern von San Francisco gemeinsam sage ich: „Wir lieben San Francisco."

Wir verlassen nur ungern diese Region, wo wir soviel märchenhafte Naturschönheiten in uns aufgenommen haben. Der Abschied fällt uns nicht leicht. Vielen Menschen sind wir begegnet, die uns fast unverständliche Hilfsbereitschaft, gepaart mit Herzlichkeit und Selbstbewußtheit, entgegenbrachten.

Abb. 56: San Francisco um 1840

Zeittafel

984	Erik der Rote aus Island erreicht Grönland.
1000	Leif Erikson, sein Sohn, landet an der Küste von Nordamerika.
1492	Christoph Kolumbus landet auf Guanahani (San Salvador).
1499	Amerigo Vespucci unternimmt Küstenfahrten und schreibt Reiseberichte, die Martin Waldseemüller veranlassen, den Kontinent
1507	Amerika (Weltkarte) zu nennen.
1510	Im Roman „Las Sergas de Esplandian“ von Garcia Ordoñez de Montalvo beschreibt der Schriftsteller die Insel „California“ (Abb. Buchrückseite).
1516	Kaiser Karl V. (– 1556) erbt mit Spanien ein Weltreich, in welchem „die Sonne nicht untergeht“.
1521	Eroberung Neu-Spaniens durch Hernando Cortez.
1530	‚Indianische Historia‘, eine Reisebeschreibung nach Amerika bis an den Orinoco, von Nicolaus Federmann.
1536	Entdeckung Kaliforniens durch Cortez, gemeint ist die mexikanische Halbinsel „Baja California“.
1542	Bis zu diesem Jahr erforschen Spanier wie Domingo, De Soto, De Vaca (Bericht von den „Sieben Städten von Civola“ – gemeint sind die sieben Pueblos der Zuni), Cabrillo (28.9.1542 Landung in San Diego), Alvarado und Coronado den nördlichen Teil Mexikos. Küstenorte wie San Diego, Los Angeles, Monterey, San Francisco, Santa Barbara werden von Mön-

chen (Missionsstationen) gegründet, die spanische Soldaten begleiteten.

1579 Sir Francis Drake landet bei Port Reyes nördlich von San Francisco – Drakes Bay.

1584 Gründung der englischen Kolonie Virginia durch Sir Walter Raleigh (1552–1618).

1587 Kalifornischer Küstenstreifen in spanischem Besitz.

1607 Jamestown, erste englische Siedlung.

1614 Vertrag von Xanten: Die Calvinisten Brandenburgs erhalten Kleve, Mark und Ravensberg, die katholische Pfalz-Neuburg bekommt Jülich und Berg.

1620 Pilgerväter (Puritaner – „Gods own people") erreichen auf der Mayflower Massachusetts.

1632 Katholiken gründen Maryland.

1651 Aufbruch der van de Sandts, van Zandts aus Xanten und Arnheim nach Amerika.

1667 Holländische Staaten wie New York, New Jersey und Delaware werden englisch, hinzu kommt noch

1670 South Carolina.
Gründung der Hudson Bay Company

1683 Gründung Philadelphias durch William Penn.

1754 Beginn des franz.-britischen Kolonialkrieges.

1763 Im Frieden von Paris erhält England Kanada und Louisiana von Frankreich. Amerika steht nun unter englischem Einfluß.

1765 Spannungen zwischen Mutterland und Kolonien
– Einführung einer Stempelsteuer.

1766 Rücknahme der Stempelsteuer, dafür Belegung mit Zöllen.

1769 Besiedlung Kaliforniens von San Diego (Missionsstation San Diego de Alcala) aus durch

	Spanier und Franziskanermönche. – Entdeckung der Bucht von San Francisco.
1773	Bostoner Tea Party.
1775	Unabhängigkeitskrieg: Samuel Adams und Thomas Jefferson versuchen Mitstreiter zu gewinnen, die sich für eine Trennung von England einsetzen. Erster Zusammenstoß zwischen englischen Truppen und den Siedlern. George Washington (1732–1799) erhält nach einiger Zeit den Oberbefehl. Freiwillige aus dem europäischen Adel stehen auf seiner Seite wie Marquis De La Fayette, General von Steuben und der polnische Nationalheld Thaddäus Kosciuszko (1746–1817).
4. Juli 1776	Unabhängigkeitserklärung der Vereinigten Staaten (13 Streifen in der Flagge) in der Independence Hall zu Philadelphia. Benjamin Franklin prophezeit, daß sich eines Tages die Vereinigten Staaten von der Ostküste bis zur Westküste ausdehnen würden.
1782	‚Kabale und Liebe', Trauerspiel von Friedrich Schiller – Ausruf des Kammerdieners: ‚Juchhe nach Amerika.'
1783	Washington Irving (– 1859) Friede von Versailles: England erkennt die Unabhängigkeit der Vereinigten Staaten an.
1784	Russisch-amerikanische Handelskompanie, die 1799 unter das Protektorat von Zar Paul I. gestellt wurde und den Handel bis nach San Francisco monopolisierte.
17. Sept. 1787	Verfassung: Gewaltenteilung mit „checks and balances".
1789	James Fennimore Cooper (– 1851)
1789–1797	George Washington, erster Präsident der Vereinigten Staaten (Entwicklung von Industrie

und Handel, Festigung des neuen Staatengebildes).

1792 Überquerung der Rocky Mountains und Vorstoß bis zum Pazifik durch Alexander Mackenzie (1775–1820) im Auftrag der Nord-West-Pelzkompanie.

1797–1801 John Adams, zweiter Präsident (Beginn des Südkonfliktes).

1799 New Archangel (heute Sitka) an der Westküste der Baranof Insel wurde als erste russische Siedlung von Alexander Baranof, dem Gouverneur von Russisch-Alaska, gegründet.

1801 Thomas Jefferson, dritter Präsident (Republikaner – möglichst wenig Staat und Regierung; wichtigste Zielsetzung: „Winning of the West"; Bevölkerung dringt über die Appalachen vor).

1803 Napoleon verkauft Louisiana zum Preis von 15 Mio. Dollar.

1803–1806 Expedition von Lewis und Clark zur Westküste.

1809 Edgar Allan Poe (–1849)

1810 Astorsche Pazifische Pelzhandelsgesellschaft.

1819 Ankauf Floridas von Spanien.
Herman Melville (–1891)
Walt Whitman (–1892)

1821 Ende der spanischen Epoche in Kalifornien, Beginn der mexikanischen Periode. Blütezeit der „Rancheros" bis 1848 (Goldrausch). Danach amerikanische Zeit.

1823 Monroe-Doktrin („Amerika den Amerikanern").

1829 Andrew Jackson, den die Indianer Sharp Knife nennen, wird Präsident. Während seiner Militärzeit wurden Tausende von Cherokees,

Chickasaws, Choctaws, Creeks und Seminoles getötet.

1830–1860 Besiedlung des Westens. Die Landnahme erfolgt in Phasen: Squatter, dann Trapper und schließlich Grenzer als Farmer. Dem letzteren ziehen die Händler, Handwerker und Spekulanten nach.

1830 Indian Removal Act führt zur Zwangsenteignung der Indianer. Über 100 000 Indianer werden in das Gebiet westlich des Mississippi vertrieben.

1830 Emily Dickinson (–1886)

1831 Die erste in USA gebaute Lokomotive „Best Friend of Charleston" fährt regelmäßig auf der South-Carolina-Bahn.

1832 Gründung der ersten Lokomotivfabrik in Philadelphia.

30. Juni 1834 Gesetz zur Regelung des Handels und der Beziehungen mit den Indianerstämmen und zur Erhaltung des Friedens in den neuen Siedlungsgebieten. Indianerland war der gesamte Teil der USA westlich des Mississippi mit Ausnahme der Staaten Missouri und Louisiana sowie des Territoriums Arkansas: Kein Weißer sollte sich im Indianerland ansiedeln dürfen, keiner ohne Lizenz Handel treiben. Die militärischen Streitkräfte der USA sollten jeden Weißen festnehmen, der dieses Gesetz verletzte.
Bevor dieses Gesetz in Kraft trat, zogen weiße Siedler in dieses Gebiet ein und gründeten die Territorien Wisconsin und Iowa. Die Grenze wurde dann zum 95. Meridian mit den Forts Snelling, Atkinson, Leavenworth, Gibson, Smith, Towson und Jesup verschoben.

1835 Samuel Langhorne Clemens, bekannt unter Mark Twain (–1910).

1836 Erste Schlafwagen.

Texas wendet sich gegen die mexikanische Herrschaft und gründct eine Republik.

1842 Erste Expedition nach dem Felsengebirge unter der Leitung von J. C. Frémont.

1843 Zweite Expedition nach dem Oregongebiet und Nord-Californien (J. C. Frémont).

1844 Isaac van Zandt führt in Washington D.C. Verhandlungen über eine Annexion ‚Texas'.

1845 Annexion von Texas als 25. Staat. Kriegsbeginn mit Mexiko.

1846 Oregon Vertrag, der den 49. Breitengrad als Grenze zwischen USA und Kanada festlegt. Oregon wird an USA abgetreten.

1847 Ende des Krieges gegen Mexiko.

1848 Goldfunde in Kalifornien. Tausende von Weißen aus dem Osten ziehen durch Indianerland. Es kommt zu Indianeraufständen, die bis in das Jahr 1890 reichen.

Manifest Destiny, das besagt, daß Europäer und ihre Abkömmlinge dazu bestimmt wären, über ganz USA zu herrschen. Die Weißen sind die überlegene Rasse und deshalb für die Indianer, für ihr Land, ihre Wälder und Ressourcen verantwortlich.

Im Vertrag von Guadalupe Hidalgo tritt Mexiko die Gebiete Kalifornien, Nevada, Utah, Arizona und Neu Mexiko an die USA ab, die dafür 15 Mio. Dollar zahlen.

1849 Errichtung eines Büros für indianische Angelegenheiten im Innenministerium in Washington D.C.

Ansturm der Goldsucher aus allen Ländern, die „Fortyniners" genannt (im Lied „Clementine" bedacht).

9. Sept.	Kalifornien (31. Staat).
1850	Kansas und Nebraska als zwei neue Territorien. – Erster Tunnel.
1850	Linden-Museum, Stuttgart: Errichtung einer Amerika-Abteilung (Grundlage war die Sammlung des Prinzen Max zu Wied – Erste Reise 1822–1824 nach dem nördlichen Amerika).
1851	Vertrag von Fort Laramie.
1856	Silberfieber in Nevada, berühmte „Comstock Lode“ bei Virginia City.
1859	Pullman-Wagen (George Mortimer Pullman). Oregon als 33. Staat.
1860	Pre-emption Bill stellt den Siedlern in den westlichen Territorien kostenlos Land zur Verfügung.
	Erster Pony-Expreß auf dem Wege von St. Joseph (Missouri) nach Sacramento (Kalifornien) – Reisedauer 3. April bis 13. April.
	Demokratischer Nationalkonvent in Charleston teilt sich wegen der Sklavenfrage.
	Bevölkerungszahl 31 Mio.
	Spencersches Repetiergewehr.
	Abraham Lincoln, Präsident (6. Nov.).
	South Carolina verläßt die Union (20. Dez.)
1861	Konföderations-Kongreß der Südstaaten in Montgomery (Alabama) konstituiert sich – Jefferson Davis, Präsident.
	Konföderierte eröffnen Feuer auf Fort Sumter (12. April), kapituliert am 14. April.
	Erste Schlacht von Bull Run; Unions-Armee wird von General Lee geschlagen.
	Telegraphenleitung zwischen St. Louis und San Francisco.
	US-Banken stellen Goldhandel ein (30. Dez.).

1862 General Grant besiegt die Konföderierten bei Shiloh (6. April).

Homestead Act, das den Siedlern das Recht auf Erwerb von 160 Acres zum Preis von 1.25 Dollar je Acre gewährt (20. Mai). Innerhalb von sechs Monaten mußte man mit dem Bau einer festen Unterkunft begonnen haben. Weiterhin mußte man fünf Jahre lang domizilieren. Danach konnte der Siedler unter Hinzuziehen von zwei Zeugen amtlich sein Land bestätigen lassen.

Bau der Central Pacific Eisenbahn (10. Juli).

Niederlage der Unions-Armee bei Bull Run (30. Aug.).

Sieg der Unions-Armee bei Antietam (17. Sept.).

Schwere Niederlage der Unions-Armee bei Fredericksburg (13. Dez.).

Erneute Niederlage der Unions-Armee, geführt von General Sherman, bei Chickasaw Bayou (29. Dez.).

1863 Sklaven erhalten ihre Freiheit (1. Jan.).

Sieg der Konföderierten bei Chancellorsville (2.–4. Mai).

Niederlage der Konföderierten bei Gettysburg (1.–3. Juli), Wendepunkt des Bürgerkriegs zugunsten der Union.

Erneute Niederlage der Konföderierten bei Vicksburg (4. Juli).

Konföderierte unterliegen bei Chattanooga (24.–25. Nov.).

Präsident Lincoln bietet den Konföderierten Amnestie an (8. Dez.).

1864 Abraham Lincoln wird erneut gewählt (8. Nov.).

Nevada (36. Staat).
General Sherman der Unions-Armee nimmt Savannah ein (21. Dez.).

1865 General Lee (Konföderation) kapituliert vor General Grant (Union) bei Appomatox – Ende des Bürgerkrieges (9. April).
Ermordung Präsident Lincolns (14. April).
Abschaffung der Sklaverei nach 13. Verfassungsänderung zur Sklavenfrage (18. Dez.).

1866 Gleiche Rechte für alle US-Staatsbürger mit Ausnahme der Indianer (1. April).

1867 Kauf von Alaska für 7,2 Mio. Dollar (30. März).
Hinrichtung von Kaiser Maximilian in Mexiko (19. Juni).
Gründung der „Pullman's Palace Car Company" (Speisewagen).

1868 Vertrag von Fort Laramie: Gründung der „Great Sioux Reservation" (heutige South Dakota einschl. Black Hills).

1868 Erster indianischer Überfall auf einen Eisenbahnzug (22. Mai).
Bildung des Territoriums Wyoming aus Gebieten von Dakota, Utah und Idaho (25. Juli).
Ulysses Grant, Präsident (3. Nov.).

1869 Eröffnung der ersten transkontinentalen Eisenbahnstrecke – Union Pacific und Central Pacific treffen sich bei Promontory Point am Nordrand vom Salzsee (10. Mai).
Schwarzer Freitag an der Börse (24. Sept.).

1870 Gründung der Standard Oil Company durch John D. Rockefeller (10. Jan.).
Geistertanz von Tävibo, einem Paviotso-Indianer in Nevada aufgrund einer Vision, wonach die Toten zur Erde zurückkehren und alles

wieder so werden würde, wie es vor der Zeit der Weißen war.

1871 Theodore Dreiser (–1945).

1872 Gründung des Yellowstone Nationalparks (1. März).
Abschaffung der Bundeseinkommensteuer.

1873 Schließung der New Yorker Börse für zehn Tage (20. Sept.).

1874 Präsentation des Telefons (Alexander Graham Bell).

1875 Erscheinen des ersten Bandes: Geschichte des westlichen Teils Nordamerikas von H. H. Bancroft (1832–1918).

1876 Aufnahme Colorados als 38. Staat (1. Aug.).
Jack London (–1916).

1877 Beendigung des Eisenbahnerstreiks durch Einsatz von Militär (21.–27. Juli).

1878 Ausbruch des Gelbfiebers in New Orleans – über viertausend Tote (12. Juli).
Keine freien Indianer mehr im ganzen Plains- und Präriebereich. Mit der Vernichtung der letzten Bisonherden fehlte es an der Grundlage und der Voraussetzung der eigenständigen Kultur insbesondere der Plains-Indianer.

1883 Entscheidung des Obersten Gerichtshofes, daß die Indianer keine US-Staatsbürger werden können (3. Nov.).

1885 Grover Cleveland, erster demokratischer Präsident (4. März).
Sinclair Lewis (–1951).

1886 Errichtung der Liberty-Statue auf Bedloe's Insel.
Gründung des Gewerkschaftsbundes (8. Dez.).

1887 Treffen der Bürgerkriegsteilnehmer (2.–4. Juli).

Allotment Act konfisziert rund 62 Prozent des Grundbesitzes der Indianer.

1888 Thomas Stearns Eliot (–1965).
Eugene O'Neill (–1953).

1889 Oklahoma im Besitz der Indianer wird zum Siedlungsgebiet der Weißen erklärt (23. März).
North Dakota (39. Staat), South Dakota (40. Staat), Montana (41. Staat) und Washington (42. Staat) – (1.–11. Nov.).

1890 Einwohnerzahl 62 Mio.
Idaho (43. Staat) und Wyoming (44. Staat) – (3.–10. Juli).
Massaker von Wounded Knee, Symbol der Unterdrückung der Indianer.

1892 Edna St. Vincent Millay (–1950).

1896 Utah (45. Staat).
Stephen Vincent Benét (–1943).
F. Scott Fitzgerald (–1940).

1897 William Faulkner (–1962).

1898 Annexion von Hawaii.
Ernest Hemingway (–1961).

1907 Oklahoma (46. Staat).

1912 Aufnahmen von New Mexico als 47. und von Arizona als 48. Staat.

1924 Volle Gleichberechtigung der Indianer und zugleich US-Staatsbürger.

1959 Alaska (49. Staat), Hawaii (50. Staat).

1968 Das Recht der „ersten Amerikaner", Indianer zu bleiben, müsse unangetastet bleiben.

1973 Besetzung der Ortschaft Wounded Knee in South Dakota durch die AIM (American Indian Movement) mit einem 20-Punkte-Programm wie z. B. die Einhaltung des Vertrages von 1868 (Fort Laramie).

1975 „Indian Self-Determination and Education Assistance Act“: Eigenverantwortung für Schulerziehung, Förderung von Sprachen und Erhaltung von Kulturen.

1978 „Indian Religious Freedom Act“ soll traditionelle religiöse Glaubensvorstellungen und Riten der Indianer schützen und erhalten, z. B. Ausübung des Sonnentanzes.

1983 Entscheidung des Obersten Gerichtshofes gegen die Paiute (Ableitung der Frischwasserzufuhr des Truckee Rivers zum Pyramid Lake, Überbleibsel des eiszeitlichen Lake Lahontan): Verweigerung eines indianischen Wasserrechts zugunsten der Reservate.

1986 Am 20. 1. 1986 wurde in den USA zum ersten Mal der Martin-Luther-King-Tag begangen. Der Kongreß hat den dritten Montag im Januar jeden Jahres zum Feiertag erklärt. Am 15. 1. 1929 in Atlanta geboren, am 4. April 1968 ermordet. Inschrift auf seinem Grabmal „im Stadtviertel Sweet Auburn“ von Atlanta: „Free at last. Free at last. Thank God Almighty. I'm free at last.“

100. Geburtstag der restaurierten Freiheitsstatue mit der Inschrift: „Freiheit, die die Welt erleuchtet“. Frankreich schenkte die symbolische Statue zum hundertsten Geburtstag der Vereinigten Staaten. Am 19. Juni 1885 traf das Geschenk in zweihundert Seekisten im New Yorker Hafen ein. Die Statue hat der Bildhauer Frédéric Auguste Bartholdi aus Colmar geschaffen, für deren Gesicht seine Mutter und für deren Körper seine Frau Modell standen.

BEILAGEN

Die Erde liebt uns,
Sie freut sich, wenn sie uns singen hört!
Sie versorgt uns mit Nahrung.

Blackfeet

Unsere Religion besteht aus den Überlieferungen unserer Vorväter, aus den Träumen unserer alten Männer, die der Große Geist ihnen sendet, und aus den Visionen unserer Sachems. Sie ist niedergeschrieben in den Herzen unseres Volkes.
Jedes Stück dieser Erde ist meinem Volke heilig.

Häuptling Seattle

Du forderst mich auf, den Boden zu pflügen. Soll ich ein Messer nehmen und die Brust meiner Mutter zerfleischen? Wenn ich sterbe, wird sie sich weigern, mich an ihrer Brust ausruhen zu lassen. Du forderst mich auf, nach Steinen zu graben. Soll ich unter ihrer Haut nach ihren Knochen wühlen? Wenn ich sterbe, kann ich nicht in ihren Leib zurückgehen, um wiedergeboren zu werden. Du forderst mich auf, Gras zu mähen, Heu zu machen und es zu verkaufen, um reich zu werden wie die Weißen. Doch wie kann ich es wagen, meiner Mutter Haare abzuschneiden?

Häuptling Smohalla

Pionierfrauen

In den Anfängen der Siedlerzeit... wurde das Sode-Haus in den Great Plains, wo es fruchtbaren Boden für Ackerbau und reichlich Gras für Viehzucht gab, zur einzigen Möglichkeit der Unterkunft... Erst steckte man ein Rechteck möglichst ebenen Landes ab. Nachdem diese Stelle vom Gras befreit war, wurde sie mit dem Spaten geglättet und festgeklopft... Dann begann die mühsame Arbeit des Sode-Stechens. Ochsen wurden vor einen speziellen Pflug oder Sode-Schneider gespannt und damit lange Streifen der Grasnarbe abgetrennt. Dann zerteilte man mit einem scharfen Spaten die Streifen in einzelne Blöcke. Diese „Bausteine" wogen pro Stück an die 25 kg und waren 60 cm lang, 30 cm breit und ca. 10 cm hoch. Sie wurden auf den Wagen der Familie geladen und bis dicht an den Bauplatz herangefahren... Schicht um Schicht mit der Grasseite nach unten zu etwa 60 cm dicken Wänden aufgetürmt... Fugen und Risse wurden mit Lehm oder Erde ausgebessert. Für die Fenster und Türen setzte man hölzerne Rahmen ein und baute die Sode-Blöcke sorgfältig darum herum... Gedeckt wurde das Haus mit einem einfachen Gestell aus Pappelholzpfählen, auf das man Weidengestrüpp und darüber Streifen von Grasnarbe legte. Für ein normales, einräumiges Sode-Haus von ca. fünf mal sieben Meter benötigte man über vier Quadratkilometer Grasnarbe, und das Ganze wog über 80 Tonnen.

Die dicken Wände schützten und isolierten gut. Während der heißen Sommermonate war es im Haus angenehm frisch wie in einem Keller, und im Winter, wenn die Temperaturen weit unter null Grad sanken und Stürme tobten, bot es ausreichende Wärme. Außerdem war solch ein Sode-Haus feuersicher und überstand auch Präriefeuer und Brandpfeile der Indianer (J. L. Stratton, Durch die Wildnis zu den Sternen, S. 66).

Von der Begegnung mit Indianern schreibt sie: „Von ihrer Natur her waren die Indianer der meisten Prärie-stämme ein freundliches und geselliges Volk, und zur großen Verblüffung der argwöhnischen Pioniere standen sie häufig vor der Haustür. Unvertraut mit den Förmlichkeiten der weißen Gesellschaft betraten sie ungehemmt jedes Heim... Es war ein warmer Tag, die Fenster standen offen, und ich kämmte gerade mein Haar. Damals war mein Haar sehr lang, dicht und glatt. Und wie ich so mit dem Kamm hindurchfuhr und in den Spiegel sah, der sich genau gegenüber dem Fenster befand, sah ich darin zwei große Indianer, einer war schon hereingeklettert und der zweite schwang gerade sein Bein über den Fenstersims. Ich dachte natürlich, sie wären auf meinen Skalp aus, und ich schrie und stürzte zur Tür hinaus und rannte dabei fast Col. Holliday um... Der Colonel ging in das Zimmer und fand die beiden Indianer, die herzlich lachten und sagten: ‚Squaw viel Skalp', und er zeigte mit beiden Armen die Länge meines Haares und fügte hinzu: ‚Sehen, sehen, viel Haar'" (S. 145).

„Zu Beginn war das Heim der Familie nur der Wagen oder ein ähnlicher vorübergehender Schutz." J. L. Stratton

„Stellen Sie sich vor, wenn es Ihnen überhaupt gelingt, wie diese Pionierfrauen plötzlich aus ihren gemütlichen Häusern in den Oststaaten in diese kahle, baumlose, windgepeitschte und sonnenverbrannte Prärie versetzt wurden, wo es keine Annehmlichkeiten gab, ja nicht einmal ein vertrautes Gesicht." L. A. Opdyke

„Für weinerliche Leute boten sich viele Gelegenheiten, den Tränen freien Lauf zu lassen. Tage und manchmal sogar Monate waren ohne menschliche Gesellschaft, Schneestürme brachen über uns herein, Dürreperioden zerstörten die Felder... und viele schwere Entbehrungen mußten erduldet werden, doch für den tapferen, fröhlichen und entschlossenen Pionier gab es auch einige Entschädigungen." L. Fuhr

„Glauben Sie nur nicht, daß unsere ganze Zeit und alle unsere Gedanken mit den Problemen des Überlebens beschäftigt waren. Wir waren gesellige Menschen. Nie warteten wir aufs Vorstellen oder auf eine Einladung, um die Nachbarn zu besuchen. An jedem Tag oder an jedem Abend konnte ein Wagen mit Nachbarn vor der Tür halten, und die Leute stellten sich dann selber vor. Und sie blieben mindestens den Tag über und meistens sogar die Nacht. Alle unsere Häuser waren klein, aber sie hatten die wunderbare Eigenschaft, größer zu werden, und ich habe nie gehört, daß jemand abgewiesen wurde, weil nicht genug Platz da war." M. Lyon

Die Texte geben Zeugnis von dem unglaublichen Mut der Frauen. „Dieses bemerkenswerte Buch", so A. M. Schlesinger jr. über J. L. Stratton, „ist das Produkt solcher über die Jahre entstandener Zeugnisse."

Bruchstücke aus einer Reisebeschreibung von John C. Frémont

1813 wurde John Charles Frémont in Savannah, Georgia, geboren. Mit seiner Mutter, die aus einer einflußreichen Familie der Südstaaten stammte, verbrachte er seine Jugend in Charleston, South Carolina. Der redegewandte, intelligente Frémont fand seinen Mentor in Joel Poinsett, Botschafter der Vereinigten Staaten in Mexico und 1837 Kriegsminister in der Regierung von Präsident van Buren. Poinsett gründete mit anderen einflußreichen Persönlichkeiten das Topographical Corps der Armee am 5. Juli 1838. Das Corps rekrutierte sich aus Offizieren, die nachstehende Anforderungen zu erfüllen hatten: Ausbildung in West Point, Aufrechterhaltung von Kontakten zu den führenden Naturwissenschaftlern und Studium der Vermessungstechniken und Geographie. Die Mitglieder des Corps begriffen sich als eine Eliteeinheit innerhalb der Armee. Obwohl Frémont kein Offizier war, erlernte er früh die Tätigkeit als Landvermesser und Kartograph in der Region des Mississippi und Missouri. Mit Poinsett verband ihn die Idee, daß das Land westlich des Flusses der Flüsse – die Indianer nannten ihn Vater der Wasser, Maesi Sipu – zu besiedeln sei. Zu den weiteren Förderern gehörte der Senator von Missouri, Thomas Hart Benton, nachdem Frémont seine Tochter Jessie 1841 heimlich geheiratet hatte. Benton verschaffte ihm die Leitung der Expedition, die am 10. Juni 1842 mit dem deutschen Kartographen Karl Preuß, der 1803 im Fürstentum Waldeck geboren wurde und 1830 nach Amerika auswanderte, dem französischen Trapper und Pelzhändler Pierre Chouteau und dem berühmten Führer Kit Carson in St. Louis aufbrach. Der Weg führte über den South Pass, über den später die Siedler mit ihren ochsengezogenen Planwagen rollten, und dann bis zum Fluß Sweetwater. „Fern im Norden", so berichtet Frémont, „konnten wir noch die Trois-Tetons (drei Brüste), an denen sich die Quellen des Missouri und des einen Armes des Columbia-Flusses befinden, erkennen" (S. 49). Die kartographische Ausbeute seiner Expedition war gering. Es war lediglich das Gebiet zwischen Fort Laramie und dem Wind-River-Gebirge erforscht worden. Doch mit dem Ergebnis war man zufrieden. Frémont wurde überall begeistert empfangen, schwamm er doch auf der Woge des Enthusiasmus für die Besiedlung des weiten Westens.

Für seine zweite Expedition im Jahre 1843 gewann er als Führer den Mountain Man Tom „Broken Hand" Fitzpatrick. Karl Preuß sowie später Kit Carson waren ebenfalls wieder dabei. Die Route führte zunächst nach Colorado, dann zu den Black Mountains in Arizona, zu den Bow Mountains in Colorado, zum Sweetwater, zum Großen Salzsee, nach Idaho, zur „Niederlassung des Missionars Dr. Whitman, die für jetzt nur aus einem Gebäude von ungebrannten Backsteinen bestand" (S. 89), zum Nez-Percé-Fort, zum Columbia und The Dalles, zum Kaskaden-Gebirge, zum Pyramid Lake, zum Sacramento, Fort Sutter, zum Tal des San Joaquin und dann über die Sierra Nevada auf dem alten Spanish Trail nach Santa Fé. Am 6. August 1844 erreichte Frémont wieder St. Louis. Er wurde als der bedeutendste Forschungsreisende nach Lewis und Clark gefeiert. Er bahnte den Weg für die Besiedlung des Westens.

Frémont führte noch weitere Reisen durch, war Präsidentschaftskandidat der Republikaner (einer seiner Gegenkandidaten war Abraham Lincoln) 1856 und unterlag dem Demokraten Buchanan. Zu seinem Nachteil wirkten sich aus: seine uneheliche Abkunft, seine Zugehörigkeit zur katholischen Kirche und seine offene Gegnerschaft zur Sklaverei. Im Bürgerkrieg General, danach für kurze Zeit erfolgloser Geschäftsmann und von 1878 bis 1883 Gouverneur des Territoriums Arizona. Es folgte die Niederschrift seiner Memoiren, die ihm aber kein Geld einbrachten. Einsam starb er in Manhattan am 13. Juli 1890.

„Indianer und Büffel bilden die Poesie und das Leben der Prärie."
J. C. Frémont

Aus seinem Reisetagebuch: „2. März 1844... Preuß war dem Flusse abwärts vorausgegangen und kehrte abends nicht zurück. Wir folgten am anderen Morgen, dem 3. März, seiner Spur und fanden die Stelle, wo er übernachtet hatte. Wir riefen und feuerten unsere Gewehre ab, ohne eine Antwort zu erhalten... Als wir am folgenden Tag den Fluß weiter abwärts gingen, trafen wir in einem Grunde drei indianische Weiber und umringten sie, ehe sie entfliehen konnten. Sie hatten große kegelförmige Körbe, welche sie eben mit einer schmalblätterigen Pflanze (erodium cicutarium), einer Art Storchschnabel, zu füllen im Begriffe waren. Sie erhoben kein Klagegeschrei, sondern sprachen zu uns mit flüsternder Stimme und boten uns jene Pflanzen in kleineren Körben dar, indem sie dieselbe als eßbar bezeichneten und durch Gebärden andeuteten, daß man sie auch kochen könne... Wir lagerten abends nahe dem Flusse und zündeten unser Feuer neben einigen großen Granitmassen an, die unter den Bäumen lagen. Etwas später hörten wir einen schwachen Ruf aus den Bergen hinter uns, und bald hatten wir die große Freude, Preuß bei uns begrüßen zu können.

Mit uns um das Feuer gelagert, erzählte er uns seine Abenteuer. Da er gewußt, daß wir uns möglichst in der

Nähe des Flusses halten wollten, hatte er, ohne die Besorgnis uns zu verlieren, denselben verlassen, um eine Fernsicht zu gewinnen. Als er bei Sonnenuntergang vergebens am Flusse unsere Spur gesucht hatte, ging er rückwärts in der Erwartung, uns da zu finden. Die Nacht brach herein, und ganz ermüdet zündete er sich zwischen den Felsen ein Feuer von Treibholz an. Den folgenden Tag stieg seine Unruhe, und er mußte die Nacht wieder allein zubringen. Noch weiter rückwärts zu gehen, würde in seinem schwachen und verhungerten Zustande Torheit gewesen sein; er eilte daher nun abwärts, in der Hoffnung, bald in das Tal zu gelangen. Einige Wurzeln, von der Gattung, welche die Jäger süße Zwiebeln nennen, und die viel Nahrungsstoff enthalten, waren in diesen Tagen fast seine einzige Speise. Mit vieler Anstrengung grub er sie mit seinem Taschenmesser aus der Erde. Als er nach diesen suchte, fand er einen großen Ameisenhaufen. Er ließ diese Tierchen sich in die Hand laufen, und streifte sie dann in seinen Mund. Am schmerzlichsten vermißte er seinen Tabak. Er versuchte statt dessen dürre Blätter von der immergrünen Eiche zu rauchen, aber sie waren zu harsch und wollten nicht brennen. In Wasserpfützen fing er kleine Frösche und verschluckte sie in der Hoffnung, sich dadurch zu stärken. Längs des Flusses fand er einzelne Feuerplätze, an denen die Indianer Muscheln und Eicheln geröstet hatten, aber vergeblich hoffte er unter den Schalen noch etwas Eßbares zu finden. Für die nächste Nacht hatte er sich eben Brennholz gesammelt, als er das Bellen zweier Hunde zu hören glaubte. Er ging darauf zu, in der Erwartung, einige indianische Hütten zu finden, stieß aber statt deren auf zwei Wölfe, die dieses Geheul erhoben hatten. Am anderen Tag fand er in den früher erwähnten Hütten gegen sechs Indianer, von denen einige sich schwarz malten, andere Eicheln rösteten. Sie teilten ihm von denselben mit und nahmen ihn freundlich auf. Als er aber einem die Hand reichen wollte, sprang dieser zurück und schien diese Begrüßung nicht zu verstehen. Am 5. fand er morgens noch unser brennendes Feuer und die Spuren unserer Pferde. Dieser Anblick gab ihm Mut und Kraft, uns bis abends zu erreichen. Am 6. zogen wir weiter durch dieses unbeschreiblich schöne Land, das unsern Tieren die köstlichste Weide darbot. Unsere Pferde waren so kräftig geworden, daß sie uns wieder tragen konnten, und wir schritten rasch vorwärts, indem abwechselnd je vier eine Stunde ritten. Sehr häufig trafen wir auf kleine Rudel Wild; doch uns verlangte so sehr, die Niederlassung zu erreichen, daß wir nur im Vorbeigehen auf dasselbe schossen. Bald erreichten wir einen anderen Flußarm, der von Norden kam und von gleicher Größe war. Beide bildeten vereint einen schönen Strom von 60 bis 100 Ellen Breite, den wir anfangs für den Sacramento hielten... Wir kamen zu einem indianischen Dorf. Einige der Bewohner trugen gewebte Hemden; wir konnten sie nicht verstehen, und sie schienen ganz erstaunt über unseren Anblick. In wachsender Ungeduld eilten wir vorwärts. Das Tal war in bunte Blumen gekleidet, die Ufer oft ganz goldig von dem californischen Mohn (eschscholtzia crocea), und zwischen sonnigen Stellen warfen die Eichen ihre breiten Schatten. Allmählich stiegen wir in ein breites Tal hinab und gelangten unerwartet zu einem andern, noch ansehnlicheren indianischen Dorfe, in dem die Leute ein reinliches Aussehen hatten und Hemden und andere Kleidungsstücke von Baumwolle trugen. Sie drängten sich sogleich um uns, und zu unserer großen Freude trat ein gutgekleideter Indianer heran, der uns in fließendem Spanisch anredete. Er sagte uns, daß wir uns am Rio de los Americanos befänden, der 10 M. weiter unten sich mit dem Sacramento vereinige; auch erzählte er uns, daß er ein vaquero

(Kuhhirt) im Dienste des Capitain Sutter sei, und daß die Leute hier für denselben arbeiteten. Derselbe sei ein sehr reicher Mann und stets erfreut, Landsleute zu treffen. Gerade über dem Berge vor uns liege seine Wohnung; und er erbot sich, uns dahin zu geleiten. Bald wurden wir des Forts ansichtig, und schon vor demselben begegneten wir dessen Besitzer, der uns auf das Herzlichste aufnahm. Unter seinem gastlichen Dache brachten wir eine ruhige, erquickende Nacht zu, deren Wert niemand mehr schätzen konnte als wir" (Capitain J. C. Frémont, Reise nach dem Felsengebirge im Jahre 1842 und nach dem Oregongebiet und Nord-Californien in den Jahren 1843 und 1844, Leipzig 1848, Verlag von August Weichardt – reprographischer Nachdruck der Originalausgabe durch den Verlag für Amerikanistik Dietmar Kügler, Wyk auf Föhr, 1985, S. 141 f.).

Johann Jakob Astor

17.7.1763	Am 17. Juli wird Johann Jakob (John Jacob) Astor in Walldorf bei Heidelberg geboren.
24.3.1784	Ankunft in New York.
19.9.1785	Verheiratung mit Sarah Todd in New York, die 300 Dollar als Mitgift in die Ehe einbrachte. Durch diese Heirat Verbindungen zu einflußreichen Familien in New York.
22.5.1786	Eröffnung einer Musikalien-Handlung.
28.10.1788	Erster Verkauf von Pelzen.
18.5.1789	Die ersten Grundstückskäufe werden getätigt.
17.11.1794	Reise nach Europa.

29.4.1800 Aufnahme von Handelsbeziehungen mit China.

25.5.1804 Eigner des Schiffes „Severn“.

6.4.1808 Gründung der „American Fur Company“, an der er bis 1834 beteiligt war.

17.7.1808 Schreiben des Präsidenten Jefferson an Meriwether Lewis, nach Rückkehr der erfolgreichen Expedition Lewis-Clark zum Gouverneur des Territoriums Missouri ernannt, worin mitgeteilt wird, daß J. J. Astor eine „Amerikanische Pelzhandelsgesellschaft“ gegründet habe, um mit den Indianern in den Westgebieten Handel zu treiben.

Aufnahme des Studiums seines zweiten Sohnes William Backhouse Astor in Heidelberg und ab 1810 in Göttingen (sein Lehrer: Christian Karl Josias Freiherr von Bunsen; sein Freund und Kommilitone: Arthur Schopenhauer).

7.11.1809 Schreiben des russischen Generalkonsuls Daschkoff an J. J. Astor, er möge seinen Kapitän des Schiffes „Severn“ beauftragen, einen Vertrag mit Gouverneur Baranoff, Direktor der Russisch-Amerikanischen Handelsgesellschaft in New Archangel, abzuschließen, wonach der Handel an der Westküste ausschließlich von Astor und Baranoff kontrolliert werden solle.

23.6.1810 Vereinbarung zwischen J. J. Astor einerseits und Alexander McKay, Donald McKenzie, Duncan McDougall und Wilson P. Hunt und anderen andererseits über die Gründung eines Handelspostens an

	der Pazifik-Küste (Pacific Fur Company).
8.9.1810	Die „Tonquin“ unter Kapitän Jonathan Thorn verläßt New York, sichtet am 10.2.1811 Hawaii, wirft am 21. 2. die Anker im Hafen von Honolulu und erreicht am
22.3.1811	die Mündung des Columbia Rivers und segelt einige Meilen flußaufwärts.
18.5.1811	Errichtung des Forts Astor. Die Stätte wird „Astoria“ genannt.
1.6.1811	Die Tonquin ankert einige Meilen flußabwärts. Gegen den Rat von J. J. Astor läßt der Kapitän eine größere Anzahl von Indianern an Bord, tauscht Pelze gegen Messer ein. Es findet ein Gemetzel statt. Einem verwundeten Seemann soll es gelungen sein, das Pulver anzuzünden. Indianer berichten, daß das Schiff mit allen Indianern an Bord explodiert sei.
12.12.1813	Übergabe des Forts Astoria an Kapitän Black des britischen Schiffes „Raccoon“ und Umbenennung in Fort George.
8.6.1816	Aufnahme seines Sohnes William Backhouse Astor als Partner (Umfirmierung: John Jacob Astor & Son).
6.10.1818	Rückgabe des Forts Astoria (vormals Fort George) an die Vereinigten Staaten.
Juni 1819–April 1834	Mehrere Aufenthalte von J. J. Astor in Europa.
4.4.1834	Rückkehr aus Europa und zwei Monate später Ausscheiden als Partner aus der American Fur Company.
1835–1848	J. J. Astor investierte über 832 000 Dollar in Grundstücke auf der Manhattan-Halbinsel gelegen.

„When Astor first trod the streets of New York, in 1784, the city was a snug, leafy place of twenty-five thousand inhabitants, situated at the extremity of the island, mostly below Cortlandt street. In 1800, when he began to have money to invest, the city had more than doubled in population, and had advanced nearly a mile up the island. Now, Astor was a shrewd calculator of the future. No reason appeared why New York should not repeat this doubling game and this mile of extension every fifteen years. He acted upon the supposition, and fell into the habit of buying lands and lots just beyond the verge of the city. One little anecdote will show the wisdom of this proceeding. He sold a lot in the vicinity of Wall Street (which he had probably purchased in 1802), about the year 1810, for 8000 dollars, which was supposed to be somewhat under its value. The purchaser, after the papers were signed, seemed disposed to chuckle over his bargain.

„Why, Mr. Astor", said he, „in a few years this lot will be worth 12000 dollars".

„Very true", replied Astor, „but now you shall see what I will do with this money. With 8000 dollars I buy 80 lots above Canal Street. By the time your lot is worth 12000 dollars, my 80 lots will be worth 80000 dollars"; which proved to be the fact (K. W. Porter, John Jacob Astor, Vol. II, S. 922).

1836	Washington Irving veröffentlicht sein dreibändiges Werk „Astoria“, das er in Astors Wohnhaus am New Yorker East River schrieb (spätere Ausgabe: G. P. Putmann's Sons, New York, 1888).
29. 3. 1848	Tod Astors in New York.
1850	Eröffnung seines Testaments, in der 5. Änderung vom 3. März 1841 vermacht er u. a. 50 000 Dollar für ein Jugend- und Altersheim in Walldorf (Johann-Jakob-Astor-Stiftung).

Literatur:

Cawles, Virginia: The Astors, Alfred A. Knopf, New York, 1979

Gates, John D.: Die Astors, Paul Neff Verlag, Wien, 1981

Haselier, Günther: USA und Baden-Württemberg in ihren geschichtlichen Beziehungen, Staatl. Archiv Baden-Württemberg, 1976

Porter, Kenneth Wiggins: John Jacob Astor, New York/ Russel & Russel, 2 Bd., 1966

Winkler, Konrad: Walldorf, Verlag der Stadt Walldorf, 1969

226 H

THE NEW YORK HERALD.

Whole No. 5059. NEW YORK, WEDNESDAY MORNING, APRIL 5, 1848. Price Two Cents.

5th—I give to my friend, Fitz Greene Halleck, *an annuity of two hundred dollars*, commencing at my decease, and payable half yearly for his life, to be secured by setting apart so much of my personal estate as may be necessary; which I intend as a mark of my regard for Mr. Halleck.

6th—I direct my executors to apply *fifty thousand dollars* to the use of the *poor of Waldorp*, near Heidelberg, in the Grand Duchy of Baden, by the establishment of some provision for the sick or disabled, or the education and improvement of the young who may be in a condition to need the aid of such fund; requesting my executors to consult on this subject my esteemed friend, Mr. Vincent Rumpff, and to procure the appointment or establishment of such trust or legal body, from the authorities and government of the place, as may be requisite or deemed useful by my executors.

7th—I *reduce* the legacy bequeathed to the *German Society* of New York, from *twenty-five thousand dollars* to *twenty thousand dollars*, of which I have already advanced them fifteen thousand six hundred and ninety-seven dollars fity cents, to be deducted, therefor, from the said last mentioned sum. Also, *I reduce* the legacy which my niece, Mrs. Mary Reynell, wife of George Reynell, would have taken under the first codicil to my will, to *fifteen thousand dollars*. *I reduce the legacy* of my niece Mrs. Sarah Oxenham, given in the said codicil, from thirty thousand to *twenty thousand dollars*.

8th—I appoint my grandson, John Jacob Astor, to be an executor of my will, with the other executors thereof, in the same manner as if he had been named therein: And I give him all such estate, interest, authority, trust and power, as is given to my other executors. And I apply the provisions of the eleventh item of my will to all my codicils, so far as the same can be applied to the subjects thereof.

Last—I recognize and publish anew the said will and several codicils, as together with this codicil, forming my last will and testament.

In witness whereof, I have hereunto set my hand and seal, this third day of March, in the year of our Lord, one thousand eight hundred and forty-one, in the presence of the witnesses subscribing with me

J. J. ASTOR. [L. S.]

SIXTH CODICIL.

A further codicil to the will of John Jacob Astor, dated July 4, 1836

1st—As to all such shares, estate, and interest in land (except the lot on the west side of Lafayette place, mentioned beneath) as are in my will or in any codicil thereto, given on my decease to Louisa, daughter of Mrs. Dorothea Langdon, or to the issue of the said Louisa, I give one half thereof to the other children of my daughter Dorothea, to be taken and held as an increase of the shares or sums given to them and their issue in the same property; the other half I give to my executors in trust, to receive the rents, issues and profits thereof, for the life of the said Louisa, and to apply the same to her use, clear of any control, debts, or right of her husband thereto; and after her death, I give the same to her surviving children; or if she leave none, to her surviving brothers and sisters or their issue.

2d—As to all estates, rights and interests in lands, stocks, personal effects, or money, to which the said Louisa or her issue would have been entitled, under my will or any codicil thereto, after the death of her mother, brothers or sisters, I give the same to her brothers and sisters and their issue, as an increase of their respective shares or interests, in the same property.

3d—As to the two legacies of twenty-five thousand dollars each, and the share of the water stock, to which the said Louisa would have been entitled under my will and a codicil thereto, I revoke the two legacies entirely; I give the income of her share of stock to my daughter Dorothea for life; and on her death, I give the capital to her other children and their issue in case of their decease.

4th—As to the lot on the westerly side of Lafayette place, given to the said Louisa in a codicil to my will, I give the same to Cecelia Langdon, to be had and holden as if her name had been written in the devise thereof, instead of Louisa, with every advantage, power and benefit, and subject to every condition, power and limitation therein contained.

5th—I expressly authorise my daughter Dorothea Langdon, by deed or will, to appoint and give to the said Louisa and her issue, or to her or their use, any part, not exceeding in value one half of the real or personal estate by this codicil taken from Louisa and given to others.

6th—I direct and devise that Charles Bristed be one of the trustees of the devise and legacy for a public library, provided for in former codicils to my will, and I give him the same estate, interest and power, as if he were originally named in such devise and legacy.

7th.—Considering the advantages which Mr. Vincent Rumpff has received from the marriage settlement of my daughter, I revoke the devise to him, for his life, of my estate near Geneva. But if an accounting shall take place between us touching the property in the said settlement after this date, and within two years, and the balance of that acconnt shall be paid, then I renew such devise to him for life of the estate near Geneva.

In relation to the same estate which I give to the said Cecelia, subject to said life estate to Mr. Rumpff, I furthermore devise that if she shall depart this life before attaining the age of twenty-one years, then I give the said estate to to her issue surviving her; and if she shall have none surviving, then I give the same to her surviving brothers and sisters and their heirs and assigns forever.

Last—I publish this as a codicil to my will, and as altering and revoking the same and the codicils thereto, so far as a different disposition is made by the present codicil.

In witness whereof, I have hereunto set my hand and seal, this third day of June, in the year of our Lord one thousand eight hundred and forty-one.

J. J. ASTOR. [L. S.]

SEVENTH CODICIL.

I, John Jacob Astor, of the city of N[illegible]

Auszug aus dem
Testament des
J. J. Astor

Abb. 57: John Jacob Astor, um das Jahr 1824

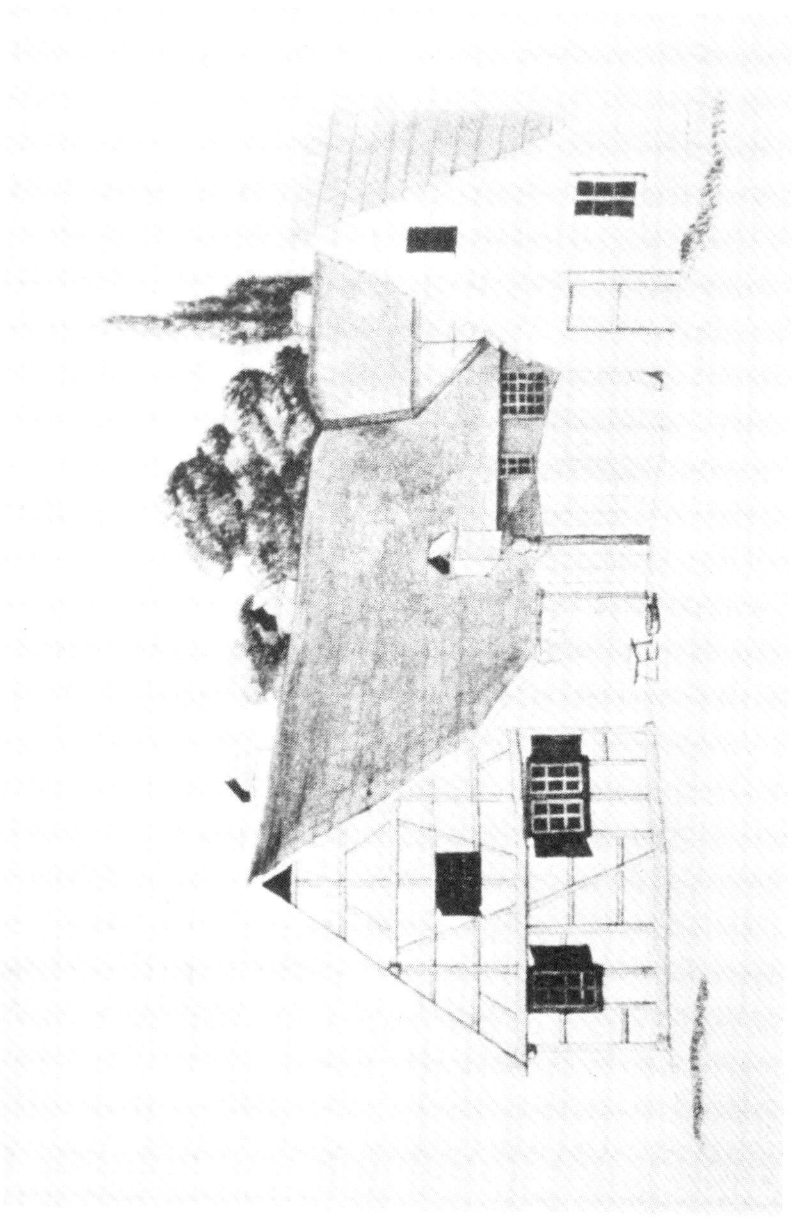

Abb. 58: Astors Geburtshaus in Walldorf, Deutschland

Abb. 59: Haus der Walldorfer Johann-Jacob-Astor-Stiftung

Abb. 60: Astoria im Jahr 1813

Astoria – Walldorf, eine Städtepartnerschaft

In der Festschrift zur 1200-Jahr-Feier der Stadt Walldorf (770–1970) heißt es:

„Im Jahre 1962 bereitete die Stadt Walldorf die Festlichkeiten aus Anlaß des 200. Geburtstages von Johann Jakob Astor vor. Es sollte des Mannes gedacht werden, der, am 17. Juli 1763 geboren, den Namen seiner Geburtsstadt in der ganzen Welt bekannt machte. Dabei lag nahe, aus diesem Anlaß auch Kontakt aufzunehmen zu der Stadt, die Johann Jakob Astor 1811 gründen ließ, nämlich Astoria im Staate Oregon, USA.

Die Initiative hierzu ergriff... Walter Vorfelder als Bürgermeisterstellvertreter. Er setzte sich mit der Stadtverwaltung von Astoria in Verbindung, und am 15.1.1963 schrieb der City Manager von Astoria, Mr. William H. Cunningham, dem Bürgermeister der Stadt Walldorf, daß die Kontaktaufnahme begrüßt werde...

Als die Stadt Walldorf am 24.4.1963 eine Anfrage des deutschen Konsulats in Seattle erreichte, ob sie bereit sei, im Rahmen des People-to-people-Programms eine Partnerschaft mit der Stadt Astoria einzugehen, und als auch das Auswärtige Amt in Bonn wissen ließ, daß ein derartiger Schritt begrüßt würde, hielt Walldorf es für selbstverständlich, alles für eine Städtepartnerschaft mit Astoria vorzubereiten.

Der Einladung zu den Feierlichkeiten der Astor-Gedenkwoche nach Walldorf folgten Bürgermeister Harry M. Steinbock mit Gattin sowie Stadtrat Frank M. Thorsness mit Gattin aus Astoria. Die Festwoche begann am 17. Juli und endete am 23. Juli 1963. Weitere Ehrengäste waren Lord Gavin Astor (London), der damalige Ministerpräsident von Baden-Württemberg Kurt Georg

Kiesinger, Konsul Elbert R. Williams, General William A. Harris, Landrat Georg Steinbrenner sowie zahlreiche weitere Persönlichkeiten“... (S. 22f., Verf. Gerhard Vorfelder, Stadtrat; Albert Weisbrod, Stadtrat, und Wilhelm Willinger, Bürgermeister).

Die ersten Siedler aus dem Raum Xanten – Amsterdam

In der Zeitung Los Angeles Times vom 19. April 1984 (wiederum veröffentlicht in The Van Zandt Record Vol. X No. 2, Juni 1985, Herausgeber: Muriel Van Zandt Lichtenwalner, 1929 East High Street, Pottstown, PA 19464, ein Mitteilungsblatt der „Van Zandt Society“) heißt es:

> “America’s first settlers in New Amsterdam were sturdy, practical folks, but they also were as wild a crew as any that ever landed on these shores. They looked upon the Puritans of New England as ‘parson-ridden snivelers with no appreciation for rum or a bawdy song...’ according to George R. Stewart in ‘Family Names’ by Dr. J. N. Hook.
>
> Lower Rhinish blood in American families frequently can be traced to those first settlements on Manhattan Island and in Albany, N.Y. Many arrived between 1624–1625 and around 1650.
>
> The economic depression in The Netherlands about 1815 and poor potato harvests in 1845–1846 compelled more Dutch people to immigrate to America. While many of the 19th-Century immigrants settled in Michigan and IOWA, the older and larger Dutch

settlements were in Upstate New York, Pennsylvania, and New Jersey.

Lower Rhinish people were unique in two ways: First they never had to begin at the bottom of the economic ladder in America as did most other non-English immigrants; and second, they sent their girls to school in New Amsterdam. The men knew their women were as likely to have good business sense as themselves. The wives often managed the shop while their husbands worked elsewhere – probably originating the dual-income American family.

There were no idlers in 17th-Century New Amsterdam, yet this people found time for pleasure and sports, including bowling. It was this people who brought the game to America and later altered it slightly to circumvent an English law prohibiting 'the playing of Nine Pins on the Sabbath'. Other amusements were dancing, quilting bees, apple bees, husking bees, and roof-raising bees.

The Christmas tree was adopted in New Amsterdam long before it appeared in any other American colony. Christmas and Christ-Krinkle were celebrated and honored by this people. However, Governor Peter Stuyvesant tartly refused to consent to the 'riding of the goose' at one of the annual feasts.

While New England's Puritans were expelling people who differed with their doctrine, the Lower Rhinish people accepted Huguenots, Calvinists, Roman Catholics and freethinkers – although sometimes they were reluctant to grant equal rights in all matters to Jews. At one time, 18 languages were spoken in New Amsterdam.

There would be many more Americans with Dutch surnames if the Dutch West Indies Company had not made a dire mistake in granting land in the New World to a few in very large chunks.

Dutch names frequently have prefixes of Van (of), Vander (from the) and De (the). They are affixed to place names such as Vanderbilt (from a conspicuous mound), Van Winkle (one from a little town called Winkel or one who worked in a small shop or store) and Vandenberg (from the hill).

Van Dyke (one who lived near the dike – a pretty common place in Holland), De Vries (one from Friesland), De Witt (light-complexioned person),

Van Zandt (one from Xanten),

Vandeveer (dweller near the ferry), Roosevelt (one who lived near a rose farm), Van Buren (one from the neighborhood), Van Camp (dweller in the field) and Vandergrift (dweller near the canal) are the family names still found in the United States today whose origins are from the land of Lower Rhine with the windmills."

Literaturhinweise

Adams, Ansel:
Meisterphotos: Entstehung, Technik, Gestaltung der 40 berühmtesten Bilder, Christian Verlag, München, 1984
Arnold, Sam:
Speisen und Getränke aus dem Wilden Westen, Walhalla u. Praetoria Verlag, Regensburg, 1982
Bodmer, Carl:
Katalog über seine Amerika-Bilder, hg. vom Joslyn Art Museum in Omaha und der University of Nebraska Press, 1985
Borch, Herbert von:
Amerika – Dekadenz und Größe, R. Piper & Co. Verlag, München–Zürich, 1981
Brown, Dee:
Begrabt mein Herz an der Biegung des Flusses, Droemer Knaur Verlag, 11. Aufl. 1978, © Hoffmann und Campe Verlag, Hamburg, 1972
Catlin, George:
Die Indianer Nordamerikas, Verlag Lothar Borowsky, München
Cartier, Raymond:
50 mal Amerika, Piper München–Zürich, 16. Aufl. 1983
Chamisso, Adelbert von:
Reise um die Welt, Winkler Verlag, München, 1975
Eggermont, I.:
Voyage autour du globe, Librairie Ch. Delagrave, Paris, 1892
Fawcett, Edmund, und Thomas, Tony:
Die Amerikaner heute, Scherz Verlag, München, 1983

Frémont, J. C.:
Reise nach dem Felsengebirge im Jahre 1842 und nach dem Oregongebiet und Nord-Californien in den Jahren 1843 und 1844, Verlag von A. Weichardt, Leipzig, 1848; Verlag für Amerikanistik, Wyk, 1985
Geus, Theodor:
Das Reiselesebuch Amerika. Societäts-Verlag, Frankfurt, 1983; Büffel schmeckt wie alter Hirsch, FAZ, Nr. 250 v. 27. 10. 1983; Die Stille ist so groß, daß sie Angst macht, FAZ, Nr. 130 v. 7. 6. 1984
Haeberlin, Hermann, und Gunter, Erna:
The Indians of Puget Sound, University of Washington Press, Seattle, 12. Aufl., 1980
Harms, Heinrich:
Handbuch der Geographie, bearbeitet von I. Pohl und J. Zepp, Paul List Verlag, München, Aufl. 1975
Hartmann, Horst:
Die Plains- und Prärieindianer Nordamerikas, Museum für Völkerkunde, 2. Aufl. 1979; Catlin und Möllhausen, Zwei Interpreten der Indianer und des Alten Westens, Dietrich Reimer Verlag, 1982
Hill, Ruth Beebe:
Hanta Yo, Eine Indianer-Saga, Albrecht Knaus Verlag, Hamburg, 1980
Hübner, Alexander Freiherr von:
Ein Spaziergang um die Welt, T. O. Weigel, Leipzig, 1. Bd., 2. Aufl. 1875
Johann, A. E.:
Westwärts nach Oregon, C. Bertelsmann Verlag, München, 1980
Kafka, Franz:
Amerika, Fischer Taschenbuch Verlag, 1983
La Farga, Oliver:
Indianische Liebesgeschichte (Laughing Boy), Fischer Taschenbuch Verlag, Frankfurt, 1981

Lewis und Clark:
Tagebuch einer Entdeckungsreise durch Nordamerika, Verlag Lothar Borowsky, München
Linden-Museum, Stuttgart:
Indianische Malerei in Nordamerika 1830–1970, Heft 1, 1973, v. A. Schulze-Thulin; Indianer der Prärien und Plains, Heft 2, 1976, v. A. Schulze-Thulin
Lindig, Wolfgang, und M. Münzel:
Die Indianer, Deutscher Taschenbuch-Verlag, München, 1978; 2. Aufl., 2 Bde., 1985
Miller, Henry:
Opus Pistorum, Rowohlt, 1984
Moltmann, Günter:
Amerikastudien, Deutsche Amerikaauswanderung im 19. Jahrhundert, J.B. Metzlersche Verlagsbuchhandlung, Stuttgart, 1976
Müller, Werner:
Die Religionen der Waldlandindianer Nordamerikas, Verlag von Dietrich Reimer, Berlin, 1956; Indianische Welterfahrung, 2. Aufl., E. Klett Verlag, 1985
Münsterberg, Horst:
Die Amerikaner, 2 Bde., Ernst Siegfried Mittler und Sohn, Königliche Hofbuchhandlung, Berlin, 1904
Olessak, Egon:
Kalifornien, Prestel-Verlag, München, 1981
Pace, Dick:
Golden Gulch, The story of Montana's fabulous Alder Gulch, Virginia City, 3. Aufl. 1980
Philippi, Ferdinand:
Geschichte der Vereinigten Freistaaten von Nordamerika, P. G. Hilschersche Buchhandlung, Dresden, 1826
Recheis, Käthe, und Bydlinski, Georg:
Weißt du, daß die Bäume reden, Weisheit der Indianer, Herder Verlag, Wien–Freiburg–Basel, Herder & Co., Wien, 1983

Rehs, Michael, und Haager, Hans-Joachim:
Wurzeln in fremder Erde, Zur Geschichte der südwestdeutschen Auswanderung nach Amerika. DRW-Verlag, Stuttgart, 1984

Richtig Reisen:
Kalifornien, DuMont Buchverlag, Köln, 2. Aufl. 1982

Roeder, D. H.:
Rocky Mountains, Beiträge zur Regionalen Geologie der Erde, Gebrüder Borntraeger, Berlin-Nikolassee, 1967

Rosenstock-Huessy, Eugen:
Die europäischen Revolutionen und der Charakter der Nationen, W. Kohlhammer Verlag, Stuttgart, 1951

Rühl, Carl:
Californien, Verlag von E. Steiger, New York, 1867

Sandt, Richard van de:
USA – Eine Reise durch den Westen, Richard Scherpe Verlag, Krefeld, 1979;

Investieren in USA, Gillardon Verlag, Bretten, 1981;

Die Unternehmung zu Beginn des 21. Jahrhunderts – Eine Perspektive für den Unternehmer –, in: Wirtschaftswissenschaften – Reader –, Rita G. Fischer Verlag, Frankfurt, 1985; Unternehmensstrategie, Richard Scherpe Verlag, Krefeld, 1980; IRAK – Ein Land im Aufbruch, ebda. 1977; Der Unternehmer, ebda 1967; Struktur und Strukturproblematik, ebda. 1963

Sandt, Rita van de:
Martin Bubers bildnerische Tätigkeit zwischen den beiden Weltkriegen, Ernst Klett Verlag, Stuttgart, 1977

Schliessler, Martin:
Auf verwehten Spuren, Umschau Verlag, Frankfurt, 2. Aufl. 1984

Schlissel, Lillian:
Frauen, Tagebücher aus dem Wilden Westen, Edition Grube & Richter, © Ellert & Richter Verlag, Hamburg, 1983
Stratton, Joanna L.:
Durch die Wildnis zu den Sternen – Pionierfrauen schreiben die Geschichte der Besiedlung Amerikas –, Verlag Kiepenheuer & Witsch, Köln, 1985
Twain, Mark:
Durch Dick und Dünn, Deutscher Taschenbuch Verlag, München, 1982
Wied, Maximilian Prinz zu:
Reise in das innere Nordamerika, 2 Bde., Verlag Lothar Borowsky, München
Württemberg, Paul Wilhelm von:
Reise nach dem nördlichen Amerika in den Jahren 1822 bis 1824, Verlag Lothar Borowsky, München
van Zandt County, hg. v. W. S. Mills, Canton/Texas, 1950
van Zandt, K. M., Force Without Fanfare (The Autobiography of K. M. van Zandt, hg. v. S. L. Myres), Texas Christian Press, Fort Worth, 1968
Zweig, Stefan:
Sternstunden der Menschheit, Fischer Taschenbuch Verlag, Frankfurt, 27. Aufl. 1983

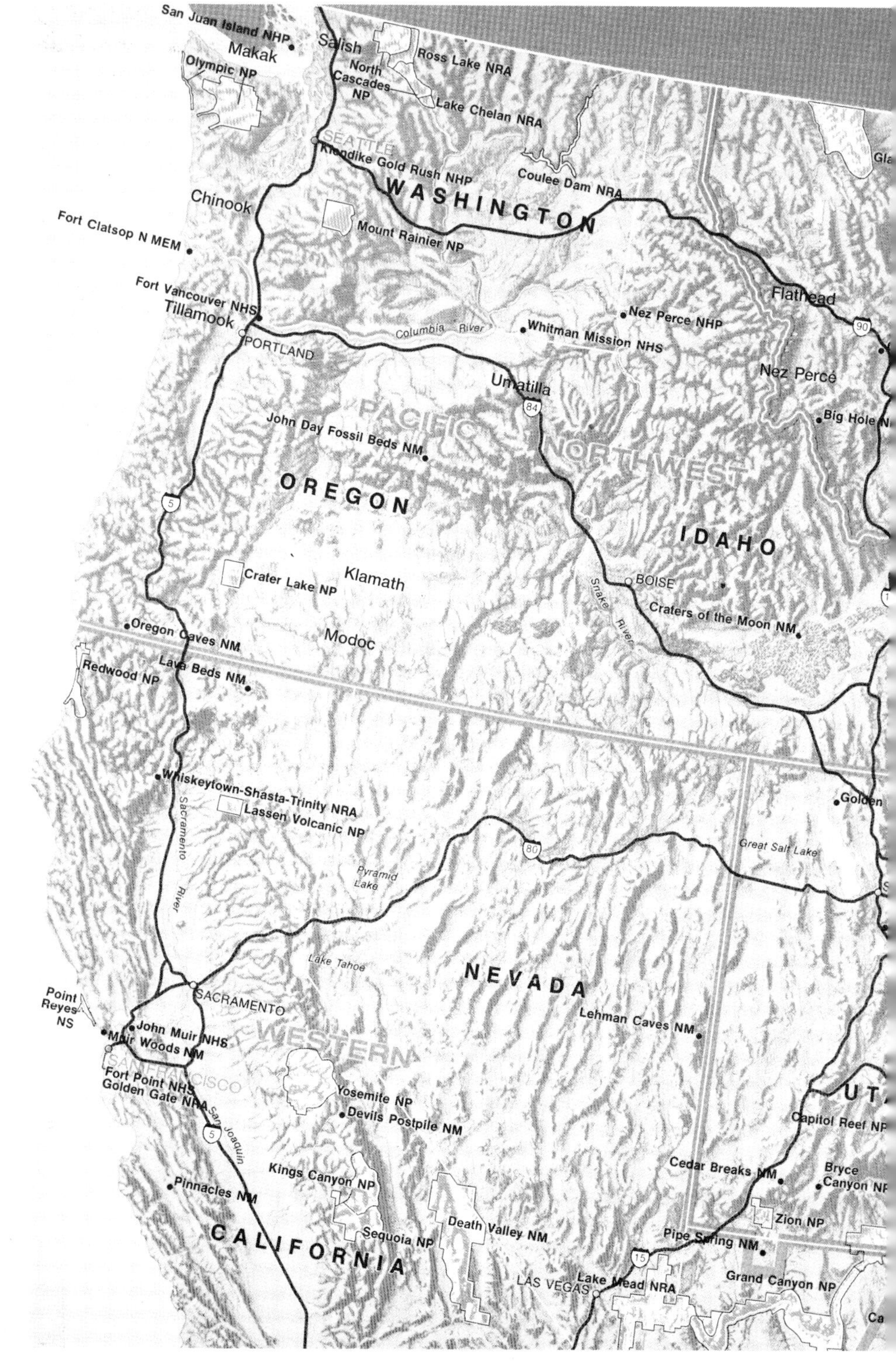
San Juan Island NHP
Makak
Salish
Olympic NP
North Cascades NP
Ross Lake NRA
Lake Chelan NRA
SEATTLE
Klondike Gold Rush NHP
Coulee Dam NRA
WASHINGTON
Chinook
Mount Rainier NP
Fort Clatsop N MEM
Fort Vancouver NHS
Tillamook
PORTLAND
Columbia River
Whitman Mission NHS
Nez Perce NHP
Flathead
90
Nez Percé
Umatilla
84
PACIFIC
NORTHWEST
John Day Fossil Beds NM
OREGON
5
IDAHO
Crater Lake NP
Klamath
BOISE
Snake River
Craters of the Moon NM
Oregon Caves NM
Modoc
Lava Beds NM
Redwood NP
Whiskeytown-Shasta-Trinity NRA
Lassen Volcanic NP
Sacramento River
80
Great Salt Lake
Pyramid Lake
Lake Tahoe
NEVADA
Point Reyes NS
SACRAMENTO
John Muir NHS
Muir Woods NM
WESTERN
Lehman Caves NM
SAN FRANCISCO
Fort Point NHS
Golden Gate NRA
San Joaquin
Yosemite NP
Devils Postpile NM
Capitol Reef NP
Kings Canyon NP
Cedar Breaks NM
Bryce Canyon NP
Pinnacles NM
Zion NP
CALIFORNIA
Sequoia NP
Death Valley NM
Pipe Spring NM
15
Lake Mead NRA
LAS VEGAS
Grand Canyon NP